高阳毕业照

高阳先生照

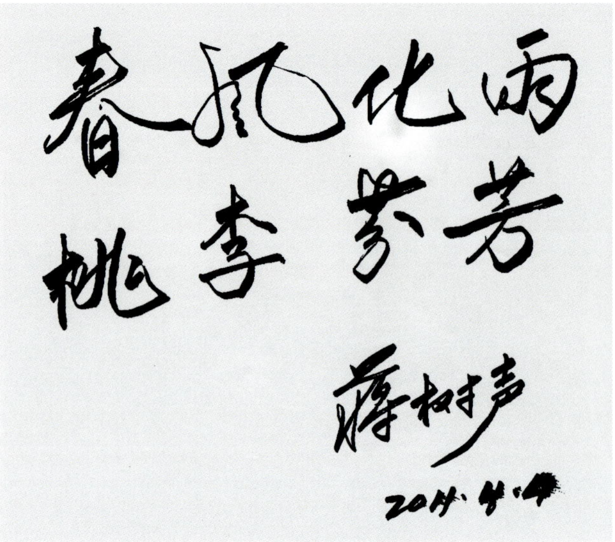

全国人大常委会副委员长蒋树声
为高阳先生创办的无锡三中题词

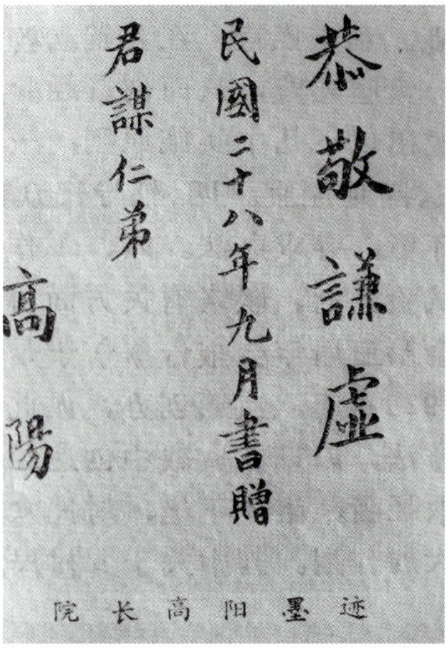

高阳手迹(一)

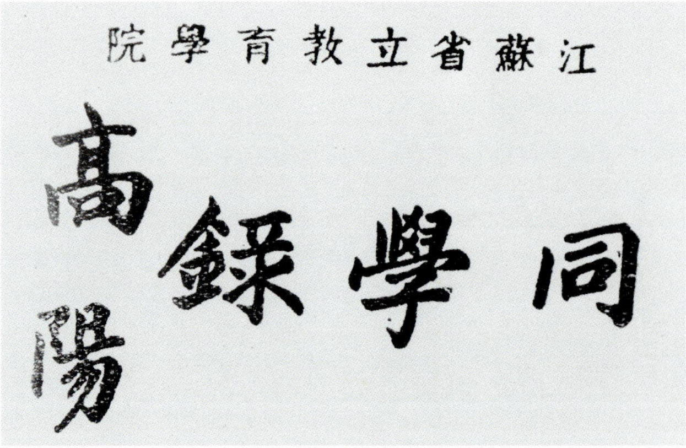

高阳手迹(二)

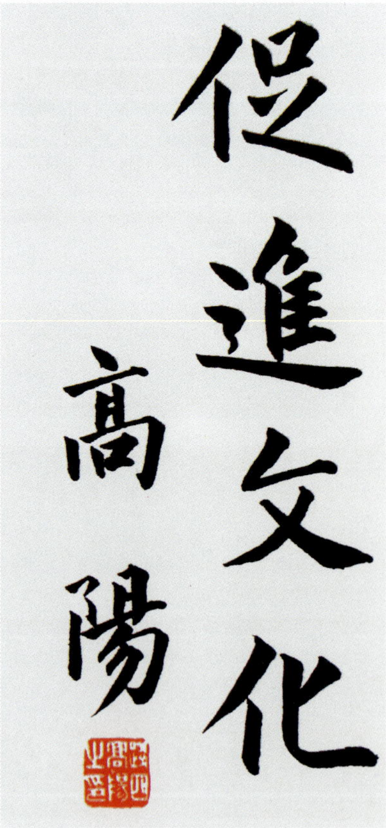

高阳手迹(三)

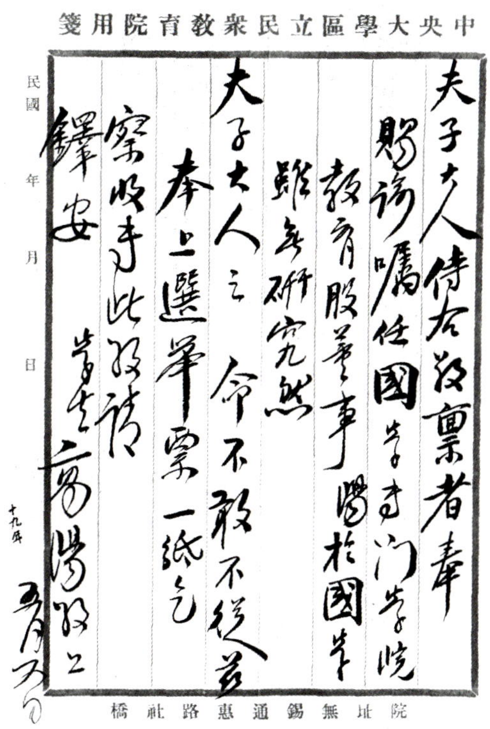
中央大學區立民衆教育院用箋

第 頁

夫子大人侍右敬稟者奉
賜諭囑任國學專門學院
教育股事陽於國學
雖無研究然
夫子大人之命不敢不從茲
奉上選舉票一紙乞
察收專此敬請
鐸安
學生高陽敬上

民國 年 月 日

十九年

院址無錫通惠路社橋

高阳给唐文治函

高阳与外婆

高阳与友人在一起

高阳著《民众教育》

纪念高阳诞辰100周年会场

践四楼

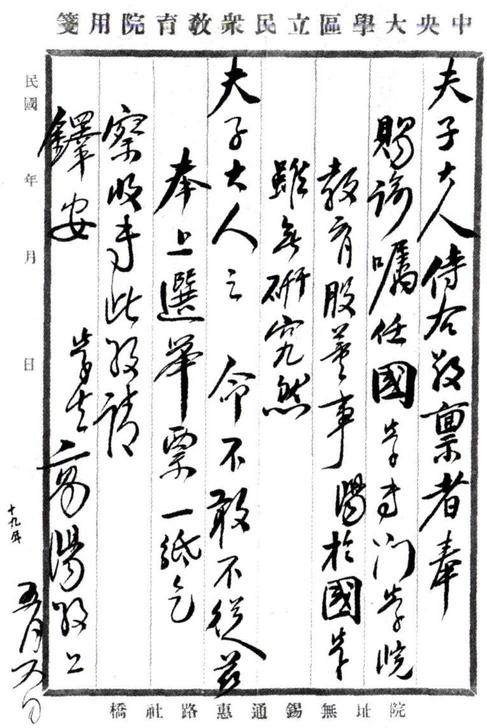

中央大學區立民衆教育院用箋

第　頁

夫子大人侍右敬稟者奉
聘諭囑任國學專門學院
教育股幹事陽於國學
雖無研究然
夫子大人之命不敢不從茲
奉上選舉票一紙乞
察收專此敬請
鐸安
學生高陽敬上

十九年

民國　年　月　日

院址無錫通惠路社橋

高阳给唐文治函

高阳与外婆

高阳与友人在一起

高阳著《民众教育》

纪念高阳诞辰 100 周年会场

践四楼

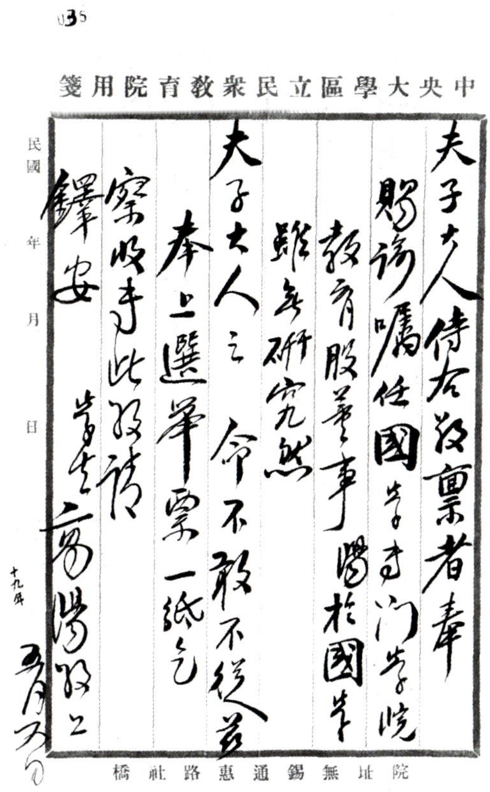
035

中央大學區立民眾教育院用箋

夫子大人侍右敬禀者奉
照諭囑任國學專門學院
教育股董事陽於國學
雖無研究然
夫子大人之命不敢不從茲
奉上選舉票一紙乞
察收手此敬請
鐸安
學生高陽敬上

十九年

民國 年 月 日　第 頁

院址無錫通惠路社橋

高阳给唐文治函

高阳与外婆

高阳与友人在一起

高阳著《民众教育》

纪念高阳诞辰 100 周年会场

践四楼

苏州大学校史丛书

总主编　王卓君　朱秀林

高阳教育文选

主　编　田晓明

副主编　王国平　钱万里

苏州大学出版社

图书在版编目(CIP)数据

高阳教育文选/田晓明主编. —苏州：苏州大学出版社，2012.1
(苏州大学校史丛书/王卓君，朱秀林主编)
ISBN 978-7-81137-808-5

Ⅰ. ①高… Ⅱ. ①田… Ⅲ. ①乡村教育－中国－文集
Ⅳ. ①G725－53

中国版本图书馆 CIP 数据核字(2011)第 273571 号

高阳教育文选
田晓明　主编
责任编辑　李　兵

苏州大学出版社出版发行
(地址：苏州市十梓街 1 号　邮编：215006)
南通印刷总厂有限公司印装
(地址：南通市通州经济开发区朝霞路 180 号　邮编：226300)

开本 787mm×1 092mm　1/16　印张 24.75　插页 2　字数 579 千
2012 年 1 月第 1 版　2012 年 1 月第 1 次印刷
ISBN 978-7-81137-808-5　定价：80.00 元

苏州大学版图书若有印装错误，本社负责调换
苏州大学出版社营销部　电话：0512-65225020
苏州大学出版社网址　http://www.sudapress.com

苏州大学校史丛书编审委员会

《高阳教育文选》编委会

总　序

苏州大学的历史，追溯最早源头，自东吴大学创办至今，已经一百多年了。

历史的偶然性往往使人们惊异不已。近代中国第一所西制大学不是诞生在浸润着欧风美雨的上海等沿海大都市，而是诞生在有着深厚的古老历史文化传统的姑苏。对历史偶然性的惊异又总会激发人们对历史必然性的思索。正因为苏州有着上千年崇文重教传统，才会在近代新的历史条件下宽容地接受了一所异质的教会大学。正因为苏州有着发达的科举文化，当甲午战争失败给社会以空前刺痛之时，才会有一群科举士子毅然转向西学以救亡图存，为大学的兴办创造了难得的生源与际遇。正因为苏州不是沿海大都市，在近代社会转型之际，它更少都市的商业喧嚣，以厚重的文化素养使现代大学茁壮成长……

鸟瞰苏州大学的百年历程，名校汇聚，群贤毕至，千帆竞发，如同百川归流，激荡成壮阔的历史长河。1952 年院系调整，苏南文化教育学院、东吴大学文理学院及江南大学数理系合并组建苏南师范学院，不久更名为江苏师范学院。1982 年，江苏师范学院改为苏州大学。苏州蚕桑专科学校、苏州丝绸工学院、苏州医学院又先后于 1995 年、1997 年、2000 年并入苏州大学。星移物换，万象更新，今日之苏州大学正跨越世纪，攀上历史的高峰，前面是更为辉煌的未来。

这套丛书将向您展开苏州大学一百多年的历史长卷。我们希望，她所承载的历史文化积淀，以及附丽其上的历史记忆、历史评论等等，能让您开卷有益。

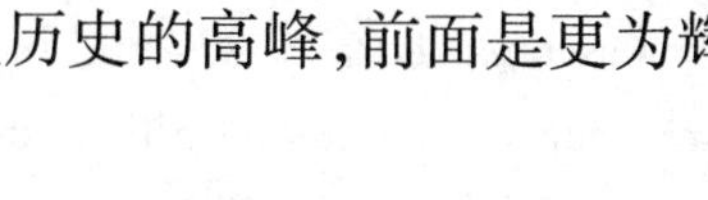

Preface

The history of Soochow University today can be traced back to the establishment of the former Soochow University (1900—1952), one of the earliest universities in the country over a hundred years ago.

Amazingly, the first modern Western university in China wasn't born into the coastal metropolis like Shanghai which had been westernized much earlier, but coincidentally in the ancient city of Suzhou which enjoyed great cultural profundity and historical tradition. This amazing coincidence certainly inspired people to reflect its inevitability. It was Suzhou's traditional homage to culture and education that nurtured an open field to a mission university from the West. It was also its developed Imperial Civil Service culture that enabled a group of Suzhou elite scholars to determinedly turn to Western learning for the survival and revival of the nation after the humiliating Sino-Japanese war in 1894. Furthermore, it was the non-coastal metropolis location that made Suzhou less commercialized during the social transformational period and favored, with its rich cultural attainments, by education pioneers. All these helped to create rare opportunities for an institution of higher learning and its maturity.

The centennial history of Soochow University has witnessed mergence of well-known institutions, assembly of the virtuous, and prosperity of attainments, and continuation flows of historical development. During the national reformation of colleges in 1952, Southern Jiangsu Teachers' College, very soon as Jiangsu Teachers' College was formed on the mergence of the School of Liberal Arts and Science of the former Soochow University, Southern Jiangsu College of Culture and Education and the Department of Science of Jiangnan University. Soochow University was renamed in 1982, and in 1995, 1997 and 2000 respectively, Suzhou College of Sericulture, Suzhou Institute of Silk Textile Technology and Suzhou Medical College were merged into Soochow University. With great changes, Soochow University in the 21st century is renewing itself with each passing day for the peak of its historical glory and bright future.

The book series are opening a demonstrative display of the centennial history of Soochow University. It is sincerely hoped that the accumulation of culture, to which historical memories and comments attached will provide readers a beneficial review of the University.

Wang Zhuo-jun   Zhu Xiu-lin

目　　录

下　篇

附　录

序

在纪念著名乡村教育家高阳先生诞辰120周年之时，高阳先生的后人收集高阳先生有关民众教育的文章，经苏州大学编纂结集成《高阳教育文选》，由苏州大学出版社出版。《高阳教育文选》的顺利出版，使我们得以重温高阳先生的高尚人格和颇有启示指导意义的教育思想。

高阳，字践四，1915年毕业于东吴大学（今苏州大学），获文学学士学位，同年冬，赴美入康奈尔大学学习经济，获硕士学位。1900年创办于苏州的东吴大学，是中国高等教育史上第一所西制大学，以"Unto A Full Grown Man"和"养天地正气，法古今完人"为校训，"注重学业，培养品格，树立优良学风，提倡服务精神"，为社会培养了无数专业人才。东吴精神造就了高阳先生无穷的人格魅力，也激励了高阳先生实践民众教育的奋斗精神。高阳先生是苏州大学前身之一——江苏省立教育学院院长，抗战期间又曾担任广西大学校长。创办于1930年的江苏省立教育学院的宗旨是"养成民众教育、农事教育服务人才"。该学院在从事城市民众教育的同时，十分重视乡村民众教育和进行乡村建设实验。

《高阳教育文选》记录了高阳先生自20世纪20年代投身乡村教育开始，到担任江苏省立教育学院院长期间民众教育实践的心得体会和成果。《高阳教育文选》分为上下两篇和附录部分。上篇收集了高阳先生各个时期有关民众教育的文章，下篇收录了1933年由商务印书馆出版的《民众教育》全书。《民众教育》一书于1933年由商务印书馆出版，并被收入万有文库。《高阳教育文选》既是对高阳先生民众教育成果的汇编，也是对他教育思想的全面的反映。

我可以体会到高阳先生在艰苦的岁月里办教育尤其是民众教育的艰辛。高阳先生于1929年5月与俞庆棠、赵冕等共同创办了《教育与民众》月刊，以期在"研究民众教育之学理与实施方法而求于学术上有所贡献"。在发刊词中他指出："教育之目的，在使受教育者成社会的能员。"高阳认识到："国家之强弱由于人民之智愚，人民之智愚，由于人民之有无教育，及其教育程度之高下。"他大声疾呼："今世社会之病为愚蠢与贫穷。欲祛此病，宜举办民众教育，此吾人之所深知也。"

高阳指出，民众教育的目的是民族自救，教育是方法，解决社会问题是目的。他说，民众教育的来源由于救国运动，民族自救运动。而如何能使大多数——最好全体国民能够来共同救国呢？这是民众教育所要解决的问题，这就是民众教育所要达到的目的。《高阳教育文选》出版的意义在于，高阳先生民众教育中的一些心得体会，是宝贵的经验总结，对当代教育仍有积极的指导意义。

《高阳教育文选》不仅是对高阳民众教育实践和思想的总结，也记录了江苏省立教育学院的发展历史。江苏省立教育学院是中国现代第一所培养民众教育专业人才的高等学校。1950 年秋，江苏省立教育学院与苏州国立社会教育学院合办为公立文化教育学院，院址在无锡社桥，不久无锡国学专修学校并入后成立苏南文教学院，1952 年迁至苏州与东吴大学文理学院、江南大学数理系合并组建苏南师范学院，后改为江苏师范学院，1982 年改办为苏州大学。今天的苏州大学，是国家“211 工程”重点建设高校和江苏省属重点综合性大学，已发展成为一所拥有哲学、经济学、法学、教育学、文学、历史学、理学、工学、农学、医学、管理学等十一大学科门类，具有相当规模，基础较为雄厚，办学效益显著，在国内外具有一定知名度的地方综合性大学。

抚今忆昔，高阳先生犹在！高阳精神永存！

（田晓明　苏州大学副校长　教授　博士生导师）

前　言

高阳(1892—1943),中国近代著名教育家。江苏无锡人,字践四。他早年毕业于上海中国公学中学部,苏州东吴大学。1915 年冬自费赴美留学,入康奈尔大学学习经济,获硕士学位。1918 年春回国后,他放弃入外交部工作的机会,而投身于教育事业,先后担任国立暨南学校教授、学监主任、教务主任、商科主任、商科大学主任,中国公学教授、总务主任、教务主任,中央大学区区立教育院院长,中央大学区区立劳农学院院长,江苏省立教育学院院长,国立广西大学校长等职。高阳"一生尽瘁于教育事业",为我国近代教育的发展,尤其是对于在中国近代教育史上曾产生积极作用和广泛影响,具有重要历史地位的民众教育的发展,作出了重大贡献。具体而言,高阳对我国近代教育的贡献,突出地表现在以下四个方面:

一、毁家兴学,创建私立无锡中学

在江苏无锡近代历史上,由中国人自己创办的第一所新式完全中学,就是高阳毁家兴学而创建的私立无锡中学。

高阳创建私立无锡中学,直接动因是为了实现他父亲的遗愿。高阳父亲名鼎焱,字秋荃,是一位学徒出身的实业家。他一直为年少时不能多读书而感到遗憾,有心要创办一所学校,造福乡梓,但始终未能如愿。1920 年 2 月,老人逝世后,高阳决心践行父亲遗志,捐出家产,在家乡创办一所完全中学。

1920 年秋天,他一方面暂借无锡西水关马氏宅第开学上课,另一方面在南门羊腰湾购地建造校舍。由于建校地价成倍增长,从原先的每亩 350 元涨到 700 元,原来的建校预算严重不足,高阳不得不一再变卖家产,以补缺额。他先是卖掉了无锡三里桥同昌棉籽行、通汇桥高顺昌砻坊的全部资产,后来甚至还卖掉了上海宜昌路面积约 1200 平方米的花园洋房"高公馆"以及无锡的自住房屋。房产卖光后,高阳全家在无锡三下塘租屋居住。抗战爆发后,又迁居上海江宁路,全家 8 口人,借住的面积仅 20 多平方米和一小阁楼。学校初办时经费困难,高阳甚至还从自己在大学任教的薪金中,拿出钱来资助学校。为了创办私立无锡中学,高阳真正是倾其所有,毁家兴学。

难能可贵的是,尽管为了兴学,高阳将家产变卖殆尽,但他从不把学校看做是自己的私产。他弟弟高明,儿子文凯、文尹,以及其他亲族在私立无锡中学上学,从来不搞特殊,一切学杂费用,全部照缴。甚至校董会讨论学校名字时,有人提出叫"秋荃中学",以纪念他父亲高秋荃老先生,也被高阳辞谢;又有人提出叫"高氏中学",以示高氏出资之忱,又被他坚辞。最后他提出叫"无锡中学",以示此校是地方事业,纯为地方培育人才。后来上报备案时,当时江苏省教育厅认为该校乃私人出资所办,遂于校名前加"私立"二字,称为"私立无锡中学",简称"私锡中"。由此可见,高阳创办私立无锡中学,既是为了实现父亲的遗愿,同时也是他自己的人生价值追求。否则,恐怕是难以做到如此的无私奉献。

高阳践行父志，毁家兴学的义举，感动了当时的社会。《无锡高君践四家传》记载：私立无锡中学“开校之日，践四述其尊人真泠之训，涕泗滂沱。襄礼者，旁听者，教授者，入学读书者，靡不感动或泣下。”①学校因此而被誉为“教孝之校”，高阳本人也获得当时民国政府总统徐世昌赠送的“劝学敬学”匾额。尤为重要的是，私立无锡中学得到了许多有识之士的真诚相助。著名教育家、经学大师唐文治晚年因目疾，辞去上海交通大学前身交通部上海工业专门学校校长职务，回到家乡创办无锡国学专修科。当他知道高阳父子的义举后，甚为敬佩，欣然接受聘请，兼任私立无锡中学校长，而且一任就是十年，分文不取，全然是尽义务。该校不仅聘请到了俞庆棠等一批好教师，而且在学校遇到经费困难时，全校教师自动减薪10%，帮助学校共渡难关。全校师生兢兢业业，认真教学，刻苦学习，私立无锡中学声誉鹊起，誉满江南。

高阳毁家兴学，创建私立无锡中学是为了培育人才，造福乡梓。从他创建的私立无锡中学到现今的无锡市第三高级中学，历经90年的发展，“造就人才，迄今不可胜数”。学校桃李芬芳，人才辈出，走出了一批又一批杰出人物、民族精英。在目前无锡市第三高级中学美丽的校园中，树立着一座“高阳碑”。碑文中写道：“一九二〇年，变卖家产，创办私立无锡中学……毁家兴学，尽瘁教育，为人正直，堪称师表。”这是对高阳毁家兴学历史的真实记载和公正评价。同时，这座“高阳碑”，也成为该校深厚历史文化积淀的一个重要表征，是该校独有的教育资源，激励着一茬又一茬的莘莘学子刻苦攻读，矢志成才。

二、筚路蓝缕，创办江苏省立教育学院

高阳是二十世纪二三十年代著名的社会教育家和乡村教育家。他曾与俞庆棠、赵冕等发起组织中国社会教育社，又与晏阳初、梁漱溟等组织全国乡村建设学会，并继山东邹平、河北定县之后，于1935年10月在无锡举行了全国乡村工作第3次讨论会。但是终其一生，高阳对中国近代教育的最大贡献，是创办和长期主持我国第一所培养民众教育人才的高等学府——江苏省立教育学院。正如著名教育家雷沛鸿所说：“高先生一手创办的江苏省立教育学院，是他一生最可纪念的事业。”②

江苏省立教育学院的创办是当时民众教育事业发展的客观需要。虽然我国自古以来就有重视民众教化的传统，至清末又提倡普及教育、通俗教育，出现了一些新式的民众教育机构。但是，从科学内涵上讲，我国民众教育事业始于二十世纪二十年代，其标志性事件是，1926年2月，广东国民政府设立教育行政委员会，在颁布的《教育方针草案》中，明确规定第6项纲领为“民众教育事业的扩张”；1928年5月，在南京召开的第一次全国教育会议，通过了《实施民众教育及确定社会教育案》。③ 从此，民众教育从广东一省扩展到全国各地，至1937年“七七”抗战爆发之前达到高潮。

随着民众教育在全国各地的普遍展开，培养民众教育人才便成为一个紧迫的问题。首先认识到这个问题的重要，并积极着手去解决的，是我国近代另一位著名的民众教育家俞庆棠。俞庆棠（1897－1949），女，江苏太仓人，早年毕业于美国哥伦比亚大学师范学

---

① 王桐荪等选注：《唐文治文选》，上海：交通大学出版社，2005年版，第468页。

② 雷沛鸿：《纪念高践四先生》，载《广西桂林报》，1943年8月21日。

③ 参见王炳照、阎国华主编：《中国教育思想史》第七卷，长沙：湖南教育出版社，1994年版，第106－107页。

院，获学士学位。1927年7月，她出任江苏大学区扩充教育处处长，负责筹划该区的民众教育事业。她克服阻力，于1928年3月15日，假设于苏州的江苏省立医专校址，创办“江苏大学区民众教育学校”，并兼任校长，致力于培养民众教育师资和民众教育行政人员。同年6月，江苏大学区更名中央大学区后，此校改称“中央大学区区立民众教育院”，院长改由赵叔愚担任。赵早年毕业于金陵大学农科，后留学美国哥伦比亚大学专攻乡村教育，获硕士学位，回国后曾任东南大学乡村教育科教授、主任，与陶行知一起提倡乡村教育，开展乡村教育实验。但他接任院长后不久，于9月病逝。同年10月，高阳继任院长，将院址迁至无锡荣巷，借用无锡荣氏私立工商中学校舍。不久，该院出资9000余元，购得东吴大学附设实业中学在无锡社桥的全部校舍和校园，作为永久院址。1929年春，在同一地址，增设“中央大学区区立劳农学院”，设立农民师范科，高阳兼任院长。两院开办初的学生共有200余人，他们都由江苏省各县保送，毕业后回到各县担任教师或民众教育馆、农民教育馆、图书馆等社会教育机构的行政职务。1930年夏，遵照大学规程及组织法，上述两院合并成立“江苏省立教育学院”①，高阳仍担任院长。从此以后，至1941年暑假，因为经费原因，学院被迫宣告暂行停办，高阳担任该院院长历时10余年。在此期间，国家战火纷飞，社会动荡不安，但高阳始终高擎民众教育的旗帜，团结全院师生，筚路蓝缕，呕心沥血，为成功创办我国第一所培养民众教育人才的高等学府，作出了特殊贡献。

第一，探索中国式的民众教育人才培养模式。民众教育是二十世纪二十年代在中国出现的一个新兴的教育事业，应该怎样培养民众教育人才，不仅中国“无成例可循”，而且在世界上也没有现成的经验可供借鉴。童润之先后在该院工作9年，抗战胜利后，曾出任复校后的江苏省立教育学院院长。对此，他感触颇深。晚年，他在回忆文章中写道：江苏省立教育学院“既然标榜民众教育的实验研究和人才培养，它的性质自与一般教育学院不同。它的系科设置和课程编制无陈（成）规可循。国民党政府的‘大学法’，固然没有关于民众教育系科的规定，资本主义各国也很少有类似的学制与课程可供参考”②。因此，江苏省立教育学院的办学模式，完全是结合当时中国社会的实际需要，在实践中不断探索和创新的成果。其主要表现在以下四个方面：

首先，学院定位明确。该院“定为江苏省社会教育研究、设计及实验之机构”，肩负双重目标，即“养成民众教育的服务人才”和“民众教育学术”③研究人才。

其次，系科设立开风气之先。该院最初设立民众教育、农事教育两个系，以及农事教育专修科。抗战前一年，又增设电影播音教育专修科，并将农事教育专修科改为劳作师资专修科。学制本科4年，专科2年。这些系科的设立，虽属草创，还不完善，在实践中也屡有变动。然而从历史发展看，它们在中国近代教育史上具有开创之功。

再次，课程设置独具特色。该院根据培养目标，各系科分设不同的组。民众教育系分为乡村教育、工人教育、图书馆、健康教育、社会教育行政、艺术教育、科学教育7个组，农事教育系分为作物、园艺、畜牧、农业经济4个组，电影播音教育专修科分为电影、播音

---

① 关于该院成立的时间，说法不一，高阳本人多次说到是在民国“十九年夏”。这里采用高说。

② 童润之：《江苏省立教育学院始末记》，《江苏文史资料选辑》第13辑，南京：江苏人民出版社，1983年版，第38页。

③ 高阳：《江苏省立教育学院之过去与将来》，《教育杂志》第25卷第7期（1935年7月）。

2个组,劳作师资专修科分为农艺、工艺、家事3个组。各组课程分必修、选修两大类。必修又有普通必修和本系必修,选修有分组选修和普通选修的不同。普通必修和普通选修,就是全院开设的必修课和选修课,如党义、军事训练(女生免修)、国文、外文(专科免修)、社会科学、自然科学、教育科学、体育等,与当时一般大学开设的课程基本相同;本系必修和分组选修,即是专业必修课和专业选修课,如民众教育、农事教育的理论与实施方法,以及有关农业、工业和艺术的知识和技能。其中民众教育课程最有特色。当时受美国学者将教育分为十大类的影响,该院依此开设了各种民众教育课程,如民众语文教育、民众生计教育、民众健康教育、民众艺术教育等。这些课程完全是新开设的,尽管在开始时内容比较空泛,但随着实际调查和实验研究的开展,以及各种资料的积累,内容就逐渐充实起来。并在此基础上,编写了一系列民众教育的书籍,先后由商务印书馆、中华书局出版发行,推进了民众教育理论的研究和普及。

最后,招生别开生面。该院招收高中毕业生和具有同等学历者,尤其"希望中学毕业以后在社会上服务若干时期,对于现实社会有相当认识的青年前来报考"。与当时普通大学招生一个显著不同的做法是,根据学生的来源,该院将学生分为县额生和公额生两种。所谓"县额生",就是由当时江苏全省61个县政府或县教育局保送的学生。他们在入学考试及格录取后,由保送单位承担其在校求学时期的一部分费用,将来毕业后原则上回当地工作。所谓"公额生",即是没有省县的限制,自由报考的学生。在学期间的一切费用,均由自己承担,毕业后也是自己选择去向。但实际上,这部分学生多半得到所在省教育厅的津贴,毕业后也大多选择回本省服务。招生之所以作这样的区分,高阳说:"一方面是寓有奖励家境清贫而有志于乡村工作的青年之用意……一方面也是希望学生能安心求学,减轻家庭负担,专心致志于民众教育的研究,以培养起他们对于乡村工作的兴趣与信心。"①这两类学生所占的比重,据高阳在1941年的估算,大致情况是,在抗战爆发之前,县额生占60%,公额生占40%,他们来自全国15个省;迁到桂林后,百分比正好相反,外省占60%,江苏省占40%。② 可以说,江苏省立教育学院在近代中国教育史上,开创了为农村地区订单式培养具有高等学历的社会教育人才的先例。

截止1935年7月,该院共毕业学生450名,除职务不明38名,已故17名之外,在其余395名中,任县立民众教育机关主持人156名,县立民众教育机关干事46名,省立民众教育机关干事80名,社会教育行政人员19名,中等学校教职员22名,升学或回院继续求学者14名,农业研究机关职员4名,民众学校、职工学校、小学等教职员34名,担任其他职务者20名③。可见,该院为我国的民众教育、社会教育、学校教育等培养了各种人才。它以雄辩的事实表明:该院在实践探索中逐渐建立起来的具有中国特色的民众教育人才培养模式,是切合当时中国社会实际需要的,是行之有效的,也是相当成功的。

第二,网罗民众教育人才和专家。办好学院的关键在于教师。因此,在高阳担任院长的10余年间,他始终重视教师队伍建设,积极网罗民众教育人才和其他专家来院任

① 高阳:《江苏省立教育学院之过去与将来》,《教育杂志》第25卷第7期(1935年7月)。

② 高阳:《抗战以来的江苏省立教育学院》,《教育通讯》第3卷第32、33期合刊(1941年8月),又载《教育与民众》第10卷第8期,(1941年4月)。

③ 高阳:《江苏省立教育学院之过去与将来》,《教育杂志》第25卷第7期(1935年7月)。

教。据记载,自学院开办到抗战爆发,先后受聘在该院任教或任部门负责人的民众教育专家有俞庆棠(研究实验部主任)、傅葆琛(研究实验部主任)、孟宪承(教务主任)、雷沛鸿(成人教育)、李蒸(比较教育)、刘季洪(民众教育)、古楳(乡村教育)、陈礼江(教育心理)、王倘(乡村社会学)、陈友端(教育心理)、赵冕(社会教育行政)、甘豫源(民众教育概论)、童润之(农业教育)等,真可谓人才济济,群星璀璨。他们围绕民众教育问题,纷纷著书立说,形成了重要的民众教育理论流派,成为中国近代教育史上民众教育思潮的主流。此外,还有农艺、园艺、畜牧、兽医、农业经济等方面的专家,如顾复、刘同圻、张照、臧广田、王企华,以及电影、播音专家孙思毅、陈汀声等,皆一时之秀。①

第三,开展民众教育研究和实验。除培养民众教育人才之外,该院还从事民众教育研究和实验工作。在研究方面,主要有:编撰关于农事指导合作、指导乡村民众教育、成人学习心理学、各国成人教育等著作数十种,编辑初、高级民众读本、妇女读本、生活化民众读本等各种民众教育课本,从事江苏歌谣和田赋等调查。该院创办了许多实验事业,最主要的有以下四项:

(1) 惠北实验区。这是学生实验区。所办理的事业有开办民众学校 12 所,开展缩短义务教育年限的实验,以及组织各种合作社,进行发展农村经济的实验。

(2) 北夏实验区。这是在以往村单位、乡单位实验区的基础上,建立的以区为单位的实验区。所办理的事业主要有:开办初、高级民众学校 20 所,学生达 1400 余人;创办青年学园,为高级民众学校的毕业生提供继续学习的场所;开设示范农场和农村社会服务处,发展乡村经济和促进地方自治。②

(3) 实验城市民众教育馆。开展的事业有市民教育实验,重在商人知识技能的增进;工人教育实验,重在工人生计的改善;篷户教育实验,重在篷户劳苦大众生计的改善。

(4) 实验民众学校。目的在于实验民众学校的设备、教学、训育、招生、教材等问题,以及民众学校的推广问题。还值得一提的是,为了及时反映各项实验的进展状况,交流从事实验的心得体会,促进实验事业的健康发展,该院每学期还出版一期民众教育实验报告。

总之,在高阳领导下,江苏省立教育学院所从事的一系列实验"在当时产生了很大影响",该院"成为二十世纪三十年代乡村教育运动的中心之一"③。

第四,创办《教育与民众》月刊。为了研究和探讨民众教育问题,传播和交流民众教育的经验和信息,1929 年 5 月,创办了《教育与民众》月刊。高阳撰写了《发刊辞》。他明确指出:"本刊主旨在研究民众教育之学理及实施方法"。"对于各种民教问题,将一一提出,尽量讨论,以期归于至当,对于民教有永久之贡献"。并殷切希望海内外教育专家以"风雨如晦,鸡鸣不已"的精神,热心于民众教育理论和实践的研究。④ 该刊主要栏目有民众教育专题研究、民众教育论坛、译述、调查、民众教育信息、民众教育书报近讯等,俞

① 童润之:《江苏省立教育学院始末记》,《江苏文史资料选辑》第 13 辑,南京:江苏人民出版社,1983 年版,第 40 页。

② 熊明安、周洪宇主编:《中国近现代教育实验史》,济南:山东教育出版社,2001 年版,第 512 页。

③ 金林祥主编:《中国教育思想史》(第三卷),上海:华东师范大学出版社,1995 年版,第 271 页。

④ 高阳:《〈教育与民众〉发刊辞》,《教育与民众》第 1 卷第 1 期(1929 年 5 月)。

庆棠、雷沛鸿、傅葆琛、郑一华、邵晓堡等先后担任主编。从1929年创办到1949年终刊，共出了12卷114期。该刊对当时的教育界，特别是民众教育工作者，影响很大。在当时众多的民众教育刊物中，被公认为是“国内民众教育的权威刊物”①。

第五，主持西迁坚持办学。1937年11月，淞沪失守，学院被迫西迁。高阳带领全院师生，于11月15日从无锡出发，途径江苏溧阳、高淳，安徽芜湖，湖北汉口，湖南长沙、衡阳，最后于1938年1月20日左右到达广西桂林。一路搬迁，一路艰辛。但是，该院依然抓住搬迁途中一切机会坚持教学，弦歌不辍。迁到桂林后，先是借广西大学文法学院复课，后来利用广西省政府的拨款，在七星岩附近建筑临时校舍，并租借民房、祠堂、庙宇作为师生宿舍，坚持办学，直至1941年暑假宣告停办。在此期间，该院于1938年春，因设施不全，暂停电影播音教育专修科。同年秋，又根据教育部指令，将原来的民众教育、农事教育两系，分别改为社会教育系和农业教育系，并附设农业教育专修科。生源除一部分是江、浙、皖等省的流亡青年之外，大部分是广西、湖南两省的学生。学院根据当地的实际情况，开办国民教育实验区和民众学校；接办和创办国民中学各一所；受广西省政府委托，编写国民中学教材；协助教育厅推行成人教育年，扫除文盲等。同时，又组织岩洞教育队、电影放映队、儿童教育团等进行抗日救亡宣传。该院之所以能够在经济异常拮据，条件极为简陋的状况下，依然坚持办学，并办出特色来，高阳指出，这是因为有以下三个根本原因：一是不让敌人摧毁文化事业，二是保全国家的元气，三是培养抗战人才。② 诚哉斯言！

由上可见，高阳主持江苏省立教育学院虽然时间不长，但成绩斐然，“蔚然成为国内民众教育运动之中心”③，“是当时一所声誉卓著，影响远播的著名学府”④。高阳在实践探索中所积累的成功办学经验，很值得我们认真借鉴。

三、开拓创新，创立独树一帜的民众教育思想

在长期的教育实践探索中，高阳形成了丰富的教育思想，内容涉及乡村教育、社会教育、职业教育、普通学校教育等，然而建树最多，贡献最大的则是民众教育思想。在当时异彩纷呈的民众教育家中，高阳的民众教育思想独树一帜，是二十世纪二三十年代涌动的民众教育思潮中的一朵奇葩。

1. “运用团体力量解决社会问题”

什么是民众教育？或者说民众教育的目的、意义是什么？在当时众说纷纭。如有的认为是识字教育，有的认为是成年教育，有的认为是救国教育，有的认为是乡村教育，有的认为是通俗教育社会教育，还有的认为是全民教育，等等。⑤ 在高阳看来，各人有不同的理解很正常，“最要紧的在能搔到痒处，得其关键”。“痒处”和“关键”在哪里？高阳指

---

① 张蓉：《中国现代民众教育思潮研究》，北京：中国文史出版社，2005年版，第55页。

② 高阳：《抗战以来的江苏省立教育学院》，《教育通讯》第3卷第32、33期合刊（1941年8月），又载《教育与民众》第10卷第8期，（1941年4月）。

③ 梁漱溟：《高践四先生事略》，载《人报》，1946年7月6日。

④ 徐为裳：《江苏省立教育学院的研究实验事业：从创建到抗日战争爆发》，《无锡文史资料》第9辑，1984年。

⑤ 高阳概括其中重要者有10种，见《从民众教育的起源及任务说到民众教育的真义》，载《教育与民众》第5卷第1期（1933年9月）。

出,民众教育从起源上说是一种救国运动或民族自救运动。由于中国人是"一片散沙没有团体",其结果是"人为刀俎,我为鱼肉,听人宰割,任所欲为"。为了从根本上改变这种局面,使大多数国民,甚至是全体国民,都能够起来共同救国,民众教育就必须从培养民众团体意识入手,养成民众组织,并运用团体的能力、兴趣和习惯,去解决小则一乡一邑,大则一省一国之政治经济及一切社会问题,内以充实人民生活,外以抵抗强权、济弱扶贫、促进世界大同。所以,他强调"民众教育之工夫当在此处着眼,若舍此而他求,枝枝节节的去做隔靴搔痒的工作,便永远无从达救国之目的"。正是鉴于此种认识,他认为,所谓民众教育,或者说民众教育的目的、意义是,"须就实地生活需要,培起全民(至少大多数人民)力量,运用团体,根据理性,以解决一切社会问题"①。可见,高阳对于民众教育本义的理解不是人云亦云,而是有自己的独立见解,这种见解充分反映了他的拳拳爱国之心。

2."特别重视民众生计教育"

与许多民众教育家不同,高阳主张民众教育的内容包括公民教育、生计教育、文字教育、健康教育、家事教育和艺术教育 6 项。并指出它们之间是相辅相成的,在实施过程中,应该根据民众生活的实际需要,因势利导,不要固执己见,坐失良机。在这 6 项内容中,高阳特别重视民众生计教育。他说:"所谓民众生计教育者,就是用各种教育的方法与力量,来训练或指导民众,使有谋生的知识和技能。换句话说,谋国民经济宽裕的教育,就是民众生计教育。"②之所以特别重视民众生计教育,因为在高阳看来:"我们要改良社会,先要把民众生计教育办好,其他问题,也就可以迎刃而解了。"③他还对当时许多人认为"训政时期的民众教育应以政治教育为中心"的看法,表示了不同意见。他在《政治的中心》一文中指出:主张民众教育应以政治教育为中心者,只是看到了问题的表面,其实政治有政治的中心,"政治的中心是民生,就是制民之产,使全民都有恒产,养生丧死无憾"④。所以他强调,我们必须转变观念,"认清民生是政治的中心",民众生计教育才是民众教育的中心。高阳特别重视民众生计教育,是他立足于民生为本基础上的真知灼见,值得我们重视。

3."因民众生活之需要而施教"

民众教育作为一种教育活动,其成败关键在于教育的对象是不是有兴趣,愿不愿意参加。为了避免以往有的社会教育机构,因与当地民众生活没有关系,引不起民众的兴趣,结果"无从施教"的尴尬局面,高阳强调实施民众教育,必须"因民众生活之需要而施教"。⑤ 由于民众生活的需要,因事因地因时因人而异,所以在实施民众教育时,先教什么后教什么,在何时何地用何方法施教,都应该从民众生活的实际需要出发考虑。唯有如此,"方能得民众之同情与信仰,而引起其兴趣……收事半功倍之效果。"⑥为了了解民众

① 均见高阳:《从民众教育的起源及任务说到民众教育的真义》,载《教育与民众》第 5 卷第 1 期(1933 年 9 月)。

② 高阳:《民众生计教育(演讲稿)》,载《教育与民众》第 2 卷第 5 期(1931 年 1 月)。

③ 均见高阳:《从民众教育的起源及任务说到民众教育的真义》,载《教育与民众》第 5 卷第 1 期(1933 年 9 月)。

④ 高阳:《政治的中心》,载《教育与民众》第 2 卷第 4 期(1930 年 12 月)。

⑤ 高阳:《关于实施民众教育方法上之讨论》,载《教育与民众》第 1 卷第 8 期(1930 年 3 月)。

⑥ 高阳:《三年来江苏省民众教育设施的经过》,载《教育与民众》第 2 卷第 6 期(1931 年 2 月)。

生活的实际需要，高阳大力提倡“民众教育服务人员须深入民间”。他指出，深入民间，民众教育服务人员必须经受两种辛苦：一种是有形的辛苦，即民间生活状况极为简陋，经受物质环境骤然变更之苦；二是无形的辛苦，即民众生活问题纷繁复杂，层出不穷，人事关系错综繁复，经受精神负担沉重之苦。民众教育服务人员必须经受住这种考验，深入民间做各种考察和调查，了解民众生活的实际情形，做民众的知心朋友，在实践中增长才干，才能赢得民众信任，真正有效地开展民众教育。

4. “须让民众自动切不可替天行道”

高阳认为，民众教育的真正目的是为了培养民众的组织能力、兴趣和习惯，使民众能自动运用团体的力量解决各种社会问题。在这个过程中，少不了民众教育服务人员的指导作用。但是，民众服务人员切不可越俎代庖。他告诫说：我们万万不可心急，或要成绩，事事替民众去做，以致校董会、读书会、音乐会、国术会、合作社、改进会、救火会、冬防队等等，都由办理民众教育者主持其事，一般民众徒受其惠，并不知道如何运用团体力量，满足他们的需要，解决他们的问题。在他看来，“这种不让民众自动，好替天行道，急于求功的办法，在一时虽不无成绩可见，但是即使有成绩，至多亦不过做到人存政举，人亡政息，对于救中国危亡的根本方法（使自己先有团体），可断言丝毫无用的”①。言之可谓精辟深刻！事实上，它也确实成为江苏省立教育学院从事民众教育实验事业的一个重要指导思想。

5. “注重实习，由做而学”

高阳十分重视民众教育人才的培养。他曾经设想在全国设立两类学校，以培养民众教育所需要的不同人才。一类是全国至少设立一所国立社会教育大学，在从事社会教育学术研究实验的同时，“造就学问较为高深人才”；另一类是各省设立社会教育学院，或社会教育服务人员训练所，同时在乡村师范以上各级师范学校，以及大学教育学院或教育科，设立社会教育课程，培养社会教育服务人员。在学生培养过程中，他特别注重实习。这是因为在他看来，民众教育服务人员必须做民众解决实际问题的顾问员与指导员，假使因为只有书本知识，缺乏实际经验，小则不能取得民众信任，接受指导，大则使民众利益受到损害，教育事业无从推进。“所以无论为服务人员个人计，或事业与社会计，在训练的时候都应该注重实习，由做而学。”②此外，高阳还认为，实习不仅使学生获得“实地经验”，而且还“可以训练学生刻苦耐劳的习惯”。正是在这样的思想指导下，江苏省立教育学院结合实际需要，在指导学生实习方面作了许多开创性的探索，并取得了积极成效。该院学生实习分为民众教育实习与农事实习两种。民众教育实习侧重于乡村工作，有时也兼及于市民教育和工人教育。实习的具体内容包括民众教育行政事务、民众教育事业、民众教育机关杂务处理以及调查研究等四项。实习本科生安排在第四学年，时间一年；专科生安排在第四学期，时间6个月。实习期间必须吃住在农村，“完全自办，不雇工友”。农事实习包括农田实习和作物园艺等，时间本科生2年，专科生1年。此外，还有结合课程学习的实验和实习。实习开始时，以注重基本训练及练习耕田、耙田，使用农具

---

① 高阳：《民众教育任务与方法之探讨（一）》，载《江苏教育》第3卷第9期（1934年9月）。

② 高阳：《中国民众教育服务人员问题》，载《教育与民众》第6卷第5期（1935年1月）。

等技能并养成吃苦耐劳的习惯为主，2 个月以后，则分担田地自行耕作，养成自动设计及管理农田的能力为主。具体做法是：每人分担田地作物区六分之一亩，园艺区二分。田地由学校供给，但必须按期缴纳租金。农具、肥料、种子等，也都由学校借给，俟农产品收获后，必须照价付给学校。每季种植农作物的种类及栽培方法，均由学生自行计划，由指导员核准后实行。自整地到收获止，学生必须逐日记载实习情况，并在收获时另写一份总报告，说明农作物的生育及栽培情形。同时用新式簿记，报告收入的盈亏，一并交给指导员审核。可见，该院学生的实习是真干，而不是"作秀"。

由上可见，高阳在长达 10 余年的开创性的民众教育实践探索中所形成的民众教育思想，在当时的民众教育思潮中独树一帜，为建立具有中国特色的民众教育思想作出了独特贡献。

四、崇高人格，"足称为后人之楷式"

高阳不仅以教育业绩和教育思想贡献于中国近代教育，而且他的崇高人格也是一份重要的财富，彪炳于中国近代教育史。唐文治在为高阳撰写的传记中，对其人格最为赞赏。他概括说："综其生平，至公无私，见义勇为。考其德行，诸德咸备，不骞不怍，可谓完人矣。"①雷沛鸿也十分推崇高阳的人格，认为其人格"足称为后人之楷式"②。具体而言，高阳的崇高人格主要表现为：

1. "一生尽瘁教育，不治私产"

除刚从美国留学回来放弃进外交部工作的机会之外，其实在高阳的一生中，还有多次机会可以从商或从政。如 1927 年，他曾任职于上海轮船招商局；翌年，又在当时革命策源地广州，担任广东省政府秘书。但是，他均先后辞职了，而委身于教育，"一生尽瘁于教育事业"，尤其是钟情于民众教育事业。因为在他看来，民众教育是疗治社会弊病，改造社会，复兴民族最好的途径。因此，他创建并长期主持江苏省立教育学院，培养民众教育人才，从事民众教育研究和实验，实质上是寄托着他救亡图存，复兴民族的理想追求。尽管历史已经证明，在当时的情况下，仅靠教育救不了国。但是，高阳对此却深信不疑。"九·一八"事变以后，他甚至认为"今苟欲团结全国民众，使有力量同赴国难以救危亡，舍民众教育计将安出！"③正是鉴于此，他把教育，尤其是民众教育，当做是自己一生矢志不渝，终身追求的事业。为了她，他心甘情愿毁家兴学，并将自己的薪金充作办学经费，而一生不治私产，致使全家过着清苦的生活；为了她，他以苦为乐。学院西迁桂林，条件极为简陋，"草屋数椽，不蔽风雨，而其乐融融。饭菜粗劣，常人所难以下咽者，而先生食之先，又余甘焉"；为了她，他一再"别妻抛子"。1939 年，他再一次别妻抛子，毅然离开上海，只身徒步跋涉重返桂林。梁漱溟说："去时发黑，来时鬓斑，其间辛苦可以想见矣。"更让人伤心不已的是，这次分别竟成了高阳和他的家人的永诀；为了她，他在病况似有起色之时，曾计划奔赴皖南，恢复江苏省立教育学院，直至临终前还恋恋不舍，留下遗言："余一生以尽力于江苏省立教育学院最多，前后同学努力为母校增光，是余所至望也。"可谓

① 唐文治：《无锡高君践四家传》，见王桐荪等选注：《唐文治文选》，上海：交通大学出版社，2005 年版，第 469 页。

② 雷沛鸿：《纪念高践四先生》，载《广西桂林报》，1943 年 8 月 21 日。

③ 高阳：《江苏省各县县单位乡村民众教育普及办法草案》，《教育与民众》第 2 卷第 8 期（1932 年 4 月）。

鞠躬尽瘁，死而后已。同样是为了她，他不惧利诱威胁，拒不出任伪职。周佛海在任江苏省教育厅长时，曾是高阳的上司。1939 年，南京汪伪政府成立前后，周曾几次派人去请高阳出任汪伪江苏省教育厅长，尽管当时高阳因家累而羁留沪上，经济拮据，但均为高阳所拒绝。回到桂林与友好门生相见时，他笑着说“得呼吸自由中国之空气，重理旧业不胜其欣慰者”①。表明了他甘守清贫而绝不卖身投靠的高风亮节。总之，将教育作为自己一生的最高追求和最快乐的事业，心甘情愿为之作出种种舍弃与牺牲，在高阳身上所充分体现的这种崇高的教育家人格，不仅在历史上熠熠生辉，而且也是我们今天所应该大力倡扬的。

2. “先公后私，先人后己”

所谓“先公后私，先人后己”，是说在国家利益、集体利益和私人利益的选择中，优先考虑国家利益和集体利益；在他人利益和自己利益的选择中，优先考虑他人利益。这是一种待人处事的准则，渗透着谦让和奉献精神。它被列为遗言的第一项内容，并概括为“生平所抱宗旨”，可见高阳对其重视程度。事实上，这确实也是高阳一生待人处事，刻苦奋斗的真实写照。在江苏省立教育学院西迁途中，当行到江苏高淳时，高阳长子高文凯肺疾复发，病情严重，不能再随队长途跋涉。作为院长，高阳肩负全院师生安全，行程不容延缓。在与夫人商量后，他决定将文凯托交小庙中和尚，全然不顾子女们哭喊着要文凯同行的要求，毅然舍子率队前行。在从长沙到衡阳途中，传来了文凯在高淳病逝的消息。庙中和尚感于高阳的精神，用自己的棺木装殓了高文凯。高阳得此噩耗，强忍心中悲痛，继续率队西行，最后安全到达广西桂林。② 又如 1942 年冬，高阳因积劳成疾，在桂林市东郊一所破旧的祠堂里养病。此时的他，远离家人，孤身一人，只有一位老工友照顾；医药费拮据，生活艰难，而且这里“地势卑湿不洁，非养病之所”。见自己尊敬师长的境况如此凄惨，一些门生故旧于心不忍，纷纷请求他“设法筹款易地疗养”，但是他“顾念战时艰难，不愿为个人多费”，而不同意搬离。在对自己后事的处理上，他也叮嘱家人“余身后决不要以战时艰难之钱，花费于我个人丧葬之用”。③ 在自己生命的最后时刻，顾念的依然是国家的困难。对于高阳的这种人格，雷沛鸿曾有过相当精辟的评论：“范仲淹说过‘先天下之忧而忧，后天下之乐而乐’两句名言，高（阳）先生完全这样做到了。”④是为确论！

3. 奋勉刻苦，坚毅彻底

高阳受其父亲性格的影响，一生行事奋勉刻苦，笃实践履，严格精勤，坚毅彻底，“颇有中国古代墨家法家苦行崇法的风格”。在带领学院西迁途中，他坚持给学生讲课，即是只有一个学生，他也照讲不误。当时是民众教育系二年级学生的孙诞先，在《一个教授为一个学生上课》一文中回忆了高阳为他讲课的情景：没有教室，没有课桌，窗户的隙缝中不时吹进刺骨的寒风。高师准时坐到我的左侧，用梁漱溟的《乡村教育的理论体系》作为

---

① 引文均见梁漱溟：《高践四先生事略》，载《人报》，1946 年 7 月 6 日。

② 参见张大年：《毁家兴学为民众——记“私立无锡中学”创办人高阳（践四）》，载《无锡市三中 80 周年校庆纪念册》，2000 年。

③ 引文均见梁漱溟：《高践四先生事略》，载《人报》，1946 年 7 月 6 日。

④ 雷沛鸿：《纪念高践四先生》，载《广西桂林报》，1943 年 8 月 21 日。

临时课本，结合战时实际，有声有色地指出战时的乡村教育。首先应该是教育群众，宣传群众，组织群众，武装群众，做到人自为战，才能立于不败之地。天降大雪，气候寒冷，可是高师以一腔育人的热忱之心，滔滔不绝地为我讲课，忘掉寒冷，忘掉自身因长期劳累的喘咳，我被这位具有高尚情操的伟大教育家所感动了。又如高阳在接任广西大学校长后，采取各种切实有效的措施，整顿校风校纪，改进教育，提高教学质量。经过一年多的努力，学校面貌大变，深得社会赞扬。对于高阳一生这样的立言行动，信守不渝，在当时有些人看来，"简直是愚不可及"。但是雷沛鸿认为，高阳"就以这一种愚不可及的精神苦干下去，对这变动的时代，尽其应有的力量，鞠躬尽瘁，以至于死"。① 这确实是高阳与他人不同的地方，也是他的伟大高明之处。

4. "互相尊重，以人待人"

在高阳的人格中，明显受到我国古代墨家法家的影响，但其底色是儒家思想。他字践四，就是因为幼读《中庸》，心有领悟，就取其义，表示要践行君子"孝、悌、忠、信"这四种德行。在遗嘱中，他对后人的要求也是"待人须忠厚，对长辈须克尽孝道"。有时，他还将儒家一些重要信条要求学生。如1931年，他在《江苏省立教育学院农民教育专修科毕业纪念刊序》中，将儒家所提倡的"克己复礼"，"躬自厚而薄责于人"，"言忠信，行笃敬"，作为"药石之言"赠给学生，并要求大家"勉力实行"。因此，高阳确实是受到中国传统伦理道德的深刻影响。同时，他又汲取现代文明社会的道德观念，在此基础上形成了自己的道德人格。"互相尊重，以人待人"，就是他的道德人格在师生关系上的重要表现。在高阳看来，学生固然应该尊师，但教师同样也应该尊重学生。教师尊重学生的核心是，"应始终以学生为目的，而不以学生为工具"。唯有如此，将来学生服务社会，也才能做到"以民众为目的，而不以民众为工具"。② 在现实中，高阳身先士卒，亲力亲为，以待人的真诚和平等，赢得了全院师生的敬重和爱戴，也成为他成功办院的重要人格因素。

综上所述，高阳以他的开创性劳动和突出建树为中国近代教育作出了重要贡献，他在长期探索中形成的教育思想，积累起来的成功办学经验，以及"堪称师表"的崇高人格，至今仍具有积极的现实意义和重要的借鉴价值。然而长期以来，由于种种原因，高阳并没有受到教育界、学术界应有的重视，研究成果寥寥。相信随着《高阳教育文选》的出版发行，高阳这位为中国近代教育的发展尽瘁终身，曾在中国近代教育史上产生过重大作用和广泛影响的著名教育家，必将会受到愈来愈多的关注和研究。同时，我们也可以从他的教育实践、教育思想和教育著作中汲取丰富的养分，推进国家中长期教育规划纲要的实施，促进我国教育改革和发展。

（本文作者金林祥，教育学博士，华东师范大学中国教育史教授、博士生导师。）

---

① 雷沛鸿：《纪念高践四先生》，载《广西桂林报》，1943年8月21日。

② 高阳：《在苏教院举行十二周年纪念大会上的祝词》，载《教育通讯》第3卷第13期(1940年3月)。

上 篇

1915年

广义教育说

洌按:践四先生厕身教育界中多历年所,声誉卓著。斯篇载民国四年之《东吴》第一卷第六号。洋洋大文,先生于教育固早已研究有素。

广义教育者,别乎现行统系的教育言,非普及教育之谓,乃谓中国人民众多,而程度低下、文教衰落、文化背进,国步以日蹙,而民生日陷于憔悴忧伤之境,将举人人所有之常识,变而通之,在在行教育之方法,以期教育普及全国,人民皆得有普通之智识也。我国虽为世宇古文明国之一,然数千年来有退化而无进化,故今日中国人民程度之低,几为全世界所訾议。其亡其亡,讳无可讳。平居一举一动,除一二身修德劭者,品行端恭而外,其余非行己有私,荡然无耻,即习非成是,如梦死醉生,贸贸终日,不自知其何以为而已。就一家言,凡平时以孝友礼让相榜者,可历历指数曰:上为慈爱之父母,下为孝顺之子女,推此而有克友克恭之兄弟焉;又推而有同气连枝之诸父诸姑,下即礼敬不衰之兄嫂弟娣焉。其或有继母及异母兄弟者,尤能推一本同枝之爱,益笃亲亲之谊焉,固也;其可以相榜,而使同里闬之人矜式也。然而人之在家,微特内行纯笃者之不多遘也,而父子兄弟娣姒之伦,鲜有能辑睦相居者。若继母及异母兄弟之间有违言、伯叔嫂娣间之不相容,固无论矣;甚至兄弟阋墙,夫妇勃豀,怨怼父母,摧残骨肉,不其过乎?论者非作解人相谅之语曰:是乃家庭之隐忧,为人人所堪痛心;即厉声相斥曰:是由于大道之不明、家庭之不学耳。然而隐忧虽深,谁消释之;大道不明,谁昭示之;家庭不明,谁牖启之?而况人人以不学故,于邻里乡党社会家国之间,酬酢往还,亦往往不能得其正:或机诈百出,变幻无常,或卑鄙龌龊,廉耻道丧,或礼让不知,傲慢不逊,或躁急卤莽,偾事败绩,以致干戈起于揖让,谈笑亦生锋芒,以狡猾为智者之本相,以忠厚为愚夫之徽号。究之社会蒙其弊而私欲亦不能遂,公德沦亡,社交离贰,道德堕落,营业凋零,国家凡百企图,日就无望,而文化之背进,其情状有不堪设想者。一言以蔽,皆坐吾人无学,见小利而忘大利,而愚而好自用之心,复有以中之。孰悯狂愚,怜其失学,而教育之乎?至于咳吐便溺之细,谈讲举手之微,国人亦不能慎,至白皙种人,距之以野蛮,而侣之以犬豕。明属中国之版图,而喧宾竟以夺主。耻辱若斯,亦曾睹吾人之内自省乎?至他人之莅止吾国,为我所属耳目者,不见其一喷嚏、一呵欠之间,必承之以巾,深自敛抑乎?而我乃放浪形骸,箕踞袒裼,沉醉烟酒,遗臭万人,放弃礼法,自矜旷达。我固不惭,而人将何以堪乎?抑吾人非特不知愧悔已也,反引随地便溺,致被惩戒为谈助。而癖酒嗜烟,益复猖狂,一若唐高祖纵酒纳贿,用以自污者。呜呼,此非不知公德,习非成是而何?国于天地,不能闭关自守,国际上私人之交涉，至今日而益形接近。顾吾之举动如是，行为如是，其将永不讲公德，永受人藐视，而长此终古乎？势必不能也。则又谁将怜其失学，而谋教育之乎？若夫一国之事，其影响所至，无不波及全国，于人民皆有切肤之关系。且今当民国新建，民为主体，宜人人皆具政治思想，爱国精神，以国事为家事，时时萦之怀抱，与亲友讨论之、筹谋之、笔之书之，以贡之于社会，贡之于政府，以期拨乱为治，转危为安，且尽仔肩共担之义务矣。乃吾民旧习深染，仍但知有个人，知有一家，而不知有国，以国为传家之宝，为个人一姓之私产，故曰某某去位，则某某之地位益固；而不曰某某之去位，乃吾国前途之福，或吾国民全体之不幸。即有言之者，亦不过于酒后茶余，作谈助，非能真作主观，灼知国之于己，休戚相关，而慎思之，明辨之，念兹在兹，忠爱之忱，形之寤寐，忧国之心，不啻若是其口出也。不然一国之庶政至纷繁矣，一国之人民亦众多矣，国会未开，宪法尚悬，国政待整理，实业待振兴，教育待普及，国耻当雪，国威宜章，乃忧患弥大，万方多难，内乱未已，外患频仍，斯乾坤何等时，吾侪小民，敢仍以不识不知，顺帝之则谢乎？现政府之所为，固不能尽如人意，而人民监督政府之责，亦无可旁贷，乃熙熙攘攘，漠不注意，何为者也？其在下愚，平时既从来未闻人民与国之关系，且为内顾之忧所萦扰，个人之私所范围，遂不问国事，不念国难，惟安乐之是图，淫逸之是耽，视国与民之关系，如隔重山折，固无论矣。乃至以志士自命，天下自任者流，或亦暴弃自甘，萎靡不振；或各奔私利，廉耻道亡；亦或有慷慨激昂之怀，而稍纵即逝；或不乏义勇从公之志，而境过情迁，或学步兵之哭途，或效灌夫之骂座，乃言虽危而行逊，色虽厉而内荏，或竟藉痛哭流涕之文章，以希知遇，或自托醇酒妇人之素志，以了余生。故爱国保种之说，亦口头禅而已。作者非好为刘四之骂人也，凡志洁行芳，思深虑远，真能以利民福国为前提者，方敬之爱之不暇，何忍加以非礼之语，亦何敢以傲慢不逊自居乎？试思执笔伏案，天寒则围炉，体冷则御裘，饱食终日，安步当车，而纵谈有师友，欢叙有天伦，身家之幸福，可谓极至，而有时事物不惬于心，则必谋使尽合吾意而后即安，犹以为未足，又必求所以增进之。而研诸虑，悦诸心，无往而不用其极，独至一国成败利钝之故，则不闻不问，一若楚人得弓、楚人失弓。更无须吾侪过虑者，即明知大局之垂危，亦或以权不我操，言不我用，藉无可奈何一语以了之，不知天下之存亡，国家之成败，所以积渐而至者，原非一二人之力所能左右之，则推亡固存，转败为成，亦不能以权藉有无之故，尽委其责于政府，而自以无权力者无责任一语谢天下之人，久处于无责任之地位，而于整齐一国，安上治下，修内攘外之事，淡忘已久。设一旦现政府以国步艰难，尽力既久，不愿更为公仆，则吾侪精神疲惫，素无预备，将何起而以代之乎？而况国为我人民之国，政即我人民之政，万端待理，政府决非万能。时际平和，国际公私之交，绝少葛藤，犹北同心一德，谋所以整顿全国之实业，增进国家之幸福。今当欧战方亟，强邻逼处之时，宜如何实事求是，谋为政府之后盾，岂可以虚娇之空言，欺人自欺乎？夫一身之事，若不谋砥砺名节，以图自振，则必身败名裂，而无以立身；一家之中，家长若怠惰自甘，放弃齐家之责，一任子弟之贝检踰闲，习以下流，则家务必索。高明之家，鬼阚其室，有前鉴矣。善耶一市肆、一商店，为其主人翁者，若不饬整齐划一之行规，责通力合作之效力，以谋营业之发达，利金之孳生，而自以居移养气，保东人之尊严，或深居简出，不问营业，或赌博冶游，妄支母金，为其同事者，上行下效，亦与之为同昏，无一存责任心，力助本肆事业之发展者，则倒闭歇业，颂意中事，质言之，一公司团体总经理及同事等，若不能尽其职分，而各股东亦不知某所以辅助而监督之，则该公司之失败可立待也。推之一国，何莫不然。然此犹倡率得人，则所属咸奋，仍有责任当国之意也。其实政府不过为少数施行政务之人，其能力之厚薄，仍视我国民之能协力同心与否为标准。亦犹一家之中，家长虽力谋发达，大振门楣，而子女多不勉力，非特不克望未来之幸福，即所已有之幸福，能常保乎？此人民依赖政府之心，所以不可有，依赖焉而尽弃国人之天职，则我有庭内，弗洒弗扫，宛其死矣，他人是保，此诗人之所为兴叹也。不然埃及印度非皆古文明国乎？何以国人不自有其国，今已皆为英国所保乎？其余若波兰、若安南、若朝鲜等国，宛其死矣。他人入室之悲，又何以继续闻于世乎？我国广袤之疆土，其划入各国势力范围内者，已亘于沿海岸线之各行省，而浸浸乎贯入腹部。外交之失败，虽铸九州铁而不足喻其错，固无庸赘论矣。而内政一端，亦以国民不知自谋，至启人生觊觎之心、把持之念。尝谓西国之政争，为政见之争执，彼其民意见虽不同，而目的则同为为国服务，为国谋幸福，且其胜而得位者，常为政见适合时宜之人，由民选之。故大多数之民，亦必助其发展政见，和衷共济。虽君主立宪国，颇得共和之精神，如英国者，灼然共见矣。而我国之政争则不然：富有者，用金钱为运动；狡黠者，仗党派以竞争。地方自治为绅士自治，中央集权为个人集权。彼辈既无所谓政见，而所以争胜之目的，亦不过为个人之私利计。无怪地方益扰乱，政治益枯窳，交涉益失败。切实救国之计，根本解决之手段无有，而勾践卧薪尝胆，二十年生聚教养之大方针，不重见于今日也。夫彼辈肉食既久，大志已为食前方丈、侍妾数百所移，其不知振作，固意中事。且其自私自利之心之所由起，皆因吾民虽有钟鼓，弗鼓弗敲自召之。身虽执政，同为国民之一分子，习性相同。国民不思，彼辈亦不思；国民无政见，彼辈亦无政见。其所以制胜人者，非富有之资，即狡鹜之性耳，吾更何望焉？夫吾国大多之民众，苟长此散沙，无人人为国谋自治之决心，则吾国终无宁日。迁延迁延，蹉跎蹉跎，必训至国亡而后已。呜呼！吾人于切近之事，如身家性命，急急皇皇，日谋所以保安之道，惟至身受庇荫安危与共之国，则以影响稍缓，无有念及之者，言之亦可汗颜、可痛心矣。夫政权虽不操之我手，我岂可恝然于一国之成败利钝，而视同吴越。抑我岂不能以我一得之愚，发为言论，贡之当局？至当局有过，我岂不能间接直接与之力争，以促其反省，期其晚改，俾国政不受损害乎？语云，至诚所感，金石为开。我以真诚爱国之故，谋祖国之平治，又何所顾忌，莫扪朕舌，而不尽一吐耶？且筹谋国事，亦分内事矣。现在总统，亦有家累，亦有个人之私，虽为公仆，势未能终日尽瘁于国是。我亦不能必归责于公仆，屡为不情之请，而不自抒其抱负，重申“有权利者，有责任”一语也。则我人于公务之暇，家政既理之后，不能视国事如家事，思之极审，筹之极熟，然后更以己之所得者，出与有道讨论之，及确见为事理之适当，乃贡之社会，以便当局集思广益厝国家于至安乎？虽然，吾国人之第知爱身，不知爱国，政治概念，心无系著，相习已数千年于兹矣。海通以来，戟刺虽多，而神经系之行使，未臻灵敏。故国步艰难，而无责任心之习性，根深蒂固，牢不可破，求一负经营天下之志，而筹谋及之者，如凤毛、如麟角。孟子曰，惟贤者以其昭昭，使人昭昭；今以其昏昏，使人昭昭。然则无论自处于昏昏，而转求人之昭昭，天下将不之应。又谁哀其昏昏，被以相当之教育，俾渐臻乎昭昭，得以其昭昭，启人之昏昏乎？总是四者，小至咳唾便溺之私，中为家庭社会之居处往来，大至一国之国是，吾民对之，多未得当，故致不能受其福而被其害。一二开通之士非不大声疾呼，咨嗟叹息，然徒托空言，何补于事乎？即能见诸实行矣，亦以烛理不精，立方不验，盖不审乎病之所由来，而措治病之方，而惟头痛医头、足疼医足，如谚之所云之者，终不足针膏肓而起废疾也。夫吾民之大事糊涂，小事失检者，皆由于不具常识，程度低微。说者知教育之为紧要然反观不学之人民，如此其众，所乏之知识，又如此其多，即令欧美大教育家处于此，亦有难于厝手足者。故每一念及，未尝不望洋兴叹，以为长此冥行，终将为深渊中之盲鱼，再见天日，恐无期也。顾吾思之，吾重思之，忽有所触，以为智犹水也，脑犹贮水之器也，民智低下，惟有灌注，而灌注之方，惟求其广，乃能有效。故广义教育之说起焉。

学崇浮华，士殉利禄，古学垂亡，新智遏绝，以至一切学问，均须求诸海外。而顽固者，犹守旧笃墟，终焉不化；维新者亦徒艳称欧化，吐弃国粹。所志卑劣者，且以能造就象胥之才为已足。故中国非惟国势衰也，并文教亦极衰替，有逝川而无回流。世之爱国者，当国强学衰或学盛国弱时，则救国又有所藉手，独至国弱而学衰，则不得不进退维谷，一筹莫展矣。夫一国之学，有精神焉，科学及文学，不过其附丽耳。昔者尧舜率天下以仁，大禹率天下以俭，孔孟垂教以仁义，而自夏商以履周，尚忠尚质，进乎尚文。是故孔子曰，周监于二代，郁郁乎文哉，吾从周。而仁和龚氏则曰，孔子之从周，法时王也。吾谓孔子祖述尧舜，亦不尽法时王，而必宪章文武者，则以成周文化之隆，为五帝二王所求未逮。此孔子所以称时圣也。惟一代文化之昌明，必根据于教育之普及。试观周官所载，凡师氏保氏大乐正之所典，皆为教育之事。故其时国有国学，乡有乡学，上自王公卿大夫之子弟，下迄编氓齐民，莫不游于庠序之中。而家塾党庠、术序学区之分配，八岁入小学，十五入大学，学龄之规定，整齐划一，遐迩同风。绳以今日欧美教育之盛，吾何间然哉？秦汉之际，有焚坑祸，有挟书禁，日剥月朘，举中国立国之精神，荡为寒烟，微特神州学术之不兢已也。训至新莽之附会、刘歆之掺杂，并举汉武以来统于一尊之儒学，仲尼手定之六经，亦篡乱之。汉儒说经，虽以六籍功臣自居者不少，而支离破碎，入室操戈，挟自作聪明之小智，晦大义而溷微言，致歧之中又有歧者，亦复实繁有徒。康成大儒也，而援谶纬以入经；京房大师也，而托术数以诠易，其他更何论哉？世动曰“六经者，载道之文而经世之书也”，于是而居读古人书，出任天下事，以名儒之文章而成名臣之事业者，翕然以“通经致用”四字之美谥奉之，其实经已乱，其孰通之体不明，用谁达之？盖知两汉以降，所谓春秋折狱，禹贡行河，诗三百篇当陈者，皆断章取义为之，非尽有得于群经而能观其会通，以措时宜者也。然则所谓经学大师者，吾知之矣。宋儒尊德性，与汉儒道问学相递嬗，经学理学而成中国千数百年双峰并峙之大观。近百年间，一般学者之服习，自谓有统系有传派之学术，穷老尽气，仍盘旋两派之裤下，而不敢越雷池一步者，非汉学即宋学耳。宋儒尚理想，似能举汉学章句饾饤之学一扫而空之，颇有革新代雄之气象。然高谈心性，浅者邻于乡谚，深者流入禅宗。虽上自泰山高平，以迄濂洛关闽五子，聚徒讲学，俨然以师儒肩教育之权，而流风之推暨者广，然格物致知之暗中摸索，正心诚意之纸上空谈，与人心风俗，或不无移易之功，而修齐治平究何有实效可证？下此者更可知矣。故就两学性质言，汉学主唯物，宋学主唯心。就两学作用言，宋儒粗有得于形而上之学而主乎受用，汉儒无当于形而下之学而并不得言应用，则宋儒愈矣。质言之，诚庄子所谓一丘之貉耳。中国自周以降，无教育史之可辑香，而民智不开，百昌之学无所藉以启发者，皆坐是也。而况累代取士之寡要鲜当，亦为消沮士气、斲丧国化之一大关键。自明祖以制义取士，更举宋以来经义取士之制变本而加厉之，祸乃烈于暴秦之焚坑，而于立国之精神，遂为消耗上之消耗。个人毕生之精力，既受单体之打击，则国民之精神，将何所寄以存立乎？中国数千年来文化之有退无进，岂偶然哉？欧洲当中世纪时，学者守亚理斯多得所发明之外籀学，以为宇宙间之智识已尽于是矣。以故徒传授而不图前进，守既有而不知发明，几与我国相伯仲。然其古学不久即复兴，至今四五百来年，文化蒸蒸日上，已非吾人所能望其项背矣。夫欧洲诸邦之学，近源于希腊罗马，而远溯于埃及。埃及文化最盛时，即当我国文明全盛时代，而东西进化所经历，亦几出乎一辙，惟两地之形式虽同遭抑压，而彼之精神从未消灭。崇尚自由之条顿民族，终不为罗马所牢笼，故其人吸收新学而不为新学之奴隶。中世纪封建时之尚武好勇、十字军之前仆后继，再接再厉，东向无已，皆由其精神充塞于内，故时时流露于外，而不可遏抑。今则盎格罗撒克逊族爱自由、贵光荣之精神，发而为英国之雄跨全球、英学之布满世界。日耳曼族铁血尚武之精神，发而为德国之称霸大陆、称霸学界。即近观之日本，亦以其具大和魂武士道之精神，当欧风美雨滔滔东渐之时，非惟兀不为动，且能吸收新知，发皇固有，学于人而不役于人，不数十年间，已一跃而与列强并驾齐驱矣。由是可见一国之学不在形式，而在精神。精神完固，则贞胜自操，虽烈风雷雨，亦不致迷茫失措，退入于泥。精神若不完固，则平时本外强中干，临变则畏首畏尾，以奄奄一息、旦夕就木之尪夫，尚可浮沉于扬风怒号、惊潮山立之漏舟中乎？呜呼！我国国学之无精神也久矣，我国之不亡、我学之不绝幸耳。虽然，精神之不振，固不足以遗大而投艰，而历试艰难险阻之中，精神或经磨砺而出，故操心虑患，而后德慧术智之用章；困虑衡心，而后增益不能之效显。昔者虞舜大孝，虽善处父顽母嚚弟傲间，当其时，彼亦未尝不往于田，号泣于旻天，感于父母不以我为子、象弟不以我为兄，茫茫然其如穷人之无所归也；及乎起敬起孝，得亲顺亲，瞽瞍抵豫而天下化，傲象忸怩而有畀封人，且并其家庭万难之境而忘之矣，而不知焚廪掩井，为人子所难堪，正不知几经艰难，几经坚忍，始得辑和无间言也。禹自鲧父汨沉五行，酿祸滔天以后，始膺治水之命；而八年在外，三过不入，沐雨栉风，不敢以私恩废公义，而懈随山刊木之功；及玄圭载锡，地平天成，人第见父以水殛，子以水王，为人世未有之奇遇，不知其黄熊之祸，抱痛弥殷，干父之蛊一语，乃神禹所不忍闻者也。使禹不以尧舜之忧为已忧，天下之任为已任，覃怀底绩，厘以博受禅之荣，则以后抚九有之尊荣，将一改土阶茅茨之观，而务崇美备，又何事卑宫室、恶衣服，力崇节俭主义哉？宋之墨翟，乃守此节俭之精神，而倡兼爱兼利之说，冀返天下以淳朴，而非乐非兵，备城守以弭侵攻，阐哲理共图实利，则神州社会学之真命脉所寄也，故世之言节俭者，必称禹墨。而足迹几遍四百州，突不得黔，犹然孔氏凄惶救民，周游七十二邦，席不暇煖之意耳，即所如辄阻，复著书立说以传其人。而墨徒百八十余人，皆可使赴汤蹈火以济物，故周秦之际言学术者，必称三宗，而老氏最无利于天下。孔之与墨，一支一质，同具左右神州学术之精神。故人生有目的焉，有精神焉。舜禹孔墨之目的不一，而同具一宏毅之精神，即其目的虽异，亦同归于任重道远，利国利民。惟其有精神，故能有成立；惟其目的为利他，而非利己，故其精神焕发，博施济众之量愈宏。精神目的，相为表里，亦相得益彰。莎士比亚曰，吾之目的为使人得愉悦。其所著书，虽为戏剧曲本，而于德育一端，三致意焉。盖其目的在使人得真正之娱乐，故从教人以道德入手，而不若世之有文无行者，好作淫荡之词，博人一时之欢笑，而更贻人以无穷之祸也。人心世道之忧，皆以文人之行，为优徘之戏，而无圣贤豪杰之精神、利济之怀抱贯乎其间为之也。吾国历代皇帝之目的，为穷奢、为淫乐，而人民之目的，为利达、为富贵。故数千年来，上下不具节俭之精神，且但知利己，不知利人。欲心愈炽者，则乘时崛起，逐鹿中原，一旦窃国为王，则琼屋璇室，土木大兴，帝皇之多欲也；歌功颂德，因媚兹而自贵，门生故吏半朝右，而富敌国，远方贡献，死犹至门，人臣之欲也；说经则夸赅博，论文则兢华藻，被朝华而谢夕露，叛正道而攻异端，士之多欲也。其余则正如南齐范缜“万花同发，随风飘散”之说，“或拂簾幌，堕茵席之上，或关篱墙，坠粪溷之中”，生平志欲，各随所处之地位而异。要而言之，虽不敢以帝皇之欲为欲，而无不以士夫所志为志，利乐熏心，慆淫丧志，又谁怀高尚之目的、具刚毅之精神乎？至于晚进习非成是，司空见惯，已无复有斥患得患失为卑陋，予取予求为贪婪，至不齿于人类者。故为亲长者，以能得虚荣责望于子孙，而子孙无知，遂亦以能如亲长之所期，洋洋有得色，扑索迷离，一往不返，可慨也矣。其甚者，揣摹社会之心理，撮合狎媟之淫辞，著为浮薄之文，以误人而自误，不知人生志向贵高尚，主义贵纯正，庶精神益能焕发，益有涵养。今以沽名射利之故，掇取荡无廉耻之文字，贡献于社会，坐耗一般青年万金不换之光阴，而在我笔墨之生涯，一如笑卖千金，利市三倍。八表同昏，而求一昌明正学，羽翼圣经，补救人心，辅翊世教之大文章，则朝阳鸣凤，同其遭逢，即或有之，不为明珠之夜投，抱荆山之痛哭，文教堕落，乃竟如斯，将何以救中国之亡乎？昔者英亚迭生、司蒂尔之发行杂著也，以改良社会风化为职志。举凡俗之轻佻浮夸者，莫不辞而辟之；其有治教而为社会所缺少者，则提倡之、鼓吹之，不遗余力。今二公且因其所著之杂著传矣。返观吾国日报杂著，充溢于市，不可谓不多矣，然有如亚司二氏所著者乎？各国政治家之演辞，皆汇印成集传诵于世，而人亦以其阐扬真理、主持公论而好读之。至今英盘克美林肯以及各国诸爱国政治家之演辞，朗诵之下，生气勃勃，如亲口吻也者。吾国有之乎？海通以来，爱国者鉴于欧西诸国之强，中国之弱，亦既戚戚然忧，葸葸然虑，谋所以变法图强矣。废八股，改策论，废科举，立学校，设立报馆，以启民智，改行新政以谋自强，所以求教育之普及者，不谓不至矣。然而科举虽废，入学校者，先问进身之资；帖括虽亡，为文章者，仍属雕虫之技；以新闻记者自命者，非寒蝉仗马，委曲求全，即琐碎支离，充塞篇幅。至于政局，则名为公仆，仍作子孙万世之谋；庶人在官，即占升官发财之梦。断头之将军何在？私战勇而公战怯；亡国之大夫何多？食人禄者祸人国。中央各部之职权，偏讲派系；地方行政之手续，不外金钱。为民除害，利在国者，害可听其仍在民；为国图强，纵敌一时，初不计及数世害。然则福民利国之宣言，尽忠报国之矢誓，诚如唐神尧之所谓掩耳盗铃耳，自私自利，固万变而不离其宗也。不然何皆不能相扶相助，出生民于水火，系国祚于苞桑，而必倾轧攘夺，顾地位而不顾国家，致涂炭生灵，国势日削乎？由是可见，前之变法，犹未揣其本，而徒齐其末。故虽枝枝节节，为之似不甚易，而变本加厉，国与学且因之而亡矣。夫人无精神，则饱食终日，无所用心，一遇沮丧，便尔放废，不知于死中求生法，亡中求存法，扩充现前五分钟之热心，收获最后五分钟之胜利。中国人之事事健忘，着着退步，好以草率敷衍了事者，盖由于数千年来之积习使然，已非一朝一夕之故矣。今如聚一盘散沙为一团精神，凝结之爱力既少，恶劣之习性又如此，爱国者犹不探其疾病之源，谋所以改弦而更张之，乃涂抹形式，以冀有成，何其不思之甚也。窃尝论之，我国秦汉以前，不乏豪雄慷慨之气，醇厚质朴之风，舜禹孔墨之见义勇为当仁不让，如上节所说者，固已照照在人耳目，其余如伯夷之廉、伊尹之任、姬昌之才艺、屈原之忠爱，有一于此，苟能昌明而实行之，自足招祖国之魂、巩灵长之祚，何患不能与列强争胜乎？独是全国国民，经数千年在上之压抑、在下之熏染，冥行索提，流荡忘返，长夜梦梦，不复闻有暮鼓晨钟。是以先知先觉之士，虽大声疾呼，亦不过得似是而非之变革，于振衰挽颓之计无与。今则朝锐逸而暮气复乘，内病去而外邪忽入。英雄失路，亦窘于日暮途远，不惜为倒行逆施之徒，竖子成名，遂不胜志高气扬，激而成行险侥幸之习。而宦海归帆之老名士、从龙劝进之大伟人，或放浪形骸，以兆民膏血为其供养之资；或尚恋栈豆，以高级职官为其优闲之地。至夙昔之或主保守，或主进取，以顽固维新两派之头衔辉映当世者，今则观其设施，在彼博得姜桂之性老而愈辣之名，在此则百炼之钢化为绕指，居然笑骂由他，好官自为矣。船山云："薰莸并御之朝廷，不如水火相争之士气。"今之在上者，吾甚佩其有绝大融化之魔力，冶新旧为一炉，齐智愚为一体，形成一君子之无所争。然试问尚有士气哉？盖士气者，学问以养之，道德以齐之，名节以励之，廉耻以激之，而刑赏且不与焉。一言以蔽之曰：立人类之大本，昭治国之大经，而不屈不挠、不淫不移之真精神所寄也。故操之以贞胜，私利可以不营，而艰难可期共济。谁或使之，孰令致之？万方一概，不惜与吾说相背驰者，竟如是其甚欤？无精神、不揣本之祸，固必至此也。今发愿唤醒国魂，振作精神，则除恢复固有，引鉴列强，探源塞流，按部就班为之，我国学终不能复兴，文教终不能复盛，而国之命运，亦飘摇不定，不知所届。然见地固须真确，而施行则不得不赖群策群力。前人大声疾呼，其效果可见者甚微，未尝非孤立无助、所见不广有以致之。此吾所以谓重振文教，亦当用广义教育之策也。

广义教育，有纵横二义。纵者，人人皆为教育家，以教育国民，灌注常识，唤醒国魂为己任；横者，处处为教育地，为实验场，为学校，为讲坛，俾全国国民无一人不得教育之益，文明程度由下而上，由卑而高，常识皆具，精神恢复是也。孔子曰："三人行必有我师焉。"今请下一转语曰："三人行吾必为师焉。"一国之中，知识有广狭，程度有高下，固无待言矣；即一社会中，若农若工若商若兵，识见不一，程度亦至不齐。学校为教育之地，程度本不一致。家庭之中，行者守者，相助为理，以同化而言，似可免程度之轩轾矣。然而夫妇牉合，不尽为学识相当者，兼以子女婢仆，大半无知，故家庭之中，程度实最参差。朋辈往来，订金兰之谱，连鱼水之欢，似亦可志同道合，相印心心，无识知高下，意见差池之分矣。不知他山之石可以攻玉，朋友本函切磋之意，多闻多见者，吾人固当引以为同心。然此有所短，彼有所长，择善而从，下问不耻，颜子之学，所以直曾参之追忆者以此。况人心不同，有如其面，所见不一，所思即异。广义教育云云，本非以上临下，如师父之对子弟乎。吾人一日所遇，既随地随人，程度高下不一，当如何虚心纳诲，转益多师，并不吝所知，昭示来学，热心以教育他人为事乎。夫泰山不让土壤，故能成其大；河海不择细流，故能就其深。吾人之怠惰废学，及学非所用，其效果已如今日之可悲。若更拒谏饰非，自满自溢，执政者既不速谋普及教育，以与国民相更始，而吾民并不善自为谋，善自为学，急起直追，举凡一切公德私德，政治实业诸问题，于人人执务稍间时，博学审问，慎思明辨，以互相讨论，互相折衷，视若一身一家同等急务，则数年之后，故我依然，怠惰恣肆，举身所托庇之国是，一任他人拨弄，而礼让孝敬，不能实行，家庭隐忧，有增无减，咳吐便溺之私，且不能自节，不惜招人恶厌，惹人耻笑，国学沉沦，国魂澌灭，精神茶疲，不克有为。驯至土宇版章，日蹙百里；主权实利，分赠列强。一国元首，顿成退院之僧；五族同胞，无异丧家之狗。起视一国教育权，亦成强国战利品，而操诸非我族类者之手，加入保护国条例之内，规定一盗贼僧主之教育法程。蟹行文字，尊若斗山；虾夷语言，篡入课本。先圣希贤之国粹、六籍百氏之文章，覆瓿当薪，不复能睹。祖龙之手段再见，挟书之禁令重申。追原祸始，嗟何及矣。抑在施之者，以谓此上国之美意；而与为同列者，亦视若灭人之国，必先灭其语言文字，而代之以胜利者之语言文字，乃一种应有之设施。我虽欲屏弃不学，研几祖国之文词，如往者泰西旧教徒，压抑于异教权力之下，于空山密室中，由少数人之集合，一诵赞其遗言往训，而亦不可得矣。此吾所以每清夜扪心，剧怜同胞之梦梦，忧伤悲愤，发提倡广义教育之宏愿，而望邦人士庶，急起直追，虚己以受人，且诲人不倦，冀力挽沧海之回澜，重光神州之教育也。虽然，吾人散聚，各因其类别关系而不同，故四万万人，虽同为一国之国民，而家族亲朋邻里会社，裂为无数小团体、小区域，即函有无数小界限，往往北燕南越，老死不相往来。此非惟我国为然。关系有亲疏，执业有不同，情不能强人使接近也。故今吾欲实行广义教育，亦不能执途人而告之曰，汝无常识，当勉为学；并家喻而户晓之曰，吾侪无国家思想，国且就亡，今速当改辕易辙，以国利民福为前提，而间接可自利自福。盖以若所为，求若所欲，则非惟我无其力，我无其时，所谓每人而悦，日亦不足，人亦将以为迂阔而远事情，目笑存之，而以吾言为河汉矣。惟我有家焉，我有亲戚焉、我有朋友焉、同学焉、同事焉、相识之邻里焉、信从之同胞焉；我有笔，我能书焉，我有舌，我能言焉。我有发语之时间，我有登台演讲之机会，或谆谆以劝勉之，或切切以告语之，或侃侃而谈，开诚布公以谇之。无人无地不可以入我之言，即无时无语不可以行我之学。是我虽不能户户而说之、人人而告之，目力似有限，而我之发表意见，起人信仰之机会，固属不少也。且我所有之机会，有人所万不能有者。譬如吾之父母，路人不能无故以广义教育进也；吾之兄弟姊妹，苟非家族之亲长，学校之师友，亦无人能教以应有之常识也，而我皆能为之。人之于其家族亲友亦然。故无论狭义教育、广义教育，苟欲有效，决非能托诸少数同有家累、同存私利之人。必也人人以教育普及为要图，力行之而不遗余力，心藏之而不杂私心，国民程度庶几如升高，如行远，必有登峰造极之一日。诚以因人人所有之机会，用各不同，而功可相补，分之则所及不广，合之始普遍全国，矧物以类聚，人以群居，势固不能强之使同，抑正利其有此不同而善用之也。一人之能力既如此有限，而机会又如彼其多，即就我个人而论，责任何等重大。我之范围以内，既非他人势力所能及，则我若放弃机会，不尽我应尽之责任，则凡在我范围以内之人，永不能受广义教育之益，即常识永不能灌注，品行亦何从善良，爱国之思想必无推放皆准之一日。过此以往，中国永无教育普及之时，而转欲驱无爱国思想之国民，而谋群起救亡之策，宁有幸哉？推其原，不过由在我一人，未尽其应尽之责，为遍国中凡为我者倡，致国中无一尽责之人，即国人不受广义教育之益，其遗害乃至是耳，则甚矣不明责任及不知尽责之为害也。或曰：我国自政体变革以来，险象环生，疮痍满目，重以国丁积弱之余，外有方强之寇，主权坐丧，国本动摇，扶危定倾，先事治标，是今日吾等所当注重者，乃陆海军及实业等事。迨国威既张，国库既充，然后乃徐图生聚教训。为势既不顺，不将事半功倍乎？呜呼！说者之言似矣。岂知普通之知识不有，即爱国之思想不生，爱国之思想不生，即立国之精神孰寄？卒至举国之民，一举一动，倍极恶劣，均无义勇奉公之气概，以谓兴亡理乱，与吾侪小民无关系。

缘是实业科学无补时艰,陆师海军不为国用,且动辄受人之耻笑,为人所利用。变法以来,国人以自由而益恣肆,以自尊而益傲慢,以独立而益涣散,以爱国救亡为口头禅,以利国福民为誓碑术,而益思自富。害在公众,利在个人。练兵而益谋拥兵,胜则为王,兵败则为寇。究之自上至下,以个人论,无不受行新法之益,惟国家独蒙其害。彼承数千年来之积习,习非不知其非,故不能以亡国大夫等名词,为发聋振聩之铎,徒深其笑骂由他,好官自为之心耳。则若辈心目中所存者,惟"私利"二字,以为私利即遂,世事已了,不知有国,更何爱之强之兴之哉?若是者,果变法之无益有损乎?抑行之未得其法,致害缘法以滋生乎?夫救国之策亦多矣,有鉴于从前之失败,慷慨之言者曰:吾国人之徒知私利,固由于爱国之心薄弱,然而救国之策,实在于人人之能尽其职分之所当为与否。苟使吾国下至公民,上至总统,皆能爱惜时日,勉尽其则,则不转瞬间,实业以勤而发达,政事以勤而整理,国亦于无形之中以勤而富强矣。是说也,初闻之,未尝不振振有辞、娓娓动听,然说者亦安知国民之不尽责任乎?天演公例,优胜劣汰。人于社会之中,苟不自尽力,则必处于被淘汰之列,流为无业游民,冻饿流离,辗转至死而后已。故小民未尝不尽力也:桑麻菽麦,不勤耕则不得食,金银币帛,不操筹则不能赢;官吏未尝不尽力也:公事不熟,则无由得美差,治理未当,则不能久留于其位。此即种瓜得瓜种豆得豆之说也。小民官吏,既皆尽其责任矣,而国仍不强,乃说者犹倡其说不已,则岂非种瓜而思得豆,种豆而并思得瓜,操豚蹄而为满篝满车之祝哉。须知国虽聚民而成,而国事自国事,人事自人事。人人之责任虽尽,终是尽人事。唯人人心爱国之心,事爱国之事,始国人所尽责任,无不动关国计矣。抑吾国吾民,素以茶敝不振著。不振作者,无精神也。以无精神故,多存固步自封,知足常乐之心,平日之所以尽力,由于不得不自了。今不使振作精神,而欲勉其尽力,何异图南而北顾乎?吾国民又素以无常识故见讥于人,以最最上流社会之人,独不以随意涕吐便溺为怪,公德更无论矣。此可以见人人尽责,足以救国之说不确。而广义教育为因时制宜之策,非好立新异以惊人也。虽然,吾亦尝实行广义教育于亲戚朋辈中矣。课余闲语,家庭聚谈,苟遇机缘,跃如矢发。公德也,国魂也,博爱也,视国事如其家事,蠲私利以求公利,言时无不乐听之。即有厌闻者,亦以名目甚大,不敢与较;迨分散之后,则又鄙吝复萌,前言都忘。其差强人意者,亦不过以心服某某有远大思想一语,作吾前语之答案而已;其下者且目笑存之,以为痴人说梦也。良以吾国人久无国家思想,从未筹及国是,胸中非横梗治国不易一语,即存不干己事之心。故当言时可与之为片面之讨论,而决不能为通盘之筹算,可与之断章取义言之,而不可持全局以与为商榷,不然彼非敬谢不敏,即曰苦无闲时。呜呼!国固非吾民之国乎?昔以放任之故国事托之于二三自营为私、不知背私为公之人,致国以积弱,民以重困。今且亡矣,乃犹抵死不悟,求一回光返照之虚景而亦不可得,吾真不知所税驾矣。故曰:凡欲以实行广义教育自任者,第一不可无毅力;其次不可不有忍耐心,且当因时制宜,因势利导,不迟回以贼事,不躁急以偾事,自居于有言责者并因人因地因时而异其言,勿执一概之论,以驭情势之万殊,至碍投机事业之进行;最后不可存私幸心,当知吾未来效实收获之时,即吾从前储能贯彻之时。人间世断无无因之果也。抑凡事以玄理观之,则知芸芸众生,皆摸索于烟雾尘障中。其败也,固不必惜、不足惜;其成也,真不必骄、不足骄。则分寸常安,天下事可运诸掌上,或可有成矣。然一入哲理家之眼光,其为得为失、为成为败,因果固甚分明也。广义教育之目的,固在普及教育于全国,使一般人民,常识皆具,品格皆高。然其善良之效果,则不止于此。请申论之。吾人于同一时间内,固不能兼及数事;然以一日最短少之时间,偏具有应变万方之能力。事若甚奇,而实则人人皆具此等之能事,且皆若有天赋以应付此能事之适当机会。其任剧理烦、事较忙碌者,虽至繁赜,然必有暇晷,以显其游刃有余之才能,如英儒斯迈尔《自助论》中所云。以志乘时,犹风过隙,有隙必入,分秒之微不能越。故人病无志耳,果有志矣,不病乎其无暇也。若荒唐淫逸,无所用心,复群居终日,纵博恣饮以为乐,徒耗寸金一刻之光阴,于百无一用之地。若是者,无志耳,岂无时哉?世界人类皆有之,而以吾国人为尤甚。今输以普通知识,教以自修之法门,乘可为之时间,直追勿失,玩索学理,研究政治,启发其固有之精神,人人知所以自助,而不入乎自欺,则不数年后,民智既新,习惯既久,精神来复,痼疾尽消,人具强毅之气概,世无不可为之事。其对付国是也,无不如谋衣谋食之急切。知河清难俟,来日大难,苟有闲暇,绸缪牖户宏济艰难之不遑,更不作呼卢狎邪之消遣。以自居于无良,且共扼腕于四方,有羡我独居忧,民莫不逸,我独不敢休,息息焉为内政外交之准备,俨然作在野政党之中坚矣。故学说朋兴,政见潮涌,报纸不作无为之谈,人民共负匡时之略。因之民选之政府,真能以福民利国为荣,而不以肥己瘠民为事。上下一心,政事修明,输将者有人,舍身者有人,毁家者有人,救国者有人。武士健将不为个人所利用,而为国家捍御外侮;政党政客不为一部分人谋进身,而惟以贡献切实可行之政见为务。流风格被,遐迩修心。自今以往,凡在其位谋其政者讵仍泄泄其行,不知四郊多垒,乃卿大夫之辱乎?则效臧洪剖心之誓,国家垂危,永矢孤忠,凡无官守、无言责者,宁复悻悻而去,不知地广大荒而不治,亦士之辱乎?纵赋赵壹穷鸟之文,君子虽违,不适仇国。凡我国民半数之亲爱女同胞,亦思小戎女子亦复知兴,而斯巴达立国之精神,未能专美乎?凡我举国一致之义勇军国民,亦思罝兔之野人均知卫国,而法兰西救亡之政策,端在齐民乎?推而上之,凡长各部者,均务本身作则,国奢示以俭,国俭示以礼。知卫文公务财训农,通商惠工,必以大布之衣、大帛之冠为倡。凡为元首者,真能负辱任重,国耻足以振,物耻足以兴。知越勾践十年生聚、十年教训,始复男为人臣、女为人妾之仇。要之,朝野上下,知有利他,不知利己;对外有争,对内无争,即其争也,亦为公心、为正理。故成败利钝不计,而热心救国不衰。科学实业等,亦因国人有勇往猛进、不折不挠之气概,能吸收固有,发明所无,追随先进,启发后来,制造日新,行销日广,富国裕民。国力既张,乃渐能与列强相提携、相扶助,谋人类之幸福、世界之和平。大同主义,不倡自人而倡自我,真不愧为古文明国哉!读者勿笑吾言为虚诞,等于哲家之所谓乌托邦、释家之所谓涅槃界也。吾国地大物博,人民众庶,且精神本壮,二千余年之衰弱,不过犹贲育之偶沾微恙,苟有良医为之针治,则气机一旦流通,自觉头脑清爽,精神畅快,跃跃欲试矣。吾民之不知爱国,不有常识,且怠惰不振,由于失学失教,此犹孩童之不知勤俭,品行不修。苟有良师严父教之,自能力学力行,爱亲敬长,重道尊师。今吾有民有土有国,而民有闲暇、有思想,若不教之利用闲暇筹谋国是,则一国发表政见者盖寡。政见不多,即不能集思广益,臻治道于上理,而一国政权,且常为二三好事者所把持,而比其直于丐者之喜弄蛇,吾罪不滋重乎?传曰:"天不为人之恶寒而辍其冬,地不为人之恶险而辍其广,君子不为小人之匈匈而易其行。"天有常度,地有常形,君子有常行。君子道其常,小人计其功。吾苟能不计其功而道其常,且不以小人遇事匈匈、横生阻力而易其行，效孟母三迁教子之法，习夏禹九载治水之劳，真实劳苦强毅坚忍，实行所谓广义教育，十余年后，中华民国宁不能为乌托邦，宁不能超涅槃境乎？

广义教育有纵横二义，既言之矣，又有浅近深远之别。为势甚小，所及不广，浅近之谓也。上节所述人人为教育家，在在为教育地，固已属于广义的教育；然一人之所及有限，机会不多，能力极薄，故虽为广义教育，犹浅近的而非深远的也。深远云者，势盛力普，易于济世之谓也。在实行时有浅深远近之别，而其能得教育普及则一。此犹人之赋秉，有生知学知困而知之之别也。然人非智即愚，生而已然，未由自主。至一国之内，则可以施行广义教育之浅近深远两机关，同时存在。行其浅近者，斯浅近矣；行其深远者，斯深远矣。浅近之效，由上所言已尽。请更进言其深远的广义教育可乎？吾人之机会及势力，皆若有以限之，因有大小多寡之不同。一家之中，成丁之能力倍蓰于孩提，因能言与不能言也；而家长之势力，必尤优胜于普通之成丁者。一校之中，班次稍高之学生，较能有为于程度稍逊之学生，是固然矣；然其可乘之机会、有为之势力，万不能及教师之多且大，以较校长，则更瞠乎后矣。今以实行广义教育言，校长教师，既日有与多数学生亲近之时，故其机会，几无日无之。又以其地位为教师、为校长，闻其言者，莫不尊之信之。讲学谈道之际，对于社会之公德，对于国家之爱力，在在有连带之关系。苟能纵论及之，其势力之所及，即广义教育之力之所及。以视学生课余朋辈偶语，得失奚啻天壤耶？一国亦然！大总统为全国人民所推戴，即为全国人民所尊崇。语云：登高一呼，众山皆应。大总统有形无形之势力、直接间接之机会，其数之多、其势之顺，皆非其余一切官吏所能及。吾侪小民，虽声嘶力竭，以事提倡，较之登高顺风而呼者，亦不过如杯水螳臂耳。闻者疑吾言乎？则请举上文历引古帝明王、先圣昔贤之事，而为之晋一解。夫尧舜禹汤文王，所谓天佑下民，以作君而兼作师之权者也。故化民成俗，其必由学之道，类皆克己躬行以为天下倡，而不分其责于人。人若孔孟者，虽切梦寐东周之怀，陈反手王齐之效，而斧柯不属，即不能孤行其志，而必责望于当日之诸侯，然犹曰孔孟所主者，乃伦理教育与君主行政为向心力者也。若子墨子者，以兼所爱兼所利为宗趣，明明为社会教育，而与君主政体为离心力矣。乃七十一篇中，历举王公大人为政于国，君人民、治社稷之道（见《尚贤篇》）。而《天志中篇》且言天之所以爱民之厚，而以王公诸伯使之赏贤而罚暴为一大端，其故可知矣。而吾之论广义教育，必推言及深远，而不拘之以浅近者为已足，正为是也。人有如许之才能，则当尽如许之力，以为人类谋幸福，决不可以自弃自暴。若专以之遂私利，及残贼同类，则卑鄙龌龊，何足道乎？一国最尊最荣之大总统，若不能利用其所有之势力机会，以造福人民，则虽内政粗安、外交无失，亦为未尽其天职。广义教育之意，不但为随人随地可施教育，且函随事随时可谋普及教育之义也。吾国迟迟不开国会，及不实行地方自治，说者佥云人民政治知识太低，尚不知所以自治之方，故不稍事迁就，给以可贵之自治权，使有美锦学制之伤。殊不知经验非练习不可得，程度非教育不能高。国民不能自治，正当以自治诱掖之，去其依赖政府之习惯；国民无国会议员之资格，当即开国会，使之从事阅历，渐养成其政治知识。不然世界各国人存政举、人亡政息之惨剧多矣。将来万能之现政府既退职，吾侪仍是无能力无知识之齐民，将何以为政府诸公继，以竟现政府未竟之责乎？作者亦非谓当以政学也。以政学者，犹稚子之操刀使割，其伤实多。国会议员当选者，须有一定之资格，非尽人皆得为之；即自治云云，亦非使人民尽为地方自治局之职员，或地方议会之议员也。资格既有规定，推选手续必繁。苟得其法，虽美国行之于未成省之属地，及菲列滨岛夷之间，亦不为害；苟不得其法，则法兰西至今犹未得有强大之政府。而谓吾国之民，不如美属之民之岛夷，吾不能信也。故吾国会之不开、地方自治之不实行，良非由于人民之无程度，实因政府之惮民党之激烈者侵犯其职权，束缚之、驰骤之，所谓恶其害己而去之也。虽然，为政府者，乃出此因噎废食之下策，亦可谓无能矣。塾师决不能以学童之强顽，而摒弃不教，因我不教之，谁将教之？使人人畏难苟安，尽如我法，则中国今日，当仍在草昧未开、文教未敷之时代，谁能使峻德克明，万邦协和，黎民于变，而致时雍之化者？而况仁人之心，忧乐动关天下。一夫不获，寸衷如有殷忧。当身居白宫，手握万机之事，不竭其力、尽其能，以为人民谋增进幸福，将待何时乎？大总统当开国伊始，受人民之推重，于任期之内，能使国基巩固，民社灵长，幸也；不能，亦必谋使民智渐富，民力渐充，庶将来继起有人，进行一致，国本无动摇之虞，政本之地有修正而无更张，不致新旧嬗递之间，动致纷扰。故今国民中，苟有自私自利之徒，我愈不可抑压人民，不开国会。议员所议决者，苟与事势有违，或有侵及行政或司法之权限，不妨以大总统应有之否决权，申明理由，赤心争之，退还议会；争之不得，亦不稍灰心，不稍沮丧。一事如此，他事亦然。我苟于任期之内，不偏私、不自利、不揽权、不尸位，议员虽恶劣，虽卑鄙，终无如我何。若不免，则尽忠如林肯，犹死于非命；威武如拿氏，亦不得善终。我诚笃信好学，守死善道，所谓苟安社稷，死生以之者，则当受任服务之始，固已守此以身殉国之主义矣。求仁得仁，又何怨乎？如是则国会一届未终，议员已皆感念大总统之赤心为国，不作无谓之辩论与害于其政之议决，莫不愿与行政司法开诚布公，共济时艰矣。此以国会为陶铸人才之洪炉，而议员皆铜与灰耳。广义教育之深远者，此类是也。人苦不得其位，不能为国鞠躬尽瘁；人苦机会不多，无从力行善政。得其位矣，机会多矣，乃不知竭尽其能事，随时随人随地随事，以教育人民为归墟，而徒营私自利，或玩忽时日以废弃之。人皆有死，心死于待尽之前；谥曰至愚，论定于盖棺之后。此则可谓痛哭流涕者矣。

原载《东吴》第1卷第6号，1915年；后又载入《东吴大学二十五周年纪念特刊》，1925年

1920年

普及华侨教育之关键

吾华同胞侨居国外者遍五大洲各国，而以南洋各地为最多，台湾昔本吾土，今隶日本已二十有五年，然吾华侨胞多至二百二十五万八千六百五十人，此外南洋各地华侨最多者，首推爪哇，共有一百八十二万五千七百数十人，次为暹罗，共有一百五十万人，其次为东印度群岛及新嘉坡各有一百余万人，华侨在安南者约二十万人，在缅甸者约十三万五千人，在非列滨者约八万四千人，在澳洲者约三万五千人，居英属香港者三十一万四千三百九十人，居葡属澳门者七万四千五百六十人，今除台湾及香港澳门之华侨不计外，南洋华侨共有五百八十八万人，以一与五为比例，南洋华侨子弟，应有一百万人，此一百万青年华侨，皆吾国从事华侨教育诸君之好材料也。

赏观东西人士之侨居吾华者，无论人之多少，决不听其子弟失学，日本人在福州、上海、南京、汉口、天津等地，皆自设日本小学校。居留上海之日本人，其数不过七千有余，而其小学校舍可容千余人，其子弟每日来学者，远自数里及十数里外，爱国精神，少时即经历练，欲其国之不强，不可得矣。又英人之侨居上海者不过四千数百人，而其自设之小学及高等学校，共有五六所。十年前作者尝见一英国少女每早远自四五十里外乘火车赴上海进英国小学读书，不禁为之惊叹，及民国八年春游历奉天，往来旅顺大连间，又见日本男女幼童沿铁路上下车，赴大连之日本小学读书者，络绎不绝，乃悟东西各国之同为富强，非偶然也。

吾华侨同胞之爱国热忱，不让于东西人士，间或远过之。颇闻民国之成立，若无侨胞援助，必不能实见，此足征侨胞之爱国心切，虽有巨大之牺牲而不惜也。然吾又闻侨胞虽皆爱国，然于教育一端，颇多视为无足重轻者，故在荷属之华侨，虽本地设有中国学校，尚多令其子弟进荷兰人所设之学校读书者，而在缅甸之华侨，虽总数在十三万五千人以上，但设有高等及初等小学，而无中等程度以上之学校，凡此皆为漠视教育之实据，而非吾侨胞应有之好现象也。

今欲在南洋华侨中谋国民教育之普及，且谋使有中等学校程度以上之侨胞，日多一日。作者以为不但当责之于原有之侨胞，而当责之于从事华侨教育诸君，此不佞所以欲敬告从事华侨教育诸君也。

华侨之数虽多，然在各国非受人轻视，即受人虐待，且从无握当地之实权者，虽云由于吾华国势孱弱，然华侨程度之低下而无教育，实亦为一大原因。今使华侨中初等教育已普及，则人民皆有普通知识，何至令人憎厌，使人生轻视之心，又设华侨中颇多有中等学校以上程度之人，则吾之知识能力，与东西人士既无差异，则彼决不轻视，并不敢虐待。

以目前形势而论，吾国万难骤臻富强，既不能骤臻富强，则决无实力保护华侨，故欲为华侨谋增进幸福，舍普及教育或多设中学以上之学校，更无他种妙策也。

窃尝思之，欲普及华侨教育，必须有国内明达之士热心教育者，协助侨胞为之始能有效，盖平时侨胞，非不欲令其子弟进校，自浅至深，自下至上，学有用之学问，惟以无学可进，致不得不听其子弟失学；又非不欲令其子弟进本国人所办之学校，惟以此种学校，或缺乏精神，或不应时需，致不得不负忘本之诮，令其子弟进外人所设之学校，此非尽侨胞之过，而为吾从事华侨教育诸君之过，亦易明矣。

从事华侨教育者，最宜有观感之心。观感云者，观四周之现象，而生感悟，因感悟而更变吾行动，或改良吾方法是也。易言之，观感云者，即孔子言三人行必有我师之意，亦即乐取于人以为善。与人为善之意，吾国人最缺乏者无逾于观感心。试观国内各地，外人与吾接触之处，凡外人居留之场所，往往清洁整齐，而吾人自居之地，常汙秽纷乱，故在北京进东交民巷，即别有一天，在天津、汉口、上海、广州等地，租界与内地皆有天壤之别，而在一租界中，凡为吾国人群居之所，必别呈一种龌龊，黑暗气象，即华侨之在外洋各国，亦何尝不如此，人比吾善，吾虽日见之，绝不生何种感触，亦不思仿效之，此由于缺乏观感心之故也。

民国七年三月，作者途经旧金山，见该地华侨学校，尚以旧法教其学童，终日咿唔咕哔，令我思念少时在私塾时情形不止，深叹新大陆上，乃有此种旧学校，及今思之，此种怪现象，亦不过由于吾国人缺乏观感心而已。

今设从事华侨教育者，有观感之心，能多取于人以为善，则虽无何种特长，必能于短时期间内，使华侨教育普及。盖使外人注重教育，吾亦注重教育，外人至少必令其子弟受国民教育，吾亦至少必令吾子弟受吾国之国民教育，外人办学不事敷衍，而求有精神，吾人办学亦不事敷衍，而求有精神，外人于教育求应时需，且兼重德育与体育，外人所办初等及中等学校，有何种程度，其毕业生，有一定能力，吾所办之初等及中等学校，亦求有同样程度，所有毕业生，亦求有同等能力，凡外人进一步，吾亦进一步，则吾人所办学校之数必不少于外人，而学校精神与程度又无差异，吾知华侨同胞必乐令其子弟进本国人所办之学校，且入学读书者必渐多，欲求教育之普及不过数年间事耳。否则外人注重教育，而吾不注重教育，外人办学有精神，而吾无精神，外人所办学校之程度高，而吾之程度低，外人之教授法新而良，而吾之教授法旧而不良，外人所教之科目应时需而有实用，吾则不应时需而无实用，外人进而吾人退，此无异于为渊殴鱼为丛殴雀，欲华侨子弟不进外人所办之学校或欲华侨子弟尽入学校皆不可得之事也。

总之欲求华侨不为外人所虐待、所轻视，欲保存并增加华侨之爱国热忱并使在南洋百万华侨子弟皆受教育，非速谋普及华侨教育不可，而普及华侨教育之关键，在于观感二字，苟有观感心，无事不可为，此则不佞所欲敬告吾国从事华侨教育诸君者也。

原载《中国与南洋》第 1 卷 9 期，1920 年

1922 年

中国商业教育之前途

吾国商家习惯，有学徒制，偏重实习，凡十余龄之青年，因亲友介绍，得进商店为学徒，初任洒扫差遣等杂务，居二三年，见闻渐多，习学既久，对于该店之业务，如进货出货，零售批发，来源销路，运输存储，金融账情，开支盈余，等大抵皆能明白，如年龄稍长，能虚心受教，勤奋从事，往往一二年后，即可由学徒升为店友，但一般学徒，或因家贫失学智识未开，或因怠惰自甘，前辈不教，虽进商店五六年后，仍有为老学徒者。

学徒制最长之一点为实习，青年进商店前，如有充分之预备，进商店后，如能留意观察，尽心学习，进步之速，实用之多，可预料也，所谓充分之预备者，青年未进商店之前，宜受小学教育六年以上，至少亦须国民学校毕业，能写初浅信札，能看日报，能应用笔算、珠算，且具有各种普通知识，如地理观念、理科常识等，有此置备而后进商店为学徒，始能事半功倍，否则童蒙未启，见闻虽多，未必能学，耗费光阴，遗误青年，甚可惜也。

学徒制最大之缺点即学无程序、教无定法是也，商店内并无规定于学徒初到时令其习何事，数月后改习何事，一年后改进何部，且商店经理，对于学徒，但有不负责任之随时指教，而无规定之教授，故学徒苟勤奋，尚有所得，苟不勤奋，虽进商店数年不能有所得也。

学徒制之利弊略如上述，作者以为学徒制不必废弃，但须改良。所以不必废弃者，因学徒制予青年以实习最好之机会。其地位不高，故愿助者多，进店为学徒即与商店为一体，不如进店实习者，终不免有歧视猜忌之意，而未能推诚相与，尽得其秘，且学徒时期长短自由，实习时期决不能过长，故实习者观察不必精确，而学徒则可详细观察，务求精确而后已。

但学徒制有亟宜改良者三点，第一、收学徒宜有限制，儿童年龄过轻，学力过浅，大抵不易造就，于商店及儿童皆有损无益，故收学徒时宜有年龄在十几岁以上，且曾在高等小学或国民学校毕业等限制。第二、学徒进商店后，所学宜有一定程序，如前二年学内务之某某数部，第三年以次学外务之各部，由浅入深，由易而难，庶学徒月有所得，且毕业有期。第三、商店经理及同事除随时教导学徒外，每月内宜有十次以上规定之教授时间，譬如当学徒学内务之某部时，即宜于规定之教授时间内，将该部事务剖解明白，举例详示，盖平时商店事务纷繁，不能随时将各种关系为学徒说明，及事过境迁，则学徒对于该种事务不复有学习之机会，故宜特别规定教授之时间也。

难者曰学徒制既不必废弃，则商业学校不将等于虚设乎，答曰否。商业学校与小学相同，皆可为青年预备进商界之场所，盖青年之未受学校教育者，如森林之树木，必经伐木者之剪裁而后能成材料，此种材料，即学校毕业生也，既有材料，于应用之前，又必经匠师之刻画琢磨配置，或用为柱，或制为器。故青年森林之树木也，学校教师伐木者也，商店经理匠师也，匠师与伐木者各有职责，以未受学校教育之青年送入商店为学徒，无异以森林予匠师，责以兼伐木与刻画琢磨配置之功也，如是则废时多而成功少，故学徒制常受人攻击，将遭废弃。

反是，希望小学及商业学校毕业生，初进商界时，即有实用，于商务即能领会，无须经若干时间之实习及商店前辈之指导，是无异责伐木者兼刻画琢磨配置之功也，无论伐木者有无此种经验，即有之亦何能必完全适用乎。

由是观之，学校学生及商店学徒为青年进商界必经之阶级，学生乃学徒之预备，预备愈充，学徒之成功愈有把握，且实习之时期可减少，从前学徒鲜有预备，故往往时期久而成功少，然此非学徒制之不良，乃世人之不能善用此制，不知注重商业教育，使青年于进商界前得有充分之预备也。

世之办商业学校者，每以学生有无出路为重要问题，而商界人士又因学校毕业生之自视太高，不易驾驭，遂致疑于商业教育之有无实用，作者以为商界及学生与学校三方面，皆有误点，学生自以为学识既广，无须更为学徒，学校及商界亦以此责望之，不知东西洋高等商业学校或商科大学之学生，于毕业后，如自营商业，须实地调查研究，始敢从事，始有把握，而不虞失败，调查研究，即学徒之实习也，如于毕业后进大商店大公司，商店及公司之经理必先历试以小事，令其明了内部及外务之详细情形，始敢授以要职或就其所长，令专习一部之事，以便专精，诚以无经验者不能任事，而经验非亲历其境，实地见习不能得，学校内之试验及实习为具体的而非个别的，不必能事事与外界实在情形吻合，故学生毕业后必经学徒实习之阶级，但时期不必如以前之长久耳。

请再举例以明之，今使有专习银行学科之学生，于毕业后进银行任事，果能无须实习，即任要职不谈行事乎？一地有一地之特别习惯，一行有一行之特别情形，票据式样，汇划手续，进出如何计算，往来如何办法，学生但知普通之原理，此种原理，非熟悉当地之情形者，不能应用，故毕业生自以为学问高深，进商界后，不愿低首为学徒，熟察当地之特别情形，以应用其学理尽心实习者，其愚不可及也。商业学校可为青年预备进商界之场所，上已详言之，但商业教育之效用决不止此，吾国内地贸易尚称发达，然或局于一隅，或株守旧法，既不推广，又无进步，丰年尚可支持，岁歉即形凋敝，欲图补救，非注重商业教育不为功。作者曾至内地，见某业商家积货甚多，询其缘由，但曰看涨，而不能言所以看涨之故，及到沪地，询问外人，某货是否看涨，外人告我该货现方自某埠运赴西洋，且该货之原料几尽，将来供必不多，故可看涨，闻之恍然，私念以外人与内地商人比，相去不啻天壤。外人常以全地球市情通盘筹算，料事必有所根据，不以成败归气运，此岂非商业教育之功乎？故商业教育近则可为青年进商界之预备，远则能造就有智识及远大目光之商家。

不特此也，现在海运及国际汇兑，吾国皆依赖外人，而物品之仰给于外人者，不可胜数，商场牛耳为外人所执，金融为外人所采纵，吾国人常仰其鼻息，感其不便，而不敢与较，未尝不因未受商业教育，缺乏商业知识，组织能力，故虽有志振兴商业，挽回利权，而不知如何着手也。

然则中国商业教育之前途，诚未可限量。将来国人生计宽裕，衣食丰美，将由商业教育增进之，亿则屡中，多财善贾，将因商业教育促进之，若夫与外人贸易，能事事独立，而不依赖他人，能交换利益，而不为操纵，尤须赖商业教育为基础也。

原载《教育与职业》第35期，1922年

1929 年

《教育与民众》发刊辞

教育之目的，在使受教育者成社会的能员（Social Efficient Member）。此说颠扑不破，以其兼顾社会与个人而立论也。夫社会与个人相依为命者也，人而不能为社会之能员，则社会解体，而人亦不成其为人。谚所谓“辅车相依，唇亡齿寒”者，其社会与个人之谓乎！今世民治主义盛行，社会与个人之关系愈密，而期望个人为社会的能员之心亦愈切。民众教育者，将藉各种教育方法，使人人皆成为社会的能员，且随时世之递进以增进其能力者也。故民众教育为民治主义之基础，推行民众教育可使民治基础巩固；提高民众教育程度，可使民治基础愈巩固。民众教育与民治主义之关系，其密切如气候寒暖之与寒暑表之降升，寒则降，暖则升，毫厘无爽。故从社会的或个人的立足点而言，皆当提倡教育，而尤当提倡民众教育。

本刊主旨在研究民众教育之学理及实施方法。就时间言之，目前所当施行之民众教育，与十年二十年以至百年后所当施行之民众教育必不能相同。然现在与将来不同之点果何在乎？就方法言之，国内早经提倡之职业教育，平民教育，社会教育，及东西洋提倡之成人教育，民众大学，社会服务科，及大学推广部等，皆为民众教育所当采用，与民众教育有密切关系。然关系之密切果至如何程度乎？更就现在之民众教育言之，宜偏重消除文盲乎？宜就社会日常生活实施训练乎？宜利用旧有教育机关以推行民教乎？抑宜专设民教机关乎？应行研究之问题，以上不过略举一二，此外关于民众教育学理及实施方法应讨论之问题，不可胜数。本刊对于各种民教问题，将一一提出，尽量讨论，以期归于至当，对于民教有永久之贡献。欲达此宏大之志愿，本刊同人固当竭其绵薄，努力从事；尤望海内外教育家念民教之重要，群起研究，予以指导也！“风雨如晦，鸡鸣不已！”谨为热心民教之教育家诵之。

原载《教育与民众》第1卷1期，1929年5月

图书馆使用法

本院除学校方面所规定的学程之外，另有修学指导演讲，轮流请校内教师及校外名人担任。为什么要有修学指导之运动和宣传呢？因为你们来校求学之期有一年半，(民众教育院)至少亦有一年，(劳农学院)时间是很宝贵的；而且你们在来校之前，多半做小学教师或任别种教育机关方面的事务，读书之事，荒废已久，是以不得不设有修学指导这项演讲，增加你们求学的效率。

今天是第一次，由我担任，所以把这项演讲的重要说明一些。我的讲题是"图书馆使用法"。

孙中山先生足以给吾人为模范的地方很多，而且最足以示范吾人的，莫如好学。中外的重要名著，我们从孙先生的著作中，可以知道他都读过，尤其是外国人的著作，他看的很多。中国人能做文章讲演的很多，才能和孙先生相仿佛的，不乏其人，但是所说的话和著作，总比不上孙先生的有系统有秩序，思想方面，一时新，一时旧，很多矛盾的地方，不如孙先生这样递进。推究其故，就是孙先生日日看书，思想是一层一层的进步的，所谓"苟日新，日日新"。陈炯明叛变时，孙先生说："生命不足惜，可惜者，我的藏书被他烧毁了。"于是足见孙先生之好学。可是孙先生的经济力比我们好些，他可以买许多书看；我们呢？只好去利用图书馆了。

前面讲的要读新书名著，不可以不利用图书馆。图书馆的效用，不仅如此，它还可以帮助我们解决问题。譬如春假中，我们要到杭州苏州去旅行，可是对于这两地方的情形不了解，那么到图书馆里去看旅行指南这类书，就可以明白。它还可以供给我们作参考的余地，例如有人写信问你民众教育的历史或是民众学校教材如何选择，或是图书馆的组织和管理该如何，你到图书馆里去找书看，虽然不敢说得到圆满答复，至少总可以得到解决这些问题的资料。你要学问广博，或是专门一种学问，总非进图书馆不可。图书馆的效用，还可以培养你的读书兴趣和娱乐。兴趣本是各人都有的，不过平时是潜伏的，不受外界的刺激，他不会暴露出来。你如常常进图书馆，你的读书兴趣，自然会出现，许多人读书，时常忘寝废食，就是一个证明。我又怎么说读书可以娱乐呢？我有一个先生叫Whiteside，是东吴大学文科教师，他从二十余岁起，就看文学书，一直到现在，他已是六十多岁，还是看书，他身体很强健，他不看书，就不适意，这可以说明读书是可以娱乐的。

现在再讲何种人应该到图书馆去：

(一) 要想看书而无力买书者，现在书价一天昂贵一天，我们如要有多种的书籍，自己无力买来，所以只好利用图书馆了。

(二) 有问题要想解决者，这一点前面曾经讲过，这里毋庸申说。

(三) 要审定书籍以便购买者，书籍浩繁，何者当买？同一门学问的书籍，哪一种可以买？对于这两个问题，你先到图书馆去，将准备分别审查，便可以决定买哪一种，不致误买,徒费金钱了。

（四）要博览者或去专精者,图书馆为书库,关于各种科学的书籍都有,并且有许多名著及著本,私人所没有的在图书馆内有时可得,所以我们要博览或专精宜到图书馆去。

（五）要想有巧遇者,有时当我们心中有种种问题,不能解决,私心焦苦之极,你如时常进图书馆,可以无意间得到书中指示的方法,一朝能解决了。

（六）要想节俭者,我们空闲时,若是马路上走走,或是进城去玩玩,免不了要用钱,所谓"无事上街小破财",可是进图书馆去,不但不破财,而且可以增进学力。古人说"开卷有益",委实不错的。

（七）要想消遣者,有时我们剩下一点时间,此时过后,或是有访友,要教书,于是这剩下的一点时间,不知如何好了。我以为消磨这一点时间的方法,只有进图书馆去。

（八）要有大志做大事业者,社会的环境,时常使我们思想堕落,恶化,使我们的大志一天一天的变小,不能成功立业,但是,我们如果常常进图书馆,和书籍做朋友,总可以保持我们的意志。例如我们读了苏格拉底的自辩文,可以置生死于度外。古人说的"读书养志","读书明理"都是这个道理。

再来说说什么时候该到图书馆去。我们课后,休息日,都要进图书馆,即是全年全日在图书馆中,亦无不可。总之,每天至少二三小时在图书馆做功夫,并且要养成一定时间内进图书馆的习惯。到了图书馆后,我们如何寻书呢？假如你胸中已决定看何种书,那么没有问题,可是你若想研究一门专门学问,关于这门学问的书很多,究竟先看哪一本书呢？遇到这样的情况,只有先请人指导,或者自己搜求。搜求的方法,可分参考书,或书店图书馆的目录及图书馆的卡片,还有寻题目及著作的姓名,书名,出版的地方。

末了,再讲讲进了图书馆后该怎么样,就是看书的时候该怎样:

（一）要有抉择,因为每种学问有名著,新书,著本,参考书,杂志,及新旧报纸等,更加难寻,不先抉择而乱翻,则头昏脑胀,非但无益,且将有害。

（二）要坐定,看书的时候,要一心一意的,不要想东想西,庶几有心得。《大学》上"知止而后有定,定而后能静,静而后能安,安而后能思,思而后能得"。这几句话,就是这个意思。

（三）要做札记,一本书看过后,不做札记,不能算你的;做了札记,这本书的一切,实质上已变为你的了。还有看一本书时,总要看完,要有恒心,并且训练到看得快。

至于看书的时候,要守图书馆的一切规则,顾公德,勿损勿藏,更是不必说了。

原载《教育与民众》第1卷1期,1929年5月

（注:本文为高阳为刚入学新生讲课的讲稿,由朱秉国记录）

民众教育论文集序

求学贵能自动，贵有实用，贵重实际。余从事教育十余年，常以上述三种方法与学生相勉。幸所遇学生能努力者甚多，现在学成而胜我者已不知凡几。由此足见余所提出之三种方法，确为求学者所当注意。

自动之说传自海外教育家，其实数千年前吾国孔孟教人亦主是说。孔曰："不愤不启，不悱不发；举一隅不以三隅反，则不复也。"孟曰："君子深造之以道，欲其自得之也。自得之，则居之安；居之安，则资之深；资之深，则取之左右逢其源，故君子欲其自得之也。"二说皆极端主张自动教育者，且发挥甚透彻。

民众教育院第一届学生研究民众教育问题一科，有论文之作，所探讨之问题大抵注重实用，且于彼等离院回籍实习之时，即以论文印为纪念册，不尚浮华，而重实际，此深合余平时所提倡之三种求学方法，故乐为之序。

抑又有进者，求学者因能自动而有心得，左右逢源，生趣盎然，在己或以为满足，在人视之或尚粗浅，甚或无足取，此亦事之所恒有。余以为登高自卑，行远自迩，卑与迩为高与远所必经之阶梯。苟能戒浅近，羞沉浮，继续努力，有恒不辍，心得必能更多，且于民众教育有所贡献，愿告勉之！

原载"中央大学区立民众教育院同学会"于1929年4月编印的《民众教育论文集》

国庆日谈民国二十三年前普及民众教育的方案

今年是民国十八年,到民国二十三年还有五年,我为什么要预祝民国二十三年的双十节呢?因为今年二中全会开会时决议:尽民国二十三年底普及教育。现在我们中国最大的毛病,可以说有两种:一种是贫穷,一种是愚蠢。这两种病是互为因果的,假使我们能够先治一种病,其余的病亦随之而治。治病的方法,有和缓的,有猛烈的。孟子说得好:"七年之病,求三年之艾。"限期普及教育,即所以用三年之艾治七年之病。我们如果没有决心,不肯用这种的药剂,恐怕愚蠢的病不能治,而国亦不能救。所以限期民国二十三年底普及教育,是救国应有的方案。大家不但是应该赞成,并且是应该切切实实做,要使得这个决案如期办到,才算是对得起党国,才可以说是国民的天职!

谈到普及教育,就觉得这个问题很要费一些心力,才容易解决。我们中国非但是成年人已经失学,就是学龄儿童有求学机会的,只有全国总数内之七分之一,而失学的反有七分之六。诸君想一想,可怕不可怕?无锡这个地方名为教育是普及的,然而学龄儿童之有求学机会的只有三分之一,其余三分之二还是失学的。如果用以上两个比例推算起来,全国成年人已经失学的,至少有七分之六,大约总数在二万万四千万人左右。无锡一县人口总数九十四万人,成年人失学的至少有三分之二,大约总数在四十六万人左右。这许多失学的成年人都要受到义务教育相当程度的教育,全国教育才可以算是普及。现在但以无锡一县失学成人计算,四十六万人,每人教育经费以六元(经临两项)计,共需二百七十六万元,分五年匀摊,每年成人教育经费共需五十五万二千元。这笔巨款从何而来?又成人教育(即民众教育)的师资,亦是一个大问题。一个先生教六十个成年人,四十六万人分五年毕业,每年应有九万二千个成年学生,一千五百数十个先生。无锡一县在短时期中忽然要找到一千五百数十个先生来教成年学生,当然亦是一个重大问题。

这两个问题——民众教育的经费与师资——如何解决呢?有了,有了!现在中国还不是在那里办编遣么?编遣办成了,军费可以减轻,移军费作民众教育经费,岂不是好么?即不然,每年在无锡募民众教育公债数十万元,五年亦不过二百万元,五年后,民众都有义务教育相当程度,知识技能,生产能力都加增了,地方经济必可宽裕,区区二百万元的民众教育公债,不出十年,便可还清。至于民教师资问题,更容易解决。现在在党政军警各机关服务的人,有教育而程度很高的人,岂不是很多么?我以为识字的人应该教不识字的。未失学的应该教失学的,所以党政军警农工商学各界中有中等或高等教育程度的人,全体动员来办民众教育,还怕师资不足么?只恐怕大家不热心,不肯做罢了!

民众教育经费与师资的问题尚易解决,不过教育是应该要有正当的目的。民国十三年六月十六日,黄埔军官学校开学时,孙中山先生致训词时说:"我今天到此地来和诸君讲话,是要把以往的成败,当做一场大梦,一概不要回顾。要从今天起,重新来创制革命的基础。……要做革命的事业，是从什么地方做起呢？就是要从自己方寸之地做起，要把自己从前不好的思想，习惯和性质（像兽性，罪恶性，和一切不仁不义的性质），都一概革除，所以诸君要在政治上革命便先要从自己心中革起。自己能够在心理上革命，将来在政治上的革命便有希望可以成功。……我们要把革命做成功，便要从今天起立一个志愿，一生一世都不存升官发财的心理，只知道做救国救民的事业，实行三民主义和五权宪法，一心一意地来革命，才可以达到革命的目的！"这一段话，我以为是办理民众教育的人应该牢记而实行的。这是教育应有的目的，亦是应有的方法！

民众教育的目的有了，经费及师资问题都可以解决了，普及民众教育可成事实了。民国二十三年的双十节到了，诸君想一想，在那个时候我们中国的景象是怎样？你想可喜不可喜？所以我在民国十八年双十节，预祝民国二十三年的双十节。

原载《教育与民众》第1卷3期，1929年10月

江苏省普及民众教育计划第二次修正草案

（说明）民国十八年十月五日江苏省政府主席钮惕生先生莅民众教育院暨劳农学院，与两院同仁，商榷普及民众教育计划，并由钮先生指示方针，嘱阳起草。自十月初旬至下旬，往返商榷，凡三易稿。钮先生及两院同仁李云亭，孟宪承，俞庆棠，甘导伯，涂九衢等诸位先生，与其它同仁，均予以切实指教，叠将草案修正，惟文责当由作者负之。查普及民众教育之必要条件，为在各县自治区内，普遍设立实施民众教育之机关。此项实施机关，本草案中不名之曰民众学校，而名之曰民众教育馆与分馆。因民众教育不仅限于识字读书，当就人民日常生活之需要而施教，使教学做真能合一也。办理学校者欲使教学做合一，颇不易办到。惟办理民众教育者，则非用教学做合一之方法不可，盖就人就事施教，因受教而做人做事均改进，乃民众教育必由之路也。譬如政治训练，固可用演讲及上课等方式教授，但终不如就一件人民生活上必需之事，如救火会，或保卫团，或因其它事项之临时集会，教以民权初步中各种集会应守之规则及四权使用法之亲切有味，而易收效。又如生计教育中之改良种子，固可开农民班上课教授，或携带标本，四出宣传，以尽提倡之责，但终不如试种或农场示范之易收效也。其它健康教育等均可依此类推，办理民教者之当因人因事因地因时以施教，使做与教学合一，已可不言而喻。故本草案中，拟在每县之每一自治区内，设农业艺术及医药卫生指导员各一人。此三种指导员，为人民生活上所必不可少者。除指导员三人外，另设干事若干人，负文字教育，公民训练等指导之责。至民众教育馆内部之组织，拟分教育、生计、健康、艺术、事务等数股。教育股掌民众学校，国民补习学校，国民训练讲堂，民众茶园，及图书馆展览会等事项。生计股掌农业及其它职业指导事项。健康股掌民众医院，民众体育，民众卫生等事项。艺术股掌整理村镇容态及音乐与其它各种娱乐等事项。事务股掌文书会计等事项。此种内部组织之拟订及草案全部缺点及荒谬之处甚多，尚望海内外热心民众教育者，不吝指教。则此项草案，抛砖引玉，于实施民众教育，可不无小补矣。

一、划区

各县民众教育学区为全民教育实施之便利起见，以县组织法所规定之自治区为范围。

二、设施

每一学区设一民众教育馆为本区实施民众教育之总机关，区内四百户（二千人）左右之乡镇各设分馆。不满四百户者数乡镇合设一所，为乡镇实施民众教育之中心机关。每一区内之民众教育馆，或分馆须聘对于民众教育有相当研究之男女干事各一人，负普及该馆所在区域民众教育之责。

每一学区除干事外，须另聘农业或工商业指导员、艺术指导员及医生各一人，巡回各乡镇，对于区内全体民众之职业娱乐医药卫生负指导之责。

三、各县民众教育学区办理事项如下

1. 本区社会调查事项（主要事项为调编田亩清册与户籍并办人事登记）。
2. 本区民众之各种教育事项。
3. 本区民众之研究党义及增进史地科学常识指导事项。
4. 本区民众之自治训练事项。
5. 本区民众之公共组织训练事项。
6. 本区民众之个人及公共卫生指导事项。
7. 本区民众之职业（包括农工商业及家事）指导事项。
8. 本区民众之礼俗公德及个人修养勤工节俭戒除嗜好等指导事项。
9. 本区民众之娱乐及欣赏天然美与艺术指导事项。
10. 本区民众与政府合作实施本省新事业指导事项。
11. 其它应办事项。

四、各县民众教育学区设施事项

1. 乡镇民众学校、民众周报、国民补习学校及国民训练讲堂。
2. 乡镇民众茶园附理发与浴室。
3. 乡镇图书室阅报室巡回文库。
4. 乡镇体育场。
5. 区立医院及乡镇卫生处并附设产科与布种牛痘。
6. 农业试验场。
7. 农产品陈列室及展览会、农产制造、病虫害之说明、绿肥堆肥等之制造。
8. 农具陈列室改良农具之制造及改良种子之介绍与提倡。
9. 生产合作信用合作及消费合作社之组织与储蓄之提倡。
10. 副业之提倡。
11. 妇女手工艺之提倡及传习。
12. 农忙幼儿保育所。
13. 乡镇房屋之改良与公墓之提倡。
14. 乡镇公园及村容镇容一般水陆土地草树等容态之整理。
15. 植树造林垦荒筑路造桥浚河及其它建设事业之提倡。
16. 水电及其它公用事业之提倡。
17. 区救火会。
18. 区自卫团。
19. 民众之集会及四权使用之指导。
20. 民众业余运动会远足旅行及国技之提倡。
21. 注音字母之普及、识字运动卫生运动之举行。
22. 艺术展览会。
23. 民众俱乐部之组织与其它正当娱乐如消寒会同乐会音乐会及国庆提灯会等之提倡。

24. 其它公益事项。

25. 其它不需经费之因地因人之各种利导事项。

附注一：上述各县民众教育学区办理及设施事项，统观之可分为积极与消极方面之二大类，积极方面为：

1. 发展民众生计（如农业指导、农产制造、副业及合作之提倡等）。

2. 与政府合作使训政及建设事业进行顺利。

3. 整理村容市容与秩序使环境整治美观，而健康交通保卫三项尤足以帮助积极方面第一项工作之进行。

至于消极方面为戒除烟赌及其它不良嗜好，而提倡高尚娱乐即为戒除不良嗜好之预备。

五、进行程序

第一期，各县于民国十九年二月前，应选定一学区内之相当地点，设一民众教育馆，聘干事及指导员实施普及该区民众教育之工作。

第二期，十九年九月前，各县应斟酌情形在另一学区或二区内各选定相当地点，添设民众教育馆聘干事及指导员实施普及该区民众教育之工作。

第三期，二十年二月前，各县应在全县各学区内选定相当地点，每区一律设民众教育馆各一所，并按照四分之一之比例，设分馆各若干所。（以前已设民众教育馆者在本期内但须按照比例添设分馆）

第四期至第六期，自二十年九月起以后，每隔半年各县应在每一学区内，按照四分之一之比例添设乡镇民众教育分馆各若干所，至各该县所有各学区内分馆完全成立之日为止。

附注二：按本省各县自治区，少者每县约五区，多者每县约十七区，每一自治区内，除设民众教育馆一所外，其余乡镇分馆因人口多寡之不同，每区内至少拟设九所，至多拟设十二所。以全县合计之，各县依照自治区与人口多寡之比例，至少一县须有民众教育馆五所，分馆四十五所（两项合计五十所），至多一县须有民众教育馆十七所分馆二百零四所（两项合计共二百廿一所）。

六、训练师资

第一期，各县于民国十九年二月前，所设民众教育馆内，需用之干事得聘本地原于社会教育机关服务人员及其它曾受民众教育相当训练之人员充任之。第一期需用之指导员，拟按照规定额数招收有相当程度之医学艺术及农工商专门学校毕业生，设短期讲习班予以相当之训练，详细办法另订之。

第二期，十九年二月在省会开办民众教育师资，与服务人员训练所招收年在十八岁以上三十五岁以下有大学肄业二年以上程度，或有同等程度经认可之男女学生六百名，额定每县公费生七名，自费生二名，本县额数不足时，取之邻县，又各省有志入学者，每省二名。修业年限一学期，功课除党义军事训练等基本课程外，兼授教育，民众教育，政治经济等社会科学，而特别注重实施民众教育之练习，各项详细办法另订之。本届学生毕业后，分作本省训练分所十所之助教与实习指导员，及应他省有志者临时招请。

第三期至第六期，十九年九月起二十一年六月止，除省会民众教育师资及服务人员训练所外，并在江南北另设民众教育师资及服务人员训练分所九所，每所每期招收该所附近各县年在十八岁以上三十五岁以下有初级中学以上毕业程度之男女学生六百名，额定每县公费生按照各县人口多少之比例，最少五十名，最多一百名（各县及它省自费生每所至多收一百名）。本县额数不足时，取之邻县，所有修业年限及课程等各项办法与前期省会民众教育师资及服务人员训练所略同，每届学生毕业后，各回本县或指定之邻县民众教育学区内之民众教育馆及分馆服务，或应他省有志者之临时招请。上项训练所每届毕业生额数足敷第五项进行程序中规定各县逐年添设民众教育学区内民众教育馆及分馆服务人员之用。如各区民众教育馆及分馆提前或延缓设立，则训练所每届学额须按比例增减。又自第二期起每期需用之农工商艺术医药指导员，拟按照规定额数（每种每县一名至四名）于每期招生时与新生同时收入训练所，俾得研究民教，并作指导之实习，详细办法另订之。

附注三：现在因各县亟需民教师资与服务人员只得将训练时期定为一学期，以后拟在民众教育院暨劳学院附设函授部，及暑期学校，以便将各种民教学术上之研究材料及各地实施民教之良好结果，随时供给与本省各县民教服务人员，使其知能有继续不断之进步，而其经验亦可有继续不断之改造。

七、视察指导

十八年度由教育厅派专员赴各县视察指导各民众教育学区筹办民众教育馆并促进其实施事项。十九年度起，江南北民众教育师资及服务人员训练所十所开办后，即将全省分为十大民众教育学区，每一训练所对于该所所在区内各县民众教育事业之进行，负视察指导与督促之责，并随时呈报教育厅，由教育厅根据报告继续派员视导。

附注四：数年后民教师资与服务人员足敷分配后，十训练所除仍为十大区民教中心机关，对于本区内民教事业负视导督促之全责外，并附设各种职业补习训练班或乡村小学师资训练班等。

八、经费概算

A. 江苏省普及民众教育经费预算概数

甲. 由省教育经费支出者另见详细概算书

民国十八年度一六七五OO元：

1. 临时费　　一一三五OO元，省会民众教育服务人员训练所开办费。

2. 经常费　　五四OOO元，省会民众教育服务人员训练所经常费。

民国十九年度一九OOOOO元：

1. 临时费　　一OOOOOO元。

2. 经常费　　九OOOOO元，在江南江北添设民众教育服务人员训练所九所开办费及省会训练所添置设备临时费，省会及江南江北训练所十所经常费。

民国二十年度训练民众教育服务人员经费九十万元。

民国二十一年度除民教视察指导经费及供给民教服务人员进修机会之经费外，上列训练民教服务人员经费九十万元可停止支付。

乙. 由县教育局经费支出者另详见概算书

民国十八年度每县共需五千二百五十元。

十九年度每县因人口多少之不同，最少者共需五万一千元，最多者共需十四万九千元。

二十年度每县最少者共需八万另七百元，最多者共需二十八万八千元。

二十一年度每县最少者共需八万三千四百元，最多者共需三十三万三千元。

二十二年度起，每县每年最少者共需七万九千元，最多者共需三十二万五千元。

附注五：按本省各县人口在一百十万以上者共六县（南通、如皋、盐城、江都、东台与泰县），平均每县社会教育经费每年以三十万元计算，六县共需一百八十万元。又人口在六十一万以上一百万以内者共十一县（无锡、铜山、阜宁、常熟、武进、泰兴、江阴、淮安、海门与宿迁），平均每县社教经费每年以二十万元计算，十一县共需二百二十万元。又人口在十万以上六十万以内者共三十四县平均每县社教经费每年以十万元计算，三十四县共需三百四十万元。全省六十一县每年社教经费约计共需七百四十万元，骤视之似属耗资过巨，但本省自前年规定征收八分亩捐为各县教育经费之后，合全省六十一县统计，每年新增经费约有五百余万元，全省耕种地约六千余万亩，今使本省农民以实施普及民众教育而知改良种子消除病虫害，因此每亩田之收入，可增加八角，全省六十一县统计每年农民新增收入可有五千余万元，而每年社教经费各县所负担者，共计七百四十万元，耗一以获七，子母相权，效益亦巨，况实施普及民教之结果，决不止农民每亩增加八角之收入，尚有其它良好效果倍蓰于是也。

B. 江苏省普及民众教育师资与服务人员训练所十八年度经费概算书

一、开办费　　一三五〇〇元〇〇

1. 购地　　五〇〇〇元〇〇

（购地五十亩每亩估计价三百元合计如上数）

2. 建筑宿舍　　三〇〇〇〇元〇〇

（建筑可容六百数十人之宿舍约需三万元）

课室

3. 建筑图书室、办公室　　二〇〇〇〇元〇〇

4. 建筑厨房膳堂浴室厕所等　　一〇〇〇〇元〇〇

5. 课室宿舍设备费　　九〇〇〇元〇〇

（平均每一学生十五元，六百人合计如上数）

6. 办公室图书室设备费　　一五〇〇〇元〇〇

7. 图书标本设备费　　一〇〇〇〇元〇〇

8. 其它设备及预备费　　八〇〇〇元〇〇

（水电体育及军事训练等设备）

说明：如有现成校舍可用则购地建筑等费可减去七万五千元。

二、经常费　　五四〇〇〇元〇〇

1. 教薪　　二一〇〇〇元〇〇

（六百人分十班每班半年教薪二千一百元十班合计如上数）

2. 职薪　　一二〇〇〇元〇〇

（职薪每月约二千元半年合计如上数）

3. 办公费　　九000元00

（文具印刷邮电消耗,旅费招待等费每月约一千五百元）

4. 民众教育实验费　　一二000元00

（在学校附近使学生分组实习各种民众教育实验事项）

C. 江苏省普及民众教育师资及服务人员训练所十九年度经费概算书

支出临时门　　一000000元

一、江南江北民众教育服务人员

训练所添设九所开办费　　九九0000元

（每所开办费约十一万元九所合计如上数）

二、省会训练所添建校舍及添置设备等费　　一0000元

支出经常门　　九00000元

一、省会及江南江北服务人员训练所

十所十九年度两学期经常费　　九00000元

（每所每年经常费约九万元十所合计如上数）

说明:民国二十年度但须支付训练所十所经常费九十万元,民国二十一年度起,训练所停办后如附设职业补习班乡村小学师资训练班等其经临两费预算另订之。

D. 江苏省各县普及民众教育历年需用经费概算书

民国十八年度共需五千二百五十元:

一、民众教育学区设民众教育馆一所

开办费　　一千五百元

半年薪工及办公事业费　　二千五百元

二、保送民众教育服务人员训练所学生经费　　一千二百五十元

（每县十人每人津贴一百二十五元合计如上数）

民国十九年度共需少者五一000元,多者一四九000元:

一、十九年度上学期民众教育学区民众教育馆二所

开办费　　三千元

（以每所一千五百元计算）

二、十九年度上下两学期民众教育学区民众教育馆三所

全年薪工及办公事业费　　一万五千元

三、十九年度下学期民众教育馆二所至十四所

开办费　　三千至二万一千元

（以每所一千五百元之计算）

四、十九年度下学期民众教育馆三所至十四所

薪工及办公事业费　　七千五百元至三万五千元

五、十九年度下学期民众教育分馆十所至五十所

开办费　　四千元至二万元

（以每所四百元计算）

六、十九年度下学期民众教育分馆十所至五十所

薪工及办公事业费　　六千元至三万元

七、保送学生经费　　一万二千五百元至二万五千元

（每县每学期保送学生五十人至一百人，全学年一百人至二百人，每人津贴一百二十五元合计如上数）

民国二十年度共需最少者八万零七百元，最多者二十八万八千元：

一、原有民众教育馆及分馆共十五所至五十七所

薪工及办公事业费　　三万七千元至十三万三千元

二、二十年度上下学期共二十四所至一百所分馆

开办费　　九千六百元至四万元

三、二十年度上下学期共十二所至五十所分馆

全年薪工办公及事业费　　一万四千四百元至六万元

四、二十年度下学期共十二所至五十所分馆

半年薪工办公及事业费　　七千二百元至三万元

五、保送学生经费一万二千五百元至二万五千元

民国二十一年度共需最少者八万三千四百元，最多者三十三万三千元：

一、原有民众教育馆及分馆三十九所至一百五十七所

薪工及办公事业费　　六万五千八百元至二十五万三千元

二、二十一年度上学期共十一所至五十所分馆

开办费　　四千四百元至二万元

三、二十一年度十一所至五十所分馆

全年薪工及办公事业费　　一万三千二百元至六万元

民国二十二年度起以后各县每年但需民众教育经费最少者七万九千元，最多者三十二万五千元。

原载《教育与民众》第1卷4期，1929年11月

1930 年

社会教育实施目标及方法之商榷

甲、社会教育实施目标

社会教育实施目标，当根据教育宗旨与其实施方针而定。中华民国教育宗旨云："中华民国教育根据三民主义以充实人民生活，扶植社会生存，发展国民生计，延续民族生命为目的。务期民族独立，民权普遍，民生发展，以促进世界大同。"其实施方针第三项云："社会教育必须使人民具备近代都市及农村生活之常识，家庭经济改善之技能，公民自治必备之资格，保护公共事业及森林园地之习惯，养老恤贫防灾互助之美德。"又第七项云"各级学校及社会教育，应一体注重发展国民之体育"。现在试将上述教育宗旨与其实施方针分析如下：

教育宗旨	扶植社会生存	
	延续民族生命	社会方面
	发展国民生计	
	充实人民生活	个人方面
	世界大同	
	民族独立	社会方面
	民权普遍	
	民生发展	个人方面

实施方针	近代都市及农村生活之常识	
	家庭经济改善之技能	个人方面
	公民体育之发展	
	民国自治必备之资格	
	保护公共事业及森林园地之习惯	社会方面
	养老恤贫防灾互助之美德	

观上述二表，可见社会教育，对于个人与社会，当双方兼顾。就个人方面言，社会教育当使社会各分子，均得有继续不断之生长。不分男女长幼及程度之高下，于知识能力精神身体各方面，均得随时世之递迁，有继长增高之机会。因之国民生计，得以发展，人民生活，得以充实。就社会方面而言，社会教育当使社会各分子，均成为社会的能员，负责的国民，健全的公民，因之民族生命，得以延续，社会生存，得以扶植。

社会教育实施目标，如分别各项列举之，颇易流于繁琐，且各项中细目，前后重见迭出者，在所不免，惟为便利实施起见，则又不得不将目标详细列举。兹先试述社会教育实施目标之总纲如下：

一、公民教育目标，主旨在使民众具备公民自治必备之资格，民权普遍，民族独立，并延续民族生命，扶植社会生存。

二、生计教育目标，主旨在发展国民生计。

三、语言文字教育目标，主旨在充实人民生活。

四、健康教育目标，主旨在发展国民体育。

五、家事教育目标，主旨在改善家庭经济，充实人民生活。

六、艺术教育目标，主旨在充实人民生活。

七、社会教育其他目标，主旨在充实人民生活，扶植社会生存。

兹再依照上述总纲，将各项社会教育实施目标之细目，分别列举如下：

一、公民教育目标，主旨在使民众具备公民自治必备之资格，民权普遍，民族独立，并延续民族生命扶植社会生存。

（一）指导民众了解现在中华民族所处地位的危险，须急谋合群以恢复民族精神。

（二）指导民众养成忠于事，忠于民，忠于国，孝于父母，实行仁爱，敬事而信，见得思义，见义勇为，见危效命，谦让和平之志愿与习惯。

（三）指导民众力行内治，（真心诚意）及外修（修身齐家治国）的工夫，尤当养成自治能力，力除有妨公德与公安之恶习惯。

（四）指导民众发展中华民族固有科学发明的能力，亦应用近代科学。

（五）指导民众立定济弱扶倾，求世界大同之志愿，以尽中华民族之天职。

（六）指导民众了解国民革命及建国程序（军政训政宪政）、五权宪法之意义。

（七）增加民众之政治知识能力，俾得行使选举、罢官、创制及复决权。

（八）增加民众法律常识，俾能将被压迫之情形，申诉官厅。

（九）养成民众捍卫地方与国家之能力与决心。

（十）指导民众尽参加政治、教育子女、纳税当兵等国民应尽之天职。

（十一）指导民众明了各级行政机关的系统与组织。

（十二）指导民众与政府合作进行调查人口、测量土地、办理警卫、筑路开河等事宜，以完成训政。

（十三）增加民众史地及科学常识，并养成民众注意时事的兴趣与习惯，使能明了中国及世界各国政治经济科学文化之过去与现状；并明了中国与各国在外交上之关系及贫富强弱与文明（科学及文化）程度高下之比较。

（十四）养成民众尊重社会上大多数的幸福之志愿与习惯，无论进退，皆能不自私自利，而以社会上大多数人幸福为前提。

（十五）指导民众尽量发展创造、建设、合作等能力，而节制权势财产争斗等冲动，以期科学之昌明，贪官污吏军阀及帝国主义之无形消灭，国内吏治之澄清，世界大同之实现。

二、生计教育目标，主旨在发展国民经济。

（一）指导民众择业、专业且乐业使社会无失业游民。

（二）指导民众组织生产、消费、信用等各种合作社。

（三）指导民众实行省钱合理的婚丧等仪节，并节省其他各种靡费而储蓄。

（四）养成民众使用日常通用之度量衡，运用珠算笔算心算，编制器具等统计表册，用款预算及记账之能力与习惯。

（五）增进民众职业上之知识及技能，以增加其生产力。例如指导农民应用新式农具，及施肥换种除害防灾农业制造与运输等方法。又如指导工人应用新式工具及科学方法，制造丝麻棉毛等各种织物，建筑各式屋舍，修治道路运河。又如提倡副业及妇女手工艺，并提倡植树造林垦荒等等。

（六）指导民众使知社会上大多数的经济利益相调和之重要。

（七）指导民众使知平均地权及节制私人资本发达国家资本之重要。

三、语言文字教育目标，主旨在充实人民生活。

（一）指导民众使能了解普通话（国语），说普通话，了解普通演说，并能当众发言。

（二）指导民众学习文字，至少使能了解浅近书报，及日用文件，并能应用文字，以表示简单的意思，写普通信札及其他日用文件。为求学习便利起见，并指导民众学习注音字母。

（三）指导民众使能应用字典，尺牍，地图及其他参考书籍。

（四）指导民众养成阅读有益书报之习惯。

（五）用语言文字为工具，以增进民众之常识，培养民众之德行。

四、健康教育目标，主旨在发展国民体育。

（一）指导民众锻炼身体，发达机能，养成健康活泼之体格，清洁卫生之习惯。

（二）指导民众学成简易健身的运动，且养成劳动操作之志愿与习惯。

（三）指导民众养成行正当消遣之习惯，并戒除有损健康之嗜好。

（四）指导民众学习医药常识。

（五）提倡国技及业余团体运动远足旅行等，以陶冶互助、勇敢、灵敏、镇静、自动、自制等品性。

五、家事教育目标，主旨在改善家庭经济，充实人民生活。

（一）指导民众造成整洁、卫生、美观、朴素、舒适、和乐的家庭。

（二）养成民众布置与整理家庭之能力与习惯。

（三）增加民众应有的儿童卫生与儿童教育之常识。

（四）增加民众避免火险，预防疾病及使用普通消毒法等之常识，并养成民众注意家庭卫生之习惯。

（五）指导民众维持健康的性生活，并采用改良生育方法。

（六）指导民众各种礼仪作法，并培养亲爱、忠诚、慈孝之德性，使家庭和乐，社会感化，余详见生计教育目标（三）（四）（五）。

六、艺术教育目标，主旨在充实人民生活。

（一）指导民众造成优美和乐的环境，例如设立公园，整理市容、乡容（乡村容、野容）及家庭，改良市乡房屋及提倡公墓等。

（二）指导民众整理服装，注意礼貌。

（三）指导民众作正常之娱乐，例如组织俱乐部、音乐会、同乐会、消寒会、国庆提灯会、远足旅行队，并提倡业余运动会等。

（四）指导民众学成自娱娱人的技能，例如音乐、书画、歌舞、讲述故事、谈论时事等。

（五）指导民众养成欣赏天然美与音乐歌唱、文字、书画、戏剧等艺术之能力及静观事物以娱身心之习惯。

（六）提倡业务艺术化，使有美感与兴味，得敬业之乐趣。

（七）用艺术为媒介，以增进民众之常识，并陶冶民众兴奋、沉静、亲和、愉快之感情，忠孝、仁爱、信义、和平之德性。

七、社会教育其他目标，主旨在充实人民生活，扶植社会生存。

（一）指导民众养成优美善良的环境与风俗，并随时随地制造和乐活泼的空气。

（二）养成民众与人为善，选择良友，选择善良环境及风尚之能力与习惯。

（三）养成民众注意礼貌，富有同情，与人合作，和蔼可亲，忠信笃敬之习惯。

（四）养成民众注意了解及评价他人言行之能力。

（五）增进民众之科学常识，俾有享受保持并促进近代都市及农村文明生活之能力。

（六）养成民众保护公共事业及森林园地之习惯。

（七）培养民众养老、恤贫、防灾、互助之美德。

乙、社会教育实施方法

社会教育实施方法，分下列数项详述之：

一、行政组织。

二、实施机关。

三、实施程序。

四、训练人才。

五、社会教育工具与教育方法。

六、经费。

七、联络民政建设农矿及其他行政机关合作进行。

在拟订社会教育实施方法时，当注意数种原则，庶所订实施方法，于事实与理论方面，皆有根据，而能推行无阻，且有成效可期。兹将原则分述于下：

1. 行政组织宜简单。

2. 各种实施机关宜集中，而其设立宜普遍。

3. 实施程序宜先实验而后推行。

4. 实施人才宜特别训练。

5. 教育工具宜流通。

7. 教育方法宜活用。

8. 政府宜以全力推行社会教育。

上述八项原则既经确定即可进一步分类详述社会教育实施方法如下：

一、行政组织

理想的社会教育行政组织系统，除教育部已设社会教育司外，各省教育厅当一律设社会教育科，各县教育局当一律设社会教育课，为中央及省县之社会教育行政主管机关。于必要时，各级主管机关得聘请专家，组织研究设计委员会，辅助主管机关计划进行事宜。又为推行顺利起见，主管机关当随时与有关系之各机关联系进行，或分别接洽或共同会商，以期意见融洽，于事有补。

实施社会教育，有主张集合有关系之政治机关社会机关组织委员会，共同讨论，共同执行者，集思广益，用意未尝不善。但社会教育，与普通教育高等教育相同，其主管机关愈单纯，则其办事人员愈能专心负责。若多设骈枝机关，反足以阻碍事业之进行。且委员会，若由重要人物组织而成，则中央政府本已有行政院，省政府本已有省政府委员会，县政府本已有县行政会议，无庸再另组委员会，多费时间与精神。若委员会由各机关代表组织而成，则代表仍须常常请示于其所代表之机关，必多牵制与阻滞，于事业无益也。故社会教育行政组织宜单纯，使主管机关不受何种束缚，亦不能有所推诿，庶可因责无旁贷而努力进行，以尽厥职。

二、实施机关

社会教育实施机关，分普通与特殊二种。普通的，如民众教育馆、图书馆、博物馆、体育场等；特殊的，如残废院、平民习艺所、模范监狱等。普通的社会教育实施机关，民众教育程度高下不齐，又宜有简易与高深之分，兹将各种社会教育实施机关设置之办法开列于下：

（一）社会教育当以民众教育馆为主要之实施机关，所有图书馆、体育场、展览会、大讲堂，均为民众教育馆之附属机关，不单独设立。且图书馆、体育场、展览会、大讲堂等之场所，皆当毗连，以便引起民众各种兴味，使其身心均能受益。又民众教育馆，当附设寄宿舍、饭馆、理发店、浴室等，使民众因生活之需要而来馆，因来馆而不知不觉在生活方面，受各种指导，各种训练，且可因来馆，而引起阅书听讲，看展览会，及练习体育之兴味。社会教育机关如此设置，则若百货商店及大游戏场效果自然加多。前述实施机关，宜集中之原则，即此意也。

民众教育馆内部组织，宜分教育、生计、健康、美术、事务五股。教育股掌民众学校、国民补习学校、国民训练讲堂、民众茶园及图书馆展览会等事项；生计股掌农业及其他职业指导事项；健康股掌民众医院、民众体育、民众卫生等事项；艺术股掌整理村镇容态及音乐与其他各种娱乐等事项；事务股掌文书会计等事项。民众教育馆内职员，设总干事及干事各一人，分任教育及事务二股之职务。另设职业指导、医药卫生及体育指导、艺术指导各一人，分任生计、健康、艺术三股之职务。干事及指导员，视事务之繁简，得酌设助理员。

在一大市或一自治区内，因人口繁盛，地域辽阔，得设民众教育分馆。在分馆内，以只设干事二人为原则，但因事实上之需要，亦得酌设指导员。

依照上述办法，在每一大城市，或一自治区内，各设民众教育馆一所，分馆若干所。民众教育馆内之指导员，须巡回全市或全区，到各分馆指导民众。又民众教育馆内之总干事及干事，对于各分馆干事，须负指导之责。且关于社会教育各项设施，民众教育馆与所有各分馆，当通盘筹算，联络进行。其联络方法，得以每周举行馆务会议之方式行之。

（二）首都及省会、特别市、普通市、大商埠等地，除照第（一）项办法，设立民众教育馆及分馆外，得另设规模较大，或程度较深之图书馆、博物馆、体育场，并得视地方之需要，设特殊社会的教育实施机关。

（三）各县县政府所在地，照第（一）项办法，设立民众教育馆及分馆。如有必要，并得酌设特殊的社会教育实施机关，又各县每一自治区内，各设民众教育馆一所，分馆若干所。分馆之多寡，视各区内人口之多寡定之。

三、实施程序

社会教育之实施，宜先由实验求得良法而后推行，如此则进行易而靡费少。

无论普通的或特殊的社会教育实施机关，宜选择一适当地点，设一实施机关，经过相当时期，得有实施良法，同时实施人才，亦经训练成功，然后添设实施机关，似较妥善。兹根据先实验而后推行之原则，拟订实施程序如下：

（一）在首都或指定之相当地点，先设立规模较大或程序较深之博物院、图书馆等各一所，一俟办有规模，即行推广。

（二）各省宜斟酌地理情形，择相当地点二处，每处设民众教育馆一所，分馆各若干所，作实施社会教育之实验，为各该省省立及县立民众教育馆与分馆之示范。

（三）各县最初除在县政府所在地，设立民众教育馆与分馆外，当另选定一自治区，设民众教育馆与分馆，作实施社会教育之实验，为本县其他自治区民众教育馆与分馆之示范。

（四）各特别市普通市及大商埠等之社会教育实施程序照前述第（二）项办法办理之。

（五）各省及特别市对于特殊社会教育实施机关之设置，仿照前述第（一）项办法办理之。

四、训练人才

实施社会教育之人才，须受特别训练，且当注重实习，方能合用，否则滥竽充数，徒然虚靡款项，决无成绩可睹。

训练实施社会教育人才，宜就两种需要着想，一供给社会教育各种实施机关多量干事与指导员之需要；一供给社会教育学术研究实验，并造就学问较为高深人才之需要。为满足第二种需要计，至少全国宜设一国立社会教育大学。为满足第一种需要计，各省除特设社会教育学院，或社会教育服务人员训练所外，宜在乡村师范以上各级师范学校及大学教育学院，或教育科内，增设社会教育各种课程，以资造就，使社会教育服务人员之供给，得源源而来，无缺乏及不合用之虞。

五、社会教育工具与教育方法

社会教育工具宜流通，而其教育方法宜活用。流通有大中小之分，譬如国货展览会之陈列品，乃社会教育工具之一种，先在上海陈列后，再移往汉口，及其他各地陈列，此之谓大流通。又如一县先在第一自治区民众教育馆内举行农产品展览会，然后再将农产品移至第二、第三区民众教育馆陈列，此之谓中流通。又如一自治区之民众教育馆，租用电影片开映后移至本区内各分馆开映，此之谓小流通。其他教育工具之流通，依此类推。社会教育工具，如能流通应用，则有二种利益：一可节省经费，二可引起民众注意与兴味。因工具既流通，教育馆内当有新设施新花样，民众必须因好奇而来也。

社会教育方法宜活用云者，乃指因人因事因地因时就人民日常生活之需要而施教也。譬如图书馆,本为阅看书报研究学问之地,若辟一休息室,在室内陈列民众特别注意之书籍(日本东京有一二所图书馆即用此法陈列支那问题各种书报)则活用矣;若设一问询处,以备民众咨询各种问题(美国有许多图书馆及博物馆内附设问询处,备民众询问史地科学农工商学政军警各种问题)则活用矣;又如在乡村民众教育馆之职业指导员,在稻作时,指导稻作,麦作时,指导麦作,蚕桑时,指导蚕桑,农忙时,则指导农事,农隙则指导进民众学校,或做筑路开河等建设事业等,皆为教育方法之活用。现在已有之社会教育实施机关,颇多因不知活用教育方法,致与民众不生关系,成效未著,甚可惜也。

六、经费

社会教育范围甚广,故需用经费亦甚多,加以希望民众教育馆与分馆能及早普遍设立,馆内既设职业健康艺术等指导员,不能不有相当设备,故需用经费愈多,此项临时经常需用之巨款,如何筹措,实一重大问题也。

宽筹社会教育经费办法可述者,约有八种,条例于下:

(一)国民政府前经明令规定社会教育经费须占全教育经费20%,全国各级行政机关当切实遵守此项法令。

(二)增加社会教育经费从20%加至30%。

(三)各级学校应以每年全部经费10%至30%,为举行社会教育事业之用。

(四)请中央及省县政府指拨专款,为开办费及基金。

(五)举行社会教育公债,或于每次中央或地方政府举行各种公债时,以所收款项之20%,拨充社会教育经费。

(六)举行各种营业税,凡工商、矿、交通、铁路及其他各种营业,皆纳营业税。即将所收款项,作为办理各该业职工补习教育及其他教育经费之用。

(七)指拨军费为社会教育经费。现当实行编遣之际,军队逐渐减少,宜将所余款项,拨充社会教育经费。

(八)庚子赔款拨充教育经费,已有前例可援。现在尚未商定用途者为英日等数国,即不能将退还赔款之全部拨充社会教育经费,至少亦当以一部分为社会教育经费之用也。

七、联络进行

实施社会教育机关内之干事及指导员,从行政方面言之,开导民众奉行功令,乃民政、建设、农矿、财政及其他行政机关之先锋队、宣传者、劝导者、介绍人、赞助人,故各行政机关,宜与办理社会教育者合作。同时,社会教育服务人员,欲推行民众教育,训练民众自治,实施农业指导等工作,又非有民政、财政、建设、农矿等行政机关积极合作不为功,故联络进行,则双方有益。若各自为政,虽不至两败俱伤,但推行之必迟缓,成效之必减少,乃可断言。此联络进行所以必要也。

抑尤有进者,愚蠢与贫穷,为吾国现在之二大患,亦为人民莫大之切身痛苦。愚蠢之患不除,训政无从进行;贫穷之患不除,国民生计无从发展,而人民日转辗于痛苦之中,为政者岂能坐视不救。故为解除人民痛苦,发展国民生计,完成训政,巩固国本计,皆不能不望政府以全力推行社会教育也。

原载《教育与民众》第1卷6期,1930年1月

关于实施民众教育方法上之讨论

（复钮惕生先生函）

惕生主席钧鉴：

前月廿九号奉赐谕，对于民众教育之指导方法，蒙详细指示，循诵数回，钦服之至！昨日俞科长读赐谕后，以为钧座所示方法，与杜威教育主旨符合，俞科长意欲抄录一份也。阳意民众教育之目的，应认得清楚，而其实施机关及工具与方法，尤当善为运用。民众教育馆或民众学校，民众茶园等，皆可凭藉之作为实施机关。至教育工具，如课本、标本、展览陈列品及农场等等，则当活用。且当在各机关流通，以省经费而多收效。教育入手方法，当因人因事因时因地以施教，尤当由近及远，由浅及深，由知及不知，由具体至抽象，即钧座所谓从事实着手，理论须寓于事实中也。引起注意与兴味，为施教者所最应致力之一点。如能因民众生活之需要而施教，则注意与兴味随之而起矣。如冬令因宵小窃发，须讲求冬防，因此而倡议保卫团，必一呼而集，亟易成功。办理后宵小慑服，地方安靖，成效卓著，则参加者，兴味浓厚，欲罢不能矣。由此言之，娱乐美感，似尚未易以迹象求之也。钧意艰苦卓绝的事业，须寓于娱乐美感中，然后能达其目的，意在斯乎！意在斯乎！民众教育院与劳农学院学生，自经主席训话后对于分组分区实习，颇能益加努力，施教方法亦渐得门径。民众既多愿合作者，且渐有能自动者。因主席期望之切，敢略陈之。尚祈时赐南针，俾得有所遵循，不胜感激之至！阳于前星期五六因劳农学院于春季学期须招新生，不得不依照教育部新颁规程，将学则与招生简章，起草修改。昨天实验区乡长乡副就职，晚间青石桥实习组，开村民谈话会，商量救火会等问题。阳均往出席，致未能早日禀复，尚祈鉴谅为幸！今晨俞科长奉赐谕并附计划等，容详细拜读后，当即奉复。

专此敬请

钧安

又禀者，珂乡民众教育馆需用指导员一人，钧座谕代为物色，当设法介绍以应命也。

后学高阳敬上

十八年十二月二日

［附件］ 钮惕生先生致高践四先生函

践四先生伟鉴：

俞塘民众教育馆，诸蒙指教，感无既！

俞科长嘱先聘请指导员一人，实为扼要之谈，拟请俞科长及先生代为访聘，月薪若干，并请预示为幸。建对于民众教育指导方法，略有鄙见，顷已对俞科长言之，兹再略述于下：

指导固以党义及国民职责自治能力为归宿点，然欲求其易知易能，似宜从事实着手。

第一，关于农业之改良（尤其妇女农业），卫生事业之实施为指导之主点。

第二，整顿乡容（分之为村容、野容）、家政及个人之服装礼仪等等为指导之次主点。

第三，种种有益事业之训练，如合作事业、借贷社、自治机关事业等组织方法。

第四，娱乐事业为精神教育及体育之主要手段。

以上四项均属于事务及伎俩（自治亦为一种技术）方面，皆有实际可以追寻，着手既较为容易，且不致干燥无味，且于此种指导间，参以党义及国民职责，自治能力之训练，用随时随地指点的方法，则民众易于感受。所谓理论者须寓于事实中以发挥之，方易成功。

凡进一步之工作，决不能于容易中求之，是知进步者实艰苦之结果。而人者乃快乐之动物，故人与进步常有不相入之势。吾人果欲求最高之文化，即种种艰苦卓绝之事业，须寓于娱乐美感中，然后能达其目的。换言之，即娱乐之倡导，尤须注意于业务困难之范围内。故业务须得艺术化，各种业务皆然如农业至劳苦，改良极不易，卫生事业，尤极精细，此须设法使之发生美感及娱乐，或附带于该事业之中，或在其四周之环境，或作始及进程中。虽极困苦，而于其结果得最后之快乐，方有进行之可能。是乃指导者之所宜苦心设法者也。严格之规律及秩序，为高度文明上最可贵而必要之件，且愈严格则进度愈高而愈精。但须在从容中求之，并须从娱乐美观中养成之，务使不感痛苦，不觉压迫，方能进行无滞。以上各点为诸君所迭经论及者，今重为拈出，请再加以考核，是否有当？伏祈指示为幸。专肃顺颂

大安

弟钮永建谨启

十八·十一·廿八

注：钮惕生即钮永建，原任江苏省政府主席，后担任国民党考试院副院长，积极提倡民众教育，被推选为中国社会教育社理事。

以上二信原载《教育与民众》第1卷8期，1930年3月

民众教育实验第三次报告序

民众教育实验报告每学期出版一次。第一次是民国十七年秋季学期的报告,第二次是十八年春季学期的报告,第三次是十八年秋季学期的报告。所有一学期内民众教育实验的经过和结果,都记在报告内。

在这第三次报告中值得读者特别注意的是一个最经济简便,最易生效果的民众教育实施方法。这个方法是从十八年秋季学期实验结果得来的。十八年九月,我们规定民众教育院及劳农学院两院在院学生分组,在本院附近对径十里路以内,选定十余个村巷,每个村巷上先设立一民众学校,或民众茶园,即归一组学生主持办理。并且预定办理民众学校或茶园的人应当留心各该地方民众的需要,除学校或茶园外逐渐添办其他有关于民众教育的事业。经过半年的实验,各组在村上先办民众茶园而后添办民众学校的很多。其他因利顺便,对于救火会、乡村改进会、合作社、特约农田、巡回治疗、清洁、游戏等等各项民众教育事业都有相当进行。虽因各村地方情形的不同,及各组用力的多少,工夫的浅深,成绩不能一律,然而由此却得到了一个结论。

这个结论是什么呢?这个结论是一个最经济简便,最易生效果的民众教育实施方法。现在把这个方法的条件开列在下面:

一、选定一村,该村户数须在一百户左右,如附近有他村更佳。

二、先租用民房试办若干时期,等到办理稍有成绩再行自置房屋。

三、先办一民众学校或民众茶园。就用这个学校或茶园做实施该村及附近数村民众教育各种事业的中心机关。换言之,所有文字教育、生计教育、公民教育、家事教育、健康教育、游戏教育等都凭藉这一民众学校或民众茶园做实施机关。

四、要希望民众教育事业在一个村上能够推广,须设法得民众的谅解、同情和信仰。并且应该因人、因地、因事而有种种的设施。这全靠办理民众教育者的努力与否。所谓运用之妙存乎其人,就是这个意思。

孟子说:“梓匠轮舆能与人规矩,不能使人巧。”不错,他人但能给我们方法,不能使我们灵巧。但是我们自己能不能使自己灵巧呢?中庸说:“诚之者择善而固执之者也。……有弗学,学之弗能弗措也。……有弗行,行之弗笃弗措也。人一能之,己百之,人十能之,己千之。果能此道矣,虽愚必明,虽柔必强。”这不是自己能使自己巧的明证么?所以他人虽然不能使我们巧,我们自己如果用择善固执,人一己百,人十己千的工夫,终究可以虽愚必明,虽柔必强。

我在上面说,民众教育事业在一个地方能够推广与否全靠办理者努力与否。假定办理民众教育者能够努力,用择善固执,博学审问慎思明辨笃行,人一己百,人十己千的工夫,成绩自然而然的能够好,事业自然而然的能够推广。因为惟有努力的人能够得到民众的谅解,同情和信仰,能够活用教育工具,因人因地因时因事施教。总之,努力是成功最要紧的条件,亦就是民众教育成功最要紧的条件。这是我在介绍最经济简便,最易生效果的民众教育实施方法之后所要特别提醒的。

原载《教育与民众》第1卷9期,1930年4月

识字运动以后各界应有的努力

为浙江省识字运动宣传周印发特刊征文而作

识字运动所要引起注意的是谁？是不是只有现在还没有识字的人？我们要引起他们的注意，使他们自己觉得识字的重要，而奋发求识字？我以为现在不识字的人固然要引起他们的注意，但是现在已经识字的人，及有权力有财力的人尤当引起他们的注意。因为不识字的人须识字的人肯去教他，有权力的人肯设法使他有识字的机会，有财力的人肯捐款帮他请人教授，才能达到识字的目的。否则，不识字的人虽然要想识字，而识字的人及有权力有财力的人却不帮助他，他何从得到识字的机会，达到识字的目的呢？

识字运动要消除文盲，要使个个人识字，有两个必要条件。一个是师资，一个是经费。识字的师资及经费都缺乏么？这个问题不容易答复。不过据我看来师资及经费二项都不缺乏。现在大家都以为这二项缺乏得很。其实缺乏的不是在师资和经费本身，是在能做师资能设法筹经费及能捐助经费的人的决心！现在大家做识字运动的宣传，热闹得很。然而我们做宣传的人对于识字运动是否个个人有十二分的信仰，还是不过循例的宣传宣传，热闹热闹？假使我们对于识字运动确实明了他的重要，中国文盲之多及大多数人民的愚蠢，我们认为是中国贫弱及内乱的根本原因。所以我们个个人对于识字运动确实有十二分的信仰，我们就应当用全力帮助不识字的人使他有识字的机会达识字的目的。用全力帮助！谁能用全力帮助。须要有决心的人才能用全力帮助。怎样是算用全力帮助？识字的肯尽量抽暇并很忍耐的教不识字的人，有权位的肯尽力设法使不识字的人有识字的可能与机会，有财力的肯捐助经费多办几个民众学校，才可以算用全力帮助。本文标题“识字运动以后各界应有的努力”是要提醒大家不可在宣传周期满后就此以为责任已尽。须知识字运动宣传是消除文盲的开始，各界从举行识字运动是日起应各尽其能，努力做消除文盲的工夫。

还有几句话要附带的说一说。中央既经规定识字运动就应当进一步规定“识字强迫”。如果“识字强迫”规定了，老百姓才觉得识字是国民应尽之义务而肯努力求识字并利用各种机会去学习。至于识字的人，无论党政军警农工商学各界亦应当全体动员每日至少抽暇一小时教人识字。假使一方面规定“识字强迫”，另一方面规定“强迫教人识字”，供应相求，还怕消除文盲的不成功么？

又注音符号中央已规定推行了。识注音符号与识字是有同样的功用，并且二者是相得益彰的。老百姓假使以识字为太繁重，一时不易办到，至少亦应当在识字运动宣传后强迫他识注音符号，使他能够应用注音符号记账写信。

还有一个问题要提出讨论的。中国现在的大患，愚蠢之外，尚有贫穷和做公民能力的缺乏。其他家事、健康、娱乐等，一般民众都乏常识。我认为识字不过是一种工具。现在要使国民不愚蠢，不贫穷，并且要有做公民的能力等等，我们应该提倡整个的民众教育。所以在识字运动以后，我更希望中央及地方教育行政当局对于整个的民众教育能够努力进行。

原载《教育与民众》第1卷9期，1930年4月

政治的中心

近数年来，热心民众教育的同志，颇多主张训政时期的民众教育应以政治教育为中心者。我以为我们应该再进一层研究政治的中心，所以我提出这个题目，希望从事民众教育者以后对于政治教育能够认识得更清楚些。

“滕文公问为国。孟子曰：民事不可缓也。”（此处略有删节）但是民事是指何种事呢？要答复这个问题，我们应当先问地方自治是治些什么事？区长民选，县长民选，省长民选，是不是就算地方自治？设立参事会，选举国民代表，是不是就算地方自治？区长、县长、省长，无论是由民选或由政府派定，都是官吏。选或派了他们，要教他们做“民事”。至于参事会，是讨论“民事”的机关；选举的国民代表，是要他议“民事”的。所以选举官吏及选举国民代表都不过是地方自治的方法或手续，并不是地方自治所要治的事。

然则地方自治所要治的事究竟是指什么呢？地方治安、地方财政、地方教育、地方建设、人口调查、人事登记、土地测量……岂不都是地方自治所要治的事么？答曰，唯唯，否否。假定我说，头、身体、四肢、骨骼、肠胃都是凑成人的一部分，这句话谁亦不能否认。不过，头、身体、四肢、骨骼、肠胃合起来能不能就成功一个人呢？这亦是谁亦不敢断言的。我们讨论一个问题须求得其要领。人无灵魂是不能成人的。地方自治，换言之，县自治，省自治以及全国的政治都很复杂，但是我们亦当找出他的灵魂来。政治的灵魂就是这篇文章的题目“政治的中心”。政治的中心就是“民事”。

民事究竟是指何种事呢？我们仍旧用孟子的话来答复曰：“民之为道也，有恒产者有恒心，无恒产者无恒心”，“是故明君制民之产必使仰足以事父母，俯足以畜妻子，乐岁终身饱，凶年免于死亡。然后驱而之善，故民之从之也轻。……五亩之宅树之以桑，五十者可以衣帛矣。鸡豚狗彘之畜无失其时，七十者可以食肉矣，百亩之田勿夺其时，八口之家可以无饥矣。谨庠序之教，申之以孝悌之义，颁白者不负戴于道路矣。老者衣帛食肉，黎民不饥不寒，然而不治者未之有也。”现在我们可以简单地讲，民事就是“制民之产”。俄国现政府十五年来因为“制民之产”这个问题已经数易其政策。一九二一年俄国改行新经济政策，大家都还记得。一九二八年颁行五年计划亦专门在制产或造产方面用工夫。他们已知道“制民之产”是政治的中心，这是非他国人所能及的。至于制民之产的标准却是我们所以要详细讨论的问题。照孟子的意见，“民非水火不生活，昏暮叩人之门户求水火，无弗与者，至足矣。圣人治天下使有菽粟如水火。菽粟如水火而民焉有不仁者乎？”换言之，我们办理地方自治，以及县政、省政、国政，应该设法使全民有菽粟如有水火之充足，使全民都有恒产，乐岁终身饱，凶年免于死亡，然后可以驱而之善，求得一县，一省，和一国的长治久安。

孙中山先生手订建国大纲第二条说：“建设之首要在民生，故对于全国人民之衣食住行四大需要，政府当与人民协力共谋农业之发展以足民食……”云云。曰，“首要”，曰

“全国人民”，曰“政府当与人民协力共谋”。孙中山先生在此数语中固已昭告我们下列数项：

一、制民之产是政治的中心。

二、民是全国的人民，是全民。

三、制民之产的标准须使全民的食衣住行能裕足乐利。

现在我要请问中央及省县地方党部与政府机关诸公，政治的中心是制民之产这句话我们认清了没有？假使我们认清了，我们应当如何求其实现？我们中国古人设官亦根据了制民之产为政治中心的道理而做的。例如舜典，舜咨四岳推选官吏，先命禹治平水土，次命弃播时百谷，又次命契敬敷五教，然后再派皋陶及垂等做刑官工官乐官等。可见古人注重水利及农，实行以制民之产为政治的中心的道理。

现在的人看那几种官吏为最重要呢？以一县说，县长，公安局长，财政局长都是重要的。其他都不重要了。县是如此，省与国的官吏亦是如此。我以为国民政府及省政府主席与县长好比舜典里的舜。一国一省一县的元首固然是重要。又现在土匪如毛，为患与古之洪水相等，所以公安局长亦似乎是重要的。但是我们要明白洪水是一件事，水利又是一件事。禹治平水土兼做两件事，治洪水不过是制民之产的预备，讲求水利方始是着手进行制民之产。现在一般的人看了什么人权势大，权利多，就以为重要，不知道政治有政治的中心。政治的中心是民生，就是制民之产，使全民都有恒产，养生丧死无憾。要达到这个目的，我们须要改变我们的观念，看重建设、农矿、行政机关的官吏，并且要责望他们能够办到民食足，民衣裕，民居乐，民行利。

以上云云，是我在民国二十年元旦希望党部政府诸公及全国同胞多能够改去旧观念，而认清民生是政治的中心，并且求其实现的。

原载《教育与民众》第2卷4期，1930年12月

1931 年

民众生计教育(演讲稿)

一、什么是民众生计教育？民众生计教育的范围很广，包含有文字、公民、健康、家政、艺术、生计等六种，除文字等五种民众教育，另文讨论外，现在讨论的，为民众生计教育。所谓民众生计教育者，就是用各种教育的方法与力量，来训练或指导民众，使有谋生的知识和技能。换句话说，谋国民经济宽裕的教育，就是民众生计教育。

二、为什么要办民众生计教育？我们所以要提倡民众生计教育，有两个原因：(甲)因为历史的关系；(乙)因为现在的需要。

甲、历史的关系。从前管仲治齐，把齐国的渔盐之利，竭力提倡，齐国因而富强，称霸诸侯。孔子对弟子说："既庶矣，富之，既富矣，教之。"待后如越王十年生聚，十年教训的政策，而吴仇以复。这都是注重民众生计教育的效果。由此看来，民众生计教育，确是中国现在应当先提倡进行的事。

乙、现在的需要。民众生计教育的利益有两种：

1. 直接的，可以增加生产。

2. 间接的，可以增高知识，改良风俗。

我们要改良社会，先要把民众生计教育办好，其他问题，也就可以迎刃而解了。再就办社会教育本身讲，要社会教育发达，非有充足的经费不可。照现在各县的情形，是不够应用的。我们要想增加经费，非使民众生活宽裕不可，更非先办民众生计教育不可。譬如，江苏有耕田七千万亩，无锡有耕田一百万亩，假使每亩年产增加一元，那无锡一县年可增加一百万元，江苏全省可增加七千万元。由此看来，可知民众生计教育的价值了。

三、怎样办民众生计教育？我国现在办民众生计教育的人，多半没有大研究的，很少能实地工作的。长此以往，恐永无良好的结果，所以我们应当想妥善的办法，来办民众生计教育，办法惟何？

1. 努力研究农工商各种学识。

2. 联络本地农场、蚕桑场和农业学校及其他各种实业机关，把他们研究所得的心得，代向民众推广实行。

3. 和各实业机关通信，以广我们的见识。

四、民众的分析。我们要办民众生计教育，应先知道我国人民生活的情形，有下列三种：

1. 城市，乡村。

2. 工,商,农……

3. 有业,无业,失业,不业。

这三种分法,第一种以区域分,第二种以职业分,第三种以环境分。上面第三种里的无业、失业、不业的人,最为重要,现在再来解释一下:

无业:这种人本来是无业的,专作游荡生活,即是无业游民。

失业:本来是有职业的,因为种种关系而失业的。

不业:一般少爷小姐,不想做事,终日享乐,可称高等游民。

这三种人,我们应该特别注意,使他们要有相当的职业,民众生计,才可充裕。

五、民众生计的分析。民众生计的分析,就是民众职业的分析,普遍讲起来,民众的职业不外农工商学……其实各种职业之下,还可有更细的分析,如工业,可分为各种工厂,家庭手工艺等等。

所以职业云云,绝非这四类可以概括。我们办民众教育者,须考察地方情形,还要详细调查各种职业,而后斟酌地方情形和职业性质,求得实施民众生计教育的目标,来向民众宣传,等到得了他们的同情,生计教育,就能推行无阻了!

六、宽裕民众生计的原则。要生计宽裕,须从勤俭做起。我们中国人民有这种美德,我们应当保持他、培植他,使这种美德不致消失。

宽裕民众生计的方法有甲乙两种:

甲、增加生产:1. 增加从事生产的人;2. 增加生产的速率;3. 开辟新路。

1. 增加从事生产的人。我国人民的家庭,生产的人,大多只靠家主一人,其余皆是消费的,所以要使个个人从事增加生产。要做这个事,可以不必一定到外面去赚钱,即是在家做家庭工艺或处理家务,省一个佣人,也就可以了。

2. 增加生产的速率。我国从前的工业,都不知用科学管理法,所以生产率是很慢的。现在我们做工,非但要用机器来分工合作,并且要用科学管理法增加生产率。

3. 开辟新路。就是要发明新的事业,例如扬州出产萝卜头很多,做罐头食物即可推销国内外,又如用梅制陈皮梅等都是开辟新路。

乙、减少消费:1. 减少消费的人;2. 减少无谓的消费。

1. 减少消费的人。我国人民,家庭中消费的人很多,我们应当设法使他们生产,然后民众生计就宽裕了。

2. 减少无谓的消费。现在无谓的消费太多了,婚丧等事,每每过于铺张,不顾经济状况,长此下去,民众生计,恐将破产,所以我们要提倡节俭,来解决民众生计问题。

七、民众生计教育实施法。民众生计教育实施法,可分两种:

甲、城市民众生计教育实施法。

乙、乡村民众生计教育实施法。

在未讲实施方法以前,我先把国民应有之性质,及生存竞争的方法来讲一讲,因为这两点对于民众生计,有很大的关系。国民应有之性质,大概可分为四种:

1. 知识,物质,人。

物质——是静的,无论什么东西,我们要能够分别他的好坏真伪,假使不能,就要请专门人才来鉴别。

人——是动的，我们对于无论什么人，要能辨别他的善恶，这种事情，不像物质，可以请人帮忙，如果没有这种知识，那就糟了。

2. 远大目光，勤，俭。

勤——无论什么事情，不管他待遇多少，都要很勤谨的去做。

3. 可靠，诚实，清醒，勇敢，尽职，忠信等。

诚实——就是不可虚伪，视自己的能力而做事。

清醒——就是节制饮酒，因为酒那种东西，最能误事。

勇敢——就是说在必要的时候，应当勇敢。

尽职——就是办事要敏捷，要妥当，要办得完好。

忠信——就是忠于自己的职务，并且言而有信。

4. 明白道理，肯学，肯与人合作，服从法律。

肯学——孔子云，"人之大患，在好为人师"，我说："人之大患，在不肯学"，无论什么人，他好的地方，我就要去学他。

肯与人合作——中国人的恶习，就是不肯与人合作，非但不合作，而且要破坏，要知合作是互相有益的。

服众法律——就是对于正当的法律与规约，须能服众。

除了这四种以外，还有四种生存竞争的方法分述于下：

1. 破坏的——战争，盗，决斗，怠工，口角。

2. 欺骗的——搀入劣品，虚伪广告，煽惑群心。

3. 劝说的——政治方面　① 联合首领　② 联合民众
商业方面　① 广告　② 兜销
法律方面　① 公判　② 诉讼

4. 生产的——竞争出品，竞争服务。

以上四种生存竞争的方法，只有第四种是正当的。

八、城市民众教育实施法。在施行城市民众生计教育时，须先将民众大略分析一下。城市民众的分析，有个人、家庭、团体、工厂、机关。城市民众教育的实施，可由职业指导所负责。实施方法，依情形而不同。如个人应当先指导他以国民应有之性质；如工厂里的资本家，应当指导他不搀入劣品，不用虚伪的广告，须在竞争出品上发展；如职工应当指导他不怠工，须要竞争服务等。又如商店方面，可办商业补习班；职工方面，可办职工班；其余如演讲、调查、指导、参观、模范工厂等，皆是必不可少的。

九、乡村民众生计教育实施法。乡村中农民占最多数，所以实施乡村民众生计教育，当以农民为对象，施教的范围，也应偏重于农民方面。下列两点，是实施乡村民众生计教育的方法：

1. 聘请农事指导员，专负责实地指导农事之责。这种指导员，须富有农事学识与经验，且有办事能力方可胜任。

2. 农业有正业副业的区别，在正业方面，如采用肥料，选择种子，改良农具，驱除病虫害等；在副业方面，提倡养鸡养蜂等，都是农事上必须做的工作。

除一面由指导员指导外，主办乡村民众生计教育者，也该对于农事学加以研究，以备随时贡献于农民。同时对于上面所讲的国民应有之性质,和生存竞争的方法,不论在城市或乡村办民众生计教育,尤应特别留心。俾民众精神生活,不致有缺点。

原载《教育与民众》第2卷5期,1931年1月

三年来江苏省民众教育设施的经过

应民生改进研究会征求报告而作

一、民众教育之目的在改进整个的社会。整个的社会何由而可得改进？须全社会民众的教育程度随时世之递迁而继长增高。假使时世递迁，而全社会民众教育的程度停滞而不进，甚或落后而退步，则社会之窳劣可以断言也。反之，一方面时世递迁，而另一方面全社会民众的教育程度有继续不断的长进，则社会之进步亦可以断言也。故吾人不欲提倡教育则已，苟欲提倡教育，则当竭力提倡民众教育，使全社会民众的教育程度得与日俱进，而整个的社会亦得有进无退。

二、民众教育之对象为成年人，故欧洲英国及丹麦等国有成年人教育运动。凡成年之男女民众，不论贩夫走卒，显宦豪商，均为民众教育之对象。或者以为民众教育专为文盲或贫苦之农工而设，若但以需要之迫切而论，此说固未尝不是。然须知民众教育之目的在整个社会之改进。假令显宦豪商之教育程度不随时世之递迁而继长增高，不惟将为推行民教之障碍，或且不幸至有阶级斗争之危害。故民众教育当以社会全体之成年人为对象，乃天经地义，不容置疑者也。

三、民众教育之项目有六，兹分述之如下：

1. 公民教育注重陶冶人民之品性，及训练人民之政治能力，使成良好的公民。

2. 生计教育注重增进农工商及其他各业职工之知识技能，使彼等之生产力增加，生计宽裕，生活改良。

3. 文字教育，注重消除文盲，使民众不必依赖他人，而有利于文字为工具，以吸收新知识，及通信与发表本人意见之能力。

4. 健康教育，注重发育个人体魄，提倡公众卫生，减少疾病率与死亡率，使人口增加，且民众有健全之身心。

5. 家事教育注重改善家庭经济，并造成整洁、卫生、美观、朴素、舒适、和乐的家庭，以期充实人民之生活。

6. 艺术教育注重造成优美环境，培养欣赏能力，提倡正当娱乐，陶冶性情，促进文化。

以上六项教育须相辅而行，方能达改进整个社会之目的。唯因各地方民众生活需要之不同，或宜先从文字入手，或宜先从生计入手，方能得民众之同情与信仰，而引起其兴味。又以四季气候之不同，有时宜施行健康教育，有时宜偏重生计或艺术教育，方能适合民众之需要，而收事半功倍之效果。总之，实施民众教育当因人因地因时因事就民众生活之需要出发，因势利导，渐谋达改进整个社会之目的，决不宜固执己见，坐失良机，强人所难，自取失败也。

四、江苏省之民众教育于三年前本已略具规模，譬如省立南京通俗教育馆及公共体育场，又如吴县县立通俗教育馆等皆于清季或民国初年即已开办。全省江南北各县之有教育馆、图书馆、体育场者，虽不普遍，然已不少。惟自民国十七年起江苏省民众教育之推行由缓进变为急进。兹将三年来江苏省民众教育设施的经过分述如下：

1. 增筹省县经费。民众教育经费分省经费与县经费。民国十六年度省经费实收十六万八千余元。十七年度实收约二十二万元。十八年度实收约三十八万元。十九年度经常费预算数约四十七万元，临时费预算数尚未定。三年以来省经费约增加一倍半以上。至于县经费在十六年度全省六十一县合计总数只有二十一万左右，但于十七年全省各县民教经费总数即骤增至一百万元以上，此后并有逐渐增加之可能。大约苏省各县每年民教经费总数不久即可超过二百万元，渐增至三百万元。各县民教经费所以能骤增者，因江苏在十六年规定普及教育八分亩捐。此项新增收入，全省六十一县合计共有五百数十万元。同时江苏又规定自十七年始，每年各种新增捐税应以百分之三十以上拨充民教经费。故但就普教亩捐五百数十万元一项而论，民教应占百分之三十以上，即可有一百五十万元。其他新增捐税如筵席捐之拨充教育经费，早有定案。各县苟举办，亦须以百分之三十以上拨充民教经费。则苏省民教县经费之大有希望，可以不言而喻矣。

2. 增设省直实施及示范机关。民众教育实施机关在江苏亦有省立与县立之分。民国十六年省立机关有南京民众教育馆，公共体育场，图书馆及苏州图书馆。自民国十七年起先后增设者有省立汤山农民教育馆、镇江民众教育馆及公共体育场。以上各种省立机关不但做实施工作，且为各县县立机关之示范。先就实施而言，各省立民教机关所施行之教育为公民、生计、健康、文字、家事、艺术等六项，其对象为各当地之全体成年男女民众，固无论矣。除成年人外，对于儿童方面，各机关亦皆有相当之设备。再就示范而言，江苏省立各民教机关大抵颇能为民众充分利用。故各省及各县创设民教机关时，关于计划、组织、实施方案以及办理人员，亦往往取给于苏省省立各机关。是不但为各县之模范，抑且为各省所借镜。

3. 整理并推广各县县立机关。整理县立机关分二方面，一为各机关本身，一为各机关设立之地点。民国十七年以前各县县立民教机关之事业与工作大抵静而不动，呆而不活，有如中国之庙宇，西方之教堂，烧香与听讲，随民众之便，来者不拒，不来者不劝。但从十七年起，各县县立民教机关之事业与工作渐渐由静而动，由呆而活，干事及指导员均知到民间去努力吸引民众，劝导民众享受教育机会。此与西教士之个人传道用意相同也。至于各机关设立之地点，以前大抵均集中于城市。其旧有者固不便移动，但新设者尽可向四乡推广。现在苏省各县县立民教机关设立地点已渐由城市推及于乡镇各地。星罗棋布，民教机关林立。全省民教机关总数当在一千所之上矣。数目增加为推广之一种，事业性质扩大，使农民工人皆有享受民教之机会，亦为推广之一种。以前各县只有普通的民众教育馆，图书馆等。现在各乡村已有农民教育馆，各工人区域渐有工人教育试验之举办。此外尚有民众学校、民众茶园、阅报处、讲习所等，散布城乡各地。民教之推广不为不力矣。

4. 设立民教服务人员训练机关。欲求事业之发达，须对于经费与人才二项双方兼顾。苏省民教经费于过去三年内如何宽筹，前已详述。苏省三年以来对于训练民教服务人才果亦有何种设施乎？答曰，苏省对于宽筹民教经费，训练民教人才，自民国十六年起即同时并进，双管齐下。为训练民教服务人才起见，于十七年春开办江苏省立教育学院，内分民众教育、农事教育两学系及民众教育、农民师范两专修科。学生功课分课堂上课与农场实习及社会服务实习三种。课堂内功课又可分为四类：一、基本学程，为党义、国文、英文、军事训练、理化、生物、心理、理论等。二、社会科学学程，为政治、地方自治、经济、合作、社会学、社会问题等。三、教育学程，为教育概论、民众教育问题、成年学习心理、各国成年教育等。四、专门学程，为农业、工艺、商业常识、农工问题、图书馆学、体育场管理法、家事、艺术（音乐、图画、戏剧、幻术等）、民众及农民工人教育馆实施法等。入学程度须高中毕业或有同等程度。入学后进专修科者修业二年，进学系者修业四年。学生男女兼收，但分县额与公额二种。由苏省各县教育局保送投考者为县额生，费用由局津贴。各省县男女学生自由投考者为公额生，费用自备。该院设施对于生计教育即民生问题非常注重。农业方面，如介绍改良种子，科学力方法，利用新农具，消除病虫害，各种农事指导，蚕桑指导，提倡副业及合作社，用特约农田改良农作物及园艺；工业方面，如举办工人教育实验区，提倡民众工艺及农产制造，介绍家庭工艺机械，改良原有工艺出产品；商业方面，如商余补习学校，商余读书社等等，皆积极进行。该院所举办各种社会服务实验事业如下：

（1）实验民众教育馆。

（2）实验民众图书馆。

（3）实验民众茶园。

（4）工人教育实验区，以上均在城市方面。

（5）黄巷民众教育实验区。

（6）乡村实验民众教育馆二所。

（7）特约农田十余处，以上均在乡村方面。

（8）无锡实验卫生模范区。

（9）民众医院。

（10）民众法律顾问处。

以上兼及城乡，并且法律顾问处工作推及全省各县。又上述实验事业共十种为教职员所办，此外在农村方面尚有学生实习社会服务机关十余处，由学生办理，教员视察指导。实施公民、生计、文字、健康、家事、艺术六项教育，而于生计教育尤注意焉。

五、民众教育与民生问题之关系。民众生活改良的条件有三：一、增加生产之知识能力；二、陶冶品性；三、增进健康。身体孱弱多病，必至旷废职业，不但耗费药金，且致减少收入，故健康为改进民生条件之一。性情骄傲，或行为不可靠，品行不良，虽才能过人，社会必不欢迎。社会既不能容，生活何从改进，故品性亦为改进民生条件之一。至于增加生产知能，为改进民生之必要条件，固无论矣。今欲增加民众生产之知能，陶冶民众品性，增进民众健康，舍致力于民众教育其道何由。就理论而言，民众教育与民生问题关系之密切如此；就事实而言，民众教育之确能改进民生，又如上节所述。然则民生改进研究会到会诸君之当注意并提倡民众教育，可以不待赘言矣。

原载《教育与民众》第2卷6期，1931年2月

农村建设方案[附录]

农村建设为当今之急务,其理由有五,分述如下:

一、建国大纲第二条云:建设之首要在民生。故对于全国人民之衣、食、住、行四大需要,政府当与人民协力共谋农业之发展以足民食;共谋织造之发展以裕民衣;建筑大计划之各式屋舍以乐民居;修治道路、运河以利民行云云。孙中山先生手订建国大纲之时,不曰衣、食、住、行,亦不曰行、衣、食、住,而曰食、衣、住、行。将共谋农业之发展以足民食列为第一项,实有鉴于农业发展之重要而非出于偶然。今欲发展农业,舍注重农村建设而外别无妙法。

二、中国地大物博与美俄两国相同。美国每年输出品以棉、麦及其他农产物为大宗。俄国自实行五年计划以来,其输出品之最足惊人者亦为农产物。我国虽称地大物博而棉、麦等农产物尚须仰给于人,此无他,以国人不知注重农村建设致农村空虚、农田荒废、农产减少耳。今若不翻然改图,用全力注重农村建设,民穷财尽尚不知伊于何底。

三、中国之富源,常人以为在矿,殊不知即在土地之广大耳。试就江苏一省而论,现在全省已垦之耕种地约有七千余万亩(未垦殖者在外),如因注重农业建设,每亩多收三元,全省共计约二万万余元,此不过一省耳。若以全国已垦之耕种地而论,则其总数每年当在五十万万元左右也。每年每亩多收三元非不可能之事,即每年每亩多收五元亦非绝对不可能者。惜乎近年来因不知注重农村建设致每年每亩少收三元、五元习以为常,甚或颗粒无收,乞食四方,不知利用天然之富源,而徒作建设之空谈,讵有裨于国计民生耶?

四、更就人口而论,吾国人民百分之八十四为农民,农民生计问题不解决,即全部民生问题之不解决。建设之首要先在民生。则所谓建设云云,除谋解决占全人口最大多数之民生问题而外将从何说起。故就能解决整个的民生问题而论,不得不先注重农村建设也。

五、东西洋各国工商业愈发达者其失业亦愈多,惟丹麦、瑞士等国之重农者不受失业之痛苦,故欧、美各国及日本、印度等国之当局均渐知农村建设之重要而注意之、实行之。此亦足备吾人之借镜者也。

综上所述各节:

(一)谋农业发展以足民食。

(二)麦棉等原料足以自给而不必仰给于人。

(三)利用天然地大之富源。

(四)解决占全国人口最大多数之民生问题。

(五)应时势潮流迎头去学世界各国,皆是以证明今日我国当用全力注重农村建设也。

兹将农村建设方案开列如下:

一、维持治安。近数年各地溃兵匪类如毛,致农家十室九空,田亩荒芜,农产减少。故欲建设农村,第一须设法维持治安,使农村居民得安居乐业。维持农村治安之方法可分三种:

1. 派水陆军警会剿成股之土匪。

2. 举办乡镇保卫团以防御外来盗贼。

3. 举办保甲以清本地内部不逞之徒。

详细进行办法当另文备述之。

二、讲求水利。建设可分有形与无形两种,近来主持建设者专重筑路等有形之建设,不知水利方面之工程虽非平日所易见,然兼灌溉与运输之妙用,水灾旱灾不能尽归之于天,其最大原因实在于吾人之忽视水利。至水运与陆运比较孰为便利,凡经商者类能言之,惜知识阶级及做官者不甚留意研究耳。故为防除水旱两灾并求灌溉与运输之便利起见当先讲求水利也。

三、指导农事。每县设农事指导员三人至八人,巡回各自治区,担任农业推广,如介绍改良种子及改良农具等,并指导耕种、施肥、防除病害、提倡合作社、各种副业及农产制造等各项工作。

四、教育农民。农村教育本不如城市之发达,况专教学龄儿童,其效甚微。今欲建设农村当切实注意农民教育。每一自治区设农民教育馆一所,分馆若干所。就农民现有之程度与实际生活施以文字、公民、生计、健康、家事、艺术(娱乐)等六项教育,以期消除文盲,训练运用四权,养成健全公民,增加生产,增进健康,改良家庭,提倡正当娱乐。

五、提倡合作。合作社之足以辅助农村建设在欧美之丹麦国及日本之碧海郡已有明效大验矣。合作社除信用、生产、消费等数种而外,尤当注意于仓库及运销等合作组织,因此种合作于农民尤为需要也。

六、制造农产。农业制造品如扬州萝卜头制成罐头食物,即可耐久行远,否则在本地霉烂,无利可图。又如青梅制成陈皮梅装匣饷客颇为雅观。凡农产物之易腐烂或遇时价太低不宜即售者,一经制造莫不利市三倍。故农村建设不可不从事制造农产。

七、便利运输。吾国农产物因运输不便利而贬价或变成废物者随地都有,思之痛心。不便利之原因,可先就国内水、陆运输言之。土匪之阻梗、军事之频仍、河道之失修已足使商旅叫苦矣。官吏与路局、船局职员之需索更有令人发指者。故内路各省之农产物,不能运赴通商口岸,损失之大可以推想而得。更就海运言之,我国因缺乏海船致航运之权全操外人之手。输出口货物运价昂贵固意中事,甚至有欲求出口而不可得者,东三省之大豆一明证也。故求农村建设不能不连带提及便利运输。

八、联络进行。农村建设是一个整体的问题。故民政、财政、建设、农矿、教育、交通等方面之当局当联络进行。在事前共同研究一整个的计划,在进行时则互相招呼帮助,步调一致方可有成。不但农村建设须如此,即省、县建设亦须如此也。

原载《教育与民众》第2卷8期　民众农民教育馆专号,1931年4月

农民教育馆之三要

农民教育馆之第一要是“预”。古人说:“凡事预则立,不预则废”,棉种、稻种、豆种,其他杂粮的改良种,及蚕种等,都须在几个月前,或一年前预定,倘使临时抱佛脚,包你得不到。不但改良种应当预定,就是有专门知识的指导员及医生等,都非预约不可。一言以蔽之,“凡事预则立,不预则废”。

农民教育馆之第二要是“时”。时是什么意思?时就是时髦!办理农民教育的人应该时髦么?应该时髦!非时髦不可!农民种田,我们亦种田。农民养蚕,我们亦应当养蚕。农民需要游戏娱乐,我们便设法给他正当的游戏娱乐。农闲,我们做文字教育及政治训练等工作;农忙,我们便应当帮忙指导,不应当强人所不能,硬要他们在农忙的时候进民众学校。这就是我所说的时髦。古人说得好:“识时务者为俊杰。”从前孔子做事,可以速则速,可以久则久,可以处则处,可以仕则仕。别人就称他“圣之时者也”。而孔子自谦说:“圣则吾不能,我学不厌而教不倦。”如此看来,办理农民教育者的应当做识时务的俊杰,应当学孔子之圣之时,并且要学不厌而教不倦,是无疑义的了。

农民教育馆之第三要是“专”,专有两方面,一方面在自己;一方面在他人。自己方面要专心,有恒。我们在一个地方办农民教育既要专心,又要有恒。因为农事要有结果,至少要一年半载。假使我们不能专心有恒,怎样能有益于农民呢?在他人方面,我们应当常常请教有经验及有专门知识技能的人来指导我们,帮助我们;万万不可愚而好自用,强不知以为知,自欺欺人,使农民受冤枉损失。须知农民是很贫苦的,不能让我们儿戏致受损失。并且我们的责任是去帮助他们,不应当使他们受损失。所以我们应当常常设法请教有经验,有专门知识技能的人来指导及帮助。总之,专心,有恒,及请教专门知识的人都是专。专是农民教育馆之第三要。

“预”,“时”,“专”,是农民教育馆之三要,其实也是民众教育及一切事业之三要。不过,这三要对于农民教育,尤为切要耳。

原载《教育与民众》第2卷8期,1931年4月

本刊民众教育研究实验事业专号序

（第四次）

民众教育实验报告自从民国十八年春起已出版三次。现在教育与民众又出版研究实验事业专号。这专号，就是本院研究实验部及各实验机关报告。不过这一次报告与前三次有几种不同之点，请先在这里说明。

第一，名称的不同。以前是实验报告，现在是研究实验报告。因为这次报告中不但有实验事业的记载，并且有研究工作的记载。

第二，以前三次的报告，是普通的，这一次的报告就含一点专门性质了。农民工人教育实验区，乡村城市民众教育馆，民众图书馆，卫生模范区等，都分门别类，在过去三学期中，经过相当的实验。调查、研究、编辑，亦分门别类继续有相当的进行。所以在这一次报告中，我们可以把比较含有专门性质的研究与实验结果写出来，请大家指教。

第三，专就实验而论，在这次报告中，不但可找出民众教育事业实施的实验，还可找出经费利用的实验。因为我们觉得事业的能否推广，须看经费的是否利用得法。所以对于经费用途之支配，我们亦是十分注意的。试举一个例，自十九年春起，我们新开办的各种实验机关都租用民房，而不自己建筑，如此则开办费可以节省而事业轻而易举，推广可无阻碍。

第四，在过去三学期内我们继续做一种实验，这种实验就是利用任何一种民众教育机关作实施各项教育之中心，并设法使这个机关不但做实施教育的中心，还要能够在实际上，成为社会的中心，即全民生活的中心。所以民众图书馆表面上偏重文字教育，而事实上则健康、公民、生计、家事、艺术等各项教育无一项不实施。并且机关本身与地方上渐渐发生密切关系，无论团体组织之指导，事业进行之计划，以及大小问题之咨询，均借重民众教育机关。这样岂不就成为社会的中心了么？图书馆如此，教育馆、实验区等等无一不如此。我们自知距离这一种希望尚远，不过无论如何，这是我们所要达到的目的。

最后，还有一件事须附带声明的。以前三次报告中所记载的，由学生主持办理的事业较多于由教员指导员主持办理的。但是最近三个学期中教员指导员主持办理的实验事业逐渐增加。所以这一次报告，以教员指导员研究工作及实验事业的记载为主，至于学生在本院附近及回县实习之记载当另行报告。不过无论研究实验或实习，我们总是希望求得"实施有效，推行便利"的方法。因为抱了这个宏愿，我们固然应当努力去做，同时我们还希望热心民教的人，看了这次报告，能够不吝指教。

民国二十年六月一日，高阳序于江苏省立教育学院。

原载《教育与民众》第2卷9、10期，1931年5、6月

建议迅速制定实施成年补习教育法律以期促进训政之完成

国民革命之目的在领导人民根据三民主义五权宪法以建设中华民国,建设之程序则由军政训政而达宪政。在训政时期当使人民受四权运用之训练,尽国民应尽之义务,誓行革命之主义,俾得享自治之权利。欲达此目的,在目前中国,其唯一方法,则为实施成年补习教育。中华民国训政时期约法第五十一条规定未受义务教育之人民应一律受成年补习教育。其详以法律定之,实有鉴于训政与成年补习教育之有密切关系也。此项单行法律,至今尚未制定,本文之主旨,希望由此次全国代表大会决议,限令国民政府迅速制定实施成年补习教育法律,以期促进训政之完成。事关重大,将理由详细申述如下:

查教育之意义有广狭深浅之别,世变无穷,期进步无止境,吾人为应变图存计,不能不对于教育求有继长增高之机会,故幼年当学,成年亦当学,失学者当补习,未失学者亦当力求上进,未可固步自封。语云:"学而不厌",又云:"学如不及,犹恐失之",谚云:"做到老,学到老",皆成年教育之真诠也。就一国言,不但当无人失学,且当无人不学;就个人言,不但当无地无事不学,且当无年无月无日无时不学。此种广义的教育,即民众教育或社会教育:以受教育者为一般民众,不分幼年、成年、老年与贫富贵贱程度高下男女性别也。同时以社会教育之设施,在供给一般民众以启发与上进之机会,不但未学及已离学校之人,须恃社会教育为之启发,或使之与时俱进;即在校之学生于课暇及假期内,亦须有赖于社会教育之补助也。总之,教育如空气当弥漫于全社会,使教育不离民众,民众常受教育,所谓广义之教育者此也。

或疑以上所言为过甚,因当世不乏学问广博经验丰富多才多艺之人,既能应变有方,处理得法,似可不必再学。此语骤闻似言之有理,但夷考其实,专家之所以成专家,岂不以其能不自满足,精益求精乎?至于在党政军警学各界服务之公仆,其地位愈高者,愈当集思广益虚心求谏,庶几可知当务之急,绸缪未雨,而免临事张皇,误国殃民,所谓精益求精,集思广益,即知识阶级应做的成年教育工夫。今人一谈教育,即以为指幼年青年或成年之失学者而言,殊不知身为公仆之知识阶级其所应做的成年教育工夫,更比不当权位之民众,尤为迫切而重要,所谓深义的教育者此也。

何谓狭义教育?凡视教育之唯一工具为学校,舍学校而外无教育者,每将二者混为一谈,以为学校即教育,教育即学校。故但闻兴学办学,而不闻兴教育办教育。此种错误观念由来已久,不知吾人在学校求学之时期,至多不过二十年,即此二十年中,于课暇与假期内尚须有赖于社会教育之补助,此种狭义教育之观念,流毒于社会已久且深,致吾人中其毒而不自知,关于教育措施之失当,亦遂无由矫正,贻误国家前途,其害实匪浅。

至于浅义的教育即指成年补习教育而言,不曰成年教育而曰成年补习教育,其意已显然可知。但就实际需要言,成年人谁不当学,谁可不学,他且不论,即以孙中山先生一生而言，致力革命，鞠躬尽瘁，似无暇于学矣，然彼之学而不厌，力求上进，固为人所共知也。此种成年教育之好榜样，非吾人所当自勉，且推及于一般民众者乎。更就四权运用之训练，完毕国民之义务，暂行革命之主义等自治基本工夫而言，不但未受义务教育之人民，须加训练，即已受中等高等教育者，或当有待于训导与熟习也。

抑又有进者，国家之强弱由于人民之智愚，人民之智愚，由于人民之有无教育，及其教育程度之高下。国家当承平之时，尚当力谋教育普及全民，使一人能有一人之用，且提高已受教育者之程度，使一人能有数人之用。且提高全民之心思才力，内以求社会之进步，国家之治平；外以求邦交之辑睦，世界之大同。若遇国家多故，存亡危急之际，不惟外交须恃人民为后盾，举凡战时所需之兵力军饷等等均须赖人民之供给与牺牲。于危急时国家强弱与人民智愚之密切关系既尤为显著，则对于全民训练之宜加倍猛进，自不待言。训练之中心尤宜以造产、练武、治科学、制器械、有组织、能团结、尽职守与国民应尽之义务、策励爱国、唤起民族精神为必要，务使全民均有强毅坚忍，勇往直前，不折不挠，毁家纾难，赴汤蹈火，成仁取义之决心。如此方能打倒帝国主义之侵略，恢复我中华民族之地位，且济弱扶贫，尽吾中华民族之天职。

综上所述而可推得之结论有四：

一、国家根本教育要图须使无人失学，且须使人人有继续不断长进之机会。易言之，当注意全民教育。故社会教育当与学校教育并重。以前但知学校即教育，教育即学校之谬见，当完全打破。以后须切实增筹社会教育经费，使社会教育之设施得应需要而推广。至于增筹社教经费之最好方法，莫逾于以每年筹得新增教育经费之半数以上拨归社教方面，以免妨碍旧有事业。

二、已有知识学问之成年人皆当利用社会教育之设施，求日新又新，而不自满自画。因此国家当添设并提倡私立社会教育机关，特别添设农民教育馆以为改良农村组织，增进农人生活之中心机关，因吾国之农民占全人口百分之八十有余也。至于在党政军警学各界服务人员，权位愈高者，愈当以贤者为师友，并广开言路，集思广益，庶可执中至当，福国利民。

三、国家于万方多难，存亡危急之时，尤宜注重全民训练，利用社会教育机关如民众教育馆等，实施尚武、造产、制器、尽职、合群及精神方面应有之训练，且使四万万人皆知我民族处境之危险，攘臂以起，而作困斗，消灭帝国主义侵略之祸害，以恢复我民族之地位。

四、吾国成年失学者之总数约二万万四千万人左右，实足以为达到国民革命目的之大障碍，今为扫除此种障碍并促进训政之完成计，实施成年补习教育，并励行强迫识字教育，万万不容再缓。故建议迅速制定实施成年补习教育法律，以期促进训政之完成，如能因讨论实施成年补习教育一问题，并议及注重社会教育，增筹社教经费，广设社教机关，教育全民，且使民众有继长增高之机会，此固吾国教育方面应有之大革命，弃暗投明易愚为智，转贫弱为富强，雪国耻，张国威。胥于此举是赖，实吾国前途之幸也。

原载《教育与民众》第3卷2期，1931年10月

民众义务教育运动

识字运动是什么？有什么意义？普通一般人听见了识字运动，或者漠不相关，或者以为太浅薄，或者甚至于头痛不愿听。最令人伤心的是许多受过中等或高等教育的人对于识字运动非但等闲视之，不愿相助，并且还要加以种种非难。至少，口是心非，目笑存之。这是什么缘故呢？这是由于不知耻及不恕——不能推己及人。

不知耻？不重视识字运动就是不知耻么？请读者不要动气，让我详细说明。我有一位朋友在数年前作第二次欧美之游。经过各国时，他知道德国及丹麦几乎没有一个人不识字；其他各国每百人中不识字的瑞士及荷兰两国各只有半个人；瑞典、挪威及芬兰三国各约有一人；英国约有一半人；法国约有五人；美国约有六人。欧美各国的人亦常常问我这位朋友，“你们中国每百人中有几个人不识字”？他很惭愧地答曰，“中国识字的人平均每百人中有二十九人”。欧美各国人听了这个话，或者不做声，或者故意作原谅的话道：“你们中国人口有四万万之多，所以教育不易普及，不识字的人亦比别国多了。”我这位朋友听了这种原谅的话，觉得比辱骂还要难过，因为他知道他们表面上虽然作恕语，而心中却在暗想中国文化落后，并且因此轻视中国及中国人民。诸位试想一想，因文化落后而至于受人轻视，国际地位低落，是不是可耻的？识字运动是要减少文盲，以雪文化落后国际地位低落之耻。假使我们对于这样很重要的识字运动不愿用全力去赞助，是不是由于不知耻呢？古人说，“明耻教战”，所以识字运动若要成功，须先使一般已受教育的人知耻，然后大家才肯热烈的奋斗，做消除文盲的工作。

不恕？不重视识字运动就要负不恕的罪名么？答曰，凡已受教育的人不肯用全力赞助识字运动者都是由于不恕——不能推己及人。试回想我们自己，识了本国文字，能够读了中文书报，不算，还要学外国文读外国书。识了一种外国文，不算，还要学第二第三外国文，不但希望我们自己能够如此，并且还要希望我们子弟亦能如此。我们这样好学，岂不是因为我们知道文字是一种最可宝贵的工具，有了这种工具，所有进德、修业、健身及政治问题与衣食住行等各种问题都能藉此解决么？推己及人，我们自己既经很急切的要得到这种最可宝贵的工具，我们便当用全力赞助识字运动，将这种最可宝贵的工具给全民众，使大家都能够利用，大家都用进德、修业、健身及解决政治、民生及其他各种问题的机会。否则，便是不恕——不能推己及人！

现在我再问，识字运动是什么？有什么意义？假使我们都明白吾国文盲过多是一件很可耻的事，同时假使我们又能够推己及人，我们便能感觉到识字运动的重要，便能承认识字运动不是别的，就是民众义务教育运动！原来义务教育是指学龄儿童而说的。不过我们中国义务教育没有普及，学龄儿童失学者在百分之七十以上，造成许多失学的民众——许多文盲，所以又多了一个民众义务教育问题，识字运动本不足以解决整个的民众义务教育问题，不过因为我国才财两缺，并且识字是最有用的工具，所以我们不得不避重就轻将识字运动作为民众义务教育运动。识字运动既然不是别的,就是民众义务教育运动,便当照义务教育的样子进行。现在我国义务教育虽未普及,小学虽未遍设,然而全国各处地方的各界人民都已知道小学的当设,是天经地义,不容置疑的。公立私立的小学一年多一年,添级添校,尽量设法。这是很可喜的现象。由此类推我们便可以求得民众义务教育的推行办法如下:

1. 广设民众学校,使失学民众均有受教育之机会。

2. 认明民众学校之设置,与小学相同,是永久的而不是一时的(现在的民众学校是为识字运动而设,将来的民众学校是为读书运动而设。可参考欧美成人教育运动史),所以办理民校者不可存心敷衍一时,而当有持久之决心,永久之计划与设施。

3. 确定民众学校经费,使民众学校之根基与小学同样巩固。

4. 注意民众学校师资与教材,在高中及大学师范科,添民校教授法等课程;至于教材方面,应就人民之性别职业及各地方不同之情形,编辑适用之民众课本。

5. 制定民众义务教育年限,在可能范围内,规定民众义务教育为强迫。现在我国学龄儿童义务教育年限为四年,每周功课约三十小时。又民众学校普通毕业时期为四个月,每周功课约十二小时。成年人学习及理解能力虽较优于儿童,然每周十二小时,四个月完毕,时期究属太短促。似宜规定民众义务教育时期为一年分为两期,每周功课十小时以上,第一学期为初级,第二学期为高级。并规定毕业标准,为修毕民众课本六册至八册,能写简单信札,能看浅近书报、标语、传单、广告等。同时假使每一地方已有相当数目之民众学校,可容当地失学的民众,并且上课时间并不妨碍民众从事职业的时间,该地的民众义务教育便当强迫。

以上为民众义务教育的普通推行法。此外尚有三点于推行民众义务教育极关重要,分述如下:

一、奖励私立民众学校。一国教育的普及,倘使专靠公家,奏效必很迟缓。英国教育之所以能够普及,民主政治之所以能够稳固,不能不归功于私立学校之风行。我国各地方小学教育之比较发达者,该地的私立小学必很多,现在欲推行民众义务教育,我以为非设法奖励私人捐款设立民众学校不为功。此应特别注意者一。

二、制定工厂、商店及其他各业分别自办民众学校之规章,并令限期照办。教育可以增进工商各业职工之工作效率,且工商各业因职工之劳心劳力而得赢利分出千分或万分之一,就各本厂、本店或本业并依照职工人数之多寡,自办民众学校一所至若干所,所费不多,流弊可无,而收效必宏,此应特别注意者二。

三、规定民众修习完毕民众课本六册至八册为强迫。此事宜由政府通令,假定限期民国二十五年年底以前,全国失学成年民众均须修习完毕民众课本若干册,修习方法,无论入学肄业,或居家自修,由亲友教习,听民众之便。考验方法,每半年由各地教育行政机关委托当地各民众学校及中小学代办民众课本考试一次。第一册及格者,给予修毕第一册证明书,余依此类推。凡在民众学校肄业或毕业者,但须缴验修业或毕业证书,不必再受公开考试,这种办法可叫做民众识字强迫或民众修学强迫。我们并不强迫民众入学,但是须强迫民众修学或识字。这样活动,方便、省费而又可靠的办法倘能见之实行,民众义务教育之普及,易如反掌耳,此应注意者三。

最后，我又要问，识字运动是什么？有什么意义？简单地说，识字运动不是别的，就是民众义务教育。如何推行民众义务教育？我们须要能够知耻，推己及人，并且看民众教育与小学教育一样重要！

原载《教育与社会》第16、17期识字运动专号

建议励行强迫识字教育

文盲为一切建设事业、革命工作之障碍,民智不进、文化落后之总因。当局有鉴于此,故早已规定识字运动为七项运动之一,以期消除文盲,提高民智,促进文化,使革命工作建设事业均得进行顺利。惟数年以来徒作识字运动,对于文盲之消除收效甚微,良以言者谆谆,听者藐藐,往往而然,不仅识字运动一端而已也。故吾国不欲消除文盲则已,苟欲消除文盲,当本革命精神一往直前,励行强迫识字教育,限期于民国二十二年底以前全国五十岁以下之成年人均须依照下列办法将三民主义民众识字课本四册修习完毕,并了解其字义,如此则文盲可以立除,不惟民智顿开,且可促进训政工作建设事业,使国民革命得早日完成也。兹将励行强迫识字教育实施办法开列于后,敬请指教并提倡。

励行强迫识字教育实施办法:

一、限期于民国二十二年底以前,全国五十岁以下之成年人,不分性别,须将三民主义民众课本四册修习完毕,并能了解其字义。

二、四册课本修习完毕之期限规定:第一册为民国二十一年六月底前,第二册为十二月底前,第三册为二十二年六月底前,第四册为十二月底前。

三、修习方法不限于进民众学校,尽可于暇时在家自修,请亲友之识字者或请民众问字处教授。

四、自民国二十一年起,每年六月及十二月由地方教育行政机关委托各学校及各社会教育机关代办识字考试,民众得就近接受识字之试验。第一次以试验课本第一册为原则,余以此类推,惟民众得将二册或三四册课本提前于一次内考毕。

五、每次考试及格者均给以证明书,凡在小学四年级以上肄业或毕业及民众学校毕业领有证书者均可免受上项识字试验。惟于查验时须将证书缴出验明,不得推诿。

六、每次考试如有不及格者得于下次补考,补考如不及格得再补考,唯须酌纳愚民捐。第一次三角,第二次六角,第三次一元,以后须停止公权,俟四册课本完全补考及格后再行恢复。

七、逾期不受考试者须罚纳愚民捐,第一次半元,第二次一元,第三次一元半,第四次二元,以后停止公权,俟四册课本完全补考及格后再行恢复。

八、中央及各地方当尽量增设公立并提倡私立民众学校及民众问字处。

九、各机关、各农工商业场所、各学校、各社会教育机关、各家庭内之识字者对于不识字者均有教授之义务;又各农工商业场所对于本场所内不识字之职工视人数之多寡单独或联合开办民众学校,其人数较多者一校内须开数班。

十、注音符号足以帮助民众识字,但目前用注音符号之处尚少,故皆不觉其需要,今既励行强迫识字教育,所有党政军警等及公私立教育机关之牌额应即加注音符号,又自民国二十一年元旦起各业各家新做之牌额招贴也须一律加注音符号。

十一、上列第四项每年举行民众识字试验所需经费由中央及地方社会教育经费项下支给，惟代办考试各机关借用场所、主持监考等均不给津贴。

十二、中央及地方党政人员对于本办法不得忽视，均须尽责努力进行。

原载《教育与民众》第3卷2期，1931年10月

大学社会化

学校当为“社会之中心”问题，在美国发生于二十年前左右。人生在精神与物质方面均有需要。如何满足并指导此种需要，乃大学唯一之职责。讲学、求学、治学、考察、研究、试验等等都是方法，满足并指导人生之需要是目的。方法与目的是有密切关系的——他们非但不能各自各，而且应当要适合。方法须确能达到目的，才算两者适合。譬如身体健康是目的，讲究卫生之道是方法。假使所讲究的卫生之道于身体健康毫无所补，甚至反有所损，则方法与目的之不相干或不适合，乃可不言而喻了。

所贵乎大学者，因其能满足人生正当之需要，并指导不正当之需要使归之于正当也。怎样能使大学尽此职责？须大学社会化，为“社会之中心。”

何谓社会化？大学以社会之安危及社会之进步与不进步为己任，就是大学社会化。古人云：“天下兴亡，匹夫有责。”其意是个人须社会化。我们现在所要主张的是：“社会安危（及进步与不进步），大学之责。”

大学非最高学府么？非各项专家与社会领导者之所自出么？非众望之所归么？大学！大学！能不以社会之安危引为己责么？

所以世界和平之动摇，经济之恐慌，失业者之日多，思想之走入歧途，及中国内乱相寻，土匪遍地，生产落后，洪水为灾，攘利争权，政治不修明，风俗浇薄，以及其它种种恶现象，没有一件不是由于大学之不尽厥职。从另一方面言，大学本身亦必自负曰：“要想世界永久和平么？失业减少么？中国生产发达么？治水有人么？政治修明么？……不得不靠大学，不得不望大学人才辈出！”大学既当仁不让，如此自负，大学还不应该社会化么？大学社会化有小大之分，大学若勉为一乡一邑之中心，即可名之曰一乡一邑之大学；若勉为一国或全世界之中心，即可名之曰一国或世界之大学。古人云：“天下兴亡，匹夫有责。”这是要个人社会化。今人云：“社会安危，大学之责。”这是要大学社会化。勉哉！勉哉！大学社会化！

原载《教育与社会》第30期，1931年

江苏省立教育学院
农民教育专修科毕业纪念刊序

今世社会之病为愚蠢与贫穷。欲祛此病,宜举办民众教育,此吾人之所深知也。惟愚蠢与贫穷为一般民众之病,而吾侪知识与中产阶级自私怠惰之病,其为害实远于一般民众之愚蠢与贫穷。试思地方学校教育及社会教育之与人民生活隔离,不切实用,经费之紊乱,派别之分歧,精神之消于无用,事业之停顿与破坏,一般民众之罪欤?抑吾侪知识中产阶级之罪欤?党政纷扰,政治腐败,司法黑暗,警务废弛,财政舞弊,建设虚耗,贿赂公行,恬不知耻,由县而省,由省而国,莫不皆然,而人民之痛苦乃如水益深,如火益热,是果一般民众之罪欤?近者东三省事起,不及数月,坐失膏腴之地数千里。外侮已甚,而内争转烈。攘利争权,奇计百出;藉端乘计,无微不至;寇氛甚恶,不稍动于中。召亡国灭种之祸,至死不悟者,是又谁之罪欤?由此可见,一般民众之愚蠢与贫穷虽足为患,而吾侪知识阶级自私怠惰,其为患实尤大。自私怠惰之习不除,愚蠢贫穷之患决无由除。吾侪既以民众教育祛除一般民众愚贫之病为职志,即当先用省光功夫祛除自私怠惰之恶习,盖世未有不自医而能医人者也。古人有言,

"克己复礼";

"躬自厚而薄责于人";

"言忠信,行笃敬,虽蛮貊之邦行矣";

"言不忠信,行不笃敬,虽州里行乎哉"。

是皆药石之言,吾人当勉力实行者也。

中华民国二十年(1931 年编者注)十二月三十一日高阳序

如何能使民众自立？

高践四先生此文，原为此次本省举行识字运动宣传周出版特刊应征而作，以交稿较迟，不及排入，兹特转载于此。

愚蠢与贫穷是吾国民众之二大患。亦就是我们中国之二大患。民众因职业知能缺乏或生产力薄弱而至失业或所入不敷所出，这是贫穷的原因。贫穷的结果是怎样呢？贫穷的结果是依赖他人而不能自立。

我们中国人的聪明睿智不及东西洋各国的人么？我不能承认。但是我们中国大多民众是不是愚蠢，他们的知识是不是比外国人落后？这我倒亦不敢否认。家人通信须依赖测字先生，水木作包工开账须依赖似通不通的亲友。这种依赖还算是小事。因为不识字，没有吸收新知识的工具，以至于种田、养蚕、做工、治家、诊病，事事落后，事事不若人。当此天演竞争，优胜劣败的时候，我们可以听大多数的民众事事落后事事不若人么？所以依赖测字先生或亲友，其害尚小。因不识字，没有吸收新知识的工具，以至于事事落后，将要到被淘汰的地位，不能自存，岂不是危险之至么？

民众教育的项目有公民、文字、生计、健康、家事、艺术等六种。文字与生计教育是医治愚蠢与贫穷的良药。我素来主张民众教育当从生计入手，因为生计是我们平常人生活需要上最切要的问题，于我们有切肤之痛的。推己及人，民众教育若不从生计入手，是无异南辕北辙，既无从引起民众的兴味，将何以达民教的目的呢？况且贫穷本是中国二大患之一，我们若不注重生计教育，将何以使我们大多数的同胞自立呢？

所以生计教育是极重要的。不过文字教育亦极重要，因为文字教育是民众教育之开始与结束。这是什么解释呢？上面已经说过，文字是吸收新知识的工具。工欲善其事，必先利其器。公民、生计、健康等各项教育苟无文字做工具，进步必有限。所以我说文字教育是民众教育的开始。既说文字教育是民众之开始，何以又说是民众的结束呢？文字教育不办好，民众识字不普遍，民众终究须依赖他人，民众有何结果呢？譬如近视者非戴眼镜不能望远。不识字的民众若永久不设法使他识字，无异近视者之永久不配眼镜，终不能望远也。假使民众识了字，他就可以自立。有人帮他亦好，没有人帮他亦好。他识了字，今天写信去定购新机器，好种子；明天看卫生书籍，并且随时随地可以看传单、标语、招牌、报纸、杂志、新书。不必依赖他人，而很自由自随。民众教育办到如此才可以算有结果。所以文字教育是民教之开始与结束。

古人说："自立立人，自达达人。"这是民众教育的目的。

古人又说："众妙之门"，我说，识字运动是众妙之门，因为识字是民众教育之开始与结束。

如何能使民众自立？须努力民众教育与识字运动！

原载《浙江教育行政周刊》第2卷27期，1931年

1932 年

江苏省立教育学院工作概况

诸位同学！今天晚上，得有机会把江苏省立教育学院的工作向诸君作一个简单的报告，觉得非常快乐。朱校长告诉兄弟说，贵校许多同学很注意民众教育，并打算在最近的将来，作一番教育推广的运动，因此兄弟今晚上所报告的，也许可以作诸君的参考。

江苏省立教育学院的前身，是江苏大学民众教育学校，成立于民国十年江苏试行大学区时代。不久江苏大学改为国立中央大学，本院也跟着改称中央大学区立民众教育院。后来中央大学区行政院感觉到农事教育的重要，便另立劳农学院，以养成农民教育实施及指导的人才。因为两院的事业有相互的关系，所以就设立在一处，都由兄弟主持。十八年秋季大学区制取消，两院就改归江苏省教育厅直辖，称江苏省立民众教育院，江苏省立劳农学院。十九年夏季奉教育部的命令，把两院合并，改成现在的名称。不过有一点要请大家认清楚的，本院的名称虽然改了，形式上似乎失了办理民众教育和农事教育特有的表征，但本院办理的宗旨，仍始终在民众教育和农事教育两方面。因为我们深信：要想救中国，须从下层工作做起，打好稳固的根基。民众教育和农事教育，就是一种最重要，最切实，也即是最有效率的下层工作。

本院现在分民众教育及农事教育两学系，并设有民众教育及农事教育两专修科。入学的资格，须在高中毕业或有同等的程度。修业年限，各学系是四年，专修科是两年。学生男女兼收，但分县额与公额两种：由江苏各县教育局保送投考的是县额生，（每年每县可以保送二名），费用由教育局津贴；凡自由投考的是公额生，不分省别，惟费用则由自己担负。

校中的课程，分课室内上课，农场实习和社会服务（即实习）三种。课室内的功课，又可分为四类：

（一）基本学程——包括党义、国文、外国文、自然科学、心理学、伦理学及其他基本学程。

（二）社会科学学程——如政治、经济、合作组织及运动、地方自治，乡村社会学，法学通论等。

（三）教育学程——如教育史、教育概论、民众教育、成人学习心理、各国成人教育及其他关于教育学程。

（四）专门学程——如农政学、园艺学、图书馆学、体育场管理法及其他专门学程。

（五）技能的学程——如音乐、图画、幻术、演说学、看护学等。

此外，实习的工作，是每个学生必须作的。现在的学生，有一种通病，就是专会在口头上和笔头上用工夫。发表意见，草拟计划，都是擅长的拿手好戏，叫他们去实行，便要束手无策了。教育原即是生活，现在的教育却隔离生活了。因此我们对于理论和实习同样的看重。本科的学生，实习的工作，须够得上二十四个学分；专修科的学生，实习的工作，应有十二个学分，目的是要把教育和生活打成一片。

实习的方法，是由五人或十人结成一组，分头赴本院附近四里路以内各村庄工作。以民众学校、民众茶园和民众教育馆为中心，藉此做教育推广的工作。工作的时间，从下午六时半起，到九时半止。这样学生每天按时出发，按时回校，习以为常了，就是在寒冷的雪夜，或元旦的晚上，他们仍然照常的做他们的工作。最近北平某大学教授来校参观，看见学生们这样的热心工作，毫不懈怠，非常佩服，并对我们下一个精警的评语说："像他们这样的干下去，中国教育的前途，或许有一线的曙光罢！"

教师们也随同学生出发，（每日三人）视察他们的工作进行状况，必要时给学生以相当指导。

再讲我们对于民众教育的目标，也就是我们所要进行的工作，不外下列六种：

（一）公民教育——注重陶冶人民的品性及训练人民的政治能力，使成为良好的公民。

（二）生计教育——注重增进农工商及其他各业职工之知识和技能，使他们的生产力增加，生计宽裕，生活改良。

（三）文字教育——注重铲除文盲，使人民不必依赖他人，而有利用文字做工具，以吸收新知识，互通书信和发表自己的意见的能力。

（四）健康教育——注重发展个人的体魄，提倡公共的卫生，减低疾病率和死亡率，使人口增加，个个有健全的身心。

（五）家事教育——注重改善家庭经济，并造成整洁、美观、朴素、舒适、和乐的家庭，以期充实人民的生活。

（六）艺术教育——注重造成优美的环境，培养欣赏的能力，提倡正当的娱乐，陶冶性情，促进文化。

自然，以上六种教育，应当相辅而行，才能达到改进整个社会的目的。但是各地方民众生活的需要不同，有的应当先从文字入手，有的要从生计入手，这样，才能获得民众的同情和信仰，而引起他们的兴味。还有四季的气候，也不一样，有时应当施行健康教育，有时要偏重生计或艺术教育，这样，才能适合民众的需要，而收事半功倍的效果。譬如俗语有话说："谷雨前，好种棉。"我们在谷雨节前，就要进行改良棉种的工作。总之，实施民众教育，应当因人、因地、因时、因事而异，就民众生活的需要出发，渐渐地达到改进整个的社会的目的。

见习也是学生实习的一部分工作。学生除了自己做民众教育实施的工作以外，还要到教职员所办的民众教育实施机构去见习，以扩大自己的经验。现在教职员所办的实验事业有下列十种：

（一）实验民众教育馆。

（二）实验民众图书馆。

（三）工人教育实验区。

（四）实验民众茶园。

以上都在城市方面。

（五）黄巷民众教育实验区。

（六）乡村实验民众教育馆二所。

（七）特约农田十余处。

以上都在乡村方面。

（八）无锡实验卫生模范区。

（九）民众医院。

（十）民众法律顾问处。

以上的几种机关，是城市和乡村方面兼而有之。至于民众法律顾问处的工作，已经推行到全省各县了。

现在我要把黄巷实验区的工作，作一个简单的报告。

黄巷是无锡的一个小村庄，离城市约四里。全村共有一百六十六户，居民一百八十人。人民的耕地不到四百亩。原先有学龄儿童一百二十余人，除了一所私塾外，连一个初级小学都没有。民国十八年春，校中的教职员在此着手办理乡村民众教育的实施工作。以全村为学校，以全村的人民为学生，重视文字教育和公民教育，三年以还，很有成效。现在把实施的结果说一说：

文字教育——村中原先只有百分之九的人民识字，现在人民识字的已增加到百分之四十。三年来的成绩，虽不见得怎样好，然而在我们看来，却是到了顶点，无以复加了。原因是村中有许多老年人，没有方法叫他们识字；七岁以下的儿童都是不识字的；还有居民的迁徙，也是阻止村民识字的百分率增加的一个原因，许多村民，识字以后，便跑到城市里经商去了，同时有许多人民从外面迁进来，这些新迁来的人民，大半是不识字的，因此村民识字的百分率，总不能超过百分之四十以上。

公民教育——现在村民自己能够集会，充分的运用四权，农人能够跑上台去做主席，毫无慌张的态度。至于我们训练的方法，并不是叫他们念民权初步，乃是从音乐会、体育会和辩论会中训练他们。村民从这些团体里面学习选举、提议、表决及其他一切会场规则。

黄巷又有乡村改进会的组织，这是由村中二三十个优秀分子联名发起的，成立于民国十八年。该会的宗旨是："联络同志，举办黄巷上的事业，建设新的黄巷。"现在把改进会所办的重要的事业略为说一说：

（一）开办小学——以观音庙为校舍，至于庙里的偶像，因着老太太们的反对，未便毁去，不过用布把它隔绝罢了。

（二）禁烟——村中原有四个烟馆，现在因该会的呈请，公安局已把他取缔了。

（三）禁赌——推举八个稽查员，专门稽查关于村民赌博的事情。

（四）减租运动——照原数打七折（因年荒歉收之故而有此举）。

（五）订立民众信条：

1. 我们要有正当行业。

2. 我们要读书识字。

3. 我们要勤俭治家。
4. 我们要诚实公正。
5. 我们要热心公事。
6. 我们要禁绝烟赌。
7. 我们要破除迷信。
8. 我们要实行男女平等。
9. 我们要互相帮助。
10. 我们要和气待人。
11. 我们要敬重长辈。
12. 我们要清洁卫生。

（六）会员训练——每月开会两次，请名人列席讲演。

（七）强迫识字——“愚”和“私”是中国人的病征，因此不会去享教育的权利，也不肯尽受教育的义务。黄巷的人民是中国的人民，不消说是充分的具备了这两种特性。因此乡村改进会的会员们，觉得有实施强迫就学的必要。经过了多方的讨论和研究，便议决了几次强迫就学的办法。凡年在十二岁以上二十岁以下的乡民，无论男女，必须入黄巷民众学校，如无故缺席，每星期抽愚民捐大洋三角。就学的时间，以不妨碍乡民的职业为原则。

（八）筑路——关于这件事，有一段很有趣味的故事，要和大家谈谈。村中有一段二里长的道路，年久失修，下起雨来，人民便感着交通不便。一般人们，都希望由学校拨款修筑。他们以为从学校里拿出三二百块钱来，算不了一回事，就是教职员们也是如此着想。十八年九月，村中的小学举行开学典礼，县长，教育局长和兄弟都被邀参加。我以为这是一个不可多得的机会，把我对于修路的意见发表出来。恰巧会场中悬有万寿山图，我便用它做譬喻，对他们说：“……颐和园是前清慈禧太后建筑的，富丽堂皇，花了不少的金钱。等到兄弟民国八年游该园的时候，已是破烂不堪了。原因是太后死了，谁还去管他呢！再说张謇，在南通很办了一番事业，现在张謇死了，他的事业也渐渐的衰微了。诸位，你们不是希望从学校里拿出钱来修路么？今天我老实告诉诸位说，兄弟在这里一天，便莫想从学校里拿出一文钱来。因此凡事要靠自己，依赖别人，总不是一个妥当的办法。即使我们现在拿出钱来筑路，将来道路坏了，我们也走了，又有谁来把它修筑呢？……”。古语说“遣将不如激将”，当时我用诸葛亮激将的法子把他们激励了一番，虽不免叫他们暂时失望，然而从那天起，他们便开始筹备筑路，三个月后，居然开工了。他们采取的办法，是叫全村人负责，有气力的出气力，没气力的出钱。一天不做工，扣大洋七毛；一天工也不做的人，就得拿出七块钱来。他们这种的毅力，真叫人佩服呢。

从乡村改进会里面又产生一种调解诉讼事件的机构，叫做调解委员会。这种组织无论在法律上（乡镇自治施行法），在事实上，都有产生的必要。黄巷的调解委员会成立于民国十九年。有一次，俞颂华先生来校参观，适值调解委员会开会，俞先生也去参加了。当时所要调解的是这么一桩事件：

村中有黄宝善黄胜根兄弟二人，宝善死在异乡，家中遗下一个年轻的妻子和两岁的孩子。后来宝善的妻子也跑到别的地方去了，从此家中一切由胜根一人管理。不料二十四年后，宝善的儿子随同母亲回到黄巷来找胜根。胜根以为这事隔了二十多年，究竟此侄是真是假，难以断定，所以一口拒绝，不承认宝善有儿。于是母子二人访遍族中的长老，邀请乡长，共同解决这事，一件民事官司就此当庭辩论了。俞先生看见乡村父老们衔着烟袋，慢慢的发表意见，觉得很有兴味，足足地看了两个钟头。事后他给我们一个建议，就是在调解委员会没有开会前，由校的教职员先聚一个会，把这事调查一番，做一番考虑的工夫，并根据法律，拟定三个办法，做调解委员会的参考。因为父老们总爱讲情理，所提的办法，不免失了法律上的根据。这个建议，我们欣然接受了。

此外如添设邮箱，装置路灯，整顿风化，举行清洁运动等，都是乡村改进会已做的工作。乡村的首领如乡长、乡副、闾长、邻长等，均由人民自己选举，然后呈请县政府圈定。乡长和乡副，不一定都是健全分子，但是闾长和邻长，多半是有能力的人。

生计教育——我们对于生计教育，非常注重。农业方面，如介绍改良种子，利用新农具，消除病虫害，蚕桑指导，各种农业指导，提倡副业，办理合作社，用特约农田改良农作物和园艺；工业方面，如举办工人教育实验区，提倡民众工艺和农产制造，介绍家庭工艺机械，改良原有工艺生产品；商业方面，如商余补习学校，商余读书社等等，都一一的积极进行。黄巷方面，推广改良蚕种的工作，进行得非常顺利。全村一百二十七户中，养蚕的占八十一户。以前无人指导，每年的收入不到两千元；现在由我指导，已增加到四千余元了；如用改良种，收入更丰，当在七千元以上。这个小小的统计，已足表明生计教育的成效了。

黄巷实验区的工作，从今年夏天起，交给人民自办，我们不负责任了。我们的计划，是分区实验，以三年为期。以前我们以一乡为实验区，今后我们还打算做以数乡为自治区的实验工作。还有，本院在附近又一村庄谢巷的工作，我可以用几分钟把他简单地说一说。

信用合作社——合作社的意义，就是集合各个人的力量，去做共同的事业，也含有自助互助的精神。在丹麦，这种事业是非常的发达；在世界经济方面占有很重要的地位；在我国更有提倡合作事业的必要。十八年春季，前劳农学院生计科实习同学，就在附近各村宣传组织合作社的利益。可是农民，不但没有觉悟，而且存着一种畏惧的心理。自然，我们也不好加以勉强，因为合作社组织的基本要件，是要根据农民的需要的。到了秋天，水稻受螟虫的灾害，收成减少一半，乡民的经济，起了绝大的恐慌。于是他们想到组织合作社的利益，自动的要求组织合作社，谢巷信用合作社便应运而产生了。该社的目的，计有三种：

（一）以社员的信用向社外借款，借给社员作直接或间接生产事业上必要的资金。

（二）使社员得储金的便宜。

（三）养成社员自助互助的精神。

十九年春季，该社第一次开始向省立农民银行借款，金额一千元，以后五百元，一千元不等，均以信用为担保。但是乡民总在期前归还，这是一种好现象。此外还有演讲会的举行和储蓄会的组织。演讲会的目的，是要对社员施行一种训练，所讲材料，偏于合作理论和农业改良方面。储蓄会附设在信用合作社里面，规定每个社员，每月至少须储蓄大洋二毛，三年为期。积存的款，随时借给社员，月息一分五厘。两年之内，存款达三百元，再过两年，可增加五百元，那时，全村的经济便可独立了。

农事指导工作——关于这方面的工作，不外研究和推广两种。因着经济的缺乏，我们少做研究的工作，而且这种的工作，已有昆虫局和农业学校在那里进行了，他们实验的结果，我们大可采用。所以我们的工作，偏重于推广方面。现在我们培养的鸡的一种蛋，每月的产量能有二十四枚，而且全可卖出去，每打售洋一元五毛。有时也送给附近的乡民，自然，他们是欣然的接受的。

我对于江苏省立教育学院工作的报告，就此结束。剩下的几分钟，我要把这次参观平民教育定县实验区和山东乡村建设研究院所得的印象说一说。

定县实验区——定县是我国北方农业生活的代表县，从民国十五年起，平民教育促进会，就在该县的翟城村做乡村教育和农业改良实验的工作。民国十八年，他们全部的工作都移到定县作集中的实验了。他们的工作，很有成效，我认为有三大特点：

（一）有恒——办定县实验区的人，有一种最大的长处，就是有恒心，始终如一地把精神贯注在上面。这是难能可贵的一件事，很值得我们仿效的。

（二）注重文字教育——他们自经提倡平民教育，就以识字教育做具体的目标。我国对于文字教育比较有研究的机关恐怕要算平民教育促进会了。

（三）灵心——平民教育促进会的同人，对于一切的批评，没有不诚恳的接受的。原先他们有十年计划，分为三期：第一期三年，主要的实验工作是识字教育；第二期三年，主要的实验工作是生计教育；第三期四年，主要的实验工作是公民教育。现在他们感觉到有缩短的必要，以六年为期。从今夏起，他们打算实行分期分区完成平民教育的计划，将全县分为四区，共分三期，每期的年限是两年。

我向来认为办理平民教育，应当注意下列三点：

（一）要有具体的目标。

（二）要有可用的计划。

（三）要分区实验。这样说来，定县实验区的工作是比较切实的了。

山东乡村建设研究院——这个机关，设在邹平县。他们的工作，是一面研究乡村建设问题，一面指导乡村建设的实施。内部的组织，分为两部：

（一）乡村建设研究部——主要的目的，约有两层：一是普泛地提倡这种研究，以为学术界开风气；二是要具体的研究山东省各地方的乡村建设方案，现在有三十几位学生，从事于研究的工作。学生的资格，多半是大学校和专门学校毕业的学生，并有许多在社会中有优越地位的人。

（二）乡村服务人员训练部——这是从‘指导乡村建设的实施’那一面工作而设立的一个部分，目的是要造就乡村服务的人才。学生将近三百人，多半系中等学校毕业的学生，做过小学教员的约占十分之七八，其余也多半系在地方上服务多年的人。

从乡村建设的观点看来，他们的工作是比较有价值的。我觉得他们有四个长处：

（一）题目认清——他们对乡村建设，已明白是怎么的一个问题。

（二）办法橛要——他们不单只是有乡村建设的理想，而且有具体的办法把它实现出来。

（三）精神贯注——师生们都把全副的精神，贯注在乡村建设的问题上面，将来的大的贡献，是不难预料的。

（四）训练刻苦——譬如说，训练部是一年到头不放假的，连星期例假和一切纪念节都没有。虽然是功课多，而修业的期限短，不得不加紧工作。然而其中还有一个最大的意义，就是足以矫正不合农业社会的习惯，于此可见他们刻苦的精神了。

关于山东省乡村建设研究院的工作，我不多说了。邹平县离此地很近，诸位不妨自己到那里参观去，我敢说，诸位的光阴是不会白白地牺牲的。

高先生现任江苏省立教育学院院长，年来提倡民众教育，不遗余力。最近参观定县实验区及邹平山东省建设研究院归来，路过济南，应齐鲁大学校长朱经农之请，到校演讲，报告江苏省立教育学院工作颇详，足供吾人参考。因录之以投民众教育月刊，承董馆长邮寄高先生校阅，谨在此向高董二先生致谢。

记者附志

（由下一篇篇首作者自述时间推断，本报告应在 1932 年 4 月作）

参观平民教育定县实验区及乡村建设邹平试验县区之心得

平民教育！乡村建设！定县实验区！邹平试验县区！我的亲友听了，莫不啧啧称羡。尤其听说我要去参观，好像我似唐僧到西天佛国去取经的一样，再三叮嘱我回来后给他们一个真确报告。这种热情，不禁使我有深刻的感想。感想维何？“人之欲善，谁不如我？中国复兴，寤寐求之，民众教育救国，几乎人同此心矣。”

我既受了许多亲友的嘱托，参观两地之心乃愈坚。所以于四月中旬排万难，一些儿不迟疑的先赴定县住了三晚。及四月二十一日又换了四次火车，行了二千余里，达到邹平，留了两晚。归途自思，果然不虚此行，心得甚多，不知不觉的狂喜起来。现在先把我的心得写下，报告亲友，至详细参观报告，请俟诸异日！

我在定县所得到的印象最深刻的是：

（一）划区分期的六年计划。

（二）下乡工作事在必成的决心。

（三）各项教育及乡村改进工作之认真与彻底。

兹分述如下：

定县实验区将自今年秋季起实行划区分期的六年完成计划，其办法将全县划为四区。以城东高头村及附近各乡村为研究区，其他城东北南支合，城西明月店，城南李亲顾及每区之附近各乡村为实施区，并将六年分为三期，以二年为一期。第一期城东高头村研究区内之文艺教育须普及，凡年在十四岁以上二十五岁以下之青年男女，均须强迫进平民学校，学习千字课本，不进学校者，处罚现金最多三元，罚款后仍须进学校。如有某乡村之青年男女全数先期毕业者，给以名誉奖励。所有强迫入学及奖惩办法，均由县政府执行，平教会但负教育与指导之责；同时在第一期内对于城东一区内之生计、公民、健康三项教育，及城西、南、北三区内之文艺教育，当预作实施之研究。第二期城东高头村研究区内之生计、公民、健康教育须完成，又城西、南、北三区之文艺教育须普及；同时对于三区内之生计、公民、健康三项教育当预作设施之研究。第三期内城西、南、北三区内之生计、公民、健康三项教育须完成，易言之，即定县全民教育完成；同时对于全国平民教育之推行与师资训练，当做相当之帮助。

此种划区分期办法之最妙处，在研究区与实验区及前期与后期均有连锁之关系。不但区与区、期与期各有连锁之关系，即区与期、文艺与其他三项教育之间，前后左右，亦相互连锁，较之徒划分一区为示范，规定数年为试验，既不联络，又不衔接之无法推进者，相去如天壤也！

定县既定划区分期之六年完成计划，其干部职员，全体下乡工作，用全力为之，以示事在必成之决心。汤茂如君等以平民学校为工具，陈筑山君等以家庭教育为中心，霍六丁君等以社会活动与组织为利器，殊途同归，三路包抄，务使文艺、生计、公民、健康四项教育，如期普及，乡村改进事业，早日完成。以上数位以及平民会创办人晏阳初君及重要职员瞿菊农君等之有恒不辍，专心一致，深入民间，刻苦进行，诚有足多者！

定县最重视平民学校，以为文艺教育乃其他各项教育之根本。各校女子班大抵均在每日上午九时后，及下午二时后各上课一小时半；男子班则在黄昏上课。各乡村平校学生，个个振作精神，认真求学，似到处有朝气者。各校毕业考试，以请校外人出题监试为原则。

定县农业推广分育种、畜牧、病虫害、园艺、农具、土壤、肥料等项，每项以当地需要不加农民费用负担，而可以增加收入者为标准。不好高，不骛远，不贪多。故畜牧但以推广改良种、猪种、鸡及乳羊为限；而在推广前又各分问题，详为实验，决不妄为。且其最近所用方法，以与平校毕业生肯遵守约定办法并采用科学方法者往来最多。如此则易见成效，使旁观者生欣慕之意，群趋平校。故平校与农场相得益彰，而农业推广既可免除散漫无稽浪费无效之害，且有事半功倍稳定推进之益。

定县乡村改进自二十年秋季起，以平民学校毕业同学会为中心。大村每村单独，小村数村联合成立一同学会。春夏秋冬四季应有之活动，由平教会订定一表，分发各村同学会，按照进行。春季活动如植树、造林、种牛痘等项，并加"其他"一项，由各村同学会想及应行举办者自由添入表内。凡已经举办之活动，即在表内项目下加一种记号，未举办之活动，加另一种记号。闻自去秋同学会组织以来，各村对于乡村改进事业之进行，互相竞争，颇呈突飞猛进之现象云。

为彻底改进农村计，定县有农村家庭会之组织，宗旨在研究家庭实际问题，改良家庭日常生活，培养地方自治根本办法。定期分别召集家主、主妇、少年、闺女、幼童会谈论儿童教育及家庭经济、卫生、道德、家庭与地方国家关系各种事项，分全村为数区，顺序开表演会，并召集家庭工人勤洁奖励会，选定模范家庭，以为提倡。盖乡村为中国之根本，家庭尤为乡村之根本，故言教育与乡村改进者当注意家庭。定县农村家庭会之组织，意在此乎?!

邹平之优点有四：题目认清，办法檄要，精神贯注，训练刻苦是也。我在未到邹平前预拟了三个问题如下：

一、"乡村建设"要解决的是什么问题?

二、用何法解决?

三、如何推行?

我参观后所得的答案，分述如下：

一、"乡村建设"要解决的是整个中国问题，具体一点说，中国政治与经济两种问题，而在经济项下又须将造产与分配同时顾及，以防落入资本主义之窠臼，至所谓政治问题，不在夺取政权与军阀政客作无谓的纷争，而在培养民主国国民应有之德性与自治能力。

二、要解决中国问题须走乡村建设这条路。因为中国自古以农立国，至今农民仍占百分之八十四以上，故中国当谋乡村的发达，完成一种乡村文明，而不当走资本主义的路，发达工商业，完成一种都市文明。况资本主义之祸患，国内因贫富悬殊，引起阶级斗争；国外因竞争市场，发生世界大战。西洋人方苦无以自拔，中国既未走上这种危险的西洋道儿，计唯有赶紧就中国实际状况，谋乡村的发达，做乡村建设的功夫。

中国大多数人既为农民，则中国大部分力量自在乡村。力量，分析言之，为人的知能及物资。但知能与物资若散漫而无组织，则不能生效。故乡村建设对于启发知能，增殖物资，促进组织之三种培起乡村力量条件当兼筹并顾。尤当以合作制度为建设乡村之唯一经济组织，由是政治亦自形成为民主的，而财富与政权可公之于全社会之民众，操于人人。

培起乡村力量固宜由政府及社会团体引其端，但终当以民众自动为归，易言之，教育民众乃乡村建设之始，民众自教，乃乡村建设之基也。

根据以上所陈之旨趣，热心乡村建设的诸君——特别是山东省政府——于二十年七月创办"山东乡村建设研究院"，并以邹平为试验县区。观其办法，甚为橛要，试再分项述之：

（甲）研究院内部组织

1. 实施乡村建设的试验县区即邹平县。

2. 乡村建设研究部，学生三十名，年龄二十岁以上三十五岁以下，籍贯以山东为限，但外省亦得附学。入学资格以大学专门学校毕业或有同等学力者，修业年限二年。课程分基本研究，（如乡村建设根本理论）、专科研究（如农村经济、乡村自治、乡村教育等目，由各人认定一科或数科研究之）。

3. 乡村服务人员训练部，学生约三百人，年龄与研究部同，籍贯先就旧济南道属二十七县招生，须世代居乡，至今其本人犹住家在乡村的。入学资格中学毕业或有同等学力者，修业年限一年，课程分党义研究、精神陶练、村民自卫常识及技能之训练（自卫问题研究、军事训练、拳术等）、乡村经济方面问题之研究（经济学大意、农村经济、合作、簿记、社会调查统计、农业常识技能、农产制造、水利、造林等目）、乡村政治方面之问题研究（政治学大意、现行法令、公文程式、乡村自治组织、乡村教育、户籍土地登记、公安、卫生、筑路、风俗改良等目），由此可见训练部所要训练的为实际服务之人才，精神陶练即鼓舞志趣，锻炼吃苦耐劳坚忍不拔的精神，并教以谦抑宽和处已待人之道。其次为认识了解决各种实际问题之知识上的开益，及应付解决各种实际问题之技能上的指授。

训练部学生分四十人为一班，每班设主任及助教一人，班主任与学生同起居饮食，时常聚处，对于全班学生之身心各方面活动负指导管理之责，学生待遇除外省附学学生外，训练部学生膳宿费均免，并发冬夏制服各一套。研究部学生并给予津贴每月十元。

山东全省共一百零八县。研究院第一届所招训练部学生，就旧济南道属二十七县办理。邹平试验县区学额较多，为四十名，其余每县八名至十名。第二届将就旧济宁道属二十七县继续办理。如此继续训练四年，山东全省每县至少可育乡村建设服务人才十人左右。如经济宽裕，可将其他旧道区之服务人才提前训练或将各县名额加多。

（乙）研究院对于邹平县乡村建设进行之过程

乡村建设分经济、教育、政治三大方面，合之即乡村生活。任何一方面均可为乡村建设之入手，必待经济进展而后有政治改进教育改进之可能。所以邹平县乡村建设先从农业改进入手，其一年来之过程，约略言之，为订定农业改进计划，举行农品展览改进会，办理乡农学校，实施农业推广四期。邹平县农业改进计划，不是闭门造车，而是经过全县各自治区实地视察后斟酌需要而定的。其计划因南乡及东南西南乡有荒山，故决定提倡造林合作。又因区域内以前蚕桑本盛，现在日就衰落，故又当提倡蚕桑改良与合作。北乡及西北东北乡为棉作区，且已不乏良种，故决定改进棉作。又东北乡有突出之一区，棉织发达，故决定提倡棉织改进与合作。计划既定，于是举行全县农民展览会，筹备二月，至二十年十一月五日开幕。展览品分表证展览与普通展览两大类。表证展览之目的在示范，普通展览之目的在互相比较，宣扬推广农民的好农产品。两大类共有二千余件，参观者四天内共有四万六千余人，约占邹平县全县人口之四分之一也。闭幕给奖之日，到的人数甚多，农民兴趣之浓厚，于此可见一斑。

农品展览会结束后，接连又派学生赴乡间六个自治区办理乡农学校，每区分配四十人，由教职员领导，遵照下乡服务公约而行。每区先择相当地点办一高级班，学生年龄在二十岁左右，其来源须普及各大乡村，换言之：本自治区内每一大乡村至少有一人来进高级班。学生每五天可回家一次，回家时均盛称乡农学校功课之有益，教师之热心。同时并由研究院师生在各乡村与长老接洽疏通，乘机宣传，不及半个月，各乡村要求设立乡农学校普通班者纷至沓来。全县六个自治区共设八十余所，平均每一区有十六校，几遍及各大乡村矣。乡农学校在农闲时举办，自去年十一月中旬开班至今年一月下旬结束共计七十余天。旧历元旦，各地均有盛大之活动，休息数天后再上课，约一星期结束，研究院师生回本院上课。

乡农学校普通班学生多少不一，至少每校二十余人，最多者一百有零。至于年龄自十余岁至五六十岁不等。

乡农学校的积极目的在养成求学兼做工的农民，使求得农业改良乡村建设所需要的知识；其消极目的在除去只能消费不能生产的人类的害虫。

最近于四月初，城之东南乡有抱印庄、郎君庄、崔家庄、李家庄、景家庄要求恢复乡农学校高级班，现有学生二十余人，内初级三人，年龄稍幼，功课分精神陶炼（敦、本、善、俗、孝、悌、力、田八个字）、国学《论语》、国文（短篇选文如《马援诫兄子书》等）、史地（历史以人为经，以字为纬）、算术（日用珠算笔算）、农业问题即农村问题（不上课，每天于晚餐后在村舍前空场上围坐，村民报告事实，由教师供给知识，其结果往往即为养蚕合作、造林合作其他农业改进之起点）。

我在前面说，邹平有四个优点，并提出乡村建设要解决的是什么问题，用何法解决，如何推行，三个问题，现在已经说明者不过“题目认清，办法橛要”二点，已经作答者为前二题而已。山东乡村建设研究院诸君对于邹平乡村建设之进行，办法有头绪，得要领，如身之使臂，臂之使指，纲举目张，由一院而达各自治区，由各自治区而达区内各大村。其枢纽全在农品展览会及乡村学校高级班与普通班。此种提纲挈领之进行方法，非呕心血，绞脑汁，不能得也。尤非精神贯注，训练刻苦，不足以完成由乡村建设以救中国之宏愿。研究院诸君既有此基础，敬预祝乡村建设之克底于成！

原载《教育与民众》第3卷6期，1932年5月

江苏省各县县单位乡村民众教育普及办法草案

一、绪　言

民国成立二十有一年，革命一次再次而至数次，目的无非为民众谋幸福。然而二十一年来数次革命后，在上者虽屡有升沉荣枯之变迁，至一般力田劳作之民众果得有丝毫幸福之增进否？不但无丝毫幸福之增进，恐水深火热，其痛苦更甚于前也。他且勿论，试观首都所在地南京中山大道两旁之农民，岂非至今尚过其日出而作，日入而息，不识不知之生活，其生计、知能、健康、娱乐、家庭及应有之公民常识、政治能力等等与十年二十年前有何不同？所不同者，恐为其生计困难身受痛苦之较前益甚耳。革命之目的在增进民众幸福，今其结果相悬殊如此，此无他，以未注意民众生活（如生计、知能、健康、娱乐、家庭及应有公民常识等）切身问题，未兴办民众教育也。

吾国人口号称四万万，为全球各国冠，宜其力量亦冠各国，但实际四万万人乃一盘散沙，绝无力量。今者外患内忧相逼益亟，挽救之道在如何能使四万万民众不复为无力量之散沙，而成为有力量之团体。否则民众非但将不为我用，且将为敌用，危险何堪设想？今苟欲团结全国民众，使有力量同赴国难以救危亡，舍民众教育计将安出？

综上所述，普及民众教育实为吾国当前之急务。惟自古以来，吾国以农立国，至今农民占全人口百分之八十四以上，以往教育设施偏于城市，未免失着。现为补救计，亟宜普及乡村民众教育，使占大多数之农民进步，吾国始确有进步之希望，故本办法以“乡村民众教育普及”为标题。

又本办法以县为对象，订定一县内之划区分期普及乡村民众教育办法。於实施时由各县斟酌地方情形变通办理，将来各县乡村民众教育普及之日，亦即全省乡村民众教育普及之日，故本办法标题冠以“江苏省县单位”六字。

二、宗　旨

以全民教育培起国民力量，树立自治基础。

增进农业生产，改善经济组织。

促进乡村建设，充实人民生活。

三、原　则

（1）乡村民众教育应以全乡为学校，全体村友为学生，普及全民，完成训政，实施宪政为目的。

（2）乡村民众教育应以实际生活为根据。

（3）乡村民众教育应为乡村建设之先锋。

（4）乡村民众教育应以最经济之费用与时间，养成地方自治，乡村建设之种子。

（5）乡村民众教育应就县自治区分区推行，限期普及（全县以三年为期）。

（6）乡村民众教育普及标准，应分初步、第二步、第三步。本办法内先定初步之普及标准，第二、三步之标准以后再行酌定。

（7）乡村民众教育之设施，应如血液循环，脉络贯通，从中心以达全体，纲举目张，易收指臂之效。

（8）乡村民众教育分课室内与课室外两种教育。课室内教育为固定的，即识字、算术、常识、音乐；课堂外教育为活动的，即各种乡村建设与农业改进问题之研究与进行。课室内教育之上课时间，就民众便利分午前、午后、黄昏三班，每班修业期限暂定为四月。课室外教育每天应约同各班学生及乡村长老等于相当时间讨论之。

（9）乡村民众教育应设法引起民众动机，使自动、自教、自助、自立。

四、教育项目

乡村民众教育分六项如下：

（1）公民。

（2）生计。

（3）文字。

（4）健康。

（5）家事。

（6）艺术（乡容及娱乐等）。

五、普及标准

吾国义务教育暂定以小学四年级程度为标准，乡村民众教育普及之初步标准暂定如下：

（1）公民教育。乡村百分之七十户，至少每户须有一人愿意，并有能力参与地方自治事业。

（2）生计教育。农民生产收入至少平均每户比以前加增百分之五，储蓄款项平均每人有二元以上，过半数农民均信仰并利用合作制度。

（3）文字教育。年在十五岁至二十五岁之青年民众均修毕初级民众学校课本四册，识字约一千左右。

（4）健康教育。一乡之疾病与死亡率均有显著之减少，过半数民众学成简易健身之运动，练习武术，参加乡村保卫团。

（5）家事教育。住宅、饮食、起居、养育儿童均有改进而合于卫生，家庭中有礼仪亲爱、忠诚慈孝之德性与和乐气象。

（6）艺术教育。乡容改进，民众作正常之娱乐，有欣赏天然美、音乐、书画及其他各种艺术之习惯。

六、划　区

以县组织法所规定之自治区为各县乡村民众教育学区，并以每县自治区总数五分之一为实验区，其余五分之四为推广区（或实施区）。如每县共有自治区五，则先择一区为实验区，其余四区为推广区；又如某县共有自治区十个左右，则先择二区为实验区，其余数区为推广区；余依此类推。

七、分　期

各县乡村民众教育实验区限期于二十一年八月开办，二十三年七月照上述初步标准普及，推广区一律限期于二十二年八月一日开办，二十四年七月底前普及。实验区比推广区先办一年，各项民众教育方法先在实验区内试行，得有效果，即在推广区内推行。

八、事业之体用

根据实际生活，乡村民众教育应以生计为体，公民训练及识字为用，并辅以健康、家事、艺术三项教育。如此足以适应农民需要，引起求学动机，收事半功倍之效。

九、设　施

每区设一乡村民众教育办事处，区内每乡至少设一民众学校，以由乡村自动发起，办事处辅助指导为原则。办法如下：

1. 发起人会。先设法唤起乡长副及各村之长老与热心教育者开办民众学校之动机，集合发起人会。

2. 校董会。由发起人会就各村有关系人之中选举校董组织校董会。

3. 校址经费及教师。由校董会商定校址，筹划经费，聘请教师。关于经费如本地不易筹足，得由办事处酌量津贴，至教师人选亦代为介绍。

4. 学生。招生的须注意各村人数之分配，以期民众学校之教育力量得达各村；盖民众学校教师不过为乡村教育与建设之指导员或顾问，至原动力则当由学生担任之，始易推动，且可有民众自动、自教、自立之把握。

5. 班级。学级视民众程度分初级、高级，开班就民众便利分晨班、午后班、晚班等，每班每天功课约二小时。

6. 课程。分固定与活动二种。识字、算术、常识、音乐为固定功课；地方上应行举办之事业，如四季疾病预防，信用生产运销，消费合作，修路浚河等等为活动功课。须因时因地制宜设法进行，每天课内应划出若干时间正式讨论乡村教育及建设问题。在上课前后作非正式谈话，其效或更大。

7. 毕业生。每班每期至少须有二十人毕业，毕业生即当为乡村民众教育及乡村建设地方自治之种子。

十、服务人员

每区设干事一人，助理一人至二人，民众学校教师十人以上。助理至少须兼办一班，民众学校另设农事及医药卫生指导员各一人,此种指导员得兼为两区以上之指导。指导员须预先与各区主持人员商定进行办法,按期巡回各地,指导民众。干事对于本区乡村民众教育之设施、进行、规划、指导、督促负全责,助理及民众学校教师须辅助干事实施民众教育。

干事、助理及指导员以曾受专门训练有实地经验者为合格。民众学校教师得规定资格公开招考,录取后施以数星期之短期训练。(民众学校教师资格:1. 中等师范科毕业或有同等学识年在二十以上;2. 世居乡村对于乡村建设确有兴味;3. 身体强健能耐劳苦;4. 和蔼可亲,肯与农人为友;5. 有教授经验,演讲口才。)

十一、设备(房屋器具及教育工具)

乡村民众教育办事处及民众学校之设备须力求简便实用。房屋借用区内各乡村公共场所或租用民房,器具须朴实坚固而便于移动,择必不可少者购置之。教育工具除固定者外,区内各校可流通公用,其较昂贵者可由数区合购通用或分别购置互相借用,以节省设备费用。

十二、经　　费

(1) 开办费。每区以五百元计算,内办事处二百元,民众学校十所或十所以上共三百元。

(2) 经常费。每区全年约需七千二百元,分析如下:

甲、工薪

五千二百三十元或五千五百九十元(干事九百六十元至一千二百元,助理九百六十元至一千零八十元,民校教师十人二千四百元,医药卫生指导员七百二十元,工食一百九十二元,以上共计五千二百三十元或五千五百九十元,农事指导员拟请实业厅派,其薪金不另列)。

乙、办公及事业费

一千六百元或一千九百七十元(平均每月约一百三十四元至一百六十四元,所有各项乡村建设经费随时由地方筹措,不列入预算内)。

丙、历年所需费用

第一年,小县五个左右自治区者开办实验区一处,需开办费五百元,经常费七千二百元。

中县十个左右自治区者开办实验区二处需用开办费一千元,经常费一万四千四百元。

大县十五个左右自治区者开办实验区三处,需用开办费一千五百元,经常费三万一千六百元。

第二年,小县开办推广区四处,需开办费二千元,经常费共三万六千元。

中县开办推广区八处,需开办费四千元,经常费共七万二千元。

大县开办推广区十二处,需开办费六千元,经常费共十万零八千元。

第三年,各县实验区初步普及照第二步标准继续进行,各县但需经常费如下:

小县　　三万六千元

中县　　七万二千元

大县　　十万零八千元

十三、筹款方法及结论

前述经费一项，第一年各县开办实验区，全省平均合计约需经临两费七十余万元，第二年各县开办推广区连原有实验区费用，全省平均合计约需经临两费五百万元。当此连年天灾人祸民穷财尽之时，何来此巨款办乡村民众教育乎？骤视之，似属痴人说梦，画饼充饥，决不能实现者。惟乡村民众教育之为吾国目前当务之急，前已言之甚详，若承认此说且认此为救国唯一之出路，则需款虽巨亦当进行，况筹款并非绝对不可能乎？兹试述乡村民众教育经费之来源如下：

（1）省县社会教育经费。此项经费省方现在每年有五十余万元，县方全省合计约有一百五十万元左右。各县县经费纵然不能全办乡村民众教育，至少应以三分之一或二分之一移作此用，至省经费可由省立各社会教育机关在各县办乡村民众教育实验区以为补助。

（2）县普通教育经费。此项经费省方现在每年有三百万元不到，县方全省合计至少约有一千二百万元以上。最近普通教育既有注重乡村之趋势，似宜提出若干办理乡村民众教育也。

（3）省县民政建设农林经费。孙中山先生建国大纲第八条云："在训政时期政府当派曾经训练考试合格之员到各县协助人民筹备自治。"第三条云："对于人民之知识能力政府当训导之。"第二条云："于全国人民之食、衣、住、行四大需要，政府当与人民协力共谋农业之发展……修治道路运河。"云云。现在民政、建设、农林经费省方县方合计各有数十万元至数百万元，乡村民众教育既为训政之利器，则由省县民政、建设、农林经费项下各提出若干成或移全部办理乡村改进事业乃分之所当为，其理至明显。照建国大纲而言，不惟省县当如此，即中央亦当如此也。

（4）私人捐助经费。本省境内由私人筹款办理之乡村改进民众教育实施机关已不在少数，昆山之徐公桥，苏州之唯亭及善人桥，镇江之黄墟，上海之俞塘，乃其较著者也。昔英国教育普及得力于私立学校者甚多，今吾国为普及乡村民众教育计，亟应在各县提倡私立乡村民众教育普及实验区及推广区。徐公桥等地既开风气于先，如能加以提倡，以后继起者必甚踊跃。

经费来源既有上述四项，乡村民众教育普及之可能于此可见，所虑者社会无真切之认识。当局无厉行之决心耳。

读者或以为国家大事应行举办者甚多，区区乡村民众教育何必用九牛二虎之力进行，殊不知国计民生之最重要者莫过于乡村民众教育与乡村建设。试以导淮论，关系两省命脉，计划办法固当由水利专家定之，但工程进行若能运用乡村民众教育，使各地民众踊跃输工输材，照规定之计划办法分段为之，其工程之稳妥，收效之速且大，恐比雇工所为者远过之无不及。试更就田亩与人口言，假定因乡村民众教育之结果，平均每亩增加收入一角，则江苏全省耕种田七千余万亩，共可增加七百余万元。如遇水旱病虫害，因乡村民众教育之结果,平均每亩得少损失一角,则全省可少损失七百余万元。又若因乡村民众教育之结果,每人每年少靡费而贮蓄一角,则全省储蓄款项每年可有三百万元左右,集腋成裘,积少成多,此之谓也。虽然此犹不过举一二端而言,若夫国民体育之发达,乡村保卫之组织,民族意识与精神之陶炼,民众知识能力之培起,水利交通之修治,农产织造之发展,均须乡村民众教育是赖。邦人君子其能悉心研究,并协力同心倾全力以速谋乡村民众教育之普及乎?民众之幸,亦即吾国前途之幸也。

(附录)无锡县限期普及乡村民众教育进行程序

无锡县共有十七个自治区,除城厢一区外,乡村自治区共有十六,依照上述分期及经费等节,凡一县自治区有十五个左右者于第一年内应先办实验区三区,需用开办费一千五百元,经常费共二万一千六百元,第二年内应办推广区十三区左右,需用开办费六千五百元,经常费连实验区在内共约十二万二千四百元。兹将本县第一、二年进行程序分别开列于后。

第一年(民国二十一年八月开办)应办实验区三区,拟定各方分担经费办法如下:

(1) 省立教育学院负担经费七千七百元,办理实验区一区(第十区)。

(2) 县教育局负担经费七千七百元,办理实验区一区(第×区)。

(3) 私人捐助经费七千七百元。办理实验区一区(第四区)。

第二年(民国二十二年八月开办)应办推广区十三区,拟定各方分担经费办法如下:

(1) 省立教育学院增加负担经费一万四千九百元办理推广区二区。

(2) 县教育局增加负担经费一万四千九百元办理推广区二区。

(3) 私人增加捐助经费二万三千一百元办理推广区三区。

(4) 民政经费拨款一万五千四百元办理推广区二区。

(5) 建设经费拨款一万五千四百元办理推广区二区。

(6) 农林经费拨款一万五千四百元办理推广区二区。

原载《教育与民众》第2卷8期,1932年4月

介绍这本专号

本院之有研究实验报告以此为第五次。前数次报告均以机关为主体，此次报告改以民众教育与农事教育各项事业为主体，重在陈述办理教育事业之心得，而不在敷叙一机关所有各种之设施。既可免雷同，且易有精彩，谅为阅者所欢迎也。

三载前本院开办黄巷民众教育实验区，以乡村改进为目的，民众教育为方法。迄今该区文盲已自百分之九十减至百分之五十强，生计、健康、家事、艺术等项教育均有进步，而公民教育方面进步尤显著。黄巷五闾民众今已能实行地方自治，运用四权以解决地方各种问题，进行乡村建设事业，民众教育之确能有助于训政此为一最好之例证。自今年秋季起，黄巷教育及地方自治事业完全归民众自行管理，本院所办民众教育实验区全部人员将移设北夏（无锡县第十区），扩大范围以一自治区为对象，期以三年达到初步民众教育普及之目的。

实验事业中尚有高长岸民众教育馆之成绩堪举以相告者。高长岸村略小于黄巷，共有一百十余户，约六百人。自民众教育开办二年以来，各项乡村改进事业均有进步，而合作社之发达为附近各村冠，信用合作社兼办社会储蓄，且另有青年储蓄会之组织。养鱼合作社虽遇水灾大受挫折，但能重新改组，且今秋可有收回成本之希望。最近茭瓜运销合作社成立，而该村大宗出产品不再受商人之垄断。全村民众生计前途从此光明，民众之喜形于色自动办理社务有非常人所能梦想者。惜京沪铁路管理人一再阻难，顷悉又有自七月一日起客车停载茭瓜之通知，现（六月廿一日）正在交涉中，社会积弊小民痛苦于此可见一斑。呜呼！苟无民众教育，小民所受榨取掠夺之痛苦将如何得解除耶？今高长岸民众已预备于二十二年秋季完全接受教育与地方自治事业，民众教育之能实现三民主义此亦为一最好之例证。

四载以来，本院自有研究实验事业即注意整个民众教育实施问题而未及各项专题之研究，致对于专题方面贡献极少。整个民众教育实施问题固甚重要，但专题之研究实验足以助整个问题之解决。故本院今后研究实验方针除照旧注重整个民众教育实施问题作一区初步普及之实验外，将兼重专题之研究，甚望海内外明达不吝赐教，以匡本院同人之不逮，促民众教育之进步焉！

原载《教育与民众》第1卷9、10期，1932年6月

师范教育之过去现在及将来

一、吾国为什么要废科举兴学校?

海通以来,吾国屡败于外人。鸦片之战,中法之战,割地赔款,无役无之。及甲午之役为日本所败,鉴于日本以变法而强,爱国者遂倡议变法图强;而废八股,废科举,兴学校,为变法图强之要着。庚子而后,此议愈盛。及日俄之战,俄败于日,日本以蕞尔小国,竟胜地跨欧亚两洲之大邦,变法之效,于此益见,吾国遂决废止科举,兴办学校。及今已将三十年矣。三十年前之革新运动者,一方面谋培养人才,设立高等专门学校,并派遣学生留学;一方面谋普及教育,开办小学,并推行社会教育,一时蓬蓬勃勃,精神焕发。其后因办学校而需要师资,高等专门及中等学校之教师,最初颇多借才异国者,而小学教师类多由当时旧学有根底之有志之士为之,所以讲求新知,激励士气,兼筹并顾,甚周且至。其间虽不免有沽名钓誉,贻误后生者,然实居少数也。因师资缺乏进而作培养师资之工夫,于是普通师范与高等师范学校遍设全国。在此时期若不忘变法图强之目的,一本初衷,刻苦训练,则吾国治平之基于是乎立。惜事过境迁,兴办学校之深意渐无人知,学生视为进升之阶梯,教员视为谋生之一道,而一般在朝在野之人亦徒视学校为照例应有之文章,其诘者且视为树援植党之工具。呜呼!吾祖吾父为爱国而谋变法图强,废科举,兴学校,今吾等为子孙者堕落至此。吾追述吾国兴学往事,竟不知涕泗之何从也。

二、师范教育之现状

欲知师范教育之现状,当详察学校教育之现状,因二者之间有因果关系,学校教育乃师范教育之结果也。现在学校教育之弊病不可胜数,试举其荦荦大者,则有如下之数种:

(一)重识不重做。

但欲吸收知识,徒求书本的知识,致养成许多能说不能行,能做文章而不能做事业之所谓学者与专家。废旧八股而换得洋八股,此学校之所以无补于治平者一。

(二)重才不重德。

学校非不出人才,但所出之人才乃长于奔竞自为,欺世罔民,而非能拨乱世而反之正者。此固间接由于社会之好尚,及在上者之不德,而为教员者之随风而靡,或甘于机巧,教导无方,实阶之厉。学风败坏,国家祸乱相寻,流毒之甚,有非常人所及料,此学校之所以无补于治平者二。

(三)有旧时之虚荣心而乏前人救国之大志。

家长送子女进学校,仍沿袭旧时之虚荣心,希望子女能由小学而中学,而大学,而留学,而入政界,升官发财,衣锦还乡,耀祖荣宗。亲友乡党邻闾莫不以此相期望,相称道。而为教员者亦唯以教学生升班升学为能事,若多数学生能升学,则逢人说项,以此自夸。范希文先忧后乐,顾亭林匹夫有责之义,几无人讲求。精神亡而躯壳存,此学校之无补于治平者三。

（四）与生活隔阂。

吾国古时分小学大学。小学指洒扫应对进退之节，礼乐射御书数之文；大学指诚意正心，修齐治平之道。事事与生活有关。东西洋各国之教育时有与生活无关之弊，然必力求接近与之相关。独吾国抄袭东西洋学制课程，徒有皮毛，而无实际；徒具表面，而乏内容；口唱教育即生活，而学问与生活绝对不相干。他且勿论，儿童进学校数周或半年后，于洒扫应对进退之节，敬师长，孝父母，及习惯品性之陶冶等，果能有丝毫进步乎？即日常起居饮食等，果有相当常识，或能应用所学之科学知识以事改良乎？至于诚意正心，修齐治平之道更无论矣。教育者既专事抄袭传统呆板之学制课程，而不思实现教育即生活之理想，安望其能有补于社会与人，生？

（五）阶级化，都市化，派别化，腐化，恶化。

何谓阶级化？学校生活优于社会生活。每年除有星期日、国庆日等等例假外，尚有极长时期之暑假及寒假与春假，所居环境优美，且饮食起居，上课游息，均有定时，以学校生活与社会生活相比较，有如天堂之与地狱。故中等学校毕业生最相宜之职业无逾于作小学教师；留学生及大学专门学校毕业生最相宜之职业无逾于作大学及中学教师，以其生活不变也。若进社会，则格格不相入。在本人固痛苦万状，而工商各界亦对于程度愈高之学生愈不欢迎。故学生遂如资本家成一很高贵的特殊阶级。

都市化之原因有二：一为虚荣心所驱使，群欲争名于朝，争利于市，后乃成为风气，不得不然；二因受新教育后，生活欲望提高，以至小学毕业生者不欲居乡，中学毕业生者不欲在本县做事。不但使乡村空虚，且以乡村血汗之资挥霍于都市，使乡村贫乏也。

何谓派别化？派别之在江苏及各省甚为通行，无用解释。某师派，某农派，某大派……无往而不派，即无往而不妨碍事业之进行。盖精神、心思、才力、时间，既用于消极方面，则积极方面之事业自不得不置之脑后，甚至宁为玉碎，不为瓦全。孔子说："人有所不为也，而后可以有为。"吾人须不作派别之争，方能致力于教育事业，此固绝无意义者也。

何谓腐化？敷衍将事，聊以塞责，甚或视学校为利薮，往往而然，不愿多述。

恶化，名词稍属专门，若确为信仰主义而走极端，尚足以得人之原谅。若以此为终南捷径，则本意已错，自误误人，不专心，不安心，与腐化一辙，其弊害相同。

学校教育之现状，即师范教育之结果，略如上述。从智、德、体三育或个人、家庭、社会、国家等各方面言，可谓无一是处。与办学校三十余年，而其效果与最初所以与学之宗旨，适得其反。然而省县地方教育经费每年每省动辄一二千万元，大学、留学及私人捐助经费为数尤钜。此与练兵而不为国用之为害有何异？但国人尚侈谈教育而不觉悟。静言思之，宁不痛心！

三、今后师范教育应取之方针

（一）须有足以救国救世之文化为师范教育之根据。

三十余年前，吾国所以废科举与八股而兴学校，目的在救中国之危亡。当时鉴于东西洋各国之富强，遂一味以效法为能事。学制与课程虽屡变，终不外抄袭日本或欧美而已。今者世界经济恐慌，资本主义自陷绝境，帝国主义濒于崩溃；在此种情况之下，吾国将何去何从？若不假思索，急不暇择，或徘徊歧途，不辨是非；或仍专事抄袭，药石乱投，其无补于吾国前途则一也。当此东西洋各国皆濒于危,苦无出路,而另一方面,主义庞杂,令人目眩之时,吾人亟当就国内实际状况与原有文化,以为师范教育之根据。此种足以救国救世之文化暂假定为“乡村文明”。乡村文明可兼有都市文明之优点,而尽去其弊害。其详当另为文以述之。今在此所欲声明者,吾国师范教育今后若无足以自救救人之文化为根据,则盲人瞎马,危险殊甚,改革之举,亦属徒然。至此种自救救人之文化,究当为何种文化,作者甚愿承教于国内外之贤达也。

(二)学校须为社会之中心,教师须以社会改进之领导者自任。

社会不进则退,社会之当改进乃绝无可疑者也。社会改进之责固宜由大多数之民众负之。惟改进之领导者除教师外将谁属?旧时私塾教师常为一方所尊重,今则师道不尊矣。此由于世风日下乎?抑由于为教师者之妄自菲薄,其心志与修养均不以社会改进之领导者自任乎?

学校为社会之中心,即学校社会化。学校在乡村者当以适应并改进乡村为教学之目的,其在工商区者亦然。昔欧美社会以礼拜堂为中心,及礼拜堂牧师不尽厥职,社会失其所依,二十世纪初年在美国遂有以学校为社会中心之提议。其办法大要如左:

1. 以学校附近社会实际生活之需为研究资料及教材。

2. 以学校校舍设备及教室、图书馆、体育场等尽量供社会之用。

3. 教师与社会民众接近,以便作社会改进之领导工作。

古人云:“天下兴亡,匹夫有责。”今人云:“社会改进,教师有责。”请为凡与师范教育有关系者诵之。

(三)以生活为教材,以由做而学为教法。

斯宾塞尔所主张之教育目的为求得完全生活,并分知识为下列四种:

1. 知识之直接保护生命者。

2. 间接有益及延长生命者。

3. 有关政治者(即公民常识)。

4. 有关艺术者(休闲娱乐)。

其意虽未必完全可取,然教育之当以生活为教材则绝无疑义者也。尝见某暑校听讲学生程度大多数为中等以上学校毕业生,为求室内通风,皆尽力将上下移动之窗向上推,而不同时将上窗向下移,结果室中仍浊气充塞,且闷热。又尝见一中等学校教师午餐洗面毕,将面巾半投水内,半遗盆外,匆匆去上课,及课毕归,见室中水满地,遂大斥勤务。又近据美国昆虫学家赖莱面述云:“渠在广州见舢板船收拾极清洁,非常愉快。既又见船夫用河水漱口,方悟船夫但知表面清洁,而不知微生虫之卫生云云。”船夫本无学问,不足责,但中学教师与毕业生既知毛细管作用及通空气方法而不能用,岂不以平时教课与求学心志但在束修与分数,而不思当以生活为教材乎?无怪知识分子愈多,学生程度愈高,而疾病、家庭问题及社会问题亦愈多,而国亦愈混乱。由今之道,无变今之俗,即用全力注重师范教育,亦何益已?

由做而学之要旨在不专求书本知识,不专尚口耳之学之空谈,而当从实习、实验、实行,求其所学。譬如教学生以四权运用,既不应徒事讲授,又不宜设一假自治区,而当就学生级会或其他临时组织如旅行团等训练之。农工商各校学生之当注重实际的实习(商校学生，不仅到本校商店，而到真正贸易的商店实习，谓之实际的实习。)，固无论矣；即敬师长，择贤友等伦常之道，乡村改进，社会服务等必要工作，何一不当做而学？今欲使中小学为社会之中心，势非由先使高等及普通师范为社会之中心入手不可，故由做而学之教法，尤当先在师范学校实施也。

总之，吾国已往之教育，乃学行分离之教育，有知识者学不顾行，行不顾学。而其病因远种在未能由做而学。本文所提"学校须为社会之中心，教师须以社会改进之领导者自任"，及"以生活为教材，以由做而学为教法"，其词虽不同，而其意则一。今后师范教育应取之方针，似无有较此更重要者也。

原载《江苏教育》第1卷7、8期，1932年9月

救亡与新教育

诸位！当今国难方殷的时候，各人都特别注意教育，在贵校特设救亡教育讲座，要我讲演，今天我所讲的题目是"救亡与新教育"，其内容可分三段来说：

一、是新教育的历史。

二、是新教育的现状。

三、是新教育今后应有的方针。

现在逐条来讲：

一、新教育的历史

现在我所说的新教育，不是有什么特别的新兴或理想的教育，就是现在普通的教育，为什么叫做'新教育'呢？是拿他和以前科举时代旧教育分别。新教育的历史可分两个时期：

（一）萌芽时期——新教育的萌芽时期，在甲午年（西历一八九四年）的前后，在甲午年以前，就有留学生派到外国去，到了许多地方。那时日本侵略我朝鲜，正和去年九一八日本侵略我东三省一样的情形，故一八九四年的国难和一九三一年的国难，没有什么不同的。那时受了日本的刺激，想废科举和八股，兴办学校，目的即在救亡，但是没有做到，而私人开办学校却从此产生了。到了戊戌年（西元一八九八）康梁变法维新，失败之后，想国家办新教育去救亡，也没有成功。及到庚子年（西元一九〇〇年）有拳匪作乱，拳匪这种运动，其目的是在救亡，不过他们的方法错了。这次八国联军，长驱入京，焚烧劫掠一空，清廷受了这种大的刺激，不得不下决心去救亡，以为救亡非办新教育不可，于是把八股废了，改为策论，讨论救亡强国等问题，科举仍然没有废除。

（二）发展时期——甲辰年（西元一九〇四年）日俄之战，一年之后，日本把俄国打败了。我国想起日本所以强盛，是他维新办新教育的缘故，于是西元一九〇六年才下诏废科举兴办学校，酝酿多时的新教育，才从这时产生了。总之，新教育的目的是在救亡。他经历的历史，如上面所讲，在甲午年后到西元一九〇五年以前，可以说是萌芽时期，西元一九〇五年以后就是发展时期。历史讨论完了，再谈新教育的状况怎样。

二、新教育的现状

谈到新教育的现状，我不必多说，诸君都是学教育的，多半都是从各地来的，眼睛所看见的和耳朵所听到的，教育现状怎样？都令人满意吗？这里特标出"救亡教育"四个大字，可见现在教育多少总有些缺点，或者不满意的地方。但我也不敢细说，因为我自民国七年做教员，到现在已经十四年了，若说现状的教育好，当然不对；若说现状的教育不好，岂不是自打嘴巴，自己批评自己了！老实地公平地说，新教育的现状有五点最大的坏处：

（一）阶级化——现在的新教育是造就特殊阶级的人物，从学生变成了舒服阶级的人。举两个实例来证明：从前我在暨南大学当教授时，知道有一位商科未毕业的学生，在上海找到一个会计助理员的职务,也算是很好了,但他后来对我讲,想离开商店再进学校来,他的意思以为商店一切设备,没有像学校里生活一样的舒服;又有一位高中毕业生,他父亲费尽九牛二虎之力,帮他在纱厂谋到一件事,到暑假时候,他就从工厂里面逃走不干了,其原因是他在学校里年年都有暑假休息,过优游自在的生活,骤然到工厂没有暑假,就觉得过不惯了。你看学生进过学校后,就变成这样,是不是阶级化呢?这样阶级化的教育,完全与社会实际生活不接触,以为最好小学毕业就要升中学,中学毕业就要升大学,大学毕业就要出洋去,归国就可任教授,继续不断地想过学校里明窗净几和舒舒服服的生活就满意了。所以现在商界大概不需要中学或大学毕业生,尤其是大学毕业生去做学徒和职员。就是怕他受了阶级化教育的原因。国家本想办教育来救亡,现在社会上见了受新教育的学生就要摇头害怕,这教育还能够救亡吗?!

(二)空洞化——什么叫做空洞化?我也举个例子来解释:以前有一位数理化的先生,一天吃了中餐,急于上课,匆匆把面巾一端浸于水中,一端悬于盆外,及到下课回来的时候,见地面上有很多的水,便责备茶房。你看他自己湿了手巾不想毛细管作用,却责备茶房,岂不是把数理化和实际生活毫不相关。现在还有许多研究经济的专家也对于书本学理颇有研究,但是要他们把挽救中国农村经济衰落的方案提出来,可不可能呢?我也学经济学的,民国十七年后才晓得中国农村经济的重要,在民国十七年以前,也是空空洞洞,不知道中国农村经济的重要,这种空洞化的新教育,哪里会救亡呢!

(三)科举化——中国废科举,办新教育,哪知新教育仍然是科举化了!从前科举时代学八股,就可以做官;现在要做官,就要进学校,要想大一点的官,就要进大学校,尤其是能够出洋更好。你不信,你看现在大学里面读法科的人好多呢?现在社会上干事,要有文凭,才算资格,有哪种资格,就可以做哪种官,这种拿文凭可以做官和从前科举以八股取士,有什么不同呢?其程度的差异,亦不过是以五十步笑百步罢了!

(四)都市化——谁都知道,中国以农立国,农民占大多数,农村不能改造,中国是没有办法的。但事实怎样呢?乡村小学生毕业后,要到城市去;中学毕业后就不肯到乡下做事,要到大都市如上海南京北平去升学或做事;大学生毕业后,更不必说了!于是知识分子都向城市跑,以为在家乡做事,没有面子,没有本领,是在外找事不到的人。结果受教育的人,不肯在本乡做事,农村改造,让谁人去办理呢?这样教育,造出这种现象,还是救亡?还是以速其亡呢?

(五)腐化恶化——什么是腐化?大家应该都明白,不必我再来解释。我们常常骂人腐化,请先问问办教育的到底怎样?经费清楚吗?教学都尽责任吗?做学生更会骂人的,自己做事又怎样呢?现在的贪官污吏大半不是受过新教育的吗?诸位想想应该都会明白。恶化更不必解释,我不是国民党党员,不过也听到恶化这名词的意义,现在借他一用,许多乡村小学的教员,是不是能够认为终身事业?还是在那里另想出路,不求事实的进步,但求自己的出路,忽左忽右,惟机是投,这便是恶化了。

以上五点,是新教育普遍的坏处,其实不好的地方还多呢!我们要问他为什么如此呢?其原因安在呢?肤浅地说是:

"时过境迁",像今年是一九三二,把一九三一,九一八的事情忘记了,同样把一八九四的情景也早忘了,一年一年的过去。热忱渐渐的冷淡了。

"故态复萌",把从前固有的劣根性,重现出来,使新教育变成像旧教育一样的把戏。

照这样地讲,还不是真正的原因,新教育真正失败的原因,不外是"显亲扬名"、"升官发财"、"争名者于朝"、"争利者于市"。

诸位同学,你们父兄送你们入学的宗旨,没有想升官发财、扬名显亲吗?即各人自己不想是这样,回到乡村去做事,那乡党邻里亲戚朋友以及父兄能不当面笑骂或背后指斥吗?我今年四十一岁了,因为朋友中有新任县长者便有乡里的人骂我怎么不会去找县长做。诸君都是二十多岁左右,你们的乡党邻里比我的乡党邻里好些吗?恐怕也是一样的。我常听乡人的俗话:"天子重英豪,文章教尔曹,万般皆下品,唯有读书高。"他想读书高,就是可以升官发财。中国人这种劣根性,不设法铲除,新教育永没革新的希望!永没有救亡的可能!日本讲维新,谈新教育,可以使他们国家富强,一切都是很好。我国讲维新,办新教育现在已经三十余年了,一切都没有办法,想救亡而速亡,就是这换汤不换药,一贯的升官发财的教育宗旨。

三、今后新教育应有的方针

要定今后教育方针,当先要明了现在的国势怎样,危险到什么程度。再回忆二三十年前的国情怎样。从前新教育产生,不是为着救亡吗!今后也要注重救亡的教育,要想今后的救亡,不像从前的救亡,那今后的教育就不要再蹈从前教育的覆辙。在我未讲今后教育应取的方针以前,非从改革心理上着手不可。改革心理要从正名做起,因为"名不正,则言不顺;言不顺,则事不成"。要正名的地方很多,现在暂把几个普通错误的观念辩白清楚:

(一)求学是否即读书——假使有人问你这个学期在哪里?你必定说:"我在上海大夏大学读书。"这是不对的,你应该答我在大夏大学求学。在一般人的心里,以为求学即读书,读书就是求学,要知道读书不过是求学中一种方法,所以求学不仅是读书。

(二)教育是否即学校——从前以为教育即学校,学校就是教育,若照这样的说:贵校教育学院,就可叫做学校学院了。把学校看作即教育的害处,就有所谓"毁家兴学"的话,以为非学校即不能求学,要求学就要进学校里去了,那是大错而特错了。像弗兰克林,爱迪生,曾没有进过什么学校,但他们的发明比进过学校的任何人都多。又如外国的许多礼拜堂、青年会、俱乐部都是含有教育的意义。也可说是教育机关之一,假使办一个社会生活不相关的学校,有什么益处呢?

(三)新教育的目的是否升官发财——新教育不是升官发财的工具,升官发财也不是新教育的目的,上面已经说过,谁也知道,不再要多说了。但是我们要特别认清楚新教育的用处,并且"身体力行"才好。

现在谈到了新教育今后应取的方针,我对这里有个总方针,因为时间短促的关系,不能和诸位详细讨论,只可和诸位说两个总的意思:

1. 应教人不教书——现在不论是小学、中学以及大学,学生都是读书,教员都是教书,吴稚晖先生曾经说过:"从前教的是旧八股,现在是洋八股。"忘记了现在教育是在救亡,教书也应该教人去救亡,不是仅仅的教书。一个人能够救亡,一定要体格健全,胆量大,能耐劳苦,更要有良好的德性,到国家危急的时候,能够牺牲自己为国家谋幸福。假使教育不是去这样教人,要想救亡,从哪里救起!所以今后的教育应当教人,不应当但教书。应当教人怎样训练强壮的体格，养成忍苦耐劳的习惯，有生产作业的技能，牺牲个人为公众的德性，更有御侮卫国的精神，到国难临头的时候，肯牺牲自己的一切，为大多数人利益而奋斗。这教育才算是救亡教育，才可以救中国的危亡。我想起从前越王勾践败于吴王之后，他就卧薪尝胆做"十年生聚，十年教训"的工夫，恐怕他的所谓"教训"绝不是教书吧！

2. 教育要生活化社会化——在中国已经到了生死存亡关头的时候，生活上所需要的什么，教育就应该做什么。譬如东北义勇军，在那里和日兵拼命，天气冷了，没有棉衣穿，教育就应该怎样的设法帮助他。再切实一点说，有的小学生是工区的，有的小学生是农村的，应该怎样使这一班小孩子能够对于他们的父亲、母亲在工作上有帮助，这都是实际的问题。现在许多自命专家的人，只知道纸上空谈，而不顾到实际的生活和社会的需要，这是不能救亡的。要救亡，教育需要生活化和社会化。具体地说，我借吴稚晖先生日前在无锡讲演救亡教育有三点来说：

（1）要能挽救农村经济衰落。

（2）要能制造国货抵制外货。

（3）要能制造军火，抵御外侮。

假使这三点能够做到，救亡总有多少办法了。譬如这次沪战，倘使十九路军有较良好与较多的军火，日本受创必更大。黄炎培先生贵校也请他讲演过的，他说得好，凡不能御侮的就不是教育。所以他对于以后徐公桥的教育，当要使农民能够御侮才好。可见教育是应该要御侮的。

最后一点，我说救亡，应当在教员自己做起。因为教员是学生的模范，教员要能生活化，学生才能生活化；教员社会化，学生才会社会化。假使教员自己不知道如何生活化，如何社会化，叫学生怎样做起呢？又怎样能够救国呢？负这样救亡的责任，是要做教员的和预备做教员的人从自身做起。

1932 年大夏期刊讲坛，高践四先生演讲，许炳琨熊崇望记

（注："大夏"指大夏大学，为民国时期上海的一所私立大学，此演讲稿当时刊登在《大夏周报》1932 年第 9 卷第 9 期）

三十五年来中国之民众教育

编者按：本文原为本院院长高践四先生为商务所出之最近《三十五年来之中国教育》纪念册而作。承商务当局允予转载，以应需求，意殊可感。中国近几十年来之民众教育史未经人整理过，以至无人能指出其演进之迹，今得此文，吾人可了然矣。此文将三十五年来之民众教育分为五期：一曰民众教育的发动期，一曰民众教育的初次盛行期，一曰民众教育地位确定时期，一曰民众教育第二次盛行期，一曰民众教育根基巩固与事业扩充时期。又本文曾由齐鲁大学教授 ArthenL. Carson 摘译成英文，披露于美国成人教育协会所出之《成人教育季刊》中（本年十月出版）。

民众教育的发动期很凑巧的在三十五年前。时为前清光绪二十二年，丙申（一八九六年），刑部左侍郎李端棻在奏请推广学校一折中曾提及："以中国民众数万万，其为士者十数万，而人才乏绝至于如是，非天之不生才也，教之之道未尽也。"李端棻除请在京师以及各省府州县都设学堂外，并请设藏书楼，许人入观；又请在京师及各省会并通商口岸，繁盛镇埠，开办大报馆，使上自君后，下至妇孺，都能足不出户而于天下事了然。藏书楼就是现在的图书馆，乃实施民众教育机关之一种。至于广设报馆尤为民众教育之利器。当时李端棻为什么要奏请推广学校，并注意到民众教育的实施呢？因为甲午年（一八九四年）中日战争，我国丧师割地赔款，外患日亟。于是大家都想变法图强，并且都知道教育是富强的根基，所以李端棻等提倡推广学校，设立报馆。此后戊戌（一八九八年）变法，实行新政，亦无非鉴于列强侵略日甚一日，要想谋富强的根本办法。

民众教育的初次盛行期是从前清光绪二十七年辛丑（一九〇一）年起，约有九年之久。上节所述戊戌变法，行新政，不到四个月，便遭反动，并且走到排外的极端，甚至有庚子（一九〇〇年）拳祸，几至亡国。于是清室始悟改革之不得不行，所以从辛丑起，推行新政，不遗余力。重新奖励各省设立学堂，开办报馆，并有人主张用宣讲或演说济文字之穷。当时的十分注意民众教育，于此显而易见。到了一九〇四年，日俄之战发生。清室又鉴俄以专制败北，日以立宪得胜，就决定改革政体，派人出洋考察政治，做立宪的预备。但是立宪的基础是地方自治，而地方的能否自治，须看民智的程度如何。要增进民智的程度，又非普及教育不为功。所以民众教育到了这个时候可说是风起云涌，盛极一时了。兹将这个时期内所有提倡民众教育之言论及各种关于民众教育的设施，择要分述如下：

一、言　论

山西《晋报》局总办程守清上山西张巡抚遵拟白话报并演说简章禀云：

"前奉面谕，以晋省民智不开，于《晋报》之外亟宜另设白话报以资普及。仰见关怀时局，提倡风气，不遗余力。查近年京师及东南各省无不盛行白话报，可见白话之益，久已昭人耳目。惟查日本明治维新,有三大端,一学堂,二报馆,三演说。演说无智愚贤不肖皆能感动。故日本人民开化得力于演说者为多。盖报纸只为识字人所设,演说则兼为不识字人所设。昔年户部右堂戴奏演讲一案,经部议准咨行各省,通饬各属教官兴办。又如去年十二月十八日,北洋官报载直隶袁督批万泉县办蒙学禀云:乡僻风气未开,全在地方官推诚劝谕,苦口演说等语。可见演说之益,我国朝野上下久经洞彻于胸。愚见既以白话济报纸之穷,尤当以演说济白话之穷。山西不识字之人占十之九。若能于白话报纸之外加以演说,三晋愚氓方可咸蒙其利云云。"(下附演说简章八条)

这一段言论发表于一九〇五年或一九〇六年。文中称近年,昔年,及去年等字样,可见在日俄之战之前,便有人主张并实行利用白话报及演说以开民智。并且还有一件事值得注意的。当时既办了报馆,又提倡白话报及演说,对于民众教育的方法,可谓无所不用其极。

推行民众教育的障碍,有人说是在民众无读书报的时间。他们所以没有时间,或者由于谋生,这是正当的;或者由于烟酒,冶游,懒病,这是不正当的。孟昭常在一九〇七年提倡公民学堂,教不识字的成年人,使得具备做公民的能力,不过亦顾虑到成年人没有时间上学,他的议论如下:

"公民者皆农工商贾各执一业以自养者也。且年在二十五岁以上,则皆有家室妻子之累。今其仆仆朝夕,裹书笔,趋校舍,势必不行,今猝然而招之曰:'来!我教汝为公民。'则众以为谑,且笑且走曰:'吾齿已长,吾不能咿哑复习童子业。'其愿者曰:'我非不愿受教,吾禾在田,一日不治则草苏苏出,三日不治,则蓬蓬出,五日不治则没胫,而吾禾病且死矣。吾不能,吾不能!'呜呼,信如是也,我公民学堂之说尚可行耶?虽然,我见夫乡之人矣,晨起趋市,谓之趁墟集,入肆品茗,且围坐喧杂一室。日中而返,或为叶子戏,连日夜不倦。问其人,则年方壮,问其家,则有田数十亩。于法当为公民者也。与之言学,则曰:'吾有职业,不可以抛荒。'与之言戏乐,则掉臂而从之,人情类然。非真终岁终日勤动,无一刻休息者也。今设教之始,且分其坐肆戏叶子三分之一之日力,辟讲场召集之。或三日一到,或五日再至。每至不为辰之午,即为未至酉。以时来集,以时散归,使无所苦。其后愈引愈深,乃益以为乐。彼自知为身家谋利乐,即当为地方谋公益,为国家策健全。自视知识不具,方引以为大戚,而向学之心有不蒸蒸者哉。"

这段文字几乎为现在民众学校招生困难之写真。所提出的解决方法,不但招生适用,就是留生问题亦解决了。要请读者注意,这是三十五年前的文章。所以民众教育的重要,及办理民教的费力,不待十五年或五年来方始觉得的。

民众教育之功用,除去培养公民,实行地方自治外,还能够改良社会。这一层意思,二十五六年以前的人亦已经见到。试看下文:

"人生在学堂最多不过二十余年,余则无日不在社会。即学校生活之二十余年间,每日在学堂不过六小时,余则无一时不在社会。故社会之感化力为最大。人之陶铸于社会之时为最多。……学堂所以陶铸国民,然陶铸之数年犹恐不足,一人恶社会而又为其所熔化矣。故改良社会为今日之一大要务。至其改良方法,则不外二端:(一)通俗教育:凡宣讲,演说,浅近文书,白话皆属之。(二)警察:警察为地方行政之主要机关,凡社会之恶习惯自可择尤禁止。"

这篇文章的总题目是《强迫教育私议》，见乙巳年或丙午年《东方杂志》第五期。文中所列举的民众教育方法虽不完全，但是所说何故须办民众教育之理由则很透彻。并且我们在此地可以见到为什么民众教育与通俗教育及社会教育异名而同实。

一九〇一年至一九〇九年间提倡民众教育的言论很多，以上几段不过略示一斑。现在再把当时民众教育设施择要分述如下：

二、设　施

（一）关于农民教育者。江津张鹿秋设农业夜课，以新法启迪附近农民。高阳王毓斌设初等小学一所，男女并授。又就堂内开夜课一班，以教村中农民，业由该县详请直督嘉奖，以示鼓励。新芳希圣桥地方僻陋，近由陆惠中创设耕余补习社，业已成立。宁属鄞奉交界之江口地方民多业农，未尝学问，近经蒋莀清等就塔山庙设立农余体育会，会内备齐各种科学诸书，研究各种养身诸术，以体育为主，演说为副。

（二）关于工人教育者。重庆森昌火柴厂厂主邹少云，就厂设立四字讲社，每日工毕讲习四字，次日复易他字，该厂工人数百从此皆能识字。临清张直牧承燮捐备修缮，延订教员，在大仓纺织公司设第一第二半日学堂，令本厂工徒于工隙时上班。诸城吴元瑞等前曾设股创办纺织有限公司，已将就绪。近又议于公司内附设工艺半日学堂，所需开办费暂由创办人等筹垫，俟公司开办一年，得有余利，拨银若干作为常年经费，专教公司所招艺徒。顺德碧江乡苏依等筹款设立恤贫学堂，以开通工商之失学者。

（三）关于商人教育者。金陵业商者众，恒苦失学。刘启勋特约同志就惜善堂内设公立商业补习夜馆一所，学额四十名，不收学费。津群西马路宣讲所设立半日营业学堂，专收贫民肄业，拟招学生百人，上午下午分为两班，每班三小时，专课修身、简字、珠算、体操，学生准其半日入学，半日营业。每人借给营业母本钱五千，陆续还清，不取利息。嘉兴商会附设士商体育会，业已开办。又严根仑发起于北门外毓秀学堂附设商业夜课，学额六十名，专收商界中人。

（四）关于妇女教育者。扬州郭梅生夫人议办女工传习所，教手工及浅近书算。江西豫章正蒙女学开办以后，颇有成效，近又附设一半日妇女学堂。凡报名者须年在十六岁以上，三十岁以下，家世清白，身体强健者为合格。

（五）关于一般民众者。刘给谏学谦奏请敕下各省设立半日学堂，以期普及教育，奉旨允准。学部因即通咨各省一律举办。松口堡饶集蓉联合同志于该堡关帝庙设一半夜学堂，专收年长执业不能专心就学者，授以农商工艺浅近新理。

（六）关于简字学堂者。江宁所说简字半日学堂，以拼音字母教授贫苦小民，本仿北洋办法。近闻该堂长以北方无入声，今在南方举办，因特增添入声字母数音，并拟推广于江北扬州等处，按照江北口音，再行增设数字母，以便随地转移云。江宁简字半日学堂开办年余，业已毕业数班，近经江督通饬苏皖各属一律仿办，以期统一言语，普及教育。浙川厅钱小修司马近与邑绅商准设立官话字母半日学堂，并官话字母女学堂，均仿北洋办法。上面工人教育一节所述诸城吴光瑞等开办纺织厂，附设工艺半日学堂，分速成简易两科，速成一科兼教字母及粗浅笔算，以能用字母写信，及日用乘除算术为毕业。

（七）关于军警及其他教育者。苏州因警察不识字，设立警察学堂，标统蒋百器禀准浙抚在海潮寺设一下士学堂，正副学额三百名，以六个月毕业。江苏两江督练公所详准前署江督周玉帅创办《南洋兵士杂志》以启瀹军人灵性，发扬尚武精神为宗旨。涪州和尚开办僧立学堂。元氏县创设监狱学堂，教育囚犯，上半日宣讲圣谕广训、像解国民必读等书以及古人嘉言懿行；又将各犯所犯奸盗淫邪等罪编为白话训言，俾易警觉；并令认字、写字、习算，下半日学习手工。

（八）关于报纸及阅书报者。井陉县丁大令以实行自治，全在报章宣讲，因拟试办自治机关白话报，辑印分布。当经禀由直督袁尉帅批准，通饬各属一律仿办，并饬将自治机关白话报名目改为某县自治研究白话报，以符名实云。天津北洋官报局于乙巳冬起增编白话报，分发各州县，不另收价，以为宣讲之资。庞全震等禀准晋抚设立《晋阳学报》及白活报，以济教育之穷，启颛蒙之智，业已出版。前署顺天府尹陈京兆仿照京师各阅报所办法，饬于府署左右设立阅报处，派员经理。黄晦闻在广州河南海潮寺高小附设阅书报社。江西省城登瀛学堂同人议在该堂附设藏书阅报室，以开通社会知识。浙江新城沈止戈等组织阅报处一所，购报十余种供人观览，并将《杭州白话报》逐日贴牌悬挂，俾乡人之识字者亦可阅看。外城女学传习所，以京师报社林立，而妇女阅报处所尚付缺如，特创设妇女阅报处一所，任令妇女入内观览。

（九）关于展览陈列者。严范孙假城隍庙办教育品陈列场，陈列理化仪器、博物标本多种，纵人观览。泰安府图书社同人于岱庙五朝门楼，创设教育博物馆一所，无论何人均可领票入观。教育会章程第五节会务，第十一条之八云，筹设图书馆教育品陈列馆及教育品制造所，并搜集教育标本、有关教育之书报等以益学界（见清光绪丙午年学部奏酌拟教育会章程折。）

（十）关于宣讲演说者。沧州牧在州城学署明伦堂设立宣讲所，派人将国民必读及报中有关时局各件，编成白话，每逢五、十集期，详细宣讲，以开民智。光州卢懋功纠集同志数人创办宣讲所，择地于两城公所各建一区，每一星期两城轮流开讲六次，值礼拜日派员周历乡镇，鸠合演说，以期教育普及，民智日开。教育会章程第五节会务，第十一条之七云，开宣讲所宣讲圣渝广训，并明定教育宗旨之上谕及原奏，以正人心而厚风俗。他如破除迷信，重卫生，改正鄙猥之戏曲、歌谣等事，均应随时注意，设法劝诫。并可采用影灯、油画之法，以资观感（见清光绪丙午年学部奏酌拟教育会章程折）。

以上共十项，都是三十年至二十年前十年内所有的种种民众教育的设施。每一项内不过略举一二种。如果要详细，就不可胜数了。细究当时情形有几点我们应当注意的。第一，当时要想普及教育的心很急切，所以除去推广小学、中学、大学外，对于一般成年的民众，如农工商妇女军警以及囚犯都尽力设法给他们受教育的机会。第二，当时民众教育内容已分公民、文字、生计、健康及科学常识等项。家事教育（下文再说明）及民众娱乐等项亦曾注意到。第三、热心民众教育的人全国各地无论南北东西以及中部，处处皆是，凡稍为开通的人在当时都有己立立人，己达达人的思想。第四，当时民教的推广实远胜于现在。试看做官的、当兵的、开工厂的、主持商会的、办学的以及私人发起设立民教机关者争先恐后。这种热烈的现象如再见于今日，我想民众教育的同志们必定要喜极欲狂了。

这一段民众教育初次盛行时期不久就渐渐衰落，原因有三种：

第一，清光绪宣统年间革命潜势力一天膨胀一天，开发民智根本上与清廷不利。所以最初开办半日学校及阅报处等等，还是上下一心，到后来民教机关便渐渐招忌了。试举宣讲办法作证明。该项办法第一条云："宣讲首重圣谕广训，……惟不得涉及政治演说，一切偏激之谈。"另一条云："凡宣讲时巡警官得派明白事理之巡警员旁听。遇有妨碍治安之演说可使之立即停止。"云云。可见当时清政府一方面虽因外患日亟，要想提倡民众教育，一方面因怕革命，又颇多顾忌也。

第二种衰落的原因是民众还不明白教育的利益。清光绪丁未年(一九〇七年)直隶学务员视察，报告中曾提及该省民众教育的情形，据说："直隶在正当教育之外，更能留意于通俗教育，如半日半夜学堂、宣讲所、习艺所、教育品陈列馆、展览会之类，用意至善。但半日学堂现在虽很多，而贫民尚不知其益，就学者少，致有改为初小者。"云云。

第三种衰落的原因是当时办民众教育的人办理不得其法。小学中学办法无论好不好，开了门总有人来的。唯有民众学校及其他民众教育机关是与商店一样的，如果办理不得法，便要生意清淡，闭门歇业。况且热心的人一受挫折，容易灰心。后来提倡平民教育及现在提倡民众教育的人都知道注重实验，求得良法，再行推广。这点却比二十年前热心民众教育者进步得多了。譬如经商，先从小规模做起，俟办理顺手后逐渐推广，比初开办时绝无把握，即大规模进行，妥当得多也。

民众教育地位确立时期可说是从民国元年起。这是怎么说的呢？因为在前清的时候朝野上下虽然大家热心推行民众教育，但是并没有想到在教育行政方面给他一个比较重要的地位。所以清光绪丙午年(一九〇六)定学部官制时分为总务、专门、普通、实业、会计五司，普通司又分为师范、中等、小学教育三科。把民众教育行政附属在师范教育科内，但轻轻着笔一句云，"又凡通俗教育、家庭教育及教育博物馆等事务均隶之。"这种办法比学部未成立以前，各省学务处分课章程所规定之民教之地位还稍逊。因为学务处分总务、专门、普通、实业、会计、图书等七课，而普通课又分事务部及初等、中等、师范、通俗教育部共五部也。到了定学部官制的时候，不但不将民众教育行政范围放大，反把它归并入师范教育科。这岂不是当时的人没有想到在教育行政方面，给民众教育一个比较重要的地位吗?

不过到了民国元年，情形就变了。教育部组织之初，蔡元培任总长。他因为在欧洲多年，感于各国社会教育的发达，我国年长失学的人占大多数，以此立国，危险很大。因此竭力提倡社会教育，而于草拟教育部官制时，特设社会教育司，与普通教育司、专门教育司并立。此官制后来通过于参议院，至今仍之(这一段记事见蒋维乔所著民国教育部初设时之状况)。同时，蔡元培在赴参议院宣布政见演词中，又特别提及社会教育分为二种，一曰，社会教育之含有普通性质者；二曰，社会教育之含有专门性质者。

此外教育部在民国元年对于民众教育之推行又做了一点实际工作。民元召集临时教育会议，提出关于切音字母之议案。并经议决云："教育宜普及，文字宜适用于一般人民，不得专为少数才俊计。"云云。同年十二月，用部令发表读音统一会章程，组织读音统一会。对于民众教育之实施似颇有积极推行之意。不过后来因为袁世凯想帝制自为，致连年内乱，教育行政方面没有能够积极做推行民众教育的工夫。

从民国元年起一直至七年，中国还有几种关于民众教育的重要事件可记的。民国四年七月,教育部设通俗教育研究会,以研究通俗教育事项(小说、戏曲、讲演),改良社会,普及教育为宗旨。同年十月,发表《通俗教育讲演所规程》、《通俗教育讲演规则》、《图书馆规程》、《通俗图书馆规程》等,规定各省各特别区域应设图书馆,各省治县治应设通俗图书馆,供公众之阅览。通俗图书馆不收阅览费。通俗讲演所在省会地方须设置四所以上,在县治及繁盛市镇须设置二所以上,在乡村各地方由地方长官酌量推行。至于通俗讲演以启导国民改良社会为宗旨,分普通特别两种。普通讲演要项有鼓励爱国,劝勉守法,增进道德,灌输常识,启发美感,提倡实业,注重体育,劝导卫生等八种。特别讲演要项分两种:其一,临时事变,如国内国际之天灾事变等;其二,特别地点,如监狱,看守所,惠济院,感化院等。讲演时可用仪器、标本、幻灯、活动影片、教育图书、风琴、留声机、军乐等做辅助品,并利用巡回讲演办法。

同年十二月,教育部长张一麐因读音统一会请设注音字母传习所,自愿月捐俸银二百元为经费,并且指定公共房屋试办。等到传习数月后,先就京城未入学校之学龄儿童及失学贫民之年长者,每一学区饬学务局会同警察厅匀配地点,先设半日学校、露天学校,强迫入学,专习此项字母;一面印成书报,令所有语言都可以用此项文字达之,以次推行到各省。并咨行各省酌派师范生到京练习,借语言以改造文字,即借文字以统一语言。希望在十年以内能够普及,中国的文盲完全消除(见张一麐试办注音字母传习所文)。

综观以上所述各节,可见民元民四历任教育总长蔡元培张一麐都能够竭力提倡民众教育。蔡元培在教育行政制度方面确定民众教育的地位,其功甚伟。张一麐捐俸推行注音字母,心热愿宏,足以令人起敬。可惜因为袁世凯个人想做皇帝,致一切事业皆受影响,民众教育的进行亦大受挫折。

民元还有一件事情,于民众教育有不良影响的。光复以后群起组织政党,大谈其法治。于是法律学校各处林立,知识阶级都视为做官、当议员之捷径。很少有人想到民众教育是民主政治的基础而当竭力提倡的。比较民元前十余年间,大家明白宪政的基础在地方自治,地方自治之基础在普及教育,所以除推广小学、中学、大学外更应当竭力推广民众教育,可说是有霄壤之别。总之,袁世凯想的是帝制,而与他同时的知识阶级想的是少数的贤人政治。所以民众教育在他们看就无关紧要,不必注意的了。有了这两种阻力,民众教育在民国初年怎样能够进行顺利呢?

所以这个时期中间民众教育的设施状况,我们可以预料不甚满意的。上边已经说过,照教育部的规定,各省治县治应设通俗图书馆的,约计县数全国应有一千八百余所,然而成立者不过二百余数,不及百分之二十,并且借书手续烦琐迟缓,并不能达供公众阅览之目的。又如通俗讲演所,照教育部规定,省会须设四所,县治及繁盛市镇须设置二所,乡村各地酌量推行的办法,约计总数全国应有二万所以上,然而成立者不过二千一百余所,约百分之十。况且奉行是否努力,办理是否得法,讲演能否达开导民智、改良社会的目的,还在未可知之数,不能担保咧。

民众教育第二次盛行期是从民国七年起。原因有二,一由外,一由内。这两种原因差不多同时发生的。民国三年欧战发生,苦战二年,双方筋疲力尽。此时我国对德宣战,决言辅助协约国,准法国招华工二十余万人,赴欧做工助战。这许多华工大抵都是失学的青年与成年人,举动不很文明,未免有玷国体。所以有人发起组织华工青年会来辅助他们。华工青年会干事中有晏阳初者，当时本留学美国耶鲁大学。他们到法国后，管理五千多华工，与他们朝夕相处，觉得他们最苦的是目不识丁，所以他就自己编辑课本，又请傅葆琛编辑新知识读本，在每天工作之后教授华工。一般华工因远离家乡，颇感觉写信看报之必要，所以很愿意领受。不到几个月就能写短篇家信，看军事通告，成绩很可观。从此晏阳初又想到国内有三万万多人因受经济压迫与不良教育制度之限制，都无受教育机会，以致流为文盲，所以他于民国九年从美国留学归国后，决心做普及文字教育的工作，竭力提倡平民教育。全国各地的人赞助者很多，于是平民教育促进会及平民学校各地相继成立与开办者甚多。五、六年间平民千字课本售出者亦有三百余万，可算很盛的了。

同时，国内青年学生因日本侵略中国，加以亲日派引狼入室，颇觉愤慨。民国八年遂发生五四运动。各学校都组织学生会，附设义务夜校，对于普及教育颇想努力下功夫。所以从民国八年起，各学校学生会所办之义务学校遍及全国，捐款及尽义务教课者甚形踊跃。虽然义务学校注重者大抵是幼童，然而与平民教育要想普及文字教育的是一致的，所以后来双方能够合作，而平民教育运动的势力因此愈加雄厚。

平民教育是什么呢？据晏阳初说，平民教育可说全民教育，或民众教育（参考晏阳初编《平民教育的真义》及《平民教育概论》，又汤茂如编《平民教育运动史略》等书）。平民是指一般已过学龄时期而不识字的男女，或一般已识字而缺乏常识的男女。至于平民教育共分三步。第一步是识字教育，第二步是公民教育，第三步是生计教育。他的最后目的，是在使二百兆失学的男女皆具共和国民应有的精神和态度。

在国内办理民众教育，比在法国办理华工教育困难要多几倍。因为华工远离家乡，很需要识字写信的能力。并且他们看见西洋人个个识字，个个文明，所受刺激既深，自然愿意领受教育。加以他们都是工人，教材容易编辑。他们工作时间又有一定，生活问题解决，每日上课一、二小时不成问题。至于国内民众，既不感觉识字之需要，况且有地方环境及农工商男女等不同之点，各界工作时间亦不一定，而生计压迫又为各方同感之苦痛，要想使实施民众教育能够见效，实在是一件颇费脑力的事。所以晏阳初等从民国十一年至十四年，虽竭力到各省做平民教育运动，从十四年秋起，便专心做研究实验工作。这不是他们的错误，而是他们有见识、有毅力。前清光绪末叶，民众教育盛行可算是空前的了。为什么昙花一现，即归沉寂呢？就是因为当时的人激于一时热诚，但知竭力推行，而不知在推行之前，须先研究实验，等到有了好方法，才可推行无阻，势如破竹。所以晏阳初等能在竭力做平民教育运动之后，静下来，做研究实验的切实功夫，实在是有见识、有毅力，足以令人起敬，而将来的成功亦可以预卜也。

平民教育研究实验工作集中在河北省正定县。由中华平民教育促进会主其事，大抵先从文字及生计两项入手，公民教育一方面进行较缓。

最后关于平民教育运动还有两点应当提及的。民国十一年至十四年间，中央及各省地方政府当局对于平教运动都很愿意赞助，而社会上热心提倡者，有熊朱其慧、袁观澜、朱经农、王伯秋、陶行知、傅若愚、胡适之等数十人。省立及市立平教促进会共有五十余处。可见对于民众教育，但须有人发起提倡，处处地方的人都表同情的。所谓人同此心，心同此理，大约就是这个意思。

白话报在前清光绪三十年左右，就有人竭力提倡，用作民众教育之利器。上文已经说过。到了民国初年，胡适之等提倡白话文。九年一月，教育部咨各省区国民学校一、二年级自本年秋季起先改国文为语体文，以为国语教育之预备。从此小学课本遂一律改用白话，平民教育课本起初在法国时，本已用白话编辑。白话为民教的利器，以前的人与现在的人所见相同也。又前清光绪三十年左右推行民众教育的人还注意到切音字母，并且用他教民众，以期教育容易普及。民元以后尚有人竭力提倡，不过办理平民教育的人并没有想利用注音字母来做帮助。所以吴稚晖于民国十三年发表《二百兆平民大问题最轻便的解决法》一文，主张平民教育当与注音符号合作。

民众教育根基巩固与事业扩张时期可以说是从民国十四年起。是年三月十二，孙中山先生逝世时，在遗嘱中说，"余致力国民革命凡四十年。其目的在求中国之自由平等，积四十年之经验，深知欲达到此目的，必须唤起民众……共同奋斗。"中山先生这几句话可算是慨乎言之。我们读了不禁回想到三十余年前，我国人民因鉴于外患日亟，主张改革，并竭力提倡民众教育的情形。中山先生不但在四十年前亲历其境，并且积四十年之经验，愈加深信唤起民众之必要。所以遗嘱中恳切声明。中国国民党党员遂遵照遗训，做民众运动，特别是农民运动的功夫。并进一步主张民众教育应与民众运动一并进行，尽力设法扩张民众教育事业（参考许崇清著《教育方针草案》，及韦悫著《国民政府教育方针草案》）。

民国十七年，国民政府明令公布自十八年预算年度起，社会教育经费在全教育经费中，暂定应占百分之十至二十。中央及各省市须一律实施。这一桩重要案件，与民元定教育部官制时，设社会教育司与普通教育司、专门教育司并立一案，遥遥相对。都是于民众教育有极大利益的。民元是确定民众教育的地位，民国十七年是巩固民众教育的根基。因为经费成数未定以前，不但民众教育事业无从扩张，并且徒有其名，而无其实，根基不巩固，连地位都还要摇动。自从成数定了以后，民教经费而不致再被挪用到别方面去，且可逐渐设法增筹，提高成数，作扩张事业之用。民众教育未来的重要问题只有研究良法，努力推行而已。

民众教育是什么？言人人殊，我们不必多费篇幅来讨论这个问题。比较概括一点的解释，大约如下：

民众教育之目的在造成健全的公民，改造整个的社会，并充实个人的生活。要达到这个目的，须全社会民众的教育程度能够随时世之递迁而继长增高。假使时世递迁而全社会民众的教育程度停滞而不进，甚或落后而退步，不但社会一定窳劣，就是个人的生活亦必不能完全。但是，假使一方面时势递迁，而另一方面全社会民众的教育程度亦有继续不断的长进，那么整个社会的进步及个人生活的充实始可有希望。民众教育的对象偏重成年人。凡成年的男女民众，不论贩夫走卒，显宦豪商，都是民众教育的对象。不过民众教育机关如图书馆、体育场等等，儿童亦尽可利用。并且办理民众教育的人，有时候因为连带关系，不得不顾及儿童，譬如婴儿健康比赛及托儿所等。至于民众教育的项目可分健康、公民、生计、文字、家事、艺术（包括民众娱乐）等六项。这六项教育相辅而行，并且实施的人应该因人因事因时因地，就民众生活的需要点出发，因势利导，渐谋达改进整个的社会及充实各个人生活的目的。

这个时期内民众教育之扩张,可分三项叙述:

第一,教育行政方面,现在各省教育厅及各市县教育局已都设专科,主持社会教育行政,规划进行一切。

第二,社会教育经费方面,省经费县经费大抵能逐渐增加,试举几个例子来证明。江苏省省社教经费在民国十六年度不过十六万八千元,到了十九年度便有五十万元左右。县社教经费之增加还要可惊,在十六年全省六十一县合计总数祇有二十一万元,到了十九年度约有一百五十万元;浙江省省社教经费十八年度约十万元,十九年度增至二十九万元。欲知其他各省社教经费之渐增情形,可参考教育部发表的《各省市十八十九两年度社会教育经费一览》。

第三,实施机关方面,单项的有民众学校、民众茶园、阅报处等。总者有民众教育馆、农民教育馆、民众教育实验区、乡村改进会、工人教育区等等。而旧有的图书馆及体育场亦渐民众化起来。现在图书馆采取开架式及巡回文库等方法者日多一日,简易体育场亦渐推广。

总之,民众教育实施机关的趋向可以说有两种。一是普遍设立,每一学区或自治区至少先设一个,以后逐渐添设。这种办法比前更胜一筹。因为从前的民众教育机关大抵都设在城市,现在则能市乡兼顾了。一是集中设施,在某一个地方设立了一个实施机关,无论是民众学校、茶园、教育馆、实验区或改进会,便要设法把这个机关做附近社会的中心。因利顺便,随机应变,施行健康、公民、生计、文字、家事、艺术等各项教育,这就是集中设施。合普遍设施、集中设施两种趋向,距普及全国民教育,改良整个社会的目的,便不远了。

经费及设施机关都有了,实施的人才怎样来呢?学校教育无论小学、中学、大学都有师范学校,专门训练师资。实施民众教育的人岂不亦须专门训练吗?五年来训练民众教育服务人员的机关,各省先后设立者,有江苏省立教育学院,内分民众教育、农事教育两学系及两专修科;山东民众教育院;河北民教服务人员养成所;浙江亦预备开办,并且各大学、中学添授民众教育科目,或添开专系专科者,亦日多一日。与人类社会最关紧要的民众教育,已可渐渐得到他应有之地位及注意了。

现在提倡民众教育的人有三种。一是教会中人,对于工人教育,特别注意。二是私人,如河北定县实验区,江苏之徐公桥等,都偏重农民教育。三是行政方面的人,对于市乡的民众教育,他们当然都应当顾及的。不过从前偏于城市,现在渐知侧重农民,因为中国农民占全人口百分之八十以上,所以不得不特别注重。

现在的民众教育是综合的。注音符号、白话文、演说、图画、说书、幻术、音乐、戏剧、识字运动、合作运动、农业推广、团体组织、如农会等等都是民众教育的工具、机会及方法。中国原有的讲学论道,新有的通俗教育、社会教育、职业教育、平民教育以及欧美的成人教育等,对于民众教育都有密切关系,极大贡献。民众教育应该综合以上各种,而或不应该分派别而有所歧视。

总结起来说,三十五年之民众教育,自从徒具热心,到兼有研究与方法;从无地位,无根基,无经费,无专门训练,到有地位,有根基,有经费,有专门训练。个人生活的充实,整个社会的进步,身修,家齐,国治,及世界大同,都是我们所日夕希望的。要使他实现,我们应该竭力设法普及义务教育，这是不错的。不过我们尤其应该竭力提倡民众教育，使一般成年男女民众，不论有钱无钱，有知识无知识，有权位无权位，都有继续受教育的机会，因此做人做事都能进步，争权夺利，作奸犯科的事才可以减少，国治与世界大同亦可有希望。所以民众教育是一种彻上彻下的教育，小之可以解决各个人的生活问题，大之可以正人心，易风俗，减少内乱，协和万邦。佛教超度众生，我们超度他人还要超度自己。民众教育不但要教育他人，还要教育自己；不但要教育贩夫走卒，还要教育显宦豪商；不但要教育民众，还要使民众能够自教。这种教育是超阶级的、彻底的、根本的。从人生说起来，好比空气与水，自少至老，不可一日没有的。以前的人没有见到这一点，他们错误了。我们现在既经觉悟，便当努力进行。

原载《教育与民众》第4卷4期，1932年11月

谈社会教育

本年七月本省教育厅为研究改进全省教育，敦聘南北教育专家到济假本馆大礼堂开教育问题讨论会，江苏教育学院院长高践四先生盛暑莅临，发表许多有价值之意见，并抽暇假本馆电影院为教育行政人员训练班讲演民众教育问题，前后三次，讲词由樊月培、朱次乾、周玉珊、杜升堂诸君记录，并由高先生略加订正，付本刊发表。

一、为什么要有社会教育

今天提出一个问题来，什么要有社会教育？

我们已经有了学校教育了，还要社会教育做什么？是不是欧美各国有了社会教育，中国也应当有社会教育？好像做文章一样，人家这样做，我们也应当这样做？或者还有一个原故，中国读书人没有饭吃，又在学校教育以外，找到几个饭碗子吃饭？或者人是喜新厌故的，觉得学校教育办有几十年，已经旧了，再找出新样来玩一玩？

以上许多的原故，冒视之，好像说笑话，其实是听了许多教育者这样讲，他们总觉得学校教育办不了，还又办什么社会教育，民众教育！

因为一般人误解了社会教育，所以今天特提出这个"为什么要有社会教育"的问题来和诸位讨论。

要了解这个问题，请不要向远处想，可看一看中国近四五十年来的历史。中国在四十年以前甲午年(一八九四)和日本打仗，结果中国大败，中国人觉得有些头痛了，觉得想救中国，非废八股，停科举，办学校不可，那时有康有为、梁启超、谭嗣同等一班人倡议变法，未能成功。庚子年(一九〇〇)拳匪乱起，他们认为要复兴中国，非打倒外洋不可，结果也是一败涂地。

但是在这庚子年前后十年之间，所谓社会教育民众教育，已感觉到需要了。在庚子年之前后，国人知道要变法图强，非普及教育不可，要普及教育，非对成人及青年失学者施以补习教育不可，同时有一种非学校式的教育运动，就是报纸，上海申报、新闻报等，先后出现，他们认为普及社会教育、增进民众知识，报纸实为利器，大家皆知胡适之提倡白话文，然而在那时山西政府老早有白话报之提倡，以为向民众灌输知识，应从浅显文字入手，方能使一般民众易于了解，他们还以为不够，又加以讲演乡约，由各当地官吏主办，把政府政策教育要义，都想叫民众知道，这还不算，在三十年前有所谓简字学堂(即现在所提倡的注音符号的前身)，以拼音字母教授贫苦小民，那时兴办这类学堂的很多，提倡这类教育的人颇不少；在北方，天津有严范孙倡办科学馆，陈列各种教育品，理化仪器博物标本等，供人观览，泰安府图书社也于岱庙创设教育博物馆；在南方，广东黄晦闻在广州南潮寺高小附设阅书报社，此外江西、浙江都有阅书报社之设施，并且最初只有男子阅读，后来有些地方又特设妇女阅报处，推广到女子有阅读书报的机会。

我们回忆这三十年前的事实,我们感觉到我们现在办的社会教育,实在不如三十年前的发达,并且不如那时办理的人热心,看那时社教提倡范围多么广大,南至云南,北至山西,西至四川,而创办的人如严范孙,黄晦闻等,都不是做官的人,但因一片爱国心的驱使,觉得专靠学校教育还是赶不上臻国家于富强之途,非使大家都能识字,都有知识不可,因此,出而提倡,以唤起社会一般人士之注意。所以有人要问"为什么要有社会教育"?我的答案:请看中国庚子年前后十年的历史。

至于拿社会教育和学校教育来对比,为什么小学、中学、大学发达那般快,而社会教育进步这般慢的呢?

中国人有一种毛病,就是我们平常说的一句口头禅,"五分钟",甲午后"五分钟",庚子后"五分钟",受了一时的刺激,不旋转即忘掉了。再一个原因:学校教育比较容易办,社会教育不易办;学校教育可以摇铃上课,学生迟到有罚,社会教育,摇铃民众不来,你要罚也罚不来的。现在我们再更进一步要说:"现在为什么要有社会教育?"

我们可再从中国最近二十年的历史检查得到下列三个原因:

(一)民国元年以后至民国四年,国内有一种运动叫义务教育运动,有许多大学生利用晚间或利用闲暇,办补习学校,专收一般失学的人来学习。

(二)民国六年中国加入协约国,与德国宣战,中国派华工赴法,参加工作,有些人顾虑华工多不识字,少知识,不加训练,有失国家体面,乃产生出华工青年会。由晏阳初,傅葆琛等主持,教他们识字以及各种公民常识。那时,华工生活方面比较安定,时间方面,也比较有规律,并且他们和家庭通信,很需要认识文字,所以事业进行,颇为顺利。晏傅诸先生自从主持了这次华工教育后,颇感觉到国内有三万万多失学的同胞,都因受经济的压迫和教育制度的限制,不能得到受教育的机会,以致流为文盲,有碍国家和民族的发展,故在民国九年回国后,乃倡为平教运动。江苏之南京、浙江之杭州、湖南之长沙、山东之烟台,都曾举行过轰轰烈烈的平教识字运动。

须知平教运动的动机,来自法国,适值国内义教运动同时倡兴,会合起来,可谓风云际会,形成了一个社教极盛的时期,那时平民教育促进会,几乎各省都有。

(三)请看民国十三年至民国二十一年七月二十二日——今天——的历史,自十三年国民革命军北伐,有"民众运动"、"农民运动",由民众运动而感觉到从民众教育入手,为最稳妥,那时好像许崇清、韦悫两先生,主张最力。

再看各地各机关开会读"总理遗嘱",孙中山先生"积四十年之经验,……在唤起民众"(从民国十四年以上数),这四十年的历史,可以想见的。曾记得曾国藩家书上,其中有一封写给他儿子的信,大意说:"他读论语问孝章,'孔子曰:父母惟其疾之忧',他不懂,到他生有小孩子,小孩子生了病,才懂得。"我们读总理遗嘱,不明了四十年的历史,还配懂得"总理遗嘱"的意义吗!我们要想懂得民众教育,请学曾国藩。

综上所述社会教育,可以从中国五十年的历史中,归纳为下列四个时期:

(一)甲午年中日之战,我国大败,而感觉变法图强,开通民智。

(二)光绪宣统而后预备立宪,开国民会议,宪政,选议员,都要从民众产生。

(三)因华工教育而感到推行平民教育运动。

(四)北伐而后,由民众运动而想到从民众教育为入手法。

二、社会教育应该怎样去办

诸位！我们知道，普及教育乃是强国的要途，但是只靠学校教育来普及全国的教育，恐怕来得太迟缓，所以才有了社会教育。其目的乃在运用民众教育来达到社会教育之普及。

清光绪时代，要筹办地方自治、预备君主立宪，因斯而感到人民知识的缺乏，而有普及教育的提议，并用民众教育来训练民众，以促其早日实现。

自民国九年有平民教育运动之后，民众教育可谓盛极一时，平民教育运动的目的有二：(一)除文盲，(二)作新民。德国的人民，百分之九十以上能识字，然而中国则百分之八十以上的人民不识字，所以我国的文化落伍。扫除文盲实在是一件最重要的事情。

自民国十三年，出师北伐，民众教育更是感觉需要。总理曾说："训政是要训练民众运用四权，以达到宪政。"我们从这句话里更看出民众教育的需要，我看现在应当把办党的经费拿来办民众教育的事业，同时希望各级行政机关，以民众教育为实现训政的工具。

总之，中国近五年的历史，很可以证明社会教育的重要，这话有根据可寻，并非我的杜撰。

社会教育既这样的重要，但究竟社会教育应当怎样去办，方能达到其成功的途径呢？这问题实在很是复杂，因时间上的限制，只能举出三个要点来说一说：

(一) 应当注重城市社会教育，还是注重乡村社会教育呢？要解答这个问题，让我们先看看教育经费的来源。就山东说，各县教育经费的来源，至少要有四分之三是丁漕附捐，丁漕附捐是乡村农民完纳的。江苏的教育经费，也是百分之八十以上是出自乡村的农民。但都是拿来办城市教育，这实在是种最大的错误，这错误就比如：丁漕是鸡卵，农民是母鸡，人都想吃鸡卵，但没有人来喂母鸡。所以我们以后应当注重乡村社会教育。

(二) 应该办民众教育馆，还是应该办民众教育区？民众教育馆是种固定的机关，民众是散处于各地，教育馆的数量虽能设法增加到很多的数目，但民众乃不能普遍的得到教育的陶薰。在三年前我有种计划是：每一自治区设一总馆，十分馆，现在觉得这计划是错了，这样的民众教育馆是走向办理学校路上去，照这样的民众教育的路途走去，恐怕愈走愈狭小了。我近来主张：每一自治区设一民众教育办事处，把事业都散布在民间，好像县政府照顾全县的政治一样。

我们看民众教育馆的成绩好坏，不要仅看馆内的陈列，应当看此地民众自治怎样？生产的增加和改良怎样？健康教育怎样？娱乐的方法如何？家事教育的状况，……总之我们不应当只看民众教育馆，而应当去看民众的教育。所以我们应当办民众教育，不应当只是办民众教育馆。

(三) 应该分期划区来普及民众教育，还是不分期划区来普及民众教育呢？民众教育是以达到教育普及为目的，但是中国的人民有四分之三是不识字的，设若精密地调查一下，恐怕不识字的就能达到五分之四的数量。像这样我们怎样讲训政宪政呢？凭什么去打倒帝国主义呢？我国在三十年前，就想用民众教育来达到普及的目的，可是普及教育是件很难的事，非分期划区来实施，是不能成功的。

我曾拟有一个计划草案，主张以县为单位，划区推行，并限三年普及，兹将暂定普及之初步标准，略举如下，以供参考。

甲、文字教育：十五岁以上至二十五岁的青年民众，在三年中间要认识六百到一千个字。

乙、公民教育：譬如一个自治区内共有五千家，每家至少要有一人愿意并有管理地方自治事业的能力。

丙、生计教育：要注重增加收入，如一家的收入每年二百元，受了三年的民众教育，在总收入上，得平均增加百分之五或百分之十。并且还要同时注意养鸡、养蚕等副业的收入增加以及储蓄、合作等的组织。

丁、健康教育：例如这一区里每千个人中，每年生病的八个人，施行三年民众教育的成绩，要减少八人中的一人或二人三人。同时过半数的民众都学成了一种简易的健身运动。

戊、休闲教育：取消不正当的娱乐，同时要提倡正常的娱乐，如含有赌博性质的各种娱乐，最好用个人互相监视法取消，同时要用良好娱乐来代替。同时养成一种欣赏天然美、音乐、书画及其他各种艺术之习惯。

己、家庭教育：住宅、饮食、起居、养育儿童等均有改进，且适合于卫生，家庭中有礼仪、亲爱、忠诚、慈孝之德性与和乐气象。

今天因时间的限制，仅能提出以上的几个要点，还请诸位原谅。

三、办社会教育的人应有的修养

我们无论是办学校教育，或者是办社会教育——民众教育，都应当有修养；可是办社会教育的人，除去与办学校教育的人应有同样具备的条件以外，更要有特别注意的几点。

办社会教育的人，应有特别注意之点，约分五种。这五种修养，不是随便想像的，而是看了许多办社会教育的人有些相当成功后所得到的心得，所以我说办社会教育的人，应有以下几种修养。

（一）办社会教育的人应有大的志愿。

什么志愿呢？就是说，改造乡村，改造社会，是我们的责任，也就是说民众教育要办到乡间去，即以乡村改进为我们的责任。

现在有很不通的一件事，什么事呢？就是知识阶级常要说得出的三个字——“没办法”。许多人讲到国际问题，每要说“没办法呀”，谈到地方问题，也每要说“没办法呀”。我想这语不应该说的，很不应该说的。中国怎样有办法，社会怎样有办法，全仰仗知识阶级来想办法，而有知识的人没办法，那么无知识的人倒有办法吗？如此下去，知识阶级有何需要？国家社会更有何办法？假使齐大医学院的许多医生，在夏天虎列拉盛行的时候，大家要去问他们想法子，他们以“没办法”一语来作答，大家应有何感想？医生是干什么用的？那么知识阶级在地方，在社会，在中国是干什么用的？是不是要中国强盛，要地方和社会皆有进步？靠农民吗？靠小孩子吗？不靠有知识有学问的人，更靠什么人？所以现在知识阶级动口就要说“没办法”的话，不通之甚，真是不通之甚！

“没办法”三字，成了知识阶级的口头禅，已经二十年了，真令人听了讨厌。诸位愿意听吗？既不愿意听，应怎样呢？不管吗？也不通。应当有一办法，而且实际上能够做得。不是光说，也不是光写，应当要想出办法来作。贵省——山东有很好的榜样，我们尝到过孔夫子的生身地方，知道他的历史。他当时如何？他尝周游鲁、卫……列国，他想先由小的地方去治,小地方治好,再推及中国,以期国治民安。当时有许多人骂他,而他并不灰心。我以为乡村改造社会改进既是我们办民众教育的人应负的责任,我们就要抱定决心去办民众教育,不要光办民众教育馆。

着手之先,地方先要分区,区之大小,不必一定,一县为一区也可,一隅为一区也可,最好初时小点,入手之后,大可不必客气,此区之进步,乃是我们的责任。不过我们中国知识分子,大家都到乡村去,怎样施用其才能呢?这一点应当认识清楚,要知道乡农大都是有眼不能见,有嘴不能说,有脑子不能用,简单得很。甚至可以说眼嘴脑子都没有也未尝不可!设山东一百余县,每县划分五个自治区,每区有廿个一百户至五百户的庄村,每区派二十人去,那么山东一百零八县需十万人。这十万知识分子拨到乡村去,作什么?至少可作三千余万农民的眼睛、嘴巴、脑子。如果有十万——不说办法——的知识分子,以乡村改造社会改进为己任的下乡去,那么山东的前途,决有办法的。可惜,知识分子都不愿下乡去:大家都要到什么济南啦,南京啦,洛阳啦,北平啦……那些地方去,不中用的人,才下乡去呢。济南有许多知识分子,南京有许多知识分子,洛阳北平各有许多知识分子,各处知识分子都没办法。需要的地方知识分子不去,不需要的地方知识分子太多,这才真没办法哩!他们看乡村人没办法,乡村人看他们没办法,这才真的两没办法了。假设二万知识分子抱定到乡村去的心愿,一定不至于没办法的。

人生不过六十年或者七十的,如果空空洞洞地醉生梦死的过去了,怎样呢?我们是不是要那样?我以为我们至少要对于现在的社会有点贡献,对于将来的社会有点贡献的。是不是?孔夫子死了二千多年了,对于中国社会和西洋社会有没有贡献?耶稣、释迦牟尼也都死了好久了,对于现世有没有贡献?皆有的。我们如果有此心志,则改造乡村改进社会的责任就要负的。试看中国历史,前清的秀才、举人、状元,不知干些什么,过去了,那些宰相,大官,不知干些什么,也过去了。有些人没有做过大官,而死后他贡献的东西,并没过去,比如王阳明当时是什么官是什么爵,我们都忘了,但是他讲"良知"学说来教生徒,我们是永不忘的,同时他对于当时的社会亦有帮助——除土匪的办法,讲学问的办法,所以我们后人才崇拜他,我们要都愿为孔夫子,都愿为王阳明,最少也须有改造乡村改进社会的心愿。

曾有一友人,他的乡村有百多家人,他办的成绩很好,我贺他应在教育史上留名,应为后人作参考——我这样说,他也这样承认,设使各位知识分子皆下乡去,将来个个都成了孔夫子,个个都成了王阳明了。

比如大家都这样志愿,都"去呀""干呀"的准备下乡去啦,保不定你的朋友你的亲戚要劝你说啦,"你的身子受得住乡下的苦吗?""薪水够用吗?"恐怕你的意志如不坚决,你就不去啦,孔子、王阳明,也不欲学啦。诸位要知道,人的生活问题,生计问题,固然当时要讲究的,但是,我们若专为生活而生活,专为生计而生计,决不能达到生活与生计的目的。进一步说,须待事业之成功——就是改良乡村改进社会的事业的成功,我们的生活和生计问题,不解决而自解决。我们的朋友亲戚专门求生计的充裕和生活的快乐,都办得到吗?怕是达不到吧。他们的生计生活的要求,一定不能满足的。

(二)办社会教育的人应有浓厚的乐趣。

友人赵冕今年七八月将在无锡办一自治区普及民教的实验。他很愿去办民众教育的事，他以为讲民众教育是空的，做是实在的。我们知道各人有创造的本能，比如有人好画画，有人好写字，皆是创造本能。得使用他的创造本能，人就满意了。一件或冬或夏的衣服，如系你的夫人做的，你要说"做得很好"的话，她一定很满意的；如你不说好，那你就是不懂心理学了。假定一个自治区，办了三二年后，办成功了，比你夫人做一件衣服，画一幅画，写一张字，大得多了，这样没兴趣，更那样有兴趣？所以我的许多朋友，一说请他教书，他不来；请他办民众教育，他就来了，因为这事业是很有兴趣的。

（三）办社会教育的人要有主观的目的和客观的手段。

何为主观目的，就是以改造乡村改进社会为希望的目的。何为客观手段，就是要顺着地方民众的习惯，宜于农业经营，商业经营，或工业经营，以及其他事业之经营，视地方需要而定其方法。总之目的已定，方法要因地、因时、因事、因人而制宜，随客观事实之变化而改变。

（四）办民众教育的人应视自己为受民众教育之民众。

（1）学无止境啊！一方面要办民众教育；一方面要求自己的进步。

（2）人的思想，不可落后，要适应新的潮流，如思想落后，则前进定多错误。

（五）办社会教育的人要有不折不挠的精神。

因为从事民众教育的事业的人，一定常遇到阻碍，遇到阻碍，不要灰心，如果灰心，就没成功的希望了。民十八年敝院曾办一黄巷民众教育实验区，有位甘豫源先生在彼工作，他很有学问和责任心，那村庄有百数十家人家，他遇到挫折，未免灰心，但仍能勉强继续进行，及办了三年，那实验区的公民教育竟成功了，他现在有人请他去，他没去，有病他没怕，兴趣很浓厚。友人朱若溪曾办一实验区，初办时正在夏天，因蚊子咬得满面血痕，又害寒热病，他都一一忍受下去，去夏他夫人死了，他因悲伤过甚，要想请假三月，经我及他的友人向他切实劝了，他仍旧从事工作，现已办了二年之久了，办的生计教育很不坏，董渭川先生是曾经看过的。

山东社会教育很好，希望山东将来能做全国模范，那么望各位都拿出不屈不挠的精神来作点民众事业，贡献给国家！

原载《山东民众教育月刊》第3卷9期，1932年7月

1933年

推行民众教育办法草案

本月一日教部举行民教专家会议，高践四先生草拟此文，商同钮惕生、陈逸民、雷宾南、孟宪承、尚仲衣、俞庆棠、相菊潭诸先生向大会提议，旋经大会修正通过，此文列论精详，对于推行民教办法，多所贡献，兹特录登于此，以饷本刊读者。

编者说明

欲明白实施民众教育之具体办法究当如何，有三要点须先说明。

1. 教育即生活一语已成口头禅。及至实施时往往又并不如此做，而如忘却此语者。所以教育即生活一变而为教育即学校。而所谓学校者不过为传授知识之地。且所授之知识不唯与生活无关，且隔离甚远。至于一般人对于民众教育的见解当然不能异于是。故一谈及民众教育，便联想到民众学校。而民众学校也不过为教授千字课本之地，于整个生活无与焉。殊不知学校不过为实施教育之机关，至其中所实施之教育，当力求与实际生活接近。吾国古时有小学大学之分。小学指洒扫应对进退之节，礼乐射御书数之文，大学指正心诚意修齐治平之道，与个人及团体生活颇相接近。以视今日之小学大学之徒稗贩无关人生之知识者相去如天壤矣。

2. 生活的分析。吾人生活可分个人、团体、精神、物质数方面；或经济、政治、文化三方面。吾国古时小学大学注重个人、团体精神，或政治、文化等项，对于物质与经济方面似甚忽略。惟孟子以使民养生丧死无憾为王道之始；又以五亩之宅树之以桑，鸡豚狗彘之畜无失其时，百亩之田勿夺其时，与谨庠序之教，申之以孝悌之义并重。且此说全书凡屡见。又昔者当尧之时，禹疏九河，后稷教民稼穑，注重水利农事。古人政教合一，在施政施教时固未尝不顾及人民整个生活也。孙中山先生以民族、民权、民生三民主义示人。其意在对于人生整个生活谋解决之道。吾人既称教育即生活，安得不顾及人生整个生活，而徒以稗贩知识或教授文字为能事耶？

3. 有用才学，无用不学。民众教育须真切合生活，民众方能觉其需要，而愿意学习。不若儿童与青年但须学校自成风气，如学制、课程、教科书、讲义、考查成绩及以稗贩知识为谋生之道等等。无论切合生活与否，儿童青年决不辨别，而必随波逐流学习之。故所谓社会科学、自然科学等各种学问，尽可但供学校内或知识界讲述、演习、试验、翻译，著作之忙碌，而不必确有解决政治，经济，文化，生活问题之功用。此种办法，施之儿童与青年，由来已久，且以后尚可继续使至不休而无碍。唯个人、社会与国家须于无形中永久受极大之损失耳。

民众教育，须切合生活，当再进一层分别言之。民生凋敝，农村衰落，穷困乃民众最感觉的痛苦，故施行生计教育，较易着手。惟农村衰落之原因，甚为复杂，除农人技能知识太欠缺外，尚有治安破坏，交通梗阻，政治不良，道德堕落等重大原因，为一般民众所不知。即或知之，亦无法解决，有待于有良心之知识分子为之说明、启发、训练、指导。使其能自动起而恢复并维持治安，整理交通，参加地方自治事业，并积极地与闻并监督政治，又对于农产品，当勿徒贪近利、小利，而当养成信实勤俭之风习，使近悦远来，百货流畅，家给人足，国泰民安。

由此可见个人的、物质的、经济的民生问题为众人所共喻，若就此施教，极易接受。惟民生问题与团体的、政治的、精神文化的、民族民权问题相连锁，无从单独解决。此层虽于人生甚关重要，然非常人所易明辨，须由教育者就时势及地方环境、生活需要，指示关键，启发培养，使民众有自动进行解决整个生活的能力焉。

总之，民众教育不仅是民众学校，民众学校不仅是教千字课本之场所。民众教育须以民众整个生活为对象。民众学校乃施行民众教育机关之一。此外如民众居住之乡镇，家庭及工作或服务之田亩与场所等等亦均为天然施行民众教育之地也。

上述数点既经说明，即可分述推行民众教育之办法如下。

一、目　　的

推行民众教育之目的在就人民实际生活的需要（如衣、食、住、行及治安、教育、卫生等等），因地制宜，施以相当训练与指导，以期培起国民力量，树立自治基础；唤起民族意识，复兴中华民族；增进农业生产，改善经济组织；促进乡村建设，充实人民生活。

二、原　　则

推行民众教育须根据下列数原则：

1. 政教养合一，以教育为办法促进政治经济。举凡政治方面的地方自治事业及民团等等，经济方面之生产分配及合作社等等，均与民众教育联合进行，使教育不空洞。

而政治经济之设施亦易于着手，易见成效，且可免各自单独办理，设立骈枝机关，互相歧视之无谓靡费与消耗。

2. 自治区民众教育区和农事指导区合一。即以自治区为民众教育及农事指导区域，三者合并办理，使政教养合一之原则确能实现。

3. 以一区为单位，由下而上，由小而大。以各乡镇分别施教为入手，联合改进为归宿，由乡镇而及区，由区而及县。

4. 做学教合一，就实际生活或实际事业，由做而学，由做而教，使学用贯通，因需要而学，因学而得实用。

5. 培养政治能力，提倡合作制度，以造成民治、民有、民享之社会。

6. 训练民团，寓兵于农，使地方保卫，绝对不依外力（如军警等），俾得于消极方面免除目前供应军警及受警察诈欺取财与兵来匪去，兵去匪来，甚或兵匪沟通，土匪如毛，治安破坏，不可收拾之痛苦。并于积极方面练成全国皆兵，内除盗匪，外御强寇。

7. 知识分子下乡。深究农民之需要、缺点与疾苦，启发、指导、训练之，使全民均成为健全之公民，能共起做，修齐治平之功夫。

8. 以劝导辅导为始，自动自治为终。

9. 利用并培养本地人才，本地财力，办理本地事业。不可依赖太甚，求效太速，徒事表面，不求实际，致蹈人存政举，人亡政息的覆辙。

10. 以全区为学校，全体人民为学生，乡村建设事业为课程。

11. 实验与推行并进。

三、推行程序

民众教育已略有基础与尚少基础各省之推行程序分别如下：

1. 民众教育已略有基础各省：

（甲）第一年每省选足以代表本省一般情形之县一县至三县，作为实验县，同时另选十五至二十县，每县选一自治区，作为实验区。

（乙）第二年再指定十五至二十县，每县选一区作为实验区。同时第一年已办实验区之各县，每县增加二三区，期于三年内遍设，五年内普及。

（丙）第三年全省其余各县遍设实验区，每县至少一区，以后每年各增二三区。

2. 民众教育尚少基础各省：

（甲）第一年造就民众教育服务人员，同时设实验县一处。训练服务人员之详细办法另订之。

（乙）第二年起除继续实验外，照前条（甲）（乙）（丙）三项办理。

四、设　　施

各区设民众教育总办事处或民众教育馆于各乡（或镇）。区内每乡至少设一民众学校，以由乡村自动发起办事处辅助指导为原则。办法如下：

1. 发起人会，先设法唤起乡长副及各村之长老与热心教育者开办民众学校之动机，集合发起人会。

2. 校董会，由发起人会就各村有关系人之中，选举校董，组织校董会。

3. 校址经费及教师，由校董会商定校址，筹划经费，聘请教师。关于经费，如本地不易筹足，得由办事处酌量津贴。至教师人选，亦代为介绍。

4. 学生，招生时须注意各村人数之分配，以期民众学校之教育力量，得达各村。盖民众学校教师，不过为乡村教育建设的指导员或顾问，至原动力则当由学生担任之，始易推动，且可有民众自动自起自参自主之把握。

5. 班级，学级视民众课程分初级高级。开班就民众便利分晨班、午后班、晚班等，每班每天功课约二小时。

6. 课程分固定与活动二种。识字、算术、常识与实用科学常识、音乐、精神陶炼为固定功课；地方上应行举办之事业，如保卫团、消防队、四季疾病预防、信用生产运销、消费合作、修路、浚河等等为活动功课。须因时因地制宜，设法进行。每天应在相当时间设法集合乡村长老，讨论乡村教育及建设问题。并在上课时或上课前后作非正式谈话，尽启发引导之能事。

7. 毕业生，每班每期至少有二十人毕业。毕业生即当为乡村民众教育，乡村建设，及地方自治之种子。

五、服务人员

每区设总干事或馆长一人，政治、经济、文化、总务等股干事各一人（各股干事得互兼，又必要时得设助理干事），农工、技术、医药、卫生指导员若干人。各乡支部或分馆设干事一人、助理干事若干人。总部或本馆各职员除总干事外，须常川巡回各乡，协助支部或分馆干事。

总干事或馆长、干事及指导员，以曾受专门训练有实地经验者为合格；助理干事及民众学校教师，得规定资格公开招考，录取后施以数星期之短期训练（助理干事及民众学校教师资格：(1) 中学师范科毕业或有同等学识年在二十以上；(2) 世居乡村对于乡村建设确有兴味；(3) 身体强健能耐劳苦；(4) 和蔼可亲，肯与农人为友；(5) 有教授经验，演讲口才者）。

六、设备（房屋器具及教育工具）

办事处、分办事处或本馆、分馆及民众学校之设备，须力求简便实用。房屋借用区内各乡村公共场所或租用民房。器具须朴实坚固而便于移动，择必不可少者购置之。教育工具除固定者外，区内各处馆校可流通公用；其较昂贵者，可由数区合购通用；或分别购置，互相借用，以节省设备费用。

七、进行步骤

1. 联络当地民众，引起同情；
2. 举办社会调查（最初可用间接调查方法，只需得大概情形），厘订分年进行计划；
3. 推广民众学校，培养新社会中坚分子；
4. 就实际生活需要或地方事业实际问题，利用机会指导组织乡村改进或地方自治推进团体，求得乡村改造的原动力（如前述第四条第二项民众学校、校董会能作乡村改进的原动力，即不必另行组织团体）；
5. 指导上项原动力的团体，因地制宜，设法改进农产，推广合作制度，并举办教育、保卫、消防、卫生、交通、水利、垦荒、清查户口、人事登记、估定地价、家事改进、娱乐指导等各项应办事业。

八、后方接济

中央及各省农村蚕桑水利及各种科学学术研究机关，应将所有研究结果，尽量供给民众教育实施机关，俾得介绍推广与各乡村民众。（人生需要无穷，人事万变，民众教育虽须整个生活为对象，而办理民教者，又决非万能。以并非万能之人，应付万变无穷之生活，其何以堪？中央与各省学术机关，当将研究结果，尽量接济办理民教者，譬之治军，办理民教者如在前线，而学术机关乃大本营，须将军械饷需，源源接济前线作战者，始有办法也。）

九、经　　费

各县所需经费,即由原有社会教育、地方自治、建设、农林、保卫及党部等经费拨充,由县政府统盘筹划、分配各区。

以后新增教育经费之百分之五十,应拨作社会教育经费,以利推行。

原载《社友通讯》第1卷7、8期,1933年2月

挽救农村衰落之方案

在一片挽救农村衰落声中,民众教育当然有他可以尽力的地方。本篇为作者在省立苏州农校、环球中国学生会、江苏第六区地方教育研究会等处演讲之讲稿,简短而概括,将农村衰落之情形、原因及挽救方法一一清晰说出,为从事民众教育人士极佳之参考资料。文中所述之挽救方法共八项,为(一) 维持治安,(二) 整理交通,(三) 注重水利,(四) 停止勒种鸦片,(五) 提倡合作组织设立农民银行,(六) 推行乡村民众教育,(七) 使研究与推广技术与指导联络,(八) 知识分子下乡辅导农民。上述八项,皆直接或间接与民众教育有关,吾人应设法使民众教育得为挽救农村衰落之伟大动力。

编者说明

绪　言

农村衰落!农村衰落!现在已甚嚣尘上矣。报纸、杂志、要人学者、专家等等莫不讨论农村衰落的问题。为什么这个问题如此重要呢?照我看来可以从内外两方面证明这问题的重要。吾国以农立国已数千年,农民占全人口为80%,并且地大物博,大部分财富须从地上生出来。所以,以时言则久,以人言则多,以地言则大。久、多、大三个字就决定了我们中国的前途与终身。诸位听了这段话,或者还不明白,则请举实例与数目字来说明之。

江苏省有耕种地约七千万亩。如每年因水旱或他患,每亩减少收入一元则全省损失七千万元,全国若以二十倍计算,每年每亩少收一元,则损失不将有四十万元了么?反之,若每年每亩能多收一元,亦岂不是可多四十万元的总数么?若更以农民副业如养鸡、养猪及手工艺之注意,关系不更重大么?

再就外国来说,美国在欧战前一年(民国二年)之出口货总值为美金二十四万二千九百万元,内农产品(棉、麦、粮食、及木材等)值十万二千八百万元,占出口总值2/5强。又美国最近(1929—1930)出口货总值为美金四十六万一千八百万元,内农产品值十八万五千五百万元,至战时将二十年,仍占出口货总值2/5强。农业之于美国不亦重乎!不但在美国,农业在苏俄、加拿大、澳洲等处又何尝不重要呢?并且数十年来,这数国对于农业何尝不注重呢?惜乎我们中国人迟之又久等到民穷财尽方悟农村衰落问题之严重而思设法挽救之。虽然,亡羊补牢,见兔顾犬,犹未为晚。请为诸君述挽救农村衰落之方案。

如欲得一确实有效之农村衰落的挽救方案,不得不先研究农村衰落之情形与原因。现在请先述农村衰落之情形。

农村衰落之情形

1. 产量减少。民国九年吾国进口面粉值海关银二百万两;麦三万三千两;米百万两。但是民国十九年这三项进口货的价值骤增如下,面粉六千三百万两;麦二千一百万两;米五千八百万两。民国二十年及二十一年此三项进口之价值恐怕还要惊人。吾国农产品产量减少于此可以证明。

2. 乡村人口减少。各地乡村虽未必处处十室九空,但是十室五空却是实情。远的地方不说,我们但说江苏的江北,一问当地的人便可知道此言之不虚。又前年及去年春天,有人因事到角直及昆山县境内之其他乡村去,回来后都说乡下十室五空。有许多人已搬到城市或上海去住了。

3. 农民生计困难。我们中国人是世界上最能耐苦的,所以没有米麦吃,就吃树皮、草根、观音粉(这个名称好听得很,诸位知道是什么?)。诸位要看农民生计困难的实在情形么?不必到江北或内地各省去的,但须到离上海租界五十里左右的地方去看一看,便可看见绳衣百结,寒天无袜穿等艰窘情形。寒天不穿袜,绝不是学上海时髦女子的暑天不穿袜,好出风头,而是由于生计困难,不得已。

农村衰落的原因

农村衰落的情形既如上述,他的原因何在呢?现在请再述农村衰落的原因如下:

1. 治安破坏。军队、土匪等已将吾国各地乡村的治安破坏无余了。所以乡村人口减少,出产减少。此种情形十余年来,日甚一日,现在是更甚。

2. 交通梗阻。吾国虽有交通部、铁道部、建设厅、建设局、轮船招商局等机关,天天高唱交通及道路等等,其实交通是不通。土匪勒索固可阻碍交通;河运失修,局员腐败勒索使内地农产品堆在那里烂或失其时效,危害恐怕比土匪还甚。有时候,忽起内乱,运输停顿,损失更不赀。

3. 水利失修。农产品是要靠水利的。旱也、水也,似天灾而实乃水利失修所造成之人祸也。建设!建设!道路!道路!水利呢?大家都不管!肉食者鄙,愚民无知,上下昏聩,造成人祸。

4. 勒种鸦片。地方政府因为要增加收入,就迫人民种鸦片,并且无论你种不种,重税终是要抽的。种了以后地亩渐瘠,地瘠民贫此之谓也。

5. 缺乏组织能力及应有之知识技能与道德。一盘散沙,本为吾国人之劣根性,而无知之农民尤甚。因无组织能力,所以对于土豪劣绅、贪官污吏、军队土匪均无办法。

其次,农民种田但知靠天吃饭,囿于迷信,墨守旧法,对于选种、耕植、肥料、病虫害、农具、水利及合作等等都不愿意讲求,以至产品日劣且日少。

又不劳而获,不道德,亦是我们的劣根性。棉花掺水,菜子和沙泥,以次等货与上等货和在一起而欲售上等货价值都是不道德而且是吾国人自杀政策。中国纱厂及面厂好用外国棉麦,中国丝前年在外国市场停拍,未尝不由于不劳而获之劣根性也。

挽救方法

明白了农村衰落的情形与原因后,我们可以进一步探求挽救方法。照我的意见第一当维持乡村治安。

1. 维持治安。农民当自谋之,自为之,不当仰救于警察保安队或军队等。警察之为害在乡僻之区尤甚,凡当过地方官者皆能知之能言之。保安队或军队能不骚扰者有几。况供应浩大决非乡村所能担负,即不得已而用之,兵来匪去,兵去匪来,兵匪暗通,流弊滋多。农民自己维持乡村治安之办法,现在广西省已办得很得法。他省亦已有仿行而有效者,此实彻底解决之办法也。

2. 整理交通。治安有办法后,在交通方面已能减去一点阻碍。但是水陆军警及管理交通机关或路线公务人员之舞弊勒索若不雷厉风行的革除,则交通之梗阻必如故也。所以路不必一定多筑,如弊害不除,筑了路亦是无用的。北方多用旱道,南方多用水运因水脚较为便宜故也。因此,河运不当失修。

3. 注重水利。北方宜多凿井,山谷附近宜将池沿浚深,增其蓄水量,湖及河流港湾均宜有岁修。此数事于农闲时可为之。治黄导淮固当进行,但普遍且轻而易举如上述数者更宜注意也。以往数年或空言画饼充饥之治黄导淮,或高唱筑路,以至水旱相继,今夏泾渭渠开通,引起人的注意不少。从此吾国人必能渐悟水利之重要矣。

4. 停止勒种鸦片。勒种鸦片之当立刻停止,人人皆知之。惜执政者狃于增加收入之私见,掩耳盗铃,无诚意停止或禁止之,为民上者固当做此饮鸩止渴之害政耶?

5. 提倡合作组织设立农民银行。乡民财力单薄,对于改进或生产事业之需款较多者(其实不过数十百元,在乡民已算甚多),往往不能举办。故当提倡生产合作或设立农民银行,贷款给农民专做生产事业。又农民受中间人之盘剥殊甚,故运销合作及消费合作在乡村尤为需要。

6. 推行乡村民众教育。乡村民众失学者多,故欲使他们易于接受乡村改进之指导,应先从教育入手。一面增进他们的知识,一面还要养成他们信义等道德。

7. 使研究与推广,技术与指导联络。留学生研究的农业及其所学的技术都是外国货,不适用于中国。他们教出来的大学中学毕业生当然亦是无用。加以我们中国人求学是为文凭证书资格,预备去做官,到机关里去做技师,写计划,做文章,完了。学农业的人当然不能两样,做官,做技师,做教员、教授,穿长衫,说空话的农业专门人才愈多,农村衰落愈甚,中国愈穷。现在应该觉悟了。研究的时候就应该设想如何在乡间推广,学技术的时候就应该设想如何指导农民,方不至于文不对题,学无所用。

8. 知识分子下乡辅导农民。以上所述的七项乡民因无知识决不能自己办到。因此我们如不欲挽救农村衰落则已,如欲挽救,非自己并且联络全国有救国大志的人总动员全体下乡,拿出良心不辞劳瘁的去辅导农民不可。我们到了乡间起初可做农民的耳目喉舌及脑筋。以后他们渐渐有知识有能力,我们便退为顾问。最后,他们能自动了,我们就可以大功告成达救国的目的。现在知识分子下乡辅助农民的如河北之定县、山东之邹平、江苏之无锡等地,已有不少。但是农民有三万二千万,需要辅导人员至少五十万人。所以我竭诚请诸位即刻下乡去做先锋队。

原载《教育与民众》第4卷9期,1933年2月

本院民众教育研究实验事业概况及今后进行方针

本院民众教育研究实验事业，可就变迁、目的及计划、实验事业设施状况、研究事业进行状况、特点及今后进行方针等六项分别叙述。

一、变　迁

民众教育研究实验事业从民国十七年秋季起至二十二年夏季，可分为三个时期。第一期完全注重乡村方面，十七年九月至十九年一月。第二期市乡并重，十九年二月至二十一年六月。第三期侧重乡村，二十一年七月起。以上是就实施事业之地点而言，若就主持机关来说，亦可分作三个时期。第一期实验部，十七年秋至十八年夏。第二期实验部，外增设研究部，十八年秋至十九年夏。第三期两部合并，为研究实验部，十九年秋季起。

二、目的及计划

（一）实验部从事各种实验事业，抱着两个大目的：第一是为本院学生创造种种机会，使他们由个人的经验中去学民众教育实施方法；第二是研究民众教育的理论与实际，由实验而发现问题及解决问题的方法（见第三次民众教育实验报告代序）。

（二）实验部实验事业三年扩充计划大纲草案：

1. 实验部设置之目的：

（1）实验民众教育实施方法。

（2）供给院内外专门研究民众教育之便利。

（3）供给各地实施民众教育必需之教材教具。

（4）指导本院学生从事民众教育之实习。

（5）为本院毕业生服务时之顾问。

（6）备各地实施民众教育之咨询。

2. 实验部三年内应完成之实施：

（1）民众教育馆。

（2）实验区。

（3）实验中心小学。

（4）成人心理实验所。

（5）教材教具印制工厂。

3. 逐年扩充计划（见第三次民众教育实验报告附录二Ｏ二页）。

（三）十八年度实验部计划：

1. 在院学生实习指导事项，划定附近十余村为农民教育区，任学生自动开办民众学校、民众茶园及民众图书馆等，并参加院内其它民教活动而加以指导。

2. 出院生实习指导事项，出院同学在实习期内派遣指导员前往各县视察并就地指导。

3. 实验区之实验，院内原定黄巷为实验区，从事实验工作业经半年，将由该区实验发现普及民教及完成自治之方法。

4. 民众教育馆之实验，院内现设农民教育馆一所，现已初具规模，将来拟将范围扩充，改为实验乡村民众教育馆，并拟在无锡城内更设实验城市民众教育馆一所。

（四）十八年度研究部计划：

1. 材料的征集：

（1）搜集外国成人教育、乡村教育专门著作。

（2）搜集外国教育机关与成人和乡村教育机关刊物。

（3）搜集国内外教育行政、教育机关与民众及乡教机关刊物。

（4）搜集国内外成人与乡村教育消息。

（5）调查各国成人教育、乡村教育实施状况。

（6）调查国内民众教育、乡村教育已有成绩。

2. 问题的研究：

每两周全院开研究会一次，由同人中提出论文，全体参加讨论。

3. 结果的发表：

除在《教育与民众》月刊发表外，发行下列各种刊物：

（1）西洋成人与乡村教育书目。

（2）西洋成人教育名著提要。

（3）名著译丛。

（4）各国成人教育、乡村教育概况。

（5）国内民众教育、乡村教育概览。

（6）试验报告与研究论文集。

（以上3、4二项计划均见《教育与民众》第一卷第三期本院近讯）。

（五）十九年秋季起，研究部及实验部合并为研究实验部，即订定十九年度工作计划大纲，分为研究、调查、实验、编辑、事务各项（详见《教育与民众》第二卷九、十期合刊）。

（六）二十年度研究实验工作计划总纲：

1. 主旨，依科学方法从事研究实验，以期建立民众教育的学术，在学的方面探讨民众教育原理，在术的方面寻求民众教育的实施及推行方法。

2. 中心问题，在社会基础方面分人口、土地、农村、都市、家庭五问题；在心理基础方面分种族心理、社会心理、成人心理三问题。

3. 方法，采用观察、统计、实验、比较四种方法（详见《教育与民众》第三卷第四期七三五页起）。

（七）二十一年度研究实验中心问题为“乡村建设”，内容分人口、经济、教育、礼俗、农业改良、农民生活改进等六项问题。

（八）各实验机关之计划详见历年研究实验报告，见《教育与民众》月刊及各机关刊物之单行本，不赘述。

三、实验事业的设施状况

本院民众教育实验事业的设施开始于民国十七年秋季。每一种事业（如民众学校、茶园、图书馆等）兼做实验及学生实习之场所，后因学生的基本学科还嫌不足，加以不通方言，人数太多，虽然于实习终是有些益处，实验的结果则很不能满人意。所以从十八年春季起，就把实习事业与实验事业分开。实习事业仍以学生为主体，指导员居于协助地位。实验事业则完全交给几位研究有素的先生去实验。这种实验事业以举办先后为次序，列述如下：

1. 黄巷民众教育实验区。十八年春开办，二十一年夏季结束，所有乡村改进事宜由本地人接办，同年冬季因觉察该处人民对于乡村改进事宜之进行还需要督促协助，所以又由本院设“黄巷乡自治协助处”，预期至二十二年秋季将此种督促协助工作移交黄巷小学校长及教员照顾。

2. 丽新路工人教育实验区。十九年春开办，二十二年夏结束，所有各项工人教育事业由丽新纺织厂接办继续进行。

3. 江阴巷民众图书馆。十九年春开办，二十二年春结束。当开办时本希望本地人民于三年内能联络进行，三年期满能由本地人接办，继续进行，但三年来虽有联络，而竟未能如愿，很为失望。

4. 南门实验民众教育馆。十九年秋开办，二十二年春因附近丝商允许每月津贴经费五十元至一百元，但要求兼办工人教育。于是将馆址南移一里许，以便继续兼作市民众教育及工人教育的实验，希望于二十四年夏季全部事业能由本地人接收办理。

5. 高长岸实验民众教育馆。十九年夏季前为学生实习地点，从十九年秋改为实验机关，已决定于二十二年夏季结束。所有乡村改进事宜由本地人民继续进行，此事于二十一年夏曾预先与本地人民接洽，所以本地人已有准备，至于今后之督促协助将由去年本地人创办之小学负责。

6. 社桥村实验民众教育馆。此馆与上节高长岸相同，十九年夏季前为学生实习地点，十九年秋改为实验机关，本亦希望三年期满能由本地人民自动将乡村改进事宜继续进行，但因主持人员两次变更，于事业有重大影响，不得不于二十一年秋又改为学生实习地点。

7. 实验民众学校。二十年秋季附设在通惠桥小学，二十一年春季附设在惠山小学，秋季停办。

8. 北夏普及民众教育实验区。二十一年秋季开办，以一自治区为单位，预期三年达普及目标。

9. 惠北普及民众教育实验区。二十一年秋季开办，预期三年达普及目标。区址在本院附近西北，将原有高长岸、社桥村等地划入本区，并另辟新范围，本区兼供学生实习场所。

四、研究事业进行状况

本节宜就学年度分述如下：

（一）十七年度主要研究事业：

1. 拟订计划。

2. 编印民众报周刊、教育与民众月刊、民众教育论文集、学术演讲集、第一二次实验报告、民众读本四册。

3. 社会调查（本院附近农村调查，详见第二次实验报告）。

（二）十八年度主要事业：

1. 搜集国内外成人教育、乡村教育专门著作及各种刊物，成立民众教育研究读书室。

2. 继续编印周刊、学术演讲集、农民教育研究集及实验报告等，订正民众读本，编印妇女读本、民众教育辞汇、法规、书目（英文）、民众小丛书、劝农谈话、民众画报、歌曲、唱歌教本、习字帖、图书故事及日历等。

3. 黄巷农村经济调查与统计（以后社会调查由各实验机关分别就地进行）。

（三）十九年度主要研究事业：

1. 研究方面大抵偏重文字教育，并于二十年春季由本院全体师生组织公民、生计、文字、比较成人教育等研究会，很有益。

2. 调查方面亦偏重文字教育及民众教育实施机关等。

3. 编辑方面除前二年度内所编印之定期刊物，如周刊与月刊等外，本年度又编印民众教育丛书（如民众职业指导、各国成人教育概况等）、民众科学问答、注音民众小丛书、民众卫生常识、民众教育画集、民众教育问答等。

（四）二十年度主要研究事业：

本年度开始未久，“九一八”国难猝起，本院为应变计，即将“民族自救”、“民众自卫”及“日本研究”为中心问题，并将研究结果编印日本研究小丛书及战时民众自卫小丛书. 本年度其它主要研究工作为：

1. 征集江苏省各县歌谣。

2. 编印高级民众读本及教育与民众等定期刊物。

（五）二十一年度主要研究事业：

除历年来固定事业，如编印月刊、周刊外：

1. 举行学术讨论会。

2. 重新组织公民、生计、文字等项民众教育研究会。

3. 调制民众教育实施机关及事业调查统计表。

4. 编印江苏省歌谣集、图画历史故事及民国二十一年的民众教育等。

五、特　　点

本院民众教育研究实验事业之特点有五，分述如下：

1. 自由发展。民众教育项目有公民、生计、文字、健康、家事、艺术等项。或以为改进社会挽救危亡须从公民教育、政治训练入手，或以为须从生计方面入手，或以为须先除文盲,意见不能一致,且各有道理。本院自十七年开办起,采取自由发展之原则,无论从事研究或实验工作,均可随本人之素养与兴趣积极进行,所以各实验机关有以政治训练为中心者,有以生计为中心者,亦有以文字教育为中心者,各有相当效果。大抵自由发展者不同而同,不同者出发点,同者最后之结果,所谓殊途同归也。

2. 生长不已。这个生长不已的特点亦是上节自由发展效果之一。因为我们采取自由发展的原则,所以对内能如动物之蜕化,植物之生长,使研究实验事业向前推进,对外能学人之长,取法于人,使自己的事业能不落伍而有进步。

3. 因地制宜。设法与民众接近是实施民众教育的最要紧的条件。能与民众接近,方始能培养民众组织团体之能力以改进社会。本院各实验机关所用与民众接近之方法,是因地制宜,因人而施的。所以民众学校、茶园、图书馆、读书会,小学、托儿所、音乐会、武术会等等,或但举办一种,或同时并举数种,斟酌地方情形民众兴趣而进行。但最后目的在能成立一种团体,作推进社会的原动力,如乡村改进会。有时某地方经济组织,即合作社的力量,往往有胜于政治组织者。在这种地方的合作社,又成为推进社会原动力的原动力。

4. 联络进行。本院民众教育实验机关都与地方人民及教育、农事、党、政、军、警各机关联络进行。乡长副闾邻长均加入乡村改进会,日后乡村改进事宜即可完全由本地人民负责进行。至于教育、农事、党政、军警备机关在我们常用全力与他们联络,他们了解我们的工作则共同努力进行而收效宏,他们如有一时不甚了解而怀疑或旁观的,我们仍一方面与他们联络,一方面努力干我们的工作,这种办法可称之谓在自然环境中奋斗进行,是人人都不得不如此做的,这条路子走通了,方始有办法,其它都不是办法。

5. 注重乡村。注重乡村民众教育是本院一贯的政策,十七年筹备劳农学院就是因为吾国农民占全人口百分之八十以上,农民教育一天不注意,中国一天没有希望。十九年秋民众教育院与劳农学院合并,名称虽为教育学院,而所开功课仍为民众及农事教育两个系。至实验事业因本院地位关系须供给各方参考材料,不得不设工人及城市民众教育实验机关,但大部分精神仍注重乡村也。

六、今后进行方针

为求本院民众教育研究实验事业之进步,以利推行起见,提出今后进行方针如下:

1. 由实验而研究。研究方法之最好者莫逾于实验,各科学之试验,学生之实习与实地见习,都是用实验方法作研究工夫。理想通了事实上还不一定行得通,拿纸面上的东西见之施行,往往毫无结果,又做的人很卖力而看的人还是一百个不满意。俗话说:“看人挑担不费力,自己挑担嘴要歪”,无非由于缺乏经验之故,要免去以上两种毛病,从事研究者即使不参加实验,至少应该自己设想站于实施者或实验者的地位——应该设身处地——方始所有研究结果足以供实施者或实验者之参考与应用。譬如民众课本若不由实际天天在民众学校上课的教师编辑,而由书局书馆的人关了大门在书房里编辑,则民众读本之不适用可以预料。又如改进乡村若全凭理想而不切实际,任意计划进行,则乡村改进之无望亦可预料。研究本须利用实验,由实验而研究云者,希望研究时能不犯落空之病而已。

2. 由小而大，由下而上。改进社会挽救危亡，题目何等重大，然而行远自迩，登高自卑，是不可动摇的铁则。民众教育的目的固为改进社会挽救危亡，但是民众教育的工夫不得不由小而大，由下而上。一村民众散漫无组织，一乡一镇民众如何能不散漫而有组织；一乡一镇民众散漫无组织，一区民众如何能不散漫而有组织，区与县、县与省、省与国的关系都是如此。古人说"如身之使臂，臂之使指"，须知指与臂所以能受指挥，因指、臂本身健全，假使指、臂麻木不仁，则身亦无法指挥了。由大而小、由上而下，是我们以前的毛病，把重要角色集中在高处大机关内，把能力差的分布在下层小机关内，于是头重脚轻，脑筋明白，而指臂麻木，虽欲有为而不可得矣。不能推进社会，无法挽救危亡之原因即在此。由小而大，由下而上，不但为民众教育实验应取之方针，实在是吾国挽救危亡唯一之法门。

3. 和平奋斗，培养正气。民众教育工作在一方面说，就是培养正气，须将一村一乡一区一县一省一国内的正气培养起来，共同做村、乡、区、县、省、国的社会改进挽救危亡工作。自然这种工作如求有效，须由小而大，由下而上，由一村一乡而及一区一县，欲速不达，万万不可心急。又培养正气时，对于工作固应有奋斗精神，誓不返顾，但与人接物仍须处处心平气和，口中不宜呼打倒，心中亦不必有打倒之意。盖君子道长小人道消，自然之趋势。若不就培养正气方面用奋斗工夫，不能和平引起人之同情与谅解，但躁急而思打倒，则厉气充塞，环境愈恶，将无所措手足，尚何成功之可言！

原载《教育与民众》第4卷第9、10期合刊，1933年6月

从民众教育的起源及任务说到民众教育的真义

民众教育的意义很广泛,为便利读者易于明了起见,试分别列举如下:

一、民众教育就是识字教育

我们中国文盲占全人口之大多数。文盲不除,民智不开;民智不开,国家无由反弱为强,民族无由复兴。所以有许多人竭力提倡民众教育,希望于最短时期内把全国文盲消除净尽。在这许多人眼光中看起来,民众教育之为识字教育是绝无疑义的。

二、民众教育是成年补习教育

识字于开发民智有关,固然是很重要,但是识了字饥不能食,寒不能衣。现当小民生计十分艰难困苦之时,求生不得,救死不遑,民众实在感觉不到识字的需要。因此便有人主张民众教育应该是成年补习教育,不但教以识字,并且给以技能、知识之训练,俾得谋生有术,渐渐有志上进,有志向学。

三、民众教育是补充教育

补充教育的意义有二:第一,补小学之不足。吾国学龄儿童有入学的机会者平均不过2/10,致使成年失学者前后相继日多一日,充塞于社会,所以应提倡民众教育,教成年失学者以补小学之不足。第二,补学校教育之不足。人生在学之期至多十余年,并且平时学校还有休假日与极长时期的暑假寒假等,假使不设图书馆、博物馆、体育场、民众教育馆及函授学校等民众教育机关,则吾人在离学校后或在学校放假时几无受教育的机会。因此便有人说,民众教育是学校教育的补充教育。

四、民众教育是成年教育

文盲、成年失学者大抵都指成年人而言,至于应受成年补习教育之为成年人更不必说。近百年来英国之工人教育、丹麦之农民教育与吾国国内所推行之工人与农民教育——统言之为民众教育——如出一辙,都着重成年人。在西洋既名之为成年教育,在吾国当然未便独异。现在欧美各设有成年教育学会者很多,世界成年教育协会亦经成立,总机关设在英国,均以研究推行成年教育为职志。而成年学习心理之研究,尤为推行成年教育之基础。

成年教育的含义很多,将来对于教育改造的影响亦必很大。文盲、成年失学、成年补习等为含义之最浅近者。其次为成年续学,即四十以及五十、六十、七十余岁年长者之进大学或中学肄业是也,此为含义之较深者。又孟子称舜之善学,自耕稼陶渔以至为帝无非取于人者;又称汤之于伊尹学焉而后臣之,故不劳而王:桓公之于管仲学焉而后臣之,故不劳而霸;孔子自谓默而识之,学而不厌,诲人不倦;又谓德之不修,学之不讲,闻义不能徙,不善不能改,是吾忧也。这是成年教育含义之最重要者。至于因成年学习的可能,儿童学习的徒然浪费,因此进而主张废止童年教育,将入学年龄延缓至满十岁以后,义务教育期限缩短至二年以内,则对于吾国教育改造与教育普及有莫大关系。凡研究教育者不可不深切注意之。

五、民众教育是平民教育大众化教育

平民教育据晏阳初说是全民教育或民众教育。平民是指一般已过学龄时期而不识字或已识字而缺乏常识的男女。平民教育的目的在使二百兆失学男女都具有共和国民应有的精神和态度。至于大众化教育的意义,视受教育为权利。现在学校教育的设施,不但学校太少,供不应求,并且因收费昂贵,非有钱者不易得求学的机会,反不及未废科举时寒士还可以有与富者同应考试的机会。学校教育的设施既如此偏而不全,所以要提倡民众教育使教育大众化,教育机会均等,无论贫富,大家有享受教育权利之机会。不但要有一时的机会,并且要有终身的机会,使全民众自少至老有继续不断的长进。

六、民众教育是救国教育

民众教育为救国教育的最显著的例子,莫过于孙中山先生在其遗嘱中说,欲达到求中国之自由平等之目的,必须唤起民众,共同奋斗。于是中国国民党党员遵照遗训,做民众运动的工作,并进一步尽力设法扩张民众教育事业,增加民众教育经费。数年以来,民众教育运动蓬蓬勃勃,风起云涌,弥漫全国。所可惜者,因为大家对于民众教育之意义认识不清,对于民众教育之方法缺乏研究,以至于不易达到唤起民众共同奋斗之目的。

七、民众教育是社会化生活化的教育

现在的学校教育是在一种特殊环境内施教,大抵与社会隔阂,于社会无补。不但无补,而且有害。往往学校多一毕业生,社会即多一寄生虫。有心肝的人鉴于数十年来所办学校教育之无补于中国,遂群趋于民众教育一途,主张教育须社会化、生活化。譬如在某村设立一民众教育机关,就应当以全村为学校,全体村友为学生,日常生活需要为课程。其法以接近及认识民众性情为第一步,选择热心及有力量的人组织乡村改进会,同时并就民众生活需要指导组织合作社、救火会、保卫队、音乐会等,以培养团体意识推进社会为第二步。一村之教育机关如此,一乡、一区、一县、一省、一国之教育机关莫不如此。实行教育即生活,宇宙为学校二语。教育这样办法,方能解决社会问题,有补于社会,有益于人生。

八、民众教育是乡村建设

自十九世纪中叶,吾国救国运动屡次无功,原因在旧社会秩序或组织结构破坏,而新社会秩序或组织结构未能建造。近则乡村破坏日极,不得不自救或救济之,故有乡村建设运动。他的目的在就乡村中求得解决中国政治经济以及其他一切社会问题之端倪,使中国新社会组织结构肇端于乡村。其办法使知识分子下乡办理一种具有特殊组织之乡农学校（现称民众学校），一方面引进新知识新方法或供给各种资料于乡村，另一方面引起多数人的力量以渐形成一团体。总之，乡村建设工作要在能组织乡村推进社会，中国新社会秩序或组织结构之建造须植基于此，并由此开展。在乡村建设运动者看起来，乡村建设是救国的途径，民众教育是乡村建设的方法，所以民众教育是乡村建设。

九、民众教育是通俗教育、社会教育

通俗教育的名称自前清光宣年间用起，直至近数年方才废止。民众是教育的对象，通俗是教育方法之一种，社会是民众所处的环境。昔人因求教育之能极早普及全民，使全民都能参加救国工作，于是提出利用宣讲、简字（即注音符号）、白话报、浅近书籍、改良戏剧、说书等等。近人亦颇多主张利用幻灯、电影、广播无线电等等方法以期民众易于接受教育。这许多教育方法便是所谓通俗教育。

又前人因鉴于吾人除十余年就学外，余则无一日不在社会，即在就学时期，每日在学校不过数十时，余则无一时不在社会，故社会的感化力为最大，往往学校陶铸国民数年，一旦进了恶社会，便为所熔化，于是不得不提倡改良社会的教育，这是社会教育的第一义。

吾国学校教育数十年来或盲目地东抄西袭，或关了大门办理与社会隔阂，对于社会需要不切近的教育。现在教育改造之声浪甚高，改造之法唯有使教育切近社会需要，使教育民众化、生活化、社会化。这是社会教育的第二义。

以往的教育着重于使少数未成年或未成熟的个人能适于其社会环境。但是吾人今日适当社会过渡之改造时期，数千年来久不变之社会秩序既被摧毁，新社会秩序急需建立，建立新社会秩序无他，即对于一般人的风尚习俗，社会间的组织关系，努力下除旧布新之工夫。这种工夫决非少数人之事，所以今后教育设施应该着眼于一般社会，特别着眼于生产。大众就生产过程并就实际社会问题而教育之，使社会多数分子由被动转于主动，由无组织转于有组织。这是社会本位的教育，乃社会教育的第三义。

十、民众教育是全民教育

原来既称之为民众教育，就无疑义的应该指全民而言。上文曾叙述晏阳初说平民教育是民众教育、全民教育，但是他立刻又加以限制说，指已过学龄而不识字或识字而缺乏常识者云云。大概他的意思，是说教育应普及全民，但是现在有二百兆人已过学龄而不识字或识字而缺乏常识，所以我们应特别对于他们下教育工夫。这一段思想过程，他未申述明白，遂难免令人误会他从四百兆全民一转而至二百兆文盲或缺乏常识者，忽欲全而忽欲不全，似觉前后矛盾。

全民教育与普及教育的意义似同而实不同。普及教育不过希望个个人受规定年限或规定程度之义务教育；全民教育一方面固希望教育普及，同时并主张学无止境，全民众若男、若女、若老、若少、若有识、若无识，均当有永久继续不断求学与永久继续长进不已之机会与可能。因此教育设施当就年龄、性别、程度、职业及社会需要分若干部分。其间尤当注意于成年部分的生产及处理事务之训练。因为儿童不过是预备时期，一至成年便直接负生产并对于社会各方面须负相当应尽之责任。预备时期所受之教育至成年时未必能完全适用,成年时因需要而学,学用贯通,收效自大,所以成年时期的教育尤为切实而重要。

主张全民教育还有一更紧要的理由。吾国外患日极,人以整个一国的力量在军事、外交、经济上谋我,甚或与联络国协以谋我,我国若不能以全国民众之聪明才力一致对外,实无以自存于世界。然而吾国民众之散漫不能团结已成习性,非用教育方法导民于组织、培养团体意识不足以使全民团结一致,共御外侮。再就国内情形来说,大小贪官污吏土豪劣绅军阀土匪鱼肉乡民,压迫乡民,破坏为所欲为,绝无顾忌,岂不是因为人民散漫无组织无力量?所以为消除内忧计,亦应当从全民教育入手,使全民有组织团体的能力兴趣与习惯,形成力量使人知其不可侮,而不再相侵,一举两得,为民族前途计,固未有逾于全民教育者也。

上所述十种民众教育的意义,虽对于各家主张未必能完全列举,且对于所举之各家意见或未必能申述清楚,但是概括起来说,民众教育意义之重要者终不外乎上节所举之十种,其间即有出入,大概是文字上的不同,未必是意义上的不同。或者由于某种意义与另一种或二种并合或分离,就好像又产生出许多不同的主张,论其内容,实际上无甚出入也。

民众教育的意义既如此广泛,如此庞杂,研究民众教育的人将何去何从呢?作者以为欲知民众教育的正确意义,第一当从他的起源来看,民众教育的来源由于救国运动、民族自救运动,何以见得呢?这有确凿的证据。甲午年中日之战,我国丧失败北,割地赔款,危乎殆哉。于是都想变法图强,因感人才乏绝而谋推广学校,又以外患日极,时不我待,乃提倡简易学校、半日学校、农工商妇女军警僧道等半日或夜课学校、体育会、藏书楼、科学陈列馆、阅书报处等等,并提倡在各大商埠都会开办大报馆,务使"上自君后下至妇孺"都能了然于天下大势。不但如此,并且又提倡以白话报济报纸之穷,以演讲济白话报之穷,这许多举动,表示当时的爱国者尽种种方法要使大多数最好全体国民能够起来共同救国。这就是孙中山先生所说"必须唤起民众……共同奋斗"的同样意思。由此我们可以推知民众教育的起源是救国运动或民族自救运动。

如何能使大多数——最好全体——国民能够起来共同救国呢?这是民众教育所要解决的问题,亦就是民众教育所要达到的目的。对于这一点,各人的意见便不相同,本来意见尽可不同,最要紧的在能搔到痒处,得其关键。如要能搔到痒处,得其关键,便应该进一步问:为什么吾国大多数以及全体国民不能够起来共同救国?原因在哪里?毛病在哪里?毛病没有辨别明白,便无法下手治病,亦决无回复健康之望。

毛病在哪里?毛病在民众不识字么?在民众无职业知能么?在民众或成年人无求学的机会么?在成年人之不学或不好学么?在……么?何以现在识字、有学问、有职业知能、有求学机会、好学的民众及成年人等等,或漠视国事,袖手旁观,或自谢无能,听其自然,甚或争攘倾轧,不顾大局,媚外性成,为虎作伥呢?于此可见症结并不在此而当别有所在。症结何在呢?"外国人常说中国人是一片散沙,中国人对于国家观念本是一片散沙,本没有民族团体,……我们四万万人有了民族的大团结,要抵抗外国人,积极上自然有办法,现在所以没有办法的原因,是由于没有团体,有了团体去抵抗外国人,不是难事……假若全体国民都能够联成一个大民族团体,无论外国用什么兵力、经济和人口来压迫,我们都不怕他,所以救中国危亡的根本方法,在自己先有团体……大家联合起来成一个大国族团体,结成了国族团结,有了四万万人的大力量,共同去奋斗,无论我们民族是处于什么地位,都可以恢复起来。”(见民族主义第五讲第六讲)

一片散沙没有团体,没有民族团体,是没有办法的。原因是中国人毛病之所在,症结之所在,须从培养民众团体意识入手,使民众有组织团体之能力兴趣与习惯,因此大家能联合成一大国族团体民族团体共同去奋斗,方可说是搔到痒处,得其关键。民众教育之工夫当在此处着眼,若舍此他求,枝枝节节的去做隔靴搔痒的工作,便永远无从达救国之目的。

具体一些说,我们中国人有几种普通习性,很不适宜于现代社会。这几种普通习性是什么呢?靠天吃饭,听天由命,这是消极无为坐以待毙。安分守己,独善其身,各人自扫门前雪,莫管他人瓦上霜,这是怕事,怕因多事而招祸患。知有个人家庭,而不知有社会国家。为家计,则问舍求田,孜孜矻矻;为国计,则不闻不问,百废莫举。这是自私自利各不相谋。试问全国人民有了这种样子的习性,安得不成一片散沙!一片散沙的结果,是人为刀俎,我为鱼肉,听人宰割,任所欲为,没有办法,徒然叹息罢了。一片散沙人民,对外固无办法,对内亦何曾有办法呢?还不是听人宰割,任所欲为么?常人看了军阀、土匪、贪官、污吏、土豪、劣绅、地痞、流氓之骚扰压迫,鱼肉乡民,便归咎于乡民之愚,乡民之不识字,无知识。但是一般识字有知识、学问、才干、聪明的人还不是同样受军阀等等骚扰压迫,做他们的鱼肉,听他们宰割,任所欲为么?为什么有知识的人亦只能相对而泣,忍气吞声,常常说无办法无办法呢?需知消极、无为、怕事、自私自利各不相谋等习性,一天不除就一天无办法,人民终是一片散沙,组织不成团体,引不起多数人的力量。

人民怎样才能不受军阀等骚扰、压迫、鱼肉之痛苦?社会上(小至一村一乡,大至一省一国)怎样才能百废俱举?就对外说,我们国家与人民怎样才能不受外人之政治侵略与经济侵略?要达到这许多目的,须使人民能够把消极、无为、怕事、自私自利各不相谋等旧习性革除,并且养成勇于任事、负责任、能合群的新习性,大家联合起来组织成坚固的团体,用大多数人的力量按照社会需要、区域范围举办合作、保卫、水利、交通、卫生、教育及农工业改良等事项,或按照情理对于参政权、捐税及一切政治作正当之要求与应有之监督。凡事关一区域者由一区域人民团体共同商斟共同努力举办之;事关数区域或力非一区域所能举办者,联合数区域或由高一级大区域人民团体共商合力举办之。譬如保卫则联防,水利则通筹等是。至于对外,则须举国一致用全力以应付之。古人说,能治其国家谁敢侮之。但须大多数人民能合群负责任,勇于任事,能治其国家,便没有人敢来欺侮。否则子有庭内弗洒弗扫,子有钟鼓弗鼓弗考,宛其死矣,如是则国家危亡终必无可幸免。这是吾人所应当深省的。

养成民众组织团体之能力、兴趣、习惯,引起大多数人民之力量,宜从何处入手?当此存亡危急的时候,并且在偌大一个中国人口四万万求得一执简御繁而且确实有效的方法,是最最要紧的。照孙中山的意见,我们要组织民族大团体或国族团体,宜从宗族团体入手。宗族团体在中国南部甚为坚强,往往两姓械斗,视死如归,不胜不休,所以用作组织国族团体之入手,未尝不是一良法。但是宗族团体坚强情形除在中国南部外,其他各地并不普遍,且每一同姓之宗族散处四方,在政治经济各方面本无何种密切关系,徒赖因血统关系所在之感情,而求散处四方宗族团体之坚强,事实上恐不易办到。所以我们可师孙中山先生之意,而当别求组织国族团体之入手方法。

勇于任事、肯负责、能合群,并不是中国民众性之所近的,至少不是他们的习性。他们的习性与社会上的风气是消极、无为、怕事、自私自利各不相谋。因为有了这许多的旧习性,所以不但国族大团体组织不成,就是一村、一乡、一县的小团体亦组织不成,以致大则受外国人侵略,小则受地痞、流氓、土豪、劣绅、贪官、污吏、军阀、土匪的鱼肉压迫的骚扰。现在要革除民众的旧习性,养成他们组织团体之能力兴趣与习惯,勇于任事、肯负责、能合群的新习性,非顾到三个条件不可。这三个条件是:第一须就民众实地生活需要;第二须就自然形势的区域;第三须由小而大,由下而上。

民众实地生活需要很多,试举几个例子。譬如某地方每到冬天治安便生问题,我们可乘机提醒并指导民众组织冬防队以自卫。又如某山出产树柴茅柴,居民樵柴后,常由贩卖商人收去转卖,价钱不及市价之半,我们便当指导组织运销合作社。再就娱乐方面说,集好音乐者组织音乐会,好国术者组织国术团等等。在这许多及其他团体中间,民众可以学习运用四权之法,并且可以渐渐感觉到团体的益处。但是最紧要的一点,是在就民众实地生活指导他们组织团体,否则引不起他们的兴趣来。

民众实地生活需要,概括言之不外经济与政治二大类。经济组织比较最有益无损的,莫过于合作社,无论生产、运销、信用、消费等各方面,用合作组织以经营之,消极方面可免贫富相差悬殊之流弊,积极方面可使经济事业发展,民众生计宽裕。至于经济以外之民众实地生活需要,大抵包含地方各种建设事业,或应兴应革事宜,如治安、水利、交通、教育等等问题,宜有一种简易可行之组织,使民众得共商合力处理之。这种组织的性质偏于政治方面较多,所以可说是政治组织。政治组织如何方能简易可行,以后当详细说明之。

自然形势区域为什么要紧呢?譬如某地或为高山所隔,或为大湖所分,假使要指导这种地方的民众组织团体,不但事实困难,并且他们的实地生活需要无论在经济政治各方面都未必相同,并无密切关系,便亦无从组织。

组织国族团体使全民众团结一致对外做民族自救的工作,这是我们最后的目的。但入手却不得不由小而大,由下而上。须知中国民众素无团体生活之习惯,若骤令他们进一大团体内,他们只有望洋兴叹,不知所措。唯有令他们先从下面小范围的团体里参加练习,他们还感觉得到生活上的需要,关系的密切,人的好歹,事的利弊与缓急轻重,而能从容发表意见,商定办法。各地民众因在小范围团体里面受过相当训练,渐有相当政治能力兴趣与习惯,便可参加高一级较大范围之团体而无忧。大抵最初以一村或数村,户数自一百至五百户之自然形势区域,就实地生活需要指导民众组织团体最为相宜,最易收效。由此上一级至现制一自治区域或迳至一县,仍就这个较大区域范围内民众共同生活需要组织政治及经济的团体,民众因已在下一级小区域范围之团体内得有相当经验,故参加一自治区或一县之团体工作或可胜任愉快。然后再就一省或数省或全国民众生活上之共同需要,如大股土匪之剿灭,沿海各省渔业之发展与保护,民食之调节,水患之防治,外人侵略之抵抗等等,由民众自动组织政治及经济团体以处理之。到了这个地步,民众的政治能力、兴趣、习惯已经养成,对于参加团体生活已成习性,方可组织民族大团体,合全民众之力量,一致对外以救中国危亡。

救国是目前中国民众教育最要紧的任务,在上文已经说明,不过同时于无意中我们把民众教育另一种任务亦已在上文中叙述。这种任务就是为世界开辟一历久不弊,正常形态的人类文明组织团体。从一村或数村之小区域范围做起,用意在民众本来相熟,会商问题时无从尔虞我诈,易于折中至当,有时为事势所迫,不得不使少数人吃亏牺牲,亦必大家谅解不得已的苦衷,斟酌情理,和衷共济,以处理之。至于经济团体既采用合作制度,既可合众人之力开发经济,又可永免贫富相差悬殊之害,所以无论在政治或经济方面都可以实现以全民众力量为全民众谋幸福之主张。换言之,无论一小区域或大区域内的政治、经济以及一切社会问题都由民众按照事实斟情酌理,和衷共济以解之,没有那一部分民众愚弄或压迫其他部分民众之现象发生。大概一切社会问题之解决,不外二种方式:第一种方式是智欺愚,富欺贫,上凌下,强凌弱,众暴寡,如地痞流氓、土豪劣绅、贪官污吏之愚弄鱼肉乡民,土匪军阀等等骚扰压迫乡民,西洋历来资产阶级利用其优势把持政权,榨取贫苦劳动者,并以武力及经济力互相争雄,侵略弱国,都是属于这种方式;第二种方式是协商调和,讲理性,讲信义,如中国旧时家庭、夫妇、父子、兄弟以及师生、朋友、亲戚间之相处,中国在很强盛时代与四邻之交往都是属于这第二种方式。在现代社会如要这第二种方式行得通,有二种先决条件:一是理性发达,如吾国人所常讲的忠恕之道;二是民众团结,须引得起多数人民的力量共同解决社会问题。二个条件缺一不可。中国人但具备前一个条件,而不具备后一个条件,所以解决社会问题的第二种方式有时而穷,不能处处合用,永久合用。现在民众教育所要努力的是在引起大多数人民的力量,使渐形成一团体以补但有理性之不足,俾有实力用协商调和,讲理性,讲信义之方式解决一切社会问题(小之一地方的政治经济问题,大之一国的政治经济及外交问题),而永远扫除强凌弱,众暴寡方式之流毒。这就是民众教育为世界开辟一历久不弊,正常形态的人类文明的大任务。

至此我们可以将本文结束,提出民众教育的正确意义如下:

民众教育须就实地生活需要,培起全民(至少大多数人民)力量,运用团体,根据理性,以解决一切社会问题。

不就实地生活需要便引不起兴趣,无从施教,前文已经说明。对于此点,儿童及成年是相同的,而成年人因在家庭及社会直接负维持及改进责任的关系,此点尤为重要。

全民力量、团体与理性是新社会秩序的三要素,亦就是未来世界历久不弊,正常形态人类文明的基础,三者缺一不可。中国人虽具理性,而缺前二种要素,所以平时在社会中理性的作用亦不甚显著,必俟培起大多数人民的力量形成团体,理性的作用方能显著,新社会秩序方能树立,地方及国家政治经济等问题始得一一解决。

中国政治经济等问题解决之日,便是中国及中国民族得救之日,亦便是社会秩序已经树立稳固,而世界历久不弊,正常形态的人类文明开辟之日。以后民众教育的任务在谋这种人类文明之绵续与进步。

原载《教育与民众》第5卷1期,1933年9月

我们认识中之乡村建设问题

甲、我们对于本问题之认识

一、中华民族向来是很繁荣的,自西洋人挟优势的西洋文明侵入以来,政治经济文化各方面逐日现衰败之象。现在国土日蹙,民生日困,设不力图复兴,将不能自存于世界。

二、自戊戌变法以来,三十余年,各种革新的努力,不论其标榜的为何种主张,号称代表的是何种民众,实际上只不过为少数知识分子所发纵指使。换言之,一切革新运动只不过为上层运动,与下层民众无与。基础不固,建设无成,岁月迁延,而民族日即于危亡,今后必须使下层的大多数民众觉醒,左右政权,献其心力,而后民族复兴可致。

三、下层民众不一定尽是乡民,要以乡民为主。照普通估计,吾国农民占百分之八十左右;照进出口贸易,吾国主要出口货丝、茶、黄豆、鸡蛋等,主要进口货棉花、棉织物、米、麦等,都是农产物。所以我们认为要复兴民族,乡村建设实为重要的途径。

四、我们所谓乡村建设,是主张用教育力量,推进乡村,组织民众,为政治经济文化等多方面的建设。这种工作须有计划、有方向、有步骤、有联络。最后目的,在改进社会,复兴民族。但下手工夫,不得不由下而上,由小而大。

五、这种样子的进行,或者稍嫌迂缓,但试问数十年来敏速的办法,其成效若何?如果有能始终不渝为民谋利的集团,来做敏速的工作,我们岂有不同情之理?可是我们觉得我们走这迂缓的路,无论是为助成他们的工作,或准备他们的再失败,或监督他们的背叛民众,都是有神圣的意义。

乙、我们对于乡村建设进行上几个主要问题的意见

一、从何下手,以何归结

我们认为下手时,要力图适应人民之实际需要,如贫穷而注重经济的教育与建设,闾阎不安而注重地方自卫事。归结点要在人民有组织,能合作,习自动,善奋斗,自乡村以至民族的问题,都能共同努力来合作。

二、实施的中心机关

1. 实施的中心机关,应当是一种具有充分教育意义的机关,这种机关以冶成年教育、儿童教育于一炉的全民教育机关为最适宜。专任职员至少有一人,多则二三人,要能认识社会,主持教育,指导技术。

2. 在这种机关不能设置的地方,应当特设成年教育机关,为推进之主要动力。

3. 在未能特设成年教育机关或不能充分设置的区域,各种机关均应充分利用,特别是小学校。

三、单位实施区

1. 单位实施区之大小，须以中心机关能应付的户数及面积为标准。我们以为一百户至五百户较为妥当。

2. 至于较大的设计行政及指导单位区，市集或市镇、县、省，各有各的特点，适宜为某种事项之单位。

四、"政教合一"

1. 我们主张地方原有的政治、经济、文化各种势力均应力谋联络，务求步调整齐，效力宏大，因此对于"政教合一"是赞同的。

2. 在政府当局励精图治而又认识乡村建设的区域，应使各种势力合并，重行整理，以特设的全民教育机关为中心，领导进行。

3. 在政治比较落后的区域，负责推进乡村建设的机关，宜保持他文化机关的本质，以此立场，与政府机关及其他势力联络。

五、经费

1. 我们不很赞同为了乡村建设，再增加人民的负担。但能把军政费减省，浪费免除，税收整理，因而得到大宗经费来充用，我们极端赞同。

2. 如果人民乐意捐输，以维持实施的中心机关，促进乡村建设，我们认为是很好的现象。

3. 我们以为经费应当越经济越好，但也须承认一般工作人员合理的物质需要，予他们以相当生活的保障，说得明白些，对于工作人员，我们固然应当勉其抑制物质的希求；对于当局，却应当鼓吹增高待遇。

（本文作者：高阳　俞庆棠　陈礼江　赵冕）

原载《教育与民众》第5卷1期，1933年9月

近七十年来中国教育改造之趋势

一、民国纪元前

中国新教育的起源,应回溯至六十余年前。当时距鸦片之战(西历一八四二年)二十年,英法联军入京(一八六〇年)二年,中外交通益密,外力压迫益甚,国人渐知西人科学文明如轮船炮火等之远胜于我,所以决定于前清同治元年(一八六二年)设同文馆于京师,同治五年设船政学堂于福建,并于光绪三年(一八七七年)派遣留学生于欧美。这时候,中国新教育,可说是注重科学教育及人才教育。

后二十余年,经甲午(一八九四)庚子(一九〇〇)两役,丧师辱国,割地赔款,创巨痛深。于是国人恍然悟旧时教育制度之非,决定废科举八股而推行新教育。设立大中小学校,同时并设立图书馆、报馆、阅报处、半日学校、简字学校、夜学、宣讲所、陈列所、体育会等等,希望于极短时期内能使教育普及全民,共起救国。这时候,可说是初次普及教育运动时期。

后数年,丙午(一九〇六年)宣布预备立宪,提倡公民教育。辛亥光复,群谈政制,一时政法学校林立,政法教育空气弥漫全国。"公民教育"与"政法教育"似同而实不同。公民教育目的,在使全体人民成健全之公民,希望实现民主政治,注意在下层。政法教育目的在造就议员与官吏,最多做到贤人政治,注意在上层。

清末留学生学成归国者人数不很多。国人视之如凤毛麟角,尊之若天神天将,为父兄者莫不望其子弟之能出洋,好像一出洋便万事解决。每年赴国外留学者以数十百计,受亲友及社会之欢送,甚为荣耀。虽然归国后谋事未必甚易,服务社会未必都能有补,然而至今二十余年,这种风气还没有改变。

二、民国元年至十五年

推行新教育三四十年,不但国家危殆如故,人民愚昧如故,并且内乱频仍,外患愈亟,盗匪遍野,民不聊生。有心肝的人不得不群起谋教育改造,以期挽救国家的危亡。自民国初年至十五年,教育改造运动有下面所述数种:

教学方法:十余年间凡数变。由注入式进而为启发式,再进而提倡学生自动,教师辅导。设计教学法及道尔顿制亦经先后提倡或试验。但是在此时期内教育方法上最重要的改造,要算民国九年杜威来华后提倡教学与实际生活发生关系之主张。这种主张虽然国人以前未尝不知,且未尝不提倡,但经杜威亲自来华宣传并讨论后,方深入人心,渐渐的有人把这种主张应用于教法。

新文化运动:发动于民国五年。其主旨一方面对于旧礼教及制度提出疑问而谋改革一方面提倡语体文,以期易于通晓,易于普及。此时国内研究学问的兴趣浓厚,思想很活泼。及民国八年,日本政府勾结吾国当局,攘夺山东权利,引起全国人民之愤恨。五四运动应运而生。北京学生群起而争,全国工商学各界同时响应。吾国民族意识,因受强邻压迫及威尔逊提倡民族自决之影响,本已甚强,及五四运动而有更深刻的觉悟。

职业教育运动:正式自民国六年开始。但在前清推行新教育之初,本注重船政,电报,铁路,商务,农林,蚕桑等。派遣留学生,亦谕令分入各国农工商等学堂。至国内实业学堂则分高中初三等。民国成立,实业学校数及学生数逐年都有增加。及民国六年,国人鉴于生计艰难,匪盗充斥,毕业者多,失业者亦多。求根本上解决生计问题,因而提倡职业教育。十余年来虽年有进步,但以一般人之漠视,及职业教育办理之费力,尚未能达根本解决生计问题之目的。

义务教育运动:自民国七年起,山西提倡甚力,稍有成效。九年,教育部规定分期筹办义务教育清单,咨行各省,限期于八年内全国教育普及。但以十余年来国内战乱未息,经费无从筹措,义务教育并未能按期进行。

义务学校,及平民教育运动,是殊途同归的。民国八年,五四运动发生,各学校都组织学生会,附设义务学校。希望由此促成教育之普及。欧战时华工青年会服务人员,因在法国施行华工教育,颇著成效,遂联想到国内三万万以上失学之文盲。故于民国九年回国提倡平民教育运动,决心先做普及文盲教育,消除文盲之工作。于是可见义务学校与平民教育运动目的是一致的,而且发生时期先后不及一年,所以二者相得益彰。

民国十年左右,有一种大学教育运动,原因有三。中国内忧外患,险象环生,无从自拔,爱之者以为由于国内缺乏相当领袖人才,所以需要办大学,此其一。同时国内中学生毕业者日多一日,苦无升学之所,此其二。又留学生归国者增多,竞谋出路,以开办大学为尾闾,此其三。大学之风起云涌,何怪其然。

农村改进运动:亦是民国十五年前的产物。这个运动是自然而然来的。提倡职业教育者因思办乡村职业教育而联想到农村改进事业。提倡平民教育者因吾国农民占大多数,遂不得不注重农村。但是最大的原因还在实业家。他们一方面求得充分良好而价值便宜的原料,一方面要推销制造品,不向农村去向何处去呢?所以民国初年办实业的人便早想开发农村垦殖荒地。欧战时,这种倾向尤为显著。等到读书人想到农村改进,已迟了十年或五年了。现在政府想到农村改进,至少已迟了十年以上。

民国十五年以前,二十余年间,教育宗旨之措词凡六变,学制系统亦经四易。此种变动影响于教育机关之组织及编制虽甚大,而对于教育实质上关系并不甚大,姑不置论。

但是有一件事,于推行教育之目的,根本矛盾而且不利的,不得不在此特别提出。功名利禄的虚荣心是科举遗毒的最大者。这种心理至今还是牢不可破。本以创巨痛深,谋挽救危亡,而推行新教育。岂知功名利禄虚荣之心与科举时代绝无二致,或更加甚。如此换汤不换药,无怪推行新教育数十年,而国日蹙,患日深。研究中国教育改造倘不注意及此,恐终如数十年来之徒劳无补。

三、民国十五年后

自五四运动后,罢课,罢工,罢市之风盛行一时。中山先生在遗嘱中恳切地说:欲达中国自由平等之目的,必需唤起民众,共同奋斗。所以国民革命军北伐与民众运动相辅而行。民众运动主要目的在组织民众,训练民众,组织训练,非一时激动民众感情所能收效,于是便进一步提倡民众教育。同时中山先生主张以训政为军政与宪政间之过渡时期,北伐成功即开始训政。如何使大多数成年民众都成为健全公民,是亟待解决的问题。

民众教育的需要因此愈为迫切。三十余年前,因国蹙患深而竭力提倡之民众教育,至此其势遂一发不可遏而盛行于世。

数十年来,教育机关之设立,大抵偏在都市。最近数年,渐觉青年受教育后不愿回乡村,将使以农立国的中国根本动摇。即以民众运动民众教育论,工人固很重要,但对于大多数的农民若不加以训练的工夫,于唤起民众,共同奋斗,终少效验。况且近数年来,农村衰落已达极点,国人不得不移其注意于农村。知识分子全体动员下乡服务,就成为今后自然的趋势。

在科举时代,善于做八股的读书人,往往做了秀才或举人,便函还写不好。这是旧八股之害。但是现在大学,中学毕业生便条写不通的人,亦比比皆是。他们所学,在大的方面,于国计民生;在小的方面,于洒扫,应对,进退,起居,食,衣,住,行,等等,都不合用。远不如老农,老圃,工匠,及艺徒,书吏等。事事不如人,处处不欢迎。以致工厂,银行,商店,学校毕业生空疏无用,不得已分别由自己开职员养成所及讲习班等以糊口,学校毕业生的出路遂愈狭。数十年来,推行新教育本思为国家社会造就有用之才,而其结果如此之坏;教育应与实际生活发生关系之主张提倡已逾十年,而其影响又如此之微;这都是由于读书人好高谈理论,鄙视实际生活问题之解决方法,愿望做劳心而不做劳力者,及功名利禄的虚荣心为之作祟。幸而近来觉悟者渐多,学校生活化,社会化之声浪日高。生活化与社会化之意义很简单,但须教育者能以社会为研究对象,生活为课程,应用原理则以解社会问题,生活问题,而不为原理则之奴隶;兼有学者与老农,老圃,工匠,艺徒双方之长罢了。民众教育因侧重成年人,苟非切合社会生活需要,引不起他们求学的兴趣,实逼处此,所以不得不首先社会化,生活化。

一片散沙,是我们中国人最大的毛病。最显而易见的,要算在南洋群岛的华侨,及香港与内地租界内的华人,往往数十百万中国人,都处于被统治的地位。西人以数十,数百,或数千人操完全统治权。此无他,因吾国人民无政治能力,不能团结,不能合群的缘故。其实国人外受资本主义帝国主义的侵略,内受贪官污吏,政客军阀,土豪劣绅,地痞流氓之压迫,何尝不由于一片散沙之毛病呢?近数年来,训政,组织民众,训练民众,提倡合作,虽甚热烈,但以未能就民众实际生活,社会实际问题,引导一般民众及学校内学生自动组织,并养成团体生活的能力,兴趣,习惯;并以读书人目光短浅,走不出自己一小部分人的圈套,不知自下而上,自小而大,切切实实下苦工夫,不惟成效不易睹,并且事过境迁,不久又将淡忘。以致一片散沙之毛病无由除去,而陷吾国于万劫不复,不可救药的地位。

军事训练,童子军,体育三者,原来都可以促进团体训练。不过军事训练的形式及精神,都远逊于前清光绪三十年左右。吾国武备学堂设立很早。自前清光绪十一年(一八八五年)天津首先设立后,其他如武昌等各地于十余年间,次第设立。毕业生技术既佳,精神亦好,能耐劳苦。往往以一身兼军队中职务及警察与学校军事教官,而不提出请助教之要求。盖以当时外患日亟,刻苦耐劳,乃国民应尽的天职。童子军,除予儿童以纪律的训练外,本兼有团体训练(群育)及德育,公民教育的训练。倘使能不徒尚形式,不视为装饰或具文,而能注重精神,切实训练,有益于国家决非浅鲜。至于体育,虽然各方面好像很重视,其实在中国已偏重于选出类拔萃的人,专做竞胜工夫,于一般人身体的锻炼及借体育会球队等作团体训练，以期养成国人参加团体生活之能力，兴趣，及习惯，都无甚关系。

党化教育，自民国十五年起提倡甚力，后即不用此名称，而三民主义教育将以前各学校修身，伦理，或公民课，一律改为党义。行了数年，近来又渐主张改授公民等课。训育以前由担任修身，伦理，或公民课者及其他教员兼任或请人专任。自改为党义后，即由党义教师兼任，其余教师可不必参加。训育自五四运动后，本已视为畏途。自改为由党义教师专负责任，其他教师求之不得，无不乐从。再进一层说，智德体三育，本应当并重的。但是考查实际，体育于大多数人无关，前已说明。至于学生之品性习惯，家庭因远离而不易问，学校因怕事而不愿问，教书不教人，相习成风。但一看成绩报告，考查知识学科何等严密，考查操行则一行而已。变来变去，仍未能智德体三育并重，虽变亦有何益!?

四、结论

中国教育改造之起因，是外患日亟，七十年来，不但外患愈甚，并且加上内忧。教育者须就此主要点着眼，而以谋“解决中国问题及解决中国社会问题”为职志。要达这个目的，须实行下列信条：

（一）科学教育，人才教育，民众教育并重；

（二）教育须以社会为对象，生活为课程；

（三）智德体群四育平均发展，而尤须注重群育；

（四）“政”“教”“保”“养”联合。

原载《湖北教育月刊》第6期，1933年

1934 年

对于“乡村建设具体方案”之建议

去年八月间中国社会教育社举行年会于济南，会众眼光齐注在乡村建设问题上，会后该社又有“乡村建设具体方案编制委员会”之组织，推定庄泽宣、江问渔、高阳、孟宪承、雷沛鸿、梁漱溟六社员为委员，并请中华平民教育促进会的晏阳初先生参加。八月间该社开封年会又以此项方案作为中心讨论。下列第一篇为委员孟宪承、高阳先生之建议；第二篇为梁漱溟先生对此问题之意见；第三篇为该社常务理事俞庆棠先生之意见。孟、高、梁、俞四先生为乡村建设问题之先知先觉者，故特为搜刊其文于此，以飨读者。

——编者

第 一 篇

“乡村建设具体方案”，曾由理事会推定梁漱溟、庄泽宣、江问渔、雷沛鸿、孟宪承、高阳六社员，又函请晏阳初先生共七人组织委员会负责起草。两月以前，梁先生已将所草意见，分示同人，通信商榷。后来，梁先生因为事忙，又将继续工作，委托了我们。我们以自己能力之限制，只有以梁先生的原文以外，根据同人所已表示的意见，综合整理，作成这个报告。请求理事会审择以后，再提供大会讨论。

一、“乡村建设具体方案”的先决问题

乡村建设的工作，概括地说，有三个方面，一是生产的发展，二是社会组织的改进，三是以培养民众的生产力组织力为目的的教育的普及。假定有一最高的力量，在中国的乡村，普遍推行这三部分重大的工作，则于每部分所需的经费、机关和人才，所应采取的目标和方法，以及各部分工作的相互联络，应该先有一整个的计划或方案。而这种计划，也几乎就是一整个的社会计划了。

可是在事实上，这时从事乡村建设工作的，还不过是分散着的若干机关和团体，他们并不代表社会的整个的力量。没有整个的力量，怎样能够执行整个的计划呢？——这是讨论乡村建设方案中的一个先决问题。

梁漱溟先生的意思，以为乡村建设，在一意义上，本来是中国社会转变中必然的过程，“殆为历史进程之出于天者，非可制订方案而人为设施”。但在另一意义上，则果能从过去历史之认识，而有以观测乎未来，又未尝不可从而推进历史之车轮，以实现其所必有之命运。于如何推进如何实现之中，亦未尝不可有所谓方案者。但此类方案，以客观事实之分析推究为主，而主观之安排从之。其第一个方案，又必为如何产生“一个能为乡村建设的力量之方案,而非实施乡村建设之方案”。

庄泽宣先生赞同梁先生的意思,也以为“在讨论乡村建设方案以前,应先讨论是否将有一‘乡村建设之能动的力量’之产生”。不过就是这一问题,他以为也还要有“比较长期的研究”,至于建设工作,现在殊谈不到,“目前只希望能防止乡村更大的崩溃”。

以上是两位起草委员的意见,我们自己也十分赞同。至于“防止崩溃”论和“建设”论,我们认为在根本上并没有什么不调和,只有把现阶段的世界经济制度下中国乡村的崩溃,也看作历史的必然,而且预期着这必然,以促进崩溃为建设条件者,才与“建设”论根本相矛盾。否则要防止更大的崩溃,便非急急在建设上努力不行。因为崩溃不会自然停止,只有建设,才能防止崩溃。所以我们想,庄先生的这一部分的意见,是可以合并于建设问题来讨论的。

我们现在郑重地将梁先生的建议,提请理事会先行加以研究。我们所负疚的,是经过了很多考虑以后,方案起草的任务,并没有能够完成。同时,就本社自身的范围说,本社所倡导的社会教育,今后应如何趋重于乡村,乡村的社会教育应采何种的原则,尤其要紧的,乡村社会教育的工作,应如何先充实自己的力量。这些问题,我们还是应该觅取其可能的解答。所以我们又集合同人的意见,依次陈述如下:

二、社会教育趋重于乡村建设

因为中国的社会,大部分是乡村的社会;中国民众,大多数是乡村的人民。过去从事社会教育或民众教育者,早已感觉到乡村工作的重要而有不少的努力。本社上届年会,更决议了“由乡村建设以复兴民族”一案。虽整个的实施计划,还待商量,而今后社会教育工作的重心,应该移转于乡村,却早已没有疑义。因此,我们提出三点比较具体的意见,供大家讨论:

(一) 经费的分配。以后社会教育新增的经费,应尽量分配于农村,乡村社会教育机关,自身无须庞大,其经费之分配,不应以机关之大小为比例,而应估计工作影响的范围和人数,定适当的比例。

(二) 机关的设置。以后社会教育新增的机关,应尽量设置于农村。其原设在城市的机关,应于可能时移设于乡村,或在乡村设立分部与分区,进行推广的工作。

(三) 人才的训练。以后为社会教育训练的人才,应有切实的乡村服务之准备,其课程与生活陶冶,应注重于:

1. 了解乡村在整个民族中的地位,与所受世界经济政治势力的影响;加深其为民族努力的意识与“由乡村建设以复兴民族”的信愿。

2. 实习乡村生产技术与社会组织活动的内容与指导推广的方法。

3. 体验乡村的习苦,坚忍耐劳,深思苦干,以创造自己的新生活。

三、实施社会教育的几个原则

原则不过是事实的归纳的说明,事实如果变更,则原则也不能固定。关于社会教育的目的、内容和方法,向来就说得很多很多。现在,要不要再行作一检讨,而取得一共同的比较明确的承认?下列各点,也只供讨论的参考而已:

(一) 目的。培养民众的几种基本力量,尤先的,是生产的与组织的力量,使渐能以自己的力量,改善自己的生活;期于以乡村为起点,使整个民族能以自己的力量,光大自己的生命。

（二）内容。主要的就是这时乡村所急需的新的生产的“工具”与“技术”和新的社会组织的“方式”与“活动”。

（三）方法。也就不外乎如何指导与推进这些工具、技术、方式、活动的使用，使民众于继续使用之中，由行而知，由做而学。

关于指导与推进的个别的方法，我们限于经验，不能列举，而且这些方法，应该就是一般教育上的历试而有效的方法，也不须列举，下列的是几个普通的例子：

1. 握住实际生活问题。如因农产短少，而改良种子、农具、和耕作方法；因商人垄断，而组织合作运销；因水旱灾害，而造堤浚河；因交通困难，而修桥筑路；因匪患而训练自卫；因疾疫而指导公共卫生。一切设施，要从农人自身感觉的迫切问题出发（“动机”的原则）。

2. 顾及农人固有经验。凡新的工具、技术以及社会组织的方式和活动，倘若与农人固有的生活经验，相差过远，便无法接受，不会使用。要在“由已能及不能”，“由已知及不知”，因其固有的经验，而引发劝导（“类化”的原则）。

3. 注重示范。凡新的工具与技术的介绍、推广，要先有具体功用的“表证”，农人看懂了，就自然乐于使用。口语说明，固然不够，文字传播，有时更属徒然（“观察”的原则）。

4. 引起自动。凡新的社会组织，如合作社、自卫团等，要帮助农人自己发起，自己试做，而避免代办。虽然代办有时容易得多，即使开始时还免不了代办，也应当竭力使他们自己参加，到相当的时候，完全由农人自己维持，自己发展（“自动”或“练习”的原则）。

5. 表演成绩。如农作、饲畜或工艺物品的展览，而在使民众于观摩、激动之中，感觉到自己成功的满足，发现出自己可能的力量，因而更加愿意增长其力量（“效果”的原则）。

四、社会教育自身的力量

最后，我们回顾前述“乡村建设之能动的力量”的问题，在那整个的力量没有产生以前，我们尤不得不设法谋自己工作力量的充实。以乡村建设的全体言，教育只是一部分的工作。虽然在这开始的时候，有好些地方，它还是仅有的一部分，并且靠它引进其他的各部分，但继续发展到相当的程度，便不能没有分工。教育这一部分的工作，要增加自身的力量，便不能不与实际乡村生产与社会组织密切相联络，以乡村的社会教育言，“如此东一处西一处零散的工作，果足以完成乡村建设，复兴民族乎?”诚如梁先生所问。要使零散者渐能完整，分离者渐能集中，我们也唯有在共同的方向与共同的工作上，使机关与团体彼此能够密切相联络。只有联络，只有组织，才有力量。我们敢说。

因此，我们又向本社社员建议下列各点：

（一）准对着整个民族。我们于各自努力一项乡村工作或一个乡村的改进时，要照着这共同的方向，时时注意于这乡村与整个民族的联系，以至与世界经济政治势力的联系。在这联系中，乡村不是一个孤立的，隔离的单位。我们对于一切设施，不以解决局部的问题为满足，而应当顾及其与整个民族问题的影响。

（二）认定工作中心。我们在一个时间，要估量我们自己的能力，就乡村的需要，认清培养民众生产与组织的力量为工作中心，集中了精力去解决。一切无目的的铺张，不必要的宣传，都是力量的浪费，应当竭力避免。

（三）分工合作。我们必须与经济、政治机关，尽量取得有效的联络，就是我们的较大规模的研究实验机关，也必须与其他文化学术机关，谋可能的联络。务集合相关的努力于乡村建设问题之上，各尽所能，分工合作。

（四）扩大组织。社会教育机关自身，无论以区域言，如村与村，区与区，或以工作单位言，如合作社。各自卫团体，也应当逐渐联络，逐渐扩大其组织。省立社会教育机关，社会教育辅导机关以及较大的县立社会教育机关，都应该负起这联络组织的责任。

原载《教育与民众》第6卷1期，1934年9月

增加及改良农产品与中国金融流通的关系

下文为高践四先生在苏州江苏省立农业学校之演讲稿，由该校承德芳、许寿大二君笔记。

——编者

谁都知道，中国农村已濒于破产了，而同时中国金融界，也已陷于极端的恐慌中。所以今天想同诸位研究的，就是这两方面的关系和怎样补救的方针等等。假使要有一个题目的话，这题目便是"增加及改良农产品和中国金融流通的关系"。

所谓"金融界已经因农村破产而感到恐慌了"，就拿银行来说吧，银行的转变，随着时代而不同。民国十七年以前，一般银行家但知以营利为目的，政府发行公债票要靠银行销售，大可从中取利。十七年以后，中央银行产生，以前代握国库权的中国、交通诸银行，就感受困难了。于是他们把眼光放远一些，打算投资于工厂方面，他们调查工厂的信用后，尽力帮助，像纱厂、面粉厂、丝厂等都有不少银行家的投资，以期工业的发达。虽然银行家的目的，还是在于自身的利益，但对于工厂的发展，实在大有裨利。可是最近，银行家感到投资工厂，还是没有多大效果，不足以满足其欲望，尤其是最近工厂方面的日渐衰落，大受打击，于是渐渐觉悟了，知道根本的问题，还在农村。农村问题不能解决，工业及其他实业也决没有办法的，于是又进一步，移动他们的目标开始投资到农村里面去。总之，银行家先想到工业，再转移到农村，可以说是金融界的一种极大的进步。现在再举一个例，以证明这金融界的转机。曾听得人说："某银行家经营二十余年，不知道他的目的何在，究竟为什么，个人呢？银行呢？国家呢？"这是十六年时候的话，可见那时银行家的一斑了。现在时隔数年，经营银行业的银行家，对于农村的认识，事实的见解，的确比以前进步了。金融界的情况，已如上述，我们从事农业教育的人，究竟应该怎样？农业界的知识分子，是否也像金融界一样的觉悟了呢？这是一个问题了，让我们今天提出来讨论一下子。

问：中国金融状况是否健全，像人体一样有否病态？不用说，中国金融是素来不健全的，已经病入骨髓。在许多年以前，譬如孙中山先生在三民主义演讲时，已经很明白地指出了中国经济状况的病态，并且还很详细的推测着未来经济状况的危机，在民族主义里说：中国每年要供给外人十余万万元，进口货将逐年增多，出口货将逐年减少。现在，很不幸地被中山先生猜中了。据二十一年度海关报告，入超五万万五千六百万海关两，等于八万万元，诸位想想，这是多大的恐怖危机呀！中国年年入超，只是民国四年——八年的欧战时期，进口货与出口货价值略可相抵，每年入超最少的尚有一千六百万两。再一看进口货中占最多数的是什么？机器吗？外国特产品吗？不是，都是中国也生长着的农产品，譬如米是中国本有的农产大宗，但每年输入数量，却是惊人，在二十年度进口总计六千四百万两，二十一年度共一万万一千九百万两，几近一万万二千万两，一年之内几乎增加一倍；还有棉也是输入品的大宗，以二十一年度统计有一万万一千八百万两，棉织品在二十一年度计算进口的数量也很可观，计有七千二百万两，和棉花一项加起来，共计二万万两；再讲小麦，在同年度进口数为五千一百万两。以上几项的总和，约有三万万七千万两，(均指海关两数)即占入超的三分之二(五万万五千六百万两中的三万万七千万两)，可见农产品在进口货中的位置了。

至于出口货中，以什么为最多？工业品吗？不是，出口货中占主要位置的，也是农产品，出口农产品中，以大豆为最，占第一位，二十年度输出估计有一万万三千万两，二十一年度输出仅五千万两。我们知道，大豆的生产地是东三省，是已经失陷了的，从今以后，将易出口货而成进口货了。出口货的第二位是丝，可是年年退步，二十年是海关八千四百万两，二十一年度是三千二百万两，一年之内又退了五分之二。再讲第三位是鸡蛋，二十年度是三千七百万两，二十一年度却变成了二千八百万两。次为豆饼，二十年度为六千万两，而去年二十一年度减为二千五百万两，一年之内，减少了二分之一以上。再次是茶叶，二十年度三千三百万两，二十一年度是二千四百万两，差不多减少了三分之一。

我所以要举出这许多数目字的原因，是要想指出并证明中国金融的病态，而此病态的总因，却全在于农产品，因为农产品的产量太少，所以不足以输出国外，而反需要国外输入的农产品以补不足，并且因为农产品的品质不佳，不合外人胃口，所以不能输出国外，而国外品质优良的农产品倒反容易输入，中国的米粮、小麦不够食用，就不得不吃洋米，于是暹罗米、美国麦都变为进口货了。中国的丝质不佳，不受外人欢迎，所以销路不良，没有立足的市场，同样，茶叶也是品质低劣，不合外人口味，所以印度锡兰茶夺去了我国固有的市场。从此，出口货日渐减少，进口货日渐增多，显然的，这已形成了很严重的大问题了，要解决这问题，是谁的责任？这便是我们的责任。

至于增加及改良农产品如何可使中国金融流通？金融流通如何可使中国经济病态减少？在这里，我们可以提出“循环”两个字来讲，人体内有循环器，可使血液运转，而金融，以我个人的意见，也是有循环的。经济学上每隔十二年有一恐慌，也是循环，英名称cycle。中国金融上的循环，同人体内的循环器一样而循环，就是所谓“生生不已”，用“生生不已”的办法来解决中国农村经济，而“生生不已”的起点，就是在增加及改良农产品。我重复地说着增加及改良农产品，并不是没有根据的空话，我是逢人都这样说的。我以前研究美国商业历史，美国自从开国至今一百几十年，每年输出品中的百分之四十都是农产品(如所谓美棉美麦等即是)，美国在理想上工业发达，但事实上出口货的一半，都依旧是农产品。中国出口货的大宗是农产品，而进口货的大宗，却也是农产品，所以我说，要解决中国金融问题，要从增加及改良农产品着手。这绝不是句空话，绝不是没有根据的话，不信，再看事实怎样：假使你去问问开工厂的人，“你们所最希望的是什么？”他们一定会不约而同的给你一个回答：“我望中国自身生出些好的棉、麦、蚕茧出来”。不差，这是原料呀，向外国购买原料是多么困难的一件事，所以他们绝对的希望，中国增加农产品，来供给他们做原料。假如你再去问问开店铺的人：“你们怎样可使生意发达？”他们也一定会说：“这要看农人的稻、麦、棉的收获好不好，蚕丝好不好来决定的，假使不好的话，我们的营业,是不能希望它发达的。”所以,无论工厂、商店的能否兴隆,完全要靠农村问题为前提的。再用书本上的方法,科学归纳的方法来说,增加及改良农产品可使自己足食足衣;增加农民的购买力;减少外货的输入,增加国货的输出。

再问:怎样可以使农产品增加及改良?这是一个大问题。譬如拿目前的情况来讲,农民无力购买肥料,甚至种子也没有存留,要农产品增加及改良怎么办呢?那就是要用“循环”的方法了。我曾在常州问过一农民,一亩田可生产小麦多少,他说:“这没有一定的,要看天气的好坏,乡民的勤惰等等,好的一石,坏的五斗,甚至二三斗也有的。”“勤的就怎么样?”勤的在暇时可以出外找寻狗粪,作为肥料,所以收获也好些。可见乡民情况的一斑,所以我们要帮助农民,设法购买肥料,但所需要的一笔款是很大的,那就要与金融界合作了。银行家有许多存款,正可以作此用途。譬如上海一地,去年有现洋存款约四万万元,分派起来,全国同胞可以各得一元,利用这些资本到农村上去,使农产品增加与改良,一方面农民可以自给,农村问题大部分可以解决了,同时,农民有了购买力,活动市场,工商界的不景气可以减少,而每年的进口货,从此可以减少。不但如此,我们要工商业发达,还要机械,机器是要从外国购入的,所以我们希望茶的产量、丝的产量、鸡蛋的产量都增多,同时改良其品质,甚至希望将来收回东三省,大批的大豆,重归吾有,用这些农产品输出国外,换他们的机器回来。

至于这循环的出发点,则在于各人的立场不同,随便那一种人都可以说是出发点,农民既可以,银行家也可以,甚至学农的知识分子也可以说是循环的出发点。

以上所讲,不过是个人所提出的一些意见,非常简单,不过事实上,在这短时期内,也不容许我详细地讲。总之,农产品的增加与改良,是可以挽救外货的入超,增加农民的购买力,活动市场,流通金融,如是中国金融界也就不至于怎样的枯窘了。这就是增加及改良农产品和中国金融流通的关系。

原载《教育与民众》第5卷5期,1934年1月

理想的江苏教育

理想的江苏教育,须能切合当地人民生活需要,解决社会问题。目前的教育因为是传统的、模仿的、以误传误的,没有经过把社会人民生活需要与教育两相对照,详细考虑的,所以教育是一回事,社会人民生活又是一回事。教育非但不能解决社会问题,并且治丝而棼之,反足以增加社会的纠纷。今后如要使江苏教育达到理想的境界,并不甚难,但须力求教育切合当地社会人民生活需要,行之数年,便足以举所有社会问题,中国问题,解决之而有余。

当地社会人民生活需要应作如何解释?答曰,这里头有四个要素:第一,地方性:如内地、沿海、温带、热带及区域之大小,如一乡、一区、一县、一省等;第二,团体性:如家庭、邻里(或保、甲)、乡、区、县、省、国及国际联合等;第三,人民:有男、女、老、少等之别;第四,生活:有精神、物质,个人、团体之分别。于此可见当地社会人民生活之需要。小之,是指某地个人的精神及物质生活需要,或指某地一家一乡一区团体的精神及物质生活需要而言;大之,是指一县、一省、一国及国际联合团体的精神及物质生活需要而言。所谓教育须能切合当地社会人民生活需要,便是说,须切合某地个人的及团体的精神物质各方面生活需要而已。

目前江苏教育,以及全中国教育,所以未能切合当地社会人民生活需要的原因,在教育机关与其所在地之社会决然隔离,各不相谋。如能反其道而行之,务使教育机关对于其所在地之社会及社会内个人及团体的生活问题加以详细研究,并谋一一解决之,于是教育便足以尽其解决社会问题,改造社会,挽救危亡之功能。试举例以说明之,如下:

假定某乡村或某市镇设一教育机关,其服务人员对于该乡或该镇之环境及人民生活状况风俗习惯等等,便当加以观察,就该地人民生活需要,给以相当教育与解决生活问题之方法。譬如,山居人家之幼童往往须助其父母樵柴,以补助家庭生计,教育者便当就幼童樵柴问题研究,一方面教幼童以樵柴适当之方法,一方面开导幼童之父母须考虑到幼童身体发育,不宜徒贪一时收入,使幼童每次所负之柴担过重,或工作过劳。又如儿童起居饮食、坐立、操作、休息、游戏、与人接物等之良好习惯,教育者均需负责设法养成,不宜徒以课儿童读写算为能事。又如某地宜渔,宜牧,宜森林,宜蚕桑……或某地之要讲求水利、保卫、经济合作、政治团体组织等等,教育者便当以此等事为课程,就当地儿童及一般人民日常生活教导之、训练之。不达解决社会问题,改进社会之目的不止。

总之,社会是整个的,教育亦应当是整个的,教育当以解决整个社会问题,改进整个社会为目的,所以须能切合社会人民生活需要。而其施行方法当以区域为单位。乡设乡教育机关,以全乡为教育对象,分儿童部及成年部,必要时得设妇女部。互相联络,以适合本乡人民生活需要,解决本乡整个社会问题为职责。乡之上,区设区教育机关,县设县教育机关,省设省教育机关,分别以全区、全县、全省为教育对象。视需要或各自告一段落，或互相衔接。但无论如何，须能切合人民生活需要，运用教育力量，解决本区、本县、本省整个社会问题，并谋社会之改进。万不可再如以前之教育是教育，生活是生活；教育机关是教育机关，社会是社会；以致教育失其效用，国家日形危急。顾全省父老幸勿河汉斯言。

原载《江苏教育》第3卷第1、2期，1934年2月

六周纪念赘言

怎样达到民族自救世界大同之目的

本院于民国十七年春开办时原名江苏省立民众教育院。当时本省当局因农民教育尤为重要,所以于十八年春又开办劳农学院。并因两院关系密切,设在一起。十九年夏,遵照大学规程及组织法合并为江苏省立教育学院,仍设民众教育及农事教育两学系,并附设专修科。光阴迅速,自十七年春至今,忽已六周年。回忆六年前,国外土耳其民族复兴成功,且竭力推行民众教育以期巩固其民族独立之基础;至吾国国内,当时军事方告结束,全国统一,训政开始,气象焕发,民族复兴之希望甚多且大。于是遂有由民众运动、农民运动,进而切实下民众教育、农民教育的工夫之趋势。其目的在促进民族复兴之机运,巩固民族独立之基础。本院乃应此需要而成立同性质教育机关之一也。

到世界大同之途径,有武力征服、国际联合、及第三国际等三条。无论取那一条途径,倘各民族不能先自治自立,不但因自己无办法,易牵动世界和平,为各民族之累,并且自己这个民族,将永远处于被动、被征服的地位。在各民族间不能享有平等的待遇,甚或永久沦于万劫不复之境。所以民族自救,是世界大同必经的阶段,不仅是一民族自为计而已。

由此可见本院使命,就国内谈是民族自救,就全人类说是世界大同。现当六周年纪念,我们应当拿来检点的问题就是:"怎样达到民族自救世界大同之目的?"

过去六年间,我们及社会一般知识分子对于这个问题的认识已经到何种程度?方针是否无误?是否已有相当有效进行方法?所有研究实验及训练服务人员,实施民众教育、农事教育等工作是否完全切合民族自救之宗旨?热心毅力如何?精神贯注否?都能竭尽心力从事工作否?又今后我们对于这个问题应当如何谋得一更明了的认识?我们过去的优点当如何发挥光大之?过去的缺点当如何补救改正之?今后应如何加倍努力,加紧工作,以挽回数年来民族愈形危急,农村愈形衰落,百业愈形凋敝之危机?

一言以蔽之,我们在六周年纪念时应当"怎样达到民族自救世界大同之目的"一问题自问,检点过去,勉励将来。

古人说,任重而道远,不可以不弘毅!对于从事民族自救,工作者吾亦云然。

原载《江苏省立教育学院校闻》第2卷2期,1934年3月

过去五年民众教育对于国家的贡献及今后应行努力的方向

《教育与民众》月刊于民国十八年五月创刊。到今年五月为五周年。主编者向各方征求纪念文章,所以本文以过去五年作题。

论过去五年民众教育对于国家的贡献本不胜枚举,现在但就最重要者言之。

民众教育于过去五年间对于国家最重要的贡献是哪几种呢?是消除文盲与促进训政么?是提倡生计教育与健康教育么?在注意成年人与劳苦大众么?在偏重乡村与挽救农村衰落么?

以上所提数种固然是很重要,然而在作者看起来,还不是民众教育于过去五年间对于国家最重要的贡献。

然则最重要的贡献是在哪里呢?

认清民众教育的任务是过去五年间最重要的贡献。

何谓认清民众教育的任务?为什么认清任务要算过去五年最重要的贡献?原来一种运动之起必有他的需要与目的。譬如最近发起并且正在热烈提倡的新生活运动,至少在发起人必认为这种运动是国家目前所最需要的,或可说是救国必由之途径,所以用全力以赴之。又如数年来提倡之军事训练,自民国十七年国民革命军北伐达济南,为日本军队所阻挠,一时屈辱,颇思谋根本应付之道,于是竭力提倡军事训练。从可知提倡军事训练实鉴于国家之迫切需要。又自二十年九一八及二十一年一二八后,日本侵略我国之野心愈著,其手段亦愈辣,国人看了日本的军备充实,飞机、枪炮、子弹、炸药等都很厉害,同时世界各地经济恐慌,群用倾销之策以自救,中国生产落后,适受其害。一方面既受日本之政治侵略,另一方面又受日本及欧美各国之经济侵略,实逼处此,于是国人又大声疾呼,提倡救国教育与生产教育。凡此种种(救国教育、生产教育、军事训练、新生活运动),以及其他种种,如航空救国、道路及实业建设、职业教育等运动之起来都必有他的需要与目的,并且可以说直接间接都与救国有关系。

民众教育并不是最近五年间的产物,他的起源远在三十余年前。当甲午之役吾国败于日本,丧师辱国,割地赔款,不得已变法图强。废科举兴学校是变法要政之一。但当时国势危急,迫不及待,学校造就人才需时较久,未免缓不济急。所以当时的爱国者想出半日学校、夜课学校、体育会、藏书楼、陈列馆、阅报处,白话报及演讲等种种方法,希望在极短时期内使全体国民能起来共同救国。这种种方法是否个个有效姑且不论,不过三十余年前国人要想用民众教育救国却是一个不可磨灭的事实。救国可以离开民众么?照孙中山先生的意见他积四十年之经验深感觉到"必须唤起民众……共同奋斗",国民党曾一度的遵照孙先生这个意思做民众运动、工人运动、农民运动的工夫,对于北伐不无帮助。但是并非完全有利无弊,并且民众运动肤浅而不深入,其最大功用在助声势,五分钟热心，时过境迁，即烟消云散，这还算是好的。假使民众运动激起了群众暴动心理能发而不能收，本想用以制人，反为所制。法国革命恐怖时期，即是前车可鉴。所以民众运动、工人运动、农民运动是不可不审慎的。况且目的本在唤起民众共同救国，民众运动既肤浅而不满人意，那么进一步提倡民众教育，做较切实的工夫，乃自然的趋势。这是近数年来国人想用民众教育救国的一个不可磨灭的事实。

可是，事态变迁剧烈，情势急转直下。前面已经说过了，日本积极侵略，世界经济恐慌，几乎都以中国为众矢之的，中国独承其弊，危乎殆哉，岌岌不可终日。国人遇此，能不心惊目眩，药石乱投。举凡救国教育、生产教育、新生活运动、军事训练、航空救国等等无非是由于近数年来，日本及欧美各国对于我国政治侵略，经济侵略，及国内天灾人祸，吏治不清明，接一连二，使我们应接不暇，在纷扰紊乱中所引起的救国运动。他们的目的是相同的，用意都是好的，理由都很动听的，事业都是不可少的。我思之，我重思之，殊觉十分烦闷，疑团莫释，不知何去何从。

为什么三十余年前及近十年来，国人屡次想用民众教育方法使全体国民能起来共同救国，但是近二三年来，国人又另提出救国教育、生产教育、新生活运动、航空救国等方法？岂救国之道真在此而不在彼么？或民众教育迂缓无补，不如救国教育等之足以应急么？古人说，七年之病求三年之艾。为国家计，这是我们所应当做的。果真民众教育是迂缓无补，救国教育等是三年之艾，我们便当舍彼而就此。我思之，我重思之，诚不知何去何从？

救国教育的要旨在国人能制造并供给多量飞艇、枪炮、子弹、炸药以与敌战。这与六十年前国人鉴于西洋人之船坚炮利，而兴海军，开办制造局，须偏重科学及工程的人才教育方面同一用意。航空救国自然在此范围之内。军事训练施行于高中以上各校，期望学生成文武全才以备国用，意亦与救国教育相近。

至于生产教育在从前专注重工业，近来方渐渐注重农业。但恐还有许多人仍以为工业应当重于农业，至少应当二者并重。职业教育及各种建设事业的趋向，大抵亦复如是。

新生活运动以礼义廉耻昭示国人，意在提高社会风习，恢复固有道德，以挽回颓风，挽救人心及国家之危亡，用意良苦。

以上三项总结起来说，救国教育是图强以救弱，注重政治方面。生产教育是求富以济贫，注重经济方面。新生活运动是精神教育，注重文化方面。

然则民众教育的主旨是怎样呢？上面不是已经说过么？民众教育的任务在使全体国民，至少大多数国民，能够起来共同救国。为什么救国必须民众共同奋斗？下面当再说明。现在先要问，如何能使民众起来共同救国？三十余年前的爱国者以为民众如有了知识便能起来共同救国，所以当时有半日学校、阅报处及演讲等种种开发民智的方法。这种种方法即近年来想藉民众教育救国的爱国者还很信仰的，他们以为知识是众妙之门，知识一有何事不成，即使知识以外还有什么缺少，亦不过生产技能罢了。所以他们常说中国人有四种缺点：贫、病、愚、私，或五大仇敌：贫穷、疾病、愚昧、贪污、扰乱。要补救这四种缺点，或除去这五大仇敌，须使民众有生产知能、医药卫生常识、识字且有公民常识与道德。至于“扰乱”这个仇敌，须以民团保卫团或军事训练解决之。总之，民众教育范围终不外乎生计、健康（或卫生）、文字（或文艺）、公民（或政治）等数项而已。民众识了字,并且有了生产知能、医药卫生常识及公民常识与道德,再加以军事训练或保卫团的训练与组织,便不怕他们不起来共同救国。

如此国家有办法了,民族前途有出路了,但是为什么又有人要提出救国教育、生产教育、新生活运动以及其他种种救国运动来呢?恐怕在他们的意思,好像有一些不耐烦不满意,所以要另辟途径或单刀匹马力求深入,并且在另一方面表示不满意的提出知难行易的主张,要使大家致力于行。

然则,究竟如何能使民众起来共同救国?须就实地生活需要养成民众组织,并运用团体之能力、兴趣、习惯,引起大多数人民之力量以解决一切社会问题。请读者注意解决一切社会问题(救国是问题之一种)是民众教育的目的,解决问题须靠全体人民,至少大多数人民之力量。力量何从而来?无组织,无团体,即无力量;有组织,有团体,即有力量。我们中国人的处处吃亏,事事让人,都是由于西洋人及日本人有团结力,而我们是一片散沙。明白了这个道理,我们便当不放松,握住这个要点,对准了它下教育工夫,并且要下死工夫。力量不可以外铄,所以要养成民众组织及运用团体的能力、兴趣与习惯,使大家习惯成自然,能如西洋人与日本人之能事事用团体力量解决一切。对内对外或政治、经济、文化各方面的种种问题,都由大多数人民运用团体力量以解决之。俗话说得好,"众心成城,众擎易举",又说,"二人同心,其利断金"。国之有救无救,民族之有前途无前途,各种社会问题(政治经济问题)有解决无解决,须看大多数人民有力量无力量。而大多数人民的有力量无力量全在他们有无组织及有无运用团体之能力、兴趣与习惯。

实地生活需要就是一切社会问题,贫、病、愚、私、乱以及外国人对我们的政治侵略经济侵略,从一方面看是社会问题,亦可以说是整个的国家问题,从另一方面看便是实地生活需要。所以民众教育当使民众就社会问题的需要练习组织,并运用团体力量以解决之。具体一点说,民众教育当由做而学,由行求知。这个样子教,才可引起学的人的兴趣。这个样子学,才可以得到真才实学,才可以使民众起来共同救国。

现在试再问,为什么救国必须民众共同奋斗?在未答复这个问题之前,我们须将各种救国方案分析一下。救国教育、航空救国、军事训练属于政治方面,生产教育属于经济方面,新生活运动属于文化方面。我们在上文已经说明过,生产不靠民众当然是不行的。新生活运动虽然我们希望在上者以身作则,然而亦须上行下效才是正当办法。至于救国教育、航空救国、军事训练等在提倡者本意或者希望集中心思财力培养少数科学及工程军事人才,俾得在短时期内达到救国之目的。当国家危急存亡之际,苟有在短时期内可以达到救国目的的方法,谁不乐从。不过有数点我们应当慎重考虑的:

第一,我国在六七十年前因鉴于外人之船坚炮利,亦曾大兴海军,广设制造局。甲午之役初开战时,中日势均力敌,然结果我国一败涂地,海军几乎全军覆灭;最近九一八之役,我国在东北多年经营之军事设备连飞机悉以资敌。前后数十年虽不能说如出一辙,然多年辛苦都毫无结果是相同的。说者必归咎于政治不良。这样说法未尝不对。于是一转移间,注重科学及工程军事者似又不得不兼顾到政治的改良了,此应考虑者一。

第二,自东北被日本占据后,最初还有义勇军活动,但是不久即归失败。听说失败的原因由于义勇军与民众步调不能一致,义勇军并非完全来自民间,未必能处处顾到民众福利,民众方面亦有坐视而不援助者。两方既不相谋,日本自易制胜。更可痛心者,上海一·二八之役，民众毁家输难者固不乏人，但是汉奸亦遍地都是。其他天津、青岛等地汉奸助敌者，亦时有所闻。于此可见在紧急的时候，民众或漠视，或为国用，或可为敌用，此应考虑者二。

第三，日本侵略我国处心积虑，数十年如一日，朝野上下全国一致。所以内阁虽更，侵略政策不变，人民牺牲虽大，负担虽重，都认为是为国家争生存，为人民谋幸福而乐为之。岂但日本是如此，欧美各国对外政治或经济侵略无有不全国一致以赴之。试观德国在欧战时固然朝野上下一心一德作战，及战败后又何尝不一心一德，坚苦卓绝的图复兴呢？在他国都能使全国人民团结成一大民族团体作御侮侵略工作，我国若不能同样的使全国人民团结成一大民族团体以御侮，以图复兴，相形见绌，胜负之势不言可喻。在各国人民都能一心一德的环境中，而我们还想以离心离德，一片散沙的民众图存自救，恐怕世界上无此种便宜的事。此应考虑者三。

说者必以为国人如能制胜国内，未尝不能制胜国外，所不及外国人者充实的军备与宽裕的军饷罢了。此说似是而非。军备军饷何自而来，姑置不论，制胜国内之所以可有把握者，因内战时两方之环境相同，条件相同。此所谓环境与条件是专指民众之漠视及散漫不团结而说。两方的人民都是同样的漠视、散漫不团结，则制胜之道自别有所在。但对外就不同了。外敌的民众非但不漠视，并且全体团结成一大团体来侵略我们的。这个重要条件在我既不备，环境大不相同，还望以制胜国内者制胜于国外，岂非梦想么！救国为什么必须民众共同奋斗？经过上面的讨论大概已可明白。现在请归纳起来作一结论如下：

一、凡想走捷径，置民众于一边而别图救国之道，是不可能的。

二、凡想仅以消除文盲，增加生产知能，灌输医药卫生常识及公民常识与道德使民众起来共同救国，是不能生效的。

三、须就实地生活需要养成民众组织，并运用团体之能力兴趣与习惯，引起大多数人民的力量，来解决一切社会问题，方始能使民众起来共同救国，这就是民众教育所应下的工夫。

四、就实地生活需要教育民众，指导民众，使大家能成一个大的民族团体，共同奋斗以救中国，这是民众教育的任务。认清这种任务是民众教育于过去五年间对于国家的贡献，亦就是今后应行努力的方向。

原载《教育与民众》第5卷8期，1934年4月

民众教育任务与方法之探讨(一)

运用团体力量·解决社会问题

运用团体力量解决社会问题,是民众教育之目的,亦就是民众教育的任务。这是怎么说呢?近百年来,以至于目前,中国最迫切待解之问题,莫过于列强对于中国之政治侵略,经济侵略。换言之,自海通以来,中国民族之危机日甚一日。推究他的原因,不外乎列强对于中国之政治侵略,经济侵略。如何谋得有效方法,以抵抗列强对华的政治侵略,经济侵略,是近百年来以及目前中国最迫切待解决之问题。

抵抗列强侵略的有效办法,求之已逾六十余年。变换花样亦已不少。但是仍旧没有得到。最初以为列强船坚炮利,科学人才远胜中国,于是开办制造局,设立译学馆,派遣留学生,创设海军,训练新兵。甲午庚子而后,又废科举八股,兴学校。并以学校收效太迟,对于国势阽危缓不济急,又开办报馆、图书馆、阅报处、陈列馆、半日学校、简字学校、宣讲所等民众教育机关,期望在极短时期内全国民众能够起来,共同抵抗列强的侵略。到了日俄之战,日以立宪胜,俄以专制败,我国又思以立宪救亡图存。辛亥革命成功,创造共和民主国,颁布约法,施行代议制。民国十二年孙中山先生发表中国国民党宣言,因清廷虽覆,中国仍处于列强次殖民地的地位,有重申民族主义之必要。十五年北伐虽即告成功,但对外终是受列强的侵略,找不到有效的抵抗方法。

试更就教育方面言,最初设立译学馆,派遣留学生,思以人才教育救亡图存。戊戌政变后,废科举八股,兴学校,思以教育制度之改良救国。同时并创设报馆,推行半日学校,宣讲所等,思以民众教育应国势之危急。及预备立宪又提倡公民教育。民国成立后二十余年来,先后提倡义务教育、职业教育、义务学校、平民教育。学制系统一改再改,教育会议一开再开。最近十年来又有民众教育、乡村建设、农村改造、生产教育、救国教育等运动,学制修改为双轨制之提议。以上种种都足以表示国人对于救亡图存之不遗余力。不过是否有效,还须待事实证明。

人才教育、职业教育、生产教育都是需要的,然有此未必即足以图存。数十年来的往事可资参考,今之高唱入云,无非表示国人之健忘或不思之甚罢了。义务教育、普通教育、平民教育、民众教育等等亦都是需要的,并且亦许足以救亡图存,但是须看他们的内容、精神和办法。德日之强归功于义务教育,丹麦之复兴归功于民众教育,在我则兴学校数十年无补如故。

民众教育运动在庚子年前后数年间亦曾竭力提倡,旋即烟消云散。近十余年来民众教育虽又由民众运动、农工运动演进而复兴,然彷徨歧途,他的任务与方法还有待乎研究。

要明白民众教育的任务,当先追求他的起源。在未废科举八股前,从未发生民众教育的问题,根本上没有感觉到民众教育的需要。直等到废科举八股兴学校以后,觉得学校教育不易推广，所能及的范围有限，且由小学而中学、大学，造就人才，颇费时日。对于中国之危亡一时无济于事。所以不得不推行民众教育以促救亡图存之成功。总之民众教育之目的无他，救亡图存而已矣。救亡图存是四十年前的话，按照现在通行的话来说，民众教育的目的是民族自救，民族复兴。民众教育便是救国教育。

试再看预备立宪时期。施行宪政不靠大多数的民众成健全的公民么？可见所谓公民教育亦不过就是民众教育的另一个名称。立宪的目的在救国，公民教育或民众教育为宪政的基础，由此我们又可以证明民众教育的目的在救亡图存。

同样的五四运动，最初虽不过由于学生看了日本勾结曹、陆、章侵略中国，激于爱国心而引起的一种救国运动。但是不久，学生便自觉势力单薄，非有全国人民做后盾，不足以达救亡之目的。于是遂发起义务学校招成年民众补习。当时全国各级学校几乎一律附设义务学校。其后虽逐渐变成小学，但是每次救国运动必联想到需要民众共同努力，所以须推行民众教育，乃一不可磨灭的事实。

孙中山先生说，他积了四十年的经验，深知欲达到革命的目的（求中国之自由平等），必须唤起民众，共同奋斗。这是经验之谈，一点不错的。十余年来中国国民党为求中国之自由平等致力于民众运动、农工运动，并进一层致力于民众教育，所取途径是对的。不过民众教育的内容合式不合式，却是一个大问题。

或者以为中国之所以不能抵抗列强之政治侵略，经济侵略，中国之所以不得自由平等，由于大多数民众之不识字，无科学知识生产技能，身体多疾病，不健康，愚昧自私。所以民众教育须注重文字、生计、健康、公民教育。这种药方是否有效，因很不容易有证明的机会，便无从断定。不过照作者的愚见，这种药方即使完全照他做了，终是不能见效的。现在姑且将列强之对华侵略搁置在一边不谈，先谈国内的不安定与扰乱问题。我常说，以武力扰乱中国治安，侵略中国人民的有三种人：一、土匪；二、军阀；三、日本。前二种是国货，后一种是洋货。现在要问读者中国有知识，有学问，有科学生产技能，有家财，以及身体健康，富有公民常识的人，是否对于国内的土匪、军阀，亦像一般愚私贫病的人同样的受骚扰压迫而无办法？他们所胜过一般愚私贫病的民众的不在能抵抗或解决土匪军阀，而在能设法逃避而已。对内尚且如此，对外更不必说。由此可见即使文字、生计、健康、公民教育普及，未必即能达到抵抗列强政治侵略，经济侵略的目的。所以民众教育虽然不能不顾及文字、生计、健康、公民等等各项教育，但是他的中心工作或主要任务却别有所在。

民众教育的中心工作或主要任务在哪里呢？答曰："在就实地生活需要培养民众参加团体生活的能力兴趣与习惯，期使民众能运用团体力量解决社会问题。"简单言之，民众教育的主要任务是"运用团体力量解决社会问题"。

列强政治侵略，经济侵略，以及国内土匪军阀之扰乱治安，一般民众之贫、病、愚、私与其他种种，不是政治问题，便是经济问题，都可以包括在社会问题之内。这许多问题如民众能运用团体力量，便自然迎刃而解，尤其是抵抗列强政治侵略，经济侵略的问题。

对于最后这一点，孙中山先生在民族主义第五第六讲内说得很清楚。他说："外国人常说中国人是一片散沙。中国人对于国家观念本是一片散沙，本没有民族团体。……我们四万万人有了民族的大团体，要抵抗外国，积极上自然有办法。现在所以没有办法的原因是由于没有团体。有了团体,去抵抗外国人,不是难事。……假若全体国民都能够……联成一个大民族团体,无论外国人用什么兵力、经济和人口来压迫,我们都不怕他。所以救中国危亡的根本方法在自己先有团体。"

有团体,有组织,才有力量,才能解决政治、经济以及一切社会问题。列强的长处很多,而他们主要的长处在有团体,有组织。我们的缺点亦很多,而我们主要的缺点在无团体,无组织。教育应就此处着眼,下工夫,方得要领。用教育方法,就实际生活需要,培养民众以及一般学生参加团体生活的能力、兴趣与习惯,使团体生活成为第二生命,如饮食之不可少。全国人民,不论男女老幼,都能如英国及其他列强之人民随时随地运用团体力量,解决社会问题,是今日中国最急切的根本要图,其余都是枝节。数十年来,直到现在,吾国教育都空费力气于枝节上,全不想到在根本上用力。所以虽然变来变去,竭尽心力,终于国家丝毫无补。古人说:"七年之病,求三年之艾。"用教育方法,就实际生活需要,培养民众参加团体生活的能力、兴趣与习惯,使能运用团体力量,解决社会问题,就是目前中国救亡图存的三年之艾,亦就是民众教育的主要任务。

民众教育的任务我们已经说明了,民众教育的方法是什么呢?民众教育的方法与民众教育的任务是一致的。运用团体力量,解决社会问题是民众教育的任务,同时也是民众教育的方法,这又是怎么说呢?答曰,此之谓由做而学,由行而知。试问多作文是否学做文章的最好方法?又我们学游泳,岂不是须由入水游泳而学游泳吗?假使我们不练习作文,或练习次数甚少,虽然文章及文法读得烂熟,恐怕永远不得通畅。又如我们不入水游泳,虽然关于游泳的原理、原则、姿势、方法,听或看得很多,恐怕游泳是永远学不成的。同样的道理,要学运用团体力量,解决社会问题,亦唯有从运用团体力量,解决社会问题做起。

我们中国人不但没有参加团体生活的能力,并且对于团体生活无兴趣,不习惯。普通一般人民固然如此,就是很有知识学问的人,虽然照他们知识学问程度之高,应该有参加团体生活的能力,但是因为他们对于团体生活无兴趣,不习惯,亦与普通人同样的散漫无组织。因此在中国社会上关于团体生活就生出各种结果如下:

一、一片散沙,人民散漫无组织。

二、虽有团体组织,但奄奄无生气。

三、形式上或表面上似为一团体,实际上由少数人维持,此少数人若公正,还不失为贤人政治。

四、团体为少数坏人所把持、操纵、利用,以达他们个人之目的,遂他们私人之利益,大多数人不问不闻或敢怒而不敢言。

五、坏人因欲遂其私利,倒很容易结合。社会上就有一种极普遍的现象,"坏人有团体,有组织;好人无团体,无组织。"坏人实权在握,为所欲为;好人疾首蹙额,长吁短叹。

六、集会时作无谓的辩论,或会而不议,议而不决,决而不行。

七、集会时争吵打架,或鸟兽散,无结果。

八、每逢集会,因无兴趣,以不到会为常事,到会为例外。不到会者托到会者为代表,往往一人代表数人或十余人,或即使到会,亦视为应酬敷衍,不肯做活泼健全之分子。

九、放弃选举权,或无目的,无准备,随便乱投,如此情形,安得不造成由少数好人维持,或由少数坏人把持操纵之局面?

要知道中国小至一村一乡,大至一省一国,百废莫举,或举而徒供贪污者中饱之机会;土匪、军阀、贪官污吏、土豪、劣绅、横行无忌,弥漫全国,深入乡村;华侨在南洋群岛人数虽比任何一国之侨民为多,至今寄人篱下受人宰割;国内虽地大物博,人口众多,百余年来受列强之侵略,始终无法抵抗。这许多对内对外问题的唯一原因,便是没有团体。吾国人民没有参加团体生活的能力、兴趣与习惯,因之不能运用团体力量,解决种种对内对外的问题。现在大家须认清目标,全体动员,一致的从速以培养各人自己及全国同胞参加团体生活的能力、兴趣与习惯,俾能运用团体力量,解决社会问题。至于培养方法,须实行由做而学,由行而知之原则,从运用团体力量,解决社会问题着手。换言之,团体生活不是听讲、看书、做笔记所能学得成,须实习、实做、实干方能有学成功的把握。这是民众教育应采取之方法。至于在实施时还应注意下列几个要点:

一、需就实际生活需要因地制宜。培养民众参加团体生活的能力、兴趣与习惯,不宜徒用临时集会或假设环境硬做团体,须就实际生活需要,指导组织团体,并运用团体力量,满足生活需要或解决社会问题。例如某村或某街户口甚多,但无一小学校,学龄儿童都没有求学机会,在此地有设立一小学的必要。民众教育者为培养团体生活计,便当提醒这种需要,并暗示宜由地方人士开一发起人会,推举若干人,组织校董会,以主持小学进行事宜,以后并为校董会之顾问,务期此会成为一民众自动健全之组织。

民众实际生活需要,因人之男女老少多寡,时之四季,地域之大小及地之性质等等而不同。民众教育者万不可做刻板文章,而当因地制宜,就实际生活需要进行。

二、须由下而上,由小而大。我们最后的目的固在有一个大民族团体,抵抗列强政治侵略,经济侵略。但是我们进行的步骤,不得不由下而上,由小而大。因为吾国民众本不惯团体生活,对此本无兴趣;若骤令参加大团体或上层议会,如国民大会,省县议会等,彼唯有发他的老脾气,漠不相关,放弃四权,或茫然不知所措,听少数人去维持或把持。结果还是不成为团体,生不出力量。吾国以往数十年何尝不知道组织与大民族团体之重要,不过因为进行时由上而下,由大而小,做成无根之木,无基础之层楼,虽欲不萎枯,不倾倒而不能。殷鉴不远,戒之戒之。

三、须让民众自动,切不可替天行道。吾国人之习为散漫,不惯团体生活已数千年,现在因为救中国危亡的根本方法在自己先有团体,所以不得不想于数年中养成民众参加团体生活之能力、兴趣与习惯。要完成这种工作,本非易事,但是我们万不可心急,或要成绩,事事替民众去做,以至校董会、读书会、音乐会、国术会、合作社、改进会、救火会、冬防队等等,都由办理民众教育者主持其事,一般民众徒受其惠,并不知道如何运用团体力量,满足他们的需要,解决他们的问题。这种不让民众自动,好替天行道,急于求功的办法,在一时虽不无成绩可见,但是即使有成绩,至多亦不过做到人存政举,人亡政息。对于救中国危亡的根本方法(使自己先有团体),可断言丝毫无用的。

实施民众教育时应注意的要点略如上述,现在试将本文结束一下。

中国为什么要废科举八股,兴学校,并推行民众教育?为的是救亡图存,所以民众教育的目的是救国。

救中国危亡的根本方法在哪里?在自己先有团体。所以民众教育以及一切教育应当以培养民众参加团体生活之能力、兴趣与习惯为任务。

民众教育之任务是运用团体（大民族团体）力量，解决（抵抗列强政治及经济侵略）社会问题。而他的方法亦就是运用团体（如校董会或合作社等）力量，解决（设立小学及民众学校用合作社做生产运销等经济事业）社会问题。

原载《江苏教育》第3卷9期，1934年9月

介绍标本兼治的菏泽实验县自卫训练

一、赴菏泽途中
二、教育事业
三、演讲
四、乡农学校自卫训练班
五、小留集检阅
六、结论

山东省菏泽县自二十二年春划为县政建设实验县，归山东乡村建设研究院主持进行，即由该院前任副院长孙则让（廉泉）先生担任县长，至今一年有余。我颇想前往参观，以增见闻。会今夏该院第一分院召集菏泽县小学教师五百余人，举办讲习班，约我去演讲。我乃于八月下旬赴菏泽，共留六天，一面演讲，一面参观。兹将参观情形与心得分述于下。

一

二十三年八月二十日上午七时，自开封出发，同行者有教育部社会教育司司长张星舫先生及邹平山东乡村建设研究院教师杨效春先生等四位。承河南省政府教育厅齐厅长厚意，特借用省政府大汽车一辆，送往菏泽。车出东关，即不知应取何道。适公共汽车亦同时开往菏泽，我们的汽车遂跟在他后面走。但走不多远，因公共汽车沿途停靠，上下乘客，加以我们的车身及机器较好，行驶可较捷，我们的车夫因不耐烦，就舍公共汽车而先行。心想我们可先到菏泽一小时或二小时，并且河南省政府汽车可于当日下午返汴。可惜我们的车夫系江苏海门人，来北方未久，对于开封附近道路太不熟悉。所以我们的汽车行了不到半小时，便又迷失道路。好容易与本地人商量，请他将自己的一轮车委托熟人带往本村，他本人上了我们的汽车，指点我们到考城的路上去。我们汽车退回数里，走上正道，见公共汽车已在我们的前边，相距数里之遥。但见汽车过处，沙尘飞扬，望尘莫及而已。车抵考城已上午十时左右。幸公共汽车在此停车半小时许，我们便亦下车休息，喝茶，吃点心。我因找厕所，见有军队驻扎在此。枪炮俱有，士兵似经战后有疲劳之象。心中暗想此地土匪必多，所以有队伍驻防。但实际是否如此，因时间匆促，无从问起，莫名其所以然。

十时许，公共汽车自考城启行，我们随之而行，从此亦步亦趋，再不敢有丝毫不耐烦之意。我们的车夫同我们数人至此可称为觉悟者。

午刻一时，车抵菏泽，径往县政府。知孙县长率领西北各乡自卫训练班前数届结业生约七八百人及警卫队数十名在山东、河南、河北三省交界之处剿匪，在外已数天，闻之，我方悟今日上午在河南考城所以见有队伍之原因。

二

研究院今夏在菏泽城内主办之教育事业共有三种：

（一）研究院第一分院乡村服务人员训练部，学生约一百八十人。

（二）乡村自卫干部训练班百余人。

（三）菏泽小学教师讲习班约六百人。

训练部及训练班均靠近西关。讲习班上课在靠近东关之孔庙内空地上，搭席棚为大会堂。小学教师分组住公共处所，较远者有二三里之遥。每日上下午整队往返。讲习时期自七月二十日起四个月。每日生活时序表如下：

起床	四点半	扫除	四点四十分
上课	五点至六点五十分	早餐	七点半
上课	九点至十一点	休息	十一点半至十二点半
午餐	十二点半	交日记	三点
上操	三点半至五点半	晚餐	六点半
晚会	七点半至八点半	就寝	九点

上表内“上操”系每日两小时军事训练，虽六十岁左右的老教师，须眉雪白者，亦随同受步伐等训练。

干部训练亦自七月间开课，训练期间四个月。凡山东警校毕业学员之在各县候差实习者一律调赴菏泽受训练。生活时序表与讲习班略同，惟每晨上课为早操，加重户外军训术科及有关军训之学科。

乡村服务人员训练部学生一百八十余人，内自费生约八十人，在第一分院本部。七月下旬开学，修业期限一年。照院章每日生活分昼作、夜息二大段。昼作段自早五时起至晚八时五十分止（冬季十一月至明年二月，昼作段自早六时起至晚九时五十分止）。每晨有朝会及早操各三十分钟。早操完毕后二十分钟早餐。午餐晚餐分别在十二时至一时，五时至六时间。午餐前后各划定三小时，晚餐后，夜息前，划定二小时，共八小时，为作业时间。在晚餐前之作业时间内，每日有军训二小时。

第一分院院舍原系一城隍庙。经修理后，以二个大殿为办公室及教室；两庑及其他各小殿作为教职员、学生、工人宿舍、膳堂等之用；戏台，改为图书馆；空地作为运动场。杨效春先生同我二人，住在大殿东边一极小的小殿内。塑像已移去，开一北窗，南面除门外，两旁各开小窗一，钉有纱布，空气颇流通。屋顶新糊纸，墙壁亦经粉刷过，惟地土稍为潮湿，有时不免有虫。除一床、一桌、二椅外，尚有余地可以盘旋。我们两人在此小殿内共寄宿了五天。秋夜联床，商讨乡村建设问题，亦一有趣的纪念也。

当我们初到菏泽时，便觉得此地事多人少，教职员非常紧张。乡村服务人员训练部由高赞非、裴雪峰二位先生主持。乡村自卫干部训练班由陈亚三、张筱珊二位先生主持。小学教师讲习班由时济云先生主持。三方面人数总计有九百人左右。且当孙县长出巡时，亚三尚须兼顾县政。即孙县长本人如不出巡，每日必到讲习班等处上课二小时。真可谓不自暇逸，励精图治矣。

三

二十一日上午，训练部、干部训练班、讲习班三方面人员九百余人集合在孔庙大凉棚下，请张星舫先生及我演讲。杨效春先生因时间太长，是日谦让未讲。从此效春同我二人每日上午演讲，下午参观。效春演讲时刻每日上午五时半至七时半，我每日上午九时至十一时。最后一天，八月二十五日，晨五时半至七时，由我演讲后，方同登公共汽车赴开封。

四

二十一日上午演讲毕，同赴城西，离西关约七八里，参观平陵乡农学校，校长由高赞非先生兼任。兹将该乡及该校概况列表分述如下：

甲. 平陵乡村庄概况一览

乡数　自第十乡至第十七乡共八乡

庄数　共九十三个

户数　三千三百七十一户（平均每庄有三十六户余。但实际多少不等，最少者五户，有一庄；最多者一百二十户，有二庄。）

人口数　一万六千五百零一

房间数　一万一千四百九十三

银粮户数　三千另二十三

地亩　三万七千九百八十七亩

小学　八所

互助社（即合作社）　二十三个

乙. 平陵乡乡农学校教职员一览

校长　高赞非

总务　王子舆（总务主任兼承校长办理校内外一切行政事宜，其职权即区长。）

教务　张倬亭

军事　刘鸿慈

教员　一人

事务　二人

教护　四人

小学夜校指导员　一人

此外尚有乡长、乡副、庄长及联庄会支会长

丙. 平陵乡乡农学校自卫训练训练班生活时序表

星期 生活及课程 时间		一	二	三	四	五	六	日
上午	4:00	起床	又	又	又	又	又	又
	4:20—6:30	场操	又	又	又	又	又	又
	7:00	早餐	又	又	又	又	又	又
	7:30—8:00	洒扫庭院 整理舍务	又	又	又	又	又	又
	8:00—8:50	精神陶炼	珠算	精神陶炼	珠算	精神陶炼	珠算	识字
	9:00—9:50	识字	又	又	又	又	又	
	10:00—10:50	场操	又	又	又	又		
	11:00—1:00	午睡	又	又	又	又	又	
下午	1:00	午饭	又	又	又	又	又	
	2:00—3:00	温习	又	又	又	又	又	
	3:00—3:50	识字	又	又	又	又	又	
	4:00—6:00	场操	又	又	又	又	又	
	6:30	晚饭	又	又	又	又	又	
	7:00—8:30	各项指导	又	又	又	又	又	
	9:00	就寝	又	又	又	又	又	

备注：星期日上午九时以后为自由活动时间

二十二年夏季，菏泽成立为县政建设实验县后，即照旧时所分区域，将全县划为二十一乡，各选适中地点，设立乡农学校。校长均由重要人员如陈亚三、高赞非、裴雪峰等数位先生亲往担任，实行到民间去，亲民新民，作政教富卫合一之实验。盖高赞非先生实先做平陵乡乡农学校校长，到了二十三年夏，因研究院第一分院开办，始兼任分院副教育长，与裴雪峰先生同主持乡村服务人员训练部事也。菏泽之重视乡农学校，于此可见一斑。

我们到平陵乡农学校时，为上午十一时许，自卫训练班第四届学生二十余人方在午睡，分住数室。我们参观全校各部，到宿舍时，学生都起立致敬。校内一切布置与军队相同。大门口由学生轮流守卫。全校精神严肃中含有活泼气象。课程虽只有场操、精神陶炼、珠算、识字、各项指导等寥寥数种，但智德体群四育已包含无遗。培养团体生活，推进社会，亦已可有把握而无疑义。

在平陵得参考书二种。其一为《自卫训练班问答》，其二为赞非所著《乡农学校的渗透运动》。我在回到城里去的途中都看完了。前一种用问答体裁灌输常识，颇能提纲挈领，且合农民脾胃。如云：

问：乡农学校要做些什么事情？

答：乡农学校要改良乡村风俗，维持地方治安，提高农民知识，增进农民生产。总一句话说,就是要为乡间一般农民除弊,解决问题。

又如云,问:我们乡农学校的口号是什么?

答:孝悌力田,尊师重道,守望相助,敬业乐群。

问:怎样才算是一个良好的农民?

答:能明白立身为人道理,能尽自己应尽的责任。

以下分别辨明立身、为人及为社会上应尽之责任,简要而切实。可使农民坐言起行,日起有功。最后并提出应付外患之方法,全书可谓大小无遗,美不胜收。

赞非所著《乡农学校的渗透活动》,主旨在告菏泽在乡服务的山东乡村建设研究院结业诸同学,勿以现在政治多于教育的乡校环境,以致显在当前的几乎只是权力为满足,因为“真正圆满的乡农学校是要在能启发出乡间自身的力量,而能做到乡间一切事业推动之中心的。我们虽然与乡校以政治力,但却要知道这是为着掩护教育之进行,其本身只是手段,而非目的”。赞非推究好用政治力的原因有三:一是图省事,二是求痛快,三是喜近功。他说:“我之发现其三种情形,其来源乃不是由于觉察,而是由于自省。”这样下去,“将使乡校逐渐硬固而成为纯政治的机关,而乡村自身的力量一点提发不起来。……我们要把政治力放在背后,除非到了必要时,我们才使。而显在乡人面前的是充分的教育力量。”乡农学校渗透运动的“目标在将教育的力量渗透于乡村的底层,其方法乃在以重要的各种问题为活动的中心,而随时吸收其有关系的材料,以组成大单元之单元活动。”

赞非所云,但可用政治掩护教育之进行,在办乡校时万万不宜太好用政治力,致使乡村硬化,成为纯政治的机关,而乡村自身的力量一点启发不出来,可谓见道之言,语语中肯,颇足供各地服务民众教育同仁之参考。

我所参观的乡农学校,除平陵乡外,还有德化乡、新城乡、同和乡三乡的乡农学校,情形大致相同。兹为使读者得一较清楚的概念起见,再将同和乡和该乡乡学概况略述如下:

甲、同和乡村庄概况一览

乡数　自第二乡至第九乡共八乡

庄数　共九十六个

人口数　三万零九百四十六人

地亩　六万一千零七十九亩

乙、同和乡乡农学校教职员人数一览

校长、总务、教务、事务员、自卫训练班主任及教练各一人。教员三人(担任功课及校外调查),此外尚有乡长、庄长及联庄会支会长等。

丙、同和乡乡农学校自卫训练班生活时序表

时间	生活及课程 \ 星期	一	二	三	四	五	六
上午	4:00	起床	又	又	又	又	又
	4:20—4:40	朝操	又	又	又	又	又
	5:00—6:30	军事训练	又	又	又	又	又
	7:00	早饭	又	又	又	又	又
	7:30	内务检点	又	又	又	又	又
	8:00—9:00	识字		又	又	又	又
	9:00—10:00	珠算	识字	珠算	识字	珠算	珠算
	10:00—12:00	午眠	又	又	又	又	又
	12:00—1:00	各科自动研究	又	又	又	又	又
下午	1:00	午饭	又	又	又	又	又
	2:30—3:30	温课	又	又	又	又	又
	3:30—4:30	精神陶炼	唱歌	精神陶炼	唱歌	精神陶炼	唱歌
	5:00—6:50	军事	又	又	又	又	又
	7:00	晚饭	又	又	又	又	又
	7:30—8:00	唱游	又	又	又	又	又
	8:30	点名	又	又	又	又	又
	9:00	熄灯	又	又	又	又	又

同和乡农学校自卫训练班学生,第一期,四个月,二十一人;第二期,三十六人;第三期,五十一人。以上三期,共一百零八人。现在(二十三年八月)第四期,四十五人,内十人是补受训练之自费生,每人须交付服装费二元,伙食费十元。此种自费生大抵是前三期应受训练,雇人代替受训,今因受被雇者之需索(被雇者在代赴乡学受训前,即向雇主要求津贴地亩等等,及遇调集出队,又提出过分需索),自觉雇人代替之非上策,故于第四期要求亲自来学,补受训练。但公家在以前已经供给过服装费及伙食费,对于补受训练者,因整个预算关系,未能再供给各项费用。对于雇人代受训练者,以前虽可予以宽容,若在补受训练之时,不令自缴费用,稍予薄惩,殊不足以儆将来也。

按照乡农学校组织大纲第三条,乡学宗旨在根据政教富卫合一之原则,助佐县府,处理其乡区内之一切行政事宜。并就其所在乡区内之文化、自治、经济各项问题,用教学的方式,谋合理的解决,以期达到推进社会,完成自治之企图。故不止为一教育机关,实为一乡区内一切事业之整个推动机关。

又第八条,乡学暂分设高级部、普通部、小学部三部。

(一) 高级部招收十七岁以上,三十岁以下,粗通文理之青年,就乡村现实生活,培植有解决实际问题之能力,以期养成改进社会之中坚人物。

（二）普通部训练一般之农民,就乡村现实生活,引发其自立互助之精神,培植其增加生产,改进组织之能力,以期养成健全之公民。并按事实需要,随时随地招收不同之班次,如自卫,凿井,及各种职业传习,农业改良等。

（三）小学部招收儿童,设立专班,并指导乡区内之小学,就乡村现实生活,养成其良好习惯,培植其生活能力,引发其向上志趣,以期完成基本教育之建设。

又按照乡农学校学则第三项,"教学原则:第五条,各部均须切近乡村现实生活,以期达到学校社会化、社会学校化之企图。第六条,关于技术与方法之学科均以教学做合一为原则。第七条,各部学生须于在校时养成团结互助之习惯,出校后仍须由学校指导,构成适于改进乡村事业之组织,冀逐渐扩充成为乡村组织之基础"。于此我们应当注意三点:

第一,乡村学校不止为一教育机关,实为一乡区内自治、自卫、经济等一切事业之整个推动机关。举凡地方上政治、经济、文化等各项问题须赖乡学用教学方式,养成团结互助之习惯,培起人民力量,谋合理之解决。

第二,乡农学校以切近乡村现实生活,及教学做合一为教学原则。自卫训练班本身固然已经切近乡村现实生活之需要,该班功课也无一不切近乡村现实生活。如识字班重读书明理,珠算为家庭实用所必需,精神陶炼虽为现在一般教育家所忽视,其实为求现实生活改进所需要教育条件之最迫切者。至于各项指导,以谈话方式,讨论实际问题,于农民帮助更多。

第三,养成各部学生团结互助之习惯,为乡学主要教学原则之一,不但在校时多方设法养成此种习惯,并于出校后仍由学校指导组织毕业同学会,作推进社会之原动力,俾得运用团体力量解决社会问题。这一点尤其重要。

同时菏泽实验县一年半以来,对于乡学进行之步骤,亦有值得我们注意者五点:

第一,开办乡学并未增加人民负担。其筹款方法系将大队部队员及公安局警士名额裁减二百八十名,每年节省经费三万六千余元,全县各区又训练联庄会会员经费全年约四万元,以上两项共计七万六千余元,加以原有各区公所经费,一律改为办理乡学之用。不但丝毫不增加人民负担,并且用途正当,增加效率。一正一负,相去不可以道理计。

第二,乡学照组织大纲暂分高级、普通、小学三部。又普通部本可招收不同之班次,如自卫、凿井及各种职业传习、农业改良等。但一年半以来,菏泽乡农学校集中力量,专办普通自卫训练班。希望在三年内训练九届,每届约八百人,训练四个月,九届共可得七千数百人。这种聚精会神,专办自卫班之办法,与古人所谓有所不为而后可以有为之旨颇相符合。

第三,自卫班第一期招集办法第六条,各村庄应选送学生之户,如有特别情形,不能选送时,得自行寻觅近亲属或佃户代替之,但代替人须以有家室及住居本村三年以上者为限。在开始时有此种通融办法之规定,不但思虑周密,并可使自卫训练易于推行,为计良得。

第四,自卫训练班之目的在使已受训练之人能共同维持地方治安,而不为地方之害。所以自卫班招集办法规定先使较富之户如有地五顷、三顷、一顷以上者之农民出入受训,次及有地五十亩、二三十亩之农民。如此已受训练者方能不互相侵害，而乐为地方之用，实行团结互助，共维治安。防患未然，深谋远虑，可谓无微不至。

第五，自卫训练班不但使军队民众化，武力为民众所有，且使军队教育化，全体士兵为同学。官长与士兵，或为同学，或为师生，感情融洽，易收守望相助，出入相扶持，与身之使臂，臂之使指之效。

最后关于自卫班一年半以来已有之成效亦当顺便在此略为叙述。二十二年夏秋之际，自卫班第一期开始训练未久，适黄河缺口为灾。自卫班师生全体动员，督同民众堵口、修堤，且调查各乡受灾实况，分别需要急赈、工赈、贷款三种灾民，列表备赈济者之参考，此临时之成效一。又刘桂棠部队窜扰山东各县，为患匪轻。菏泽因有自卫班结业生与学生之布防，得免于患，此制止军阀扰民之成效二。二十三年八月，土匪在菏泽县北面之东明县劫略骚扰，其始不过数十人，三四天内集合至四五百人之多，几成大股土匪。菏泽县调西北各乡自卫班前三届结业生八百余人布防，并应东明县之请，越境会剿，凡三四天，结果将土匪击溃，使之插枪不干，此剿匪之成效三。自办自卫班以来，菏泽境内土匪绝踪，人民得安居乐业，此维持治安之成效四。凡受自卫训练者，回家后均能变化气质，不复徒手好闲，不务正业，而能勤苦耕作，敦品齐家，此教育之成效五。二十三年春季，植树节前，各乡学先向自卫班结业生及在校学生说明植树之益，并授以植树方法，即令各回本乡，转告村友，会同植树，共植行道树四十万棵。秋季我去时，亲见活的树估计有三十余万，单就经济方面说，每年树柴木材收入约可有三十余万元，此植树之成效六。以此类推，关于经济方法之凿井及各种职业传习，农业改良，合作组织等等；无一不合藉自卫班为推进之枢纽。组织民众，推进社会，运用团体力量，解决社会问题，有此自卫训练班，几乎事事迎刃而解矣。

五

八月二十一日孙县长廉泉自剿匪前线归来，晚在研究院分院畅述分别二年来之积愫，并约定于翌日午刻同赴离城西北三十余里之小留集，检阅集合在该处的剿匪部队八百余人。届时同行者，除孙县长及效春外，尚有讲习会讲师二人。汽车到小留集约一小时余，见自卫班结业生分队散驻十余处。各村民众因感彼等奋勇剿匪，为地方除害，莫不箪食壶浆以迎，于是自卫班结业生精神格外奋发。我们到小留集德化乡乡农学校时，适部队用膳。我们遂赴新城乡乡农学校参观。及下午三时许折回小留集，各部队正在集合，地点在乡学西南角空地上。各部队排列作门形，军容严肃，士气甚盛。廉泉请我及效春演说。我向部队演说毕，由廉泉用方言简单重述。大意如下：我们老百姓最愿望的是安居乐业。但是扰乱我们治安，使我们不能安居乐业的有三种敌人，一是土匪，二是军阀，三是侵略我们中国的洋人。前二种敌人可说是国货，后一种敌人可说是洋货。你们此次自剿匪凯旋，并且以前曾经制止刘桂棠入境，对于土匪军阀都已有办法，将来洋人如来扰乱山东的治安，我相信你们亦必定能够与他们抵抗，驱逐他们出境。我现在要请问大家，现在侵略我们东北的敌人是什么人？各部队齐声答云，日本！我又问：如果日本来打山东，我们应当怎样？各部队齐声说，我们要抵抗它！我讲三敌毕，效春对部队讲三杆，勉励他们能将枪杆、笔杆、竹杆（即农具）三杆并用。

六

我为什么说菏泽县的自卫训练是治标治本双方兼顾的呢？因为乡村建设虽然要就实际生活需要组织民众，推进社会，从根本上彻底做民族自救的工夫，但是自九一八以来，我国外患日亟，亡国灭种之祸迫在眉睫，唯有自卫训练于组织民众，推进社会之中，还可以寓有应付目前迫切外患问题之意。同时菏泽乡学组织大纲第三条规定，就所在乡区内之……各项问题，用教学的方式，谋合理的解决云云，对于建设新社会秩序之要点，并未忽视。且观于过去一年余的成效，人民确能团结互助，敦品善俗，对于建设新社会秩序不但没有忽视，且有成效可睹。我所说治标治本双方兼顾的理由在此。

所可惜的菏泽因素来盗匪充斥，民众感觉得到自卫训练的需要，于是推行自卫训练，非常顺利。此种特殊环境，并非中国各地所有，则采取自卫训练以组织民众，推进社会，有时而穷。我曾举此以问廉泉。彼答云，我有一个推行办法，便是：民众学校纪律化。作者很希望自卫训练之果能依此法而推行有效也。

原载《教育与民众》第6卷4期，1934年12月

农村建设之环

今天我想提出一个题目来和诸位讲讲。这个题目叫做:“农村建设之环”。

什么叫做农村建设之环呢?似乎在开玩笑,实际上却很正经的。我现在就来画一个环,这叫做家庭建设之环。在我讲述农村建设之环以前,我们首先得明了家庭建设之环。

一家犹如一环。诸位同学,有父母,有师长,自己也置身环中。在每个家庭之内,父母都希望子女们有成就,在父母去世之后,能够自立,并且进一步的己立而立人。这也可以说是家庭建设之目的。父母为达到这个目的起见,便替子女延请师长,或遣送子女入校就学。那无非是要使子女得到较好的道德,有相当的知识和能力,有健全的体格,懂得做人的道理,能合群,过团体的生活,己立立人。而方法则唯一的必须请师长来教育。请好了先生,或者送子弟上学了,这样的,子女受到较好的教育,道德、知能、体格、合群,各方面都有修养,在父母在世之日就能够自立,等到父母去世之后,能够守成,继承先人的绪业。那么,家庭建设的目的便可算是达到了。

就家庭建设之环来说,这种成功,到底是哪一方面的劳绩呢?家长吗?师长吗?做子女的自身吗?仔细想来,假若不是家长立下教育子女的志愿,担起教育子女的义务,去替子女延请先生,或者遣送子女就学,供给子女学费膳食之需,则子女无从得到受教育的机会,更无法自立,至于立人的话,那更谈不上。这似乎说明了家庭建设的成功,全在仗着家长的力量。换句话说,这完全是家长的功劳。再一想,又觉不然,设如没有师长的循循善诱,积极负责地来教诲子女,这又哪里会成功呢?“玉不琢,不成器”。照这个说法,似乎又要完全归功于师长方面了。又一想,又不然了,假如子女方面,自暴自弃,不肯努力,不肯用功来学,做人,缺乏自动的精神,那么,纵然有了父母热烈的期望,源源而来的经费上的援济,为他们延师,送他们上学,那岂不是白费吗?纵然有了优良的教师,道德学问,都很够模范,又有诲人不倦的精神,哪里又会有教育上的效果呢?那么,家庭建设,哪有成功的希望?必定要子女能接受师长的教导,体贴父母的心理,对于读书有自动的精神,有较浓厚的兴趣,才能在父母的帮助和师长启迪之下,自立起来,达到家庭建设的目的。从这点解释,我们似乎也可以说,家庭建设的功劳,舍子女而外就莫属了。话是这样说吗?不!假如没有好家长、好师长,又有谁来培植子女呢?子女没人培植,他们是不能自立的。

由此,我们可以知道,家庭的建设,专门归功于家长方面不可,只归功于师长不可,完全归功于子女那一部分也不可。我们更可知道,做家长的不能自以为功,做教师的不能独擅其功,做子女的更不能说完全是自身的功劳,这样便呈现了一个家庭建设之环。这环,我们不能从那一段一节一弧去看,我们只可把他看成整个的东西,不可分割的环。普通说,“提纲挈领”，就这个环看，就无纲可提，无领可挈了，因为这不能从某一方面而论定。

讲到这里，我便再提一个环出来，这环是农村建设之环。

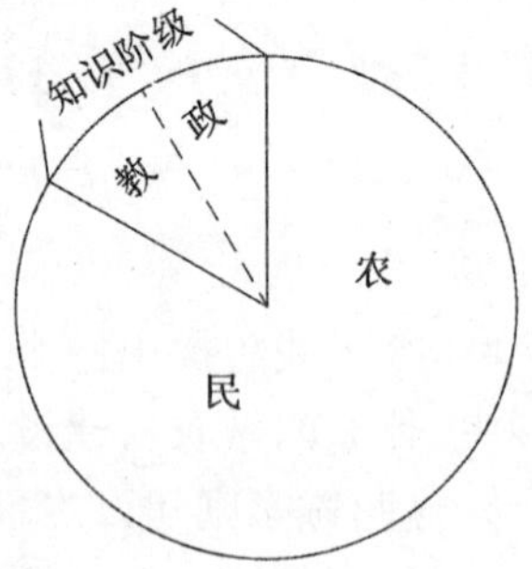

在上图里，环内大部分为农民，小部分代表知识分子。在知识分子的领域内，可以画一虚线，分为两部分，一是政的部分，代表党政当局，握有政治职权的；一是教的部分，代表一般从事教育的人，以知识营求生活的人。这个农村建设之环，与前面所讲的家庭建设之环，完全相似。

我们现在要讲整个中国的建设，不讲一个家庭的建设。在家庭的建设里，我们所谓成功，就企望子女，而要求子女众多。假如只有独个子女，那就不无危险。国家也是如此。中国的建设，就全在乎大众——劳苦的大众——农夫。他们占绝对多数，正如家庭中的子女一样的处于十分重要的位置。所以谈到建设中国，我们为集中视线起见，便大声疾呼农村建设。

农村建设是怎么办呢？你们会这样发问。但我要问问诸位，家庭建设，刚才所讲明的，那是怎么办呢？子女的教育，青年的成就，那都是怎么办的呢？要想子女得到良好的教育，青年人有所成就，首先便要先生和学生打成一片。先生和学生打成了一片，那么，先生才算是对于学生有影响，在德智体群各方面，先生才能使学生受到教益，学生们才说得上受了教育，后来也必会得到相当的成就。五四运动而后，学生的风习，一天一天的变坏了。学生不能虚心去尊师重道，教师更没有诚意来启迪学生，训导学生，引他们走上正轨，无非敷衍了事。这便是说先生和学生双方分开了。结果，教育自然不会有成绩。学生所学，充其量也不过是一些书本上的零星知识，空疏浅薄的知识。由小学而中学，由中学而大学，由学生而先生，这样便形成了所谓“教育之环”，这便无异于自寻死路。所以我认为：假如我们希望教育有效果，首先就希望先生和学生打成一片，设法去启发学生的志气，增进学生的修养，告诉学生如何去求学和做人。就实际说罢，在一个学校里面，先生除了教书之外，还要引导学生去作课外的活动，叫他们练身体，使他们知道身体的重要。譬如学校的清洁问题，食宿问题，卫生问题，甚至于练习的问题，研究的问题，先生都应和学生站在一起，鼓励学生自动地去探讨，设法解决进行。像图书馆一类的事务，就应该由学生去经纪，自由主办。学生想不到，先生应提醒他们。学生想到不来问，先生便应诱导他们。学生问了不去做，先生便应鼓励他们。学生在校，到处能自治，有办法，肯干，那就到社会上去，也必定有办法。否则没有办法。这问题就完全要看师长和学生是不是打成一片。

农村建设也不外是这样。农村建设能不能成功，就完全要看知识分子是不是和农民打成一片。无疑问的，在知识方面，能力方面，团体活动方面，种种方面，农民都不及我们知识分子。这仿佛学生不及先生一样。但是，农民却请不起我们来的，必须我们亲身下乡，立下宏大的志愿。乡村很苦，即使农民请我们，我们怕又不愿去了，必须我们不怕穷苦，感到浓厚的兴趣。即使农村十分穷困，十分苦难，有土匪的危险，有疫病的威胁，可是我们应去指导他们：告诉他们如何生产，以解除经济的恐慌；劝告他们如何互助，以减少各种的困难；指示他们自卫的方法，以抗御兵匪；灌输他们卫生的知识，以避免疾病。知识分子，应和农民打成一片。

好了，我们知识分子全体下乡去做建设的工作。这样就可以成功吗？不可能的！我们处世论事,还要准乎人情。我们下乡去,无论在生活的待遇方面,或者是工作的进行上,处处都需要政府的帮助。假令教育行政当局,完全注重城市教育畸形的发展,把农村教育抛置不问,尽量提高城市教师的待遇,对于农村的教师,待遇老是那样菲薄,那么,就无异于对知识分了的下乡,加以阻止,加以打击。我们甚至于"虽欲下乡,不可得也"。这种事实,便和一个对于子女教育漫不关心的家长是一样,对于先生没有礼貌,没有招呼,自然先生对他子女的教育,不肯负责,事实上也不能负责了。所以我们不得不深切地希望政府当局,对于农村建设多多地予以协助。政府当局应明了新中国建设的成功与否,即在知识分子下乡与不下乡。进一步说,政府应多方供给机会,鼓励知识分子下乡,使农村得到先生,像家庭中家长为子弟延师择校一样。

仅仅是这样,还不能成功。在家庭建设之环内,单有贤明的家长,优良的师长,而没有好的子女,那便没有办法。所以我们说,家庭建设成败的关键,最后还在子女方面。同样,假使农民自身不能动作,不愿动作,单靠知识分子下乡与政府当局的援助,却也很难得到什么效果。农村建设还是仰仗农民自身的努力。

农村建设的成绩,要农民自动去做的。我们不可代替他们做成绩。譬如,先生看到学生的课业太坏,心里觉得对不住家长,就代替学生做成绩,学生的国文不行呢,先生做的却很好,东家看到了,不免高兴:"我儿子的作文大有进步呀!"我们知识分子,却千万不要学这老先生的办法,去欺骗政府,去欺骗社会。换句话说,就是不要欺骗农民,欺骗自己。我们不要代农民做事,是设法去启发农民,使他们自动,做他们自己的事。孔子说得好,"不愤不启,不悱不发"。我们对于农民也不外如此。

我们知识分子下乡去做些什么事?第一,提醒问题。这是说,知识分子应把农村的问题,提出来唤醒农民。乡间的老百姓,遇到了困难,不过是愁愁眉叹叹气而已。我们便要设法提醒他们。第二,设法集合商量。用游说的方式,到处宣传,到处采询,也不必开什么大会。三个五个一商量,最后便可商量出一个办法来。第三,指导进行。有了办法之后,就要去进行。进行的当儿,我们应该督促农民,帮助农民,指导农民。一个问题,有了办法,能够进行,遇到了旁的问题,知识分子也能这样,即能引起农民的信仰心。最要的就是知识分子应和农民打成一片,使农民自动去进行农村的建设。

话又回到政府方面了。政府对于农村建设,应该采取像家长对于子女教育的一种态度。其实在上环中的"政"的范围里,也可以画为两部分。一部分是做官的,一部分是做事的。这范围内的实际工作人员,也就等于同环中的"教"界。政府应把眼光放远些,范围扩大些,充分给予"教"的人以机会。农村建设,应是一种社会的运动,完全由知识分子去干,由下而上的运动。同时,我们知识分子,也必须假借上面的政治力量,去推进农村建设。农村建设如同家庭建设一样,同是一个环的形式,不可拆散来看,不可分别的归功于那一方面。

综括起来,我们可以得到一个简明的结论:一,建设中国先要建设中国农村;二,农村建设正和家庭建设一样,不能单靠那一部分;三,须农民自动,大家努力;四,启发农民的自动,靠知识分子;五,知识分子去从事农村建设,要政府给予机会。(后略)

原载《中兴国刊》(武昌)第3卷18期,1934年,系讲演稿,高践四讲,谈师籍记

乡村工作中心的商榷

十余年来大家都能注意乡村教育、乡村建设、乡村改进、乡村运动的工作。并且在近数年内,各方都能在乡村方面举办切切实实的事业,这是何等可喜的事!不过,提倡乡村工作的人虽很热心,知道乡村工作重要的人虽很多,从事乡村工作的人虽很努力,然而工作似不免广泛而不核要,因之力量亦散漫而不集中。大家虽同样的从事乡村工作,同样地想由乡村工作以复兴民族,但是在进行方面,却各有各的主张,各有各的方法。原来主张本不能强同,方法亦不必尽同,无奈国势阽危,至今愈甚,更不容许我们筑室道谋,徘徊歧途,蹉跎误国。为这种情势所迫,我们便不得力求工作的核要,力量的集中。所以提出乡村工作中心的商榷一题以就教于热心乡村工作诸君子。

中国乡村疮痍满目,破坏已达极点。举凡苛捐重税、贪官污吏、兵匪土劣、地痞流氓、水旱、病虫害、交通梗阻、病贫交困,无一不为农民之患。这好比一个病人,头部、足部、干部、两手、五官、皮肤、呼吸器、消化器、循环器等等,无一处无病痛,甚至精神方面亦患失眠等症。医生看见了这种病人,将头痛医头,足痛医足么?还是应当推求病原而后对症发药么?

已往从事乡村工作的人,或主张先富后教而注重生计教育;或以愚昧为农民之大患而注重文字教育;或以训政为不可缓而注重公民教育或政治教育。又见农民百病丛生,生活枯燥无味,家庭杂乱无章,因陋就简,而提倡卫生、艺术(或娱乐)及家事教育。又以电影及播音台在外国教育力量很大,而竭力推行电影及播音教育。如此看来,在从事乡村工作者可算是竭忠尽智,费尽心力,替农民谋幸福,为民族求出路了。不过,辛苦虽是辛苦,未必一定能有济于事。就是在工作者自己亦未尝不怀疑而思觅得更有效力的方法。最近数年因国难愈严重,谋得更有效方法的心亦愈切。

由乡村工作以复兴民族的途径是没有错的。因为现在东西洋各国无论他是资本主义(帝国主义)或共产主义(现在还是国家资本主义)的国家,莫不运用统制经济计划经济对外倾销,对内力求自给,以发展或维持本国的生产事业。在这种情势之下,中国若仍思由工商业与他们竞争,不但失败是意中事,并且还有饮鸩止渴,自速灭亡之患。盖以一方面熟货因外国倾销即在国内亦未必能与洋货竞争,另一方面因各国力求自给,进口税提高,至吾国输出无从。同时国内已经开办的工厂,往往为牟利计,急不择食,购买外国原料。商人亦但为牟利计乐于买卖洋米、洋布以及一切洋货,致使国内农产品及工业出品价格愈低落,人民生计愈困苦,国家经济愈枯竭。这是由工商业与外国竞争,所一定免不了的弊害。

至于由乡村工作以复兴民族就非但是不生什么流弊,并且一定还可以发现并除去上边所说种种弊害及其他一切弊害。此其所以然,有下列数种原因:

一、中国人口百分之七十五左右是农民或乡村居民。

二、中国商埠须靠都市，都市须靠乡村。因为工厂原料固须从乡村来，大部分熟货亦须由百分之七十五的乡民消费。再看主要出口货，丝、茶、大豆、鸡蛋等等无一不从乡村而来。主要的进口货如纱、布、火油等等亦无一不从乡村而去。总之，在中国的工人、商民以及其他一切人民，暗中在事实上真须信赖农民而生活。

三、各国现在均一方面排斥外货，力求自给；另一方面并对外倾销，吸收现金。中国亦唯有力求农产品如棉、麦等原料足够供给工厂之用，又米粮等必需品亦足以自给，并使国内产品得以不停滞而流通，互易应用。例如，以甲地之米或麦运至乙地出售，即以售得之款购运乙地或丙地之棉布或他种产品至甲地应用。如此办法，既可免国内资金之流出保持元气，又可使国内货物流通，如人身血液循环，营养滋补，增进健康。

由此看来，无论从人口上着想，或经济上着想，唯有站在乡村的立场，从乡村工作入手，以复兴民族，方不会走错路子。因为农民生计有办法，不但中国多数人民的问题解决，就是少数的工商及其他一切人民的问题便亦因此得一妥当的解决。又如欲由工商业引发农业，结果必至走上饮鸩止渴的歧途。近数年来购买大批洋棉、洋麦、洋米、致使中国农村益陷困境，且有万劫不复之危机，已可证明。唯由农业引发工商业，乃一种自然的发展，决不至有什么流弊的。更进一层说，唯有站在乡村的立场，农民与农业的立场，始能彻底了解苛捐重税，贪官污吏，军阀土匪，土豪劣绅（乡村上还有小土劣），地痞流氓，水旱病虫害，水陆交通阻塞，金融枯竭与不流通等之实际为害状况，及外国人政治侵略、经济侵略所给中国人民之真正痛苦，并谋根本解除这许多的灾害与痛苦。

现在我们可以用极简单的话来说明乡村工作中心究为何事。

乡村工作的目标是复兴民族。要复兴民族须我们中国整个民族对外有力量抵抗外国政治侵略、经济侵略，对内有力量解除天灾人祸以及其他一切破坏乡村社会的祸患。简言之，须我们中国整个民族有解决政治、经济以及一切社会问题的力量。解决这许多问题的方式有数种如下：

一、由个人或团体解决之。

二、代替人民或由人民自动解决之。

三、消极地忍受，听其自然，待事势之转移，或积极的谋解决之道。

我们中国人向来所取的方式大抵为（甲）由个人，（乙）代替人民，（丙）消极地忍受。西洋人以及学西洋人已经学会的如日本人，所取解决各种社会问题之方式则为（子）由团体，（丑）由人民自动，（寅）积极的谋解决。

试举例说明我们中国人所取的方式。无论哪里一家人家，开门不但有七件事，还有疾病、防卫等许多积极问题。但是，负责解决这种种问题的人往往只有一个人。就由这一个人代替全家五口或七口解决了。如无法或不得解决，便只有消极地忍受。一家如此，一村、一乡、一镇、一县、一省、一国之事何尝不如此？结果就有两种：第一，如遇贤者，最多不过做到人存政举，人亡政息；如不遇贤者，就唯有听他们为所欲为，国破家亡，同归于尽。

做乡村工作的人应当认清我们中国人已往的缺点在没有组织，没有团体，因此便没有力量解决政治、经济及一切社会问题。现在我们固然不应当替他们做事，尤其不应当仅仅的希望他们一个个人有相当知能后便能解决问题。须知道替他们做事乃中国的老方法,最多做到好了一时的贤人政治,人民仍旧无力量解决问题的。至于个个人有了相当知能,未必即能解决问题。假使不信,但须一想现在中国有如许留学生,大中小学毕业生,他们岂不是与一般民众同样的受苛捐重税,天灾人祸,以及外国侵略之痛苦么?

然则做乡村工作的人应当拿什么做他的工作中心呢?答曰:须就实地生活需要,培养民众参加团体生活的能力、兴趣与习惯,俾得运用团体力量,解决小之一村一乡,大之一国、全世界的政治、经济及一切社会问题。做这种工作须由小而大,由下而上,且须使民众自动。具体一点说,学龄儿童以及成年人之不识字,民众之贫困及多病,种种天灾人祸,都是待解决的问题。须利用这许多待解决的问题,指导民众组织团体,并运用团体力量以解决之。如此由下而上,由小而大,并由民众自动进行,经过相当时期,到最后,便可使中国整个民族形成一个大民族团体以抵抗列强政治及经济侵略,并济弱扶倾,求世界之大同。在中国这是七年之病求三年之艾。从事乡村工作的人如不以此为中心,恐终徒劳而误国。

原载《民间》(北平)第1卷11期,1934年

民教问题十则解答大意

一　民众教育馆的组织,各地不一,究以何种方式为好?

民众教育馆是办理民众教育者为民众两方面的教育活动场所,民众教育馆的主体,是广大的民众,不是办教育的人,所以民众教育馆的组织,不能偏在办民众教育人的方面,乃是要把广大的民众,也摆入其中。

二　城市的民众教育,应注意些什么?

城市的民众教育应当注意到的:

(一) 办理民众教育者,最要紧的是要教育民众,不是为民众服务;举凡教育馆一切设施,均要需有教育民众的功能,不仅止于供民众消遣娱乐。

(二) 教育的对象要以劳苦大众为主,如车夫、小贩、蓬户贫苦同胞等,这些人,在普通的人看来,都存着鄙视的心理,可是这些同胞,正是民众教育最主要的对象,今后民众教育的动向,必然的朝着这方面走,我们办理民众教育的人,也非朝着这方面走不可。

(三) 教育的方针,在培养民众组织能力,以增进其团体自治、自立、自动的力量;而培养民众组织能力的方法,要根据民众生活内容,抓住民众生活适要的机会,如民众发生治安问题,便乘机办理自卫,发生火险问题,便乘机组织救火会。但最宜注意的,就是办理民众教育者,只能居辅导地位,一切事让给他们自己解决。断不可完全代他们办理,藉以培植其真实自治、自立、自动的能力。

三　民众教育,在切合民众实际生活。城市民众生活状况极杂,应用何法使之适应呢?

城市民众生活状况,固然复杂万分,实施教育,以谋适应其生活,诚属不易,但从其极复杂生活中,斟酌情形缓急,抽出一范围,以作教育对象,亦无不可。再依据认定教育对象的生活状况,便可决定适应其生活之教育方法。

四　长日来馆听讲及游览的民众,不免多是有闲阶级,而劳苦大众甚少,应如何使劳苦大众,亦能抽闲接受教育呢?

这个问题,不是劳苦大众接受不接受教育的问题,乃是要看我们能不能深入劳苦大众队伍里的问题,要劳苦大众能够接受教育,就是许我们来接近他们,把教育送上门去。

五　常见许多民众在馆流连忘返,是否好现象?

自然不是好现象,因为没有多大的教育价值。不过比他们在外面过不正当的娱乐生活要好得多。

六　城市中同一地域之民众,关系极少,应如何组织他?

要根据他们生活情形,拿住他们的生活需要机会,着手组织。

七　我们认定社会进步与否,关系妇女居多,对于一般妇女教育,应如何实施?

实施妇女教育,以妇女同胞担任为便宜。

八　社会调查，以经济实况为最难，应用何法，使肯说出？

调查作用，在求得某项事实的根据，当调查困难的时候，只有采行间接调查方法，求得一大概，就可应用，俟后能够作直接调查时，再求精密统计，亦无不可。

九　混合编辑之民众读本，其取材与成分，应各如何，始合读者需要？

要依据民众生活内容及需要而编写，无锡教育学院现编定有生活化农民读本，完全是以民众生活为根据。

十　民众识字，四月毕业，究竟能否了解和应用？

民众识字问题，至为复杂，我们无锡北夏实验区内办的实验民众学校，现有学生八班，学生毕业时期为不定期，程度也不一，视学生用功成分，成绩优劣，随时可以升班，不过想在四个月之内，使他们有应用文字的能力，自是不容易的事。但最低的限度，在四个月之内，要提起他们读书识字的兴趣，使他们有继续向上的能力，能达到这种目的，也就算有相当的成就。

原载《现代民众》第1卷4期，1934年，原系高践四讲解，余劲松笔记

民众教育与乡村建设

十月廿五日至三十一日，湖北各界举行农村建设运动大会，并敦请民教专家高践四先生来鄂指导，本馆于廿七日下午，得先生们莅馆作公开演讲，复于卅日下午，本馆同人，得与先生讨论民教重要问题，历二时之久，兹将讲词及先生对于付讨论问题所发表意见，摘其大意，志之如下，藉以飨关心民教同志。再文稿未经讲者校正，如有错误，归记者负责。

诸位先生：这几天我所演讲的地方，多是在学校或其他机关，今天此地是民众教育的机关，那么我所讲的就应当与民众教育有关，所以我定了一个题目为“民众教育与农村建设”。一般人以为民众教育馆全国各地成立的还没有几年，就误以为民众教育是近几年新兴事业，没有悠久的历史，其实是大错，中国民众教育产生是与正式学校教育同时，其历史演进的历程，经过了好几个阶段，历史年代，约有四十余年，我现在就其诞生时期发展及今后演进趋势，分作救国教育，公民教育，通俗教育，社会教育，平民教育，义务教育，民众教育及农村建设八个时期来讲：

一　救国教育时期

中国自鸦片战争失利以后，接着又遭甲午庚子诸役惨败，外国人利用他们的洋枪大炮节节侵略压迫，国势危亡，指在旦夕，一班忧时忧国之士，以为国家之所以处处吃亏，事事见拙，必定是军备不及人，人才科学不及人，今欲救亡图存，必要从军备教育两方面，想办法不可，于是在军备方面购置枪炮筑炮台设海军等，在教育方面废科举，改学制，开设学校等，同时还想到学校范围是有限的，仅少数学生有受教育的机会，而大多数民众的智慧，不加以启迪，仍是不能救亡，所以当时普及教育于全民计，遂办的有报馆、白话报、阅报处、演讲所、妇女农工商军警等夜课、半日及简字学校、展览会、陈列室、体育会等，风行一时，遍及全国，务求其灌输知识，愈快愈妙，以期达到一班老百姓都能救国，这是民众教育第一时期，时间约在清光绪二十年至三十年之间，即西历一九〇〇年前后。

二　公民教育时期

隔了不久，日俄发生战争，本来日俄都是世界上强国，势均力敌，人所共知，而结果为什么俄败日胜，当时一班维新的人，以为其中最大的原因，就是政体一为立宪一为专制所致，日本以立宪而胜，俄国以专制而败，于是大家主张仿效日本，改革政体，宣布预备立宪，但立宪是要把政权自一人或少数人移至大多数人民之手，而人民必定又要有相当的能力，才能运用政权，因此，又不得不提倡教育，训练民众，使成良好公民，藉以巩固立宪基础，这是民众教育演进的第二时期，时间约在戊戌政变前后。

三　通俗教育时期

当民国纪元前十年左右，即庚子年前后，国人设法推行民众教育无微不至，除前在救国教育时期内所讲各种教育方法外，又想尽了种种易于使民众接受教育的方法，如宣讲、幻灯、图画、通俗歌谣、戏曲等，以为方法愈通俗，民众愈易接受，教育愈易普及，救国愈有希望。当时各省学务处普通课，有将通俗教育与初等中等师范等教育并称，通俗教育的名称，于焉确立，而通俗教育事业，也极盛一时，这是民众教育演进的第三时期，时间约在民国初年，而此名词保留到民国十六七年，始行废止。

四　社会教育时期

社会教育这个名词确定，是在民国初年，其原因有数种：

（一）从法制方面说，时蔡孑民先生在欧美多年，目睹欧美社会教育的成效，遂竭力提倡社会教育，并当其任教育部长时，在教育部特设社会教育司，与普通专门两司并立。

（二）从学生在校时间方面说，学生每年在校仅二百数十日，而走读生在校时间更少，其余时间均在社会上。

（三）从个人年龄方面说，个人受教育时间，仅为六岁至二十四岁之间，其前后时间，均是在社会上活动，由上面看来，社会教育比学校教育更为重要，所以当时社会教育不仅名称确定，同时由通俗教育的附属地位，一跃而至独立地位。

这是民众教育演进的第四时期，其名称自民元沿用至今。

五　平民教育时期

民国四年欧战爆发，民国六年，中国亦加入协约国方面参战，并遣华工数十万人赴前线助战，时数十万人，知识浅陋，一切行动，有损国体之处甚多，于是在华工内服务之留学生如晏阳初、傅葆琛等，发起组织华工青年会，试办华工教育，用白话文编辑千字课本，每日规定时间上课，四个月毕业后，即可以与祖国家中人通信。因此，他们又想到国内不识字的人，较之华工多数百倍，这些不识字的大多数的民众非同样的施行教育不可。所以他们回国之后，在民国九年，便发起平民教育运动，如长沙、烟台、嘉兴等地，均作大规模的呼号，一时影响所至，遍及全国，并组织有中华平民教育促进会，专司其事，这就是民众教育演进的第五时期。

六　义务教育时期

与平民教育同时并行的，又有义务教育，这种义务教育不是现行学制上所定的义务教育，乃是有知识的人，尽义务去教育无知识人的意思。当民八五四运动时，各地学生群起打倒卖国贼，作极热烈的救国运动，可是他们深感觉得缺乏民众作后盾，而又深知民众之所以不能作后盾的原因，由于无知识促其觉悟，于是爱国青年，极情愿花费精力，在各学校内附设义务学校，以教导民众，以期增厚救国运动的力量，这是民众教育演进的第六时期。

七　民众教育时期

民众教育一名词之确定，由于国民党在十二三年时，即有民众运动，民国十五年后，他们觉得民众运动为一时的刺激，欲求民众运动，做得有成效，必要注意到民众训练，因之想到民众教育问题上去，并注意到民众教育与民众运动要相并而行，所以民众教育一词，于以确定，同时也能注意到民众教育事业之发展，这是民众教育演进的第七时期。

八　农村建设时期

现在民众教育又演进到了农村建设时期。为什么有了民众教育，还要有农村建设呢？因为中国是以农立国，大多数的人都是农民，一般办理民众教育者，均知道非注意农村民众教育不可，同时又以为枝枝节节的帮助农民，不如组织农民训练农民，使他们自觉发生力量，解决自身问题，所以自然而然的走上了农村建设的路，譬如平民教育运动，其初偏在各大都市方面，后来觉得收不到效果，便在民十四年自然逼着不能不跑到定县干乡村工作，再学校教育前几年拼命是在都市方面发展，但近几年来，各省有乡村师范之设立，也有在乡村设立中学小学的，就贵省而论，乡村师范也设立了几所，可惜还歉少了一点。在江苏凡是民众教育机关，无论省县立，其实际工作及事业，均有一部或大部推进在乡村方面，又华洋义赈会其始是消极的赈灾，可是以后觉得消极赈灾，不如积极的举办水利凿井组织合作社以防灾，所以他们也由慈善救济事业进而做了农村建设事业。上面不过是私人团体都朝着农村建设的路上走，而现在政府也不能不决定下乡去，因为政府收入，多赖田赋，欲求田赋收入丰裕，必须要注意农村建设，否则，政府只有关门大吉，所以民众教育演进到现在，必然的是农村建设。梁漱溟先生说"民众教育就是乡村建设"，的确，教育是建设的方法，建设是教育的目标，以民众教育方法达到农村建设的目标，是一套紧密的连锁，可以说是二而一一而二了。这是民众教育演进的第八时期。

以上所说的四十年来，民众教育演进的趋势，也可以说是中国四十年来救国方案演进的趋势。现在的趋势，是到了农村建设之路，我们要有救国的热忱，具有服务社会的精神，必须努力农村建设，贵省这次举行农村建设运动大会，是得了风气之先，我希望非仅止于举行农村建设运动而已，最要紧的是要能实际去干农村建设的事业！

原载《现代民众》第1卷4期，1934年，高践四讲，余劲松记

1935 年

中国教育救国的趋向

第一　中国教育救国的变迁

自“九一八”以后，救国教育，救国教育之声，甚嚣尘上，好像在现有教育之外，另有什么救国教育。殊不知中国之所以要有“洋学堂”、新教育，便是为的要救国。如果我们中国人不是健忘，我们中国的读书人不是没有读过中国的近世史，我们便应当记得甲午（1894 年）中日之战，我国因败北受巨创后，当时爱国有志者倡议变法图强，其中重要的一着就是废科举八股，兴学校，并推行民众教育以救国。数十年来，教育救国的变迁，可略举其荦荦大者如下：

最初期——专门教育、科学教育、人才教育。我国与西洋通商后，一方面看见他们重商、重工，一方面又震于他们的船坚炮利，所以在甲午之前二三十年就派遣留学生，设立译学馆，开办制造局，创设海军。及甲午之战，不但未能收效，反而受创甚巨。于是归罪于整个教育制度之不良，而有第二期教育救国运动。

第二期——兴学校并推行民众教育。科举与八股是我国旧时期取士方法，亦就是一种教育制度。到了我国一败再败，看见外国教育制度之不如此，便决意废科举八股，兴学校。因此，高等学堂、中等学堂、小学堂就乘时而起，应有尽有。又以中国人口众多，学校教育一时不易遍及，而国势阽危日甚一日，非全国民众共起奋斗，不足救危亡，所以又提倡开办报馆、图书馆、阅报处、陈列馆、宣讲所、半日学校、简易学校、体育会等等民众教育机关。

第三期——公民教育、政法教育。日俄之战，日胜而俄败。我国鉴于日本以立宪胜，俄国以专制败，于是又提倡公民教育。及民国成立，颁布约法，召集国会，政法教育便为士子所群趋。二十余年来此风犹未息。

第四期——职业教育、义务教育。民国初年，国人自海外考察或研究教育归国者，看见美国非常注重职业教育，同时适国内政法教育盛极一时之后，士子群趋政治一途，不但空疏，且流弊滋多，就竭力提倡职业教育。从此甲种、乙种工商农业各学校便陆续成立。

德国及日本之战胜他国虽多归功于义务教育，我国国内虽亦早有人知道义务教育之重要，但我国认真提倡义务教育之普及尚有待民国初年，且兹事体大，所需师资及经费为数甚巨。至今全国学龄儿童有就学机会者不及四分之一也。

第五期——平民教育、义务学校。平民教育产生在欧战时留法助战之华工中间。当时从事华工教育的工作人员因此回想到祖国还有三亿数千万的文盲，国安得不弱。所以他们不久就回国提倡平民教育。

义务学校由于“五四运动”而产生。“五四运动”是学生救国运动。运动热烈的时候，只有学生响应学生，老百姓漠然置之，因为学生期望老百姓能够起来做他们的后盾，所以发起义务学校，附设在学生们所肄业的学校，免费招收青年和成年老百姓教以读、写、算等课。但后来不久便变为儿童求学之所。

第六期——大学教育。这期的大学教育与最初期的专门教育不同。最初期纯粹为救国，这一期不过为留学生开一条出路，并为中学毕业生预备升学之机会而已。中国学校教育到此便完成了轮回——小学升中学，中学升大学，大学升留学——留学归国教大学，大学毕业教中学，中学毕业教小学。

第七期——民众教育、乡村建设、农村改进、农村教育。虽然在三十年前国人为要救国，曾竭力推行民众教育，但是后来竟绝少有人认识他的重要。直等到孙中山先生说，欲求中国自由平等，必须唤起民众共同奋斗。国民党做民众运动工作，觉得肤浅不能收效，方始再想到民众教育重要而谋积极推行。

民众教育、乡村建设、农村改进及农村教育四者，在作者看来，是异名而同实的。理由有三：一、目的都是救国；二、方法都须用教育；三、入手地点都须在乡村——就是民众教育，因为我国农民占百分之八十以上，天然的须偏重乡村。

第八期——救国教育、生产教育。民国二十一年九月十八日，东邻日本又与我国启衅，占领东四省，创巨痛深。回忆三十八年前，甲午之役，有过之无不及。废科举八股，兴办新教育数十年，不但丝毫无补，且国势愈危。国人遂称数十年来之学校教育为洋八股，另提救国教育与生产教育。照他们的意见，救国教育不外乎有关国防的科学教育与生产教育，须造就能制造并运用飞机、炸药、枪炮、子弹等军用品之人才；并须增加生产，平时足以减少入超，战时足以供给军需。这种主张与五六十年前所提倡的科学教育、人才教育及民国初年提倡的职业教育，相差并不太多。我很希望大家能够进一步想，否则循环式的提倡，或恐不幸又将蹈以前之复辄也。

第二　中国教育救国的趋向

中国教育救国经过数十年，八次的变迁，虽仍未能见效，然而最近十年，特别是最近五年来，中国教育救国的趋向却甚明显。大家自动的，或被动的，不知不觉走上一条路，而或未之察。这条路是什么路呢？乡村！农村！

试先看专门或大学教育，以前农科大学很少有人注意的，现在则农学院最受人重视。至于师范及小学教育，以前但有普通师范，近年则乡村师范与年俱增，有夺帜易帜之势，小学亦然。职业教育于民国五年发起，十五年即下乡。徐公桥、黄墟、漕河泾等地之乡村改进及人才训练事业，在国人目光中，岂不较重于工商学校及业余补习学校么？平民教育于民国七、八年间产生，至十四年就下乡到定县，专做农村平民教育工作。农民运动在民众运动中本占重要位置，及进而推行民众教育，便自然以乡村为主体。旧时设在都市的民众教育机关，或迁入，或移其重心于乡村，至少亦必兼顾到乡村。此外农村改进、乡村教育、乡村建设、复兴农村等运动，如雨后春笋，风起云涌，不但如此，金融界现在亦已移其目光于农村。各省农民银行固然贷款与农民，就是商业银行，现在亦都想投资于农村了。政府方面的机关，如全国经济委员会、建设委员会、国防委员会等，无一不注意并从事农村事业。至于农村复兴委员会及实业部等更不必说，此外，如各省实验县之设施亦莫不以乡村建设或农村复兴为主要目标。

由此可见，教育、经济、政治都不期而然的趋向于乡村或农村。时至今日，已好像不容我们走别条路。各方面，或有意的，或无意的，对着这个方向走去，已属大势所趋，不得不然。这是什么缘故？我们谈教育救国时，对于这种趋向不应当加以慎重考虑么？

本文以限于篇幅，仅能点出教育救国的趋向而止。最近十年来，中国教育救国之趋向于乡村或农村是一件不可磨灭的事实。我希望大家认清这个事实，推究他的原因与前途，并且促进他的运动，用全力从事乡村教育——生活化、社会化、民众化的——乡村教育，以复兴中华民族。

原载《教育杂志》第25卷1期，1935年1月

中国民众教育服务人员问题

一、民众教育的方式。

二、民众教育服务人员的需要。

三、民众教育服务人员的程度。

四、民众教育服务人员的来源。

五、民众教育服务人员的修养。

六、民众教育服务人员的训练问题。

关于中国民众教育服务人员问题，比较重要的有五个，就是服务人员之需要、程度、来源、修养及训练。但在未讨论这五个问题之前，还有一个先决问题须先讨论，这就是民众教育的方式问题。因为教育方式确定后，服务人员的需要及来源等问题方能迎刃而解也。

一

中国现在通行的民众教育方式有所谓社会式与学校式，又称课室外与课室内的教育。社会式的民众教育须就实际生活需要。指导民众组织并运用团体解决问题，满足需要。学校式则招民众来校上课，功课有读、写、算、唱歌、常识、精神陶练等。

这两种教育方式虽不同，但他们的办法都是由知识分子到民间去进行的。社会式固然须由知识分子深入民间，就是学校式亦须由知识分子到各地方去设立民众学校，然后能招民众来校上课。并且这两种教育方式并不能单独进行。现在普通的学校教育还须社会化、生活化，民众学校自然更应当社会化、生活化。同时社会式的民众教育为求与民众多方接触，多方认识起见，至少应当利用民众学校为一种与民众接近之途径。有时为充分利用课堂，并迎合民众心理，满足地方需要计，还须设法指导民众兴办儿童教育。总之，社会式与学校式的民众教育，应当联合进行，民众教育应取混合制，并且应当到民间去实施。

须有深入民间，混合制的民众教育，方能做社会中心，指导民众运用团体力量解决社会问题。试看现在国内各地从事民众教育工作较有成绩可睹的，如中华职业教育社主办的沪郊农村改进区，中华平民教育促进会主办的定县实验县，山东乡村研究院主办的邹平及菏泽二实验县，那一个不深入民间，不采用混合制，不把学校式与社会式的民众教育联络进行。因为他们如此办法，确能组织民众，推进社会，便几乎成为全国视线所集中。不但从事学校教育、社会教育的，要去参观，就是从事政治的人亦要去参观。不远千里而往，终年络绎于途，不可胜数。这种现象一方面表示大家要想替国家民族谋出路，另一方面又表示深入民间，实施学校式与社会式联合进行的民众教育，或许是民族自救应取之途径。换言之，中国民众教育的方式应取社会式与学校式联络进行的混合制，且应当到民间去实施。

二

菏泽县人口约数共四十万。全县分二十一乡镇。除城厢划为一镇外,余均为乡。每乡约有一万八千人至二万人,先各设乡农学校一所,内有服务人员约十人。平均每一千五百人有一服务人员。将来添设村学后服务人员或须比现在增加一倍或二倍,平均每五百人至六百人需要一服务人员。

江苏省教育厅于民国二十一年颁布民众教育基本施教区办法,规定每区以二百户至五百户为范围。平均计算每区约有三百五十户。每户五口,全区有一千七百五十人左右。基本施教区内所设民众教育机关普遍每处有服务人员三人。所以平均每五百人至六百人需要一服务人员。其数与菏泽略相等。

挽救农村衰落为吾国当前之急务。复兴农村,农村建设,乡村建设,乡村改进运动遍及全国。这种运动欲达目的固须有赖于民众教育。现在但估计农村方面所需民众教育服务人员其数目之大已足惊人。查我国农民占全人口百分之八十,总数约有三万万二千万人。照上面二节所述以每六百人需要一服务人员计算,共需服务人员约五十四万人。

三

二十三年八月,我在菏泽参观的时候,孙廉泉先生曾对我说,乡村工作的繁重,费心力,实不亚于县政。往往一乡农学校内重要工作人员所负责任与县政府内秘书科长所负责任相等,或且过之。他又说,对于这点现在我已经看得很明白了,所以我尽量把乡村服务人员的待遇提高,希望不久乡农学校重要工作人员的待遇,能与县政府秘书科长的待遇相同,其他一般乡村工作人员的待遇亦同时提高云云。廉泉当时所讨论的为待遇问题,但于不知不觉中提到乡村工作服务人员的程度问题。乡村工作的繁重,费心力,既不亚于县政,服务人员就不得不有丰实的知识经验及相当的修养。虽然一时不能希望个个服务人员的程度都很高,经验都很丰富,修养都很充分,但是总希望这种人愈多愈好。因为乡村工作责任的繁重,费心力,是一个事实,非有相当经验及修养的人去干,决不能胜任愉快的。廉泉已从实际上得到经验,方能有此见道之言。

四

民众教育服务人员的来源有三种。一、目前在党、政、教育,农、工、商,各界的服务人员。二、各大学本科、专修科及专科学校的毕业生。三、曾受专门训练的民众教育服务人员。照理想的办法,原来一种工作人员最好都曾经受过专门训练。但是,一方面因为民族自救工作急不容缓,并且民众教育服务人员需要浩大,只就乡村需要而说,数目已在五十四万人左右;另一方面因为农村衰落,百业凋敝,经济困难,新事业增加者甚少,而旧事业则一再紧缩,致使各界原有工作人员,各大学校及专科学校毕业生,都有失业恐慌。他们为自谋出路计,自然不得不以服务民众教育为尾闾。不必劝导,亦无从阻止,实际情形既然如此,我们应当根据这种实际情况,讨论民众教育服务人员的来源问题。

因为民族自救急不容缓,我们很希望各界知识分子,各大学及专科学校毕业生都能到民间去做民众教育工作。这种人愈多,民族自救愈有希望。但是,民众教育工作异常辛苦。不但责任繁重,费心力,并且须深入民间,到穷乡僻壤去,生活状况远不如都市和学校,或非各界原有服务人员及大学专门学校毕业生所能习惯。因此故而却步者,必不在少数。为提倡民众教育,复兴农村计,还需要鼓励知识分子到民间去也。

现在各界原有工作人员往往被裁而致失业。照作者的意见,紧缩裁员固然是节流的好方法,但是节流而不开源,未必就能渡过难关。目前吾国困难的大原因在农村衰落,倘不设法挽救农村衰落,困难将日甚一日,虽百般节流,终是无用。与其单从消极方面紧缩裁员,何如积极的挽救农村衰落,设法鼓励知识分子下乡去做民众教育工作,以复兴农村,增加农民生产力及购买力,使百业得以复振,社会经济宽裕。所以我们似乎可以不必裁减工作人员,而应该移动工作人员的服务地点。原来在都市机关内工作者,请他们到乡村去从事民众教育,仍支原薪,试办若干时期。如有成效,便继续下去,如无成效,再行裁汰。

鼓励大学及专科学校毕业生下乡工作,或解决他们的失业问题,亦可如此办法。二十三年夏天共有大学毕业生二千五百人,假定这二千五百人中有五百人因种种关系无用代他们设法谋事,其余二千人就请他们全数下乡工作。每月每人薪金六十元,全年薪金总数为一百四十四万元。另以五十六万元做他们的办公及事业费,每年需款共二百万元。以接连五年计算,第二年需款共四百万元,以后逐年递增,至第五年共需一千万元。此款能由中央指定的款固很好,否则,由各省分摊,每省平均第一年担负五万元,至第五年增至五十万元。省县各担负一部分,筹措便不至十分为难。况第一二年乡村工作人员加多后,农村复兴或即见微效。农民生产力与购买力加增,政府财源及地方事业费亦自然随之加增,生生不已。自第三年起,以后三年筹款或可更觉轻而易举。至于大学及专科学校毕业生下乡工作之考成办法,不必说,应该与上节所述相同。有成效者继续,无成效者即须淘汰。

民众教育服务人员的来源自以曾受专门训练,正途出身者,较为适宜。须知勤奋努力,肯用心等条件,不是专指那里一方面的人而说的。各种工作人员及从各方面来的民众教育服务人员,无论曾否受过专门训练,都须肯用心、努力、勤奋,始能有成效可睹。这许多条件是修养问题。这种修养是个个服务人员应当具备的。假定从各方面来的民众教育服务人员同样的具备或缺乏这种修养,则曾受民众教育专门训练者终较胜一筹。亦许因为在训练时已顾到这种修养条件,已具有这种条件者比较多,绝对缺乏者比较的少,因此曾受专门训练者终是合用一点。所以要有专门训练的民众教育服务人员,并且对于他们要加以相当保障的原因就在此。

五

民众教育服务人员的修养不外乎知德体群四育。团体生活为吾国人所最缺乏,最需要。民众教育服务人员须以就实际生活需要,培养民众参加团体生活的能力、兴趣及习惯为主要任务。假使自己本人没有群的修养,不但不能以身作则,并且以已之昏昏,决无能使人昭昭之理。所以参加团体生活的兴趣与习惯是民众教育服务人员第一应有的修养。

至于知育方面,受过中等高等教育的人,不患没有自然科学,社会科学等新知识,而患没有“常识”。柴米油盐,布帛粟粒等,有关一般民众的生计问题,大抵为知识分子所不及知,且不屑知。口唱国计民生,其实对于民生问题非常隔膜。试问医生治病,假使不明了病人的症状与病因,妄施医药,岂不将置之死地。所以我说民众教育服务人员不但须有新的科学知识,并且须有民间的常识。

民众教育事业的辛苦有有形的与无形的二方面。民众教育服务人员须深入民间，民间生活状况简陋之极，非知识分子所素习，物质环境骤然变更，痛苦在所不免，这是有形的辛苦。民众教育须针对着整个社会问题，求民众整个生活问题之解决。民众整个生活问题何等纷纭复杂，往往一个很小的（例如，一二百户的）民众教育施教区内所有各种政治、经济、文化等社会问题，可以层出不穷，使服务人员应接不暇。俗话说得好，麻雀虽小，五脏俱全。民众教育施教区尽可很小，终究是一个具体而微的社会。人事关系参互错综，至为繁复。非服务人员绞脑筋，呕心血，不足以指导民众，改进社会。这是无形的辛苦。有此二种辛苦，民众教育服务人员便不得不有十分健全的体魄。

在学校里做教员或以儿童天真烂漫，或以青年志气高扬，学校环境又比较单纯，指导管理自然就容易些。即有时发生困难，稍为用心，便可解除。但民众教育服务人员以民间九流三教，人品不齐，社会环境又远不如学校之单纯，非明白世故人情，不足以应付裕如，指导得法。然而世故人情固然应当明白，自己却万万不可堕落。所以磨而不磷，涅而不淄，是民众教育服务人员德性上修养的要件。同时，以教育为方法，拯斯民于水火，事业何等艰苦卓绝，须有人溺己溺，人饥己饥之志，方能先天下忧，后天下乐，持久不懈，以竟其功。原来青年人都是有血性的，如何善养青年人的血性，使能不辞劳瘁，不避艰险，为民众教育奋斗，这亦是民众教育服务人员德性上修养的要件。

六

民众教育服务人员的训练问题须根据上述修养一节而讨论。总括起来，民众教育服务人员应有下列各项的修养：

（一）群育。参加团体生活的能力、兴趣与习惯。团体生活须成为第二天性。

（二）智育。有民间的常识及新的科学知识。平常我们注重新的知识，太忽略民间的常识。

（三）体育。身体锻炼得十分强健，能承受有形的及无形的辛苦。

（四）德育。有人溺己溺，人饥己饥之志，磨而不磷，涅而不淄之精神。

以上四项中第二项新知识，第三项能忍受有形的辛苦，第四项有人溺己溺，人饥己饥之志等三点，大抵为大家所知道。至于团体生活的习惯，民间的常识，能忍受无形的辛苦，及有磨而不磷，涅而不淄的精神等各点，或非人人所及知。然确为民众教育服务人员必不可少的修养。因此亦就是训练时所当格外注重之点。

根据修养条件指出训练的目标以后，我们再应当略及训练的方法。照作者个人的意见，训练方法不外由做而学，养成习惯八个字。文人学作文，学演说，非由做而学不能学成。做的机会愈多，学成的希望愈大，这是一个大家公认的事实。可惜我们不知道依此类推，所以不但别种功课不照由做而学的原则做，就是作文演说课等亦但上课听讲，而没有充分做的机会了。无怪大学中学毕业生国文能精通，说话有条理者若寥晨星。然而至今教者与学者还不觉悟，一味自误误人，自欺欺人，不肯切实由做而学，由做而教，岂不可叹。

民众教育服务人员须做民众解决实际问题的顾问员与指导员的。假使因徒有书本知识，缺乏实际经验，至不能使民众起信仰，接受指导，这还是个人失败的小问题。假使因缺乏实际经验致使民众受损害，教育事业无从推进，这个问题就大了。所以无论为服务人员个人计,或事业与社会计,在训练的时候都应该注重实习,由做而学。

习惯二字普通人以为专指言语行动而言,其实我们思想、情感、意志,无一不有习惯。联想中间有习惯作用不言可喻。喜怒好恶的感情,进退去就的决定,何尝无习惯的作用呢?我们希望民众教育服务人员对于团体生活成为第二天性,对于民间的常识能随时随地尽量吸收,对于身体能继续不断的锻炼,对于有形无形的辛苦能无限忍受,且能善养其浩然之气,青年血性,有人溺己溺,人饥己饥之志,磨而不磷,涅而不淄之精神!我们希望他们具备这许多修养条件,绝不是口头或文字勉励所能成功的。须养成他们的习惯,最好使他们能够自动的就实际生活,实际事业,实际问题,由做而学,一项一项养成自己的习惯。良善习惯既成,民众教育事业便自然可以推进。

注:孙廉泉(则让),原山东乡村建设研究院副院长,后担任山东菏泽县县长。

原载《教育与民众》第6卷5期,1935年1月

三年来之中国乡村教育

一、乡村教育之由来

乡村教育成一独立名称,都市或城市教育却不成一独立名称,好像大家特别注重乡村教育,而不注重都市教育。其实不然,因为以往所办教育,大抵偏重都市,而忽视乡村,以至不要求学则已,如要求学,非到都市不可。几乎使青年尽成为都市化,来得去不得,乡村日渐空虚,日渐破坏。所以便有人大声疾呼,提倡乡村教育,矫正以往偏重都市的毛病,并主张就乡村实际生活,训练师资,实施教育,以求乡村生活与乡村社会的改进。

在西洋,特别是在地大物博的国家,如美国,对于乡村教育,亦很提倡。研究原因有三:其一、国内乡村教育,本有相当设施,为求进步计,不得不加以研究;其二、工业发达,农民离村,乡村中优秀分子日渐减少,衰落的危机甚迫,为防止乡村崩溃计,不得不提倡乡村教育;其三、乡村礼拜堂退化,农民失去指导重心,为树立乡村社会中心,改进乡村社会计,对于乡村教育,便亦不得不加以提倡与研究。

以上不过指出乡村教育的由来。十年前,乡村教育在中国,虽有人提倡,但注意者还不多,直至六七年前,一般的知识分子,对于乡村教育,终不过抱一敷衍态度,以为乡村教育设施,是应该酌量增加与改进罢了。就是在热心提倡的人,起初也不过只敢提议试办省立农村师范讲习科计划(《义务教育》第六期王朝阳著),省立师范学校添办乡村分校议(同上第七期袁希涛著)等。迟至十七年八月,大学院草订训政时期施政大纲,方拟定三年期间促进乡村教育计划:第一年择地试办乡村师范学校;第二年根据各地需要教员之人数,增添乡村师范学校;第三年继续上述关于师范教育之各种工作。十八年四月,国民政府公布教育宗旨及其实施方针,规定师范教育于可能范围内,使其独立设置,并尽量发展乡村师范教育。二十年四月,教育部又通令各省市自二十年度起,各县立中学应改组为职业学校或乡村师范学校。

在这里,我们应当记得:农村师范,讲习科,师范学校乡村分校,原有各县立中学,或为短期班,或为初中,或中学四年程度,都属浅近与简易性质,在一般人的意见,以为乡村教育服务人员,程度不妨浅近一些,这是还未能十分注重乡村教育的明证。

不过最近三年来的情况,却大大的不同了。不但"乡村教育"、"乡村教育"之声,洋洋盈耳,甚嚣尘上,并且各方面的人,都很真切地感觉到中国民族的出路在乡村教育。所以群起而提倡之,研究之,并推进之,这种前后不同的原因,可分述如下:

十年前,提倡乡村教育者,虽未曾不看到社会的危机,但是著书立说,大抵都就教育本身立场而言,只说出平不平与应该不应该,所以一般的人,或者以为无病之呻,或者敷衍迁就,聊以塞责。

但最近数年来社会形势,国家与世界大势,有剧烈的变迁,世界经济恐慌,国际贸易年年有巨大的入超,国内农产品减少,甚至需要大量米、麦、棉花等必需品进口,乡村因外人经济侵略，国内政治不良，破坏至极点，农民因生产品减少，及价格低落，购买力便亦因之而降低，工业界一方面缺乏原料的来路，另一方面制造品售不出去，商人亦随之大受影响，百业凋敝，民穷财尽，形势急转直下，国人方大彻大悟，非切实注重乡村教育，不足以救亡图存，这就是目前乡村教育所以特别受人重视的原因。

二、乡村教育之范围

乡村教育有狭义广义之分。照普通的观念，乡村教育不过指乡村小学与师范而言，好像乡村教育是乡村师范与乡村小学教育合起来的一个专门名词。中等、高等、职业及社会教育在乡村好像是除外，或不需要，不配谈，不必谈的。其实中国既然以农业为本，乡村上何尝不应当有中等、高等、职业及社会教育等设施。乡村上既应当有这数种教育设施（并且在各国乡村里有中等、高等、职业及社会教育设施者比比皆是），那么，这数种教育，便亦应当包括在乡村教育范围以内。否则，如必欲专指乡村小学与师范而言，尽可把乡村教育这个名词放弃，改用乡村初等教育的名称。

总之，如因推行义务教育，小学设置于乡村者必较多。所以提倡设立乡村师范学校，以期养成学生耐劳习苦，适于乡村生活的习惯，这是一回事。不过，假使乡村师范的宗旨是养成适于农村生活之小学教师，指导农村教育，改进农村社会之人才，那么范围就很广。乡村师范不但具有师范学校与农业学校两种性质，并且具有社会教育或民众教育的性质，这是另一回事。本文第一节曾指出美国于二十余年前，因乡村礼拜堂退化，农民失去指导重心，就提倡把乡村学校作为乡村社会的中心，做改进乡村社会的指导工作。十年前，国内提倡乡村教育者亦主张须就乡村实际生活训练师资，实施教育，以求乡村生活与乡村社会的改进，足见乡村教育实以整个社会为对象，其范围应为广义的，不但包含小学与乡村师范，凡对于改进乡村社会有关系的教育设施或乡村工作将一一分别提出，以示目前国人如何重视乡村教育，想由乡村教育的途径救亡图存。

三、三年来的中国乡村教育

民国二十一年至二十三年三年间我国乡村教育突飞猛进，其原因已在上节提及，就乡村教育本身而言，这一次实在是求推广与改进的好机会，全国视线，几乎集中于乡村，因想谋农村复兴，便不得不积极做乡村教育工作，各方面提倡者、推行者，风起云涌，蓬蓬勃勃，农村改进、乡村建设、县政建设、民众教育、平民教育、农民教育、农业推广、合作指导、乡村师范、乡村小学等等，名异而实同，无一不想就实际生活，指导农民改进乡村社会，无一不想由乡村教育以复兴农村，复兴民族。现在试将这十余种乡村教育三年来之进行状况，分别叙述如下：

（一）乡村师范

民国二十二年春，教育部公布学校规程第九条云："师范学校应视地方情形，分设于城市或乡村，于可能范围内，应多设在乡村地方。"此外对于修业年限等项，都一律办理。乡村师范方面，并无特别规定，这是把乡村师范与普通师范放在平等地位，不再像以前规定乡师比普通师范高中程度低二年，又第九条既规定"师范学校……于可能范围内应多设在乡村地方"，不但新校可设在乡村，于必要时并可把原有师范学校，移设于乡村。现在已有这种倾向，因为各师范学校为学生毕业后出路计，已有筹设试验农场及乡村实验区，供学生实习，以便他们将来亦有加入乡村教育队伍的可能。

乡村师范的独立与增设，为三年来乡村教育史中很重要的一页。江苏省立乡师原有六校，都附属于普通师范或普通中学，自二十一年度起，一律改为单独设立，并逐年添设省立石湖、乡师等二校。其他各省市，除有军事等特别原因外，大抵都设法添设乡师。山东省立乡师十九年度有四所，自二十年度起至今，又增设四所，现在共有八所。就是江西省立乡师，前数年因军事影响，虽曾有停办者，但三年来恢复及增设者已有二校，并在筹备添设。其余各省市，情形亦复相同。至于各省的县立乡师，亦有增无减。因二十年四月，教育部曾通令自二十年度起，各县立中学应改为职业学校或乡村师范学校的缘故，广东省曾于二十一年四月通令各县市，限于本年度内筹的款，设置乡师一所，对于乡村师范之注重，于此可见一斑。

其次，当论及乡村师范学校本身的改进，约有四点：一、课程切合农村生活，增加农事教育方面的课程，并加农田及蚕桑实习合作指导等课；二、做学教合一，不但学生课业由做而学而教，就是学生生活，亦由学生自己设法解决；三、施行推广教育，指导农民解决地方上经济政治教育等问题；四、设立乡村教育实验区，派学生分组在各乡村以学校为中心，办理义务教育，社会教育，指导民众，推进社会。以上三、四两项，同为学校社会化，但第四项更为切实，更易生效。

各省市县立乡村师范学校，对于以上改进各点，虽未必都能实行，或同时并举，但各校都有使学校与社会打成一片的希求，确为一不可磨灭的事实。苟有一个教育机关对于教育生活化、社会化稍有成绩，各地乡师教职员学生，必纷纷前往参观；苟有一个对于乡师改进办法富有经验或曾有成绩表现的导师，各乡村师范学校必争聘之，这岂不是乡村教育改进的好现象么？

（二）乡村小学

二十年春，教育部曾颁布乡村小学充实儿童学额办法。二十一年春，又公布小学规程，第七条云："各县市为推广设立小学……起见，应依自治区为学区"，这明明是为求小学推广，设立于乡区，不专集中于城市起见，教育行政当局，对于乡村小学的充实与推广，可谓煞费苦心。但一考三年来各省市乡村小学的情形，虽量的方面都有进展，然而质的方面，几乎充满了暮气。昔年赫赫有名数一数二全国皆知的乡村小学，现在都以人事的更张，无复有特殊表见，足满人意的了。人存政举，人亡政息，可胜慨叹！三年来吾国虽有进步的乡村师范学校，而未能有比数年前更进步的乡村小学，这是一个最大的缺憾！应该从速设法弥补的。

更有进者，教育行政当局虽希望小学推广，设立于乡区，所以规定应以自治区为学区，其实一自治区内，往往有几个乡镇乡区小学，因此设立于镇上者很多，乡村者很少，仍不脱"半都市化"。一般乡村学龄儿童与民众，仍旧没有受教育的机会。

（三）乡村民众教育

民众教育偏于成人方面，与小学适立于对持的地位。但是颇有人主张民众教育为全部分或全国人民的教育，内分成年、儿童、男子、妇女等各部分。事实上现在各民众教育机关，已经如法办理的很多，其最大原因，由于各地民众太缺乏受教育的机会，所以苟有开放的教育机关，无不趋之若鹜，并且凡为家长的，都希望儿童能入学。义务教育为社会上待解决问题之一。民众教育主要任务，本为就实际生活需要，指导民众组织团体，并运用团体力量,解决地方上的经济、政治、文化以及一切社会问题,为适应地方需要,迎合民众心理计,民众教育者,自然应该乘机指导民众组织校董会办理小学教育,由此可见,乡村师范与乡村小学,从一个立足点,民众教育从另一个立足点,向同一个目标进行,遂于不知不觉间,殊途同归。

三年来的民众教育,可说是倾其全力于乡村。试先以江苏一省而论,省立徐州民众教育馆于二十一年成立,其事业的重心,几乎完全在乡村。省立清江民众教育馆于二十二年成立,其事业与徐州略同。其他同样的机关,莫不亟亟以设立乡村民众教育实验区为急务。各省市立民众教育机关,亦莫不皆然。甚至有以不做乡村民众教育工作为耻者。各省的县立民众教育机关,不必说亦都趋向于农村,不过于乡村小学同样的有"变勿透"不彻底的毛病,往往设在镇上而不设在乡村中,这是应该设法纠正的。

要知道民众教育三年来如何注重乡村,但须举一个很重要的事实来证明。中国社会教育社有社员一千余人,大多数为各省市民众教育服务人员及热心民众教育者,二十二年秋在济南,二十三年秋在开封两次开年会,都以"由乡村建设以复兴民族"一题为讨论的中心提案,每次到会参加者约百数十人,遍及十余省市,关于此案的决议,经呈准教育部通令各省市,这岂不是民众之倾其全力于乡村么?

(四) 农村改进平民教育乡村建设

农村改进以中华职业教育社为代表,平民教育以中华平民教育促进会为代表,乡村建设以山东乡村建设研究院为代表。乡村建设之目标,在以民众教育为方法,组织民众,推进社会。平民教育之目标,在改进整个农民生活。农村改进,亦以教育为方,谋达农村改进之目的。三方面,以前数年,或于进行方法等各点上,微有不同,但近三年来,凡从事乡村建设,农村改进,平民教育,民众教育者,常互相往来,交换意见,切磋观摩,几如兄弟姐妹,协力同心,谋民族之复兴矣。(以上各方面的工作在各省市进行状况有刊物可参考不再详述)

(五) 农业推广合作指导

中国国民党第三次全国代表大会通过之确定教育宗旨及其实施方针案内有云:"农业推广,须由农业教育机关积极设施,凡农业生产方法之改进,农民技能之增高,农村组织与农民生活之改善,农业科学知识之普及,以及农民生产消费合作之促进,须以全力推行。"现在中央有农业推广委员会之组织,各省市县农业推广委员会组织成立者很多,各县并设有农业推广(或农事指导)及合作指导,仓库指导等专员。惟上述农业推广工作范围甚广,凡从事乡村教育者,如乡村师范、乡村小学、民众教育、平民教育、农村改进、乡村建设服务人员,都以做这种工作为他们的主要任务,所以我们不妨说:"农业推广,已由乡村教育机关积极设施。"(后略有删节)

以上(一)至(五)各项乡村工作人员,于二十二及二十三两年秋季,曾在邹平、定县开乡村工作讨论会,参加者除上述各种人员外,尚有全国经济委员会、建设委员会、农村复兴委员会等,及各省实验县县长等。第一次有六十余人,第二次有一百五十余人,共同讨论乡村工作推进方法,于乡村教育运动,有无限的价值。

最后,我当一提乡村教育服务人员的训练问题。乡村师范学校,江苏、湖北等省省立教育学院,山东省乡村建设研究院,四川省立乡村建设学院,河北省县政建设研究院,以及各省民众教育服务人员训练机关，各大学乡村教育民众教育学院，几乎各省市都有这种设施。最近半年来，河北省设农村服务训练所，中央亦筹备农村服务讲习所，照我的估计，全国共需要六十四万知识分子到乡村去服务（每一个有一千人的乡区，需要乡村教育人员二人，农民占全国人口百分之八十，四万万中有三万万二千万，所以需要六十四万人。），现在乡村教育服务人员的训练机关，虽很不少，恐怕还不足以应一时的急需，希望国人急起图之，并希望须有切实的训练。

原载《江苏教育》第4卷1、2期，1935年2月

对于我国职业教育前途的蠡测

对于我国职业教育前途的推测，可以有二种：第一，如过去二十余年之过程一样，先盛而后衰。第二，从今以后一帆风顺，前途远大。

现在请先回溯过去二十余年职业教育之过程。民元前，实业学校热心提倡者本已不少。但把推进职业教育作成一种很热烈的运动，在民国初年才开始。于是十余年间，职业学校与年俱增。最多的时候，全国共有二千所左右。然而不久即减少为一百五十所左右。与最盛之时比较，不及十分之一。近数年来，因进出口贸易报告入超数量之巨，年甚一年，同时，又以普通学校毕业生苦无出路，不但为不生利者，且走入歧途，沦为匪者亦不乏其人。如此酿成之内忧与大量入超的外人经济侵略，逼得我们中国人非加紧提倡职业教育不可。现在各方面的人都看提倡职业教育为天经地义。旧的职业学校逐渐恢复，新的职业学校陆续开办。亦有将普通学校改为职业学校，甚至有主张将社会教育机关停办，移其经费作为办职业教育之用者。在热心提倡者热血到沸点的时候，从未听见有人自问或互相询问："为什么以往二十余年间职业教育曾有一盛一衰的现象?"

今后提倡职业教育怎样方能有进无退? 作者不敏，要想对于这个问题贡献一点意见。欲求我国职业教育前途光明，我们决不可忽略下述几个要点：

第一，世界大势。民国元年前以至二十年前，世界各国都是资本主义、帝国主义的国家。这种国家的希求是富强。至于资本主义的基础是个人主义。当时我们提倡职业教育，自然不外乎希望：大则中国由此可成一富强的现代国家，小则个人能解决生计问题，或可致巨富。但是，现在世界大势都与从前不同了。资本主义的症像已暴露而不可掩饰。不但反资本主义的俄国施行统制经济，就是资本主义的美国及其他各国亦都采行统制经济政策，以挽救经济恐慌。从前以个人为本位的经济制度，现在有一变而为社会本位的趋势。

职业教育不但与个人生计有关系，且与国家经济有关系，世界各国现在的大势既如上述，我国热心提倡职业教育者是否应当根据世界大势的变迁，以确定我国今后推行职业教育的方针，这是值得我们慎重考虑的一个问题。

第二，重工还是重农。民元前与民国十年前后，我国原想走上重商主义、重工主义的路。一直到现在，还有不少人作如是观者。重商主义虽然没有人再谈，但是对于由工业以引发农业，或工农并重的主张，现在有很多人还是深信无疑的。或者有人作圆滑的主张说，对于各种职业教育给以相当应有的注重。话虽是动听，于实际总是无补。作者以为由农业以引发工业，在我国是有百利而无一弊之路。因农民占全国人口百分之七十五以上，其余百分之二十五中间的人，不但地主靠农民而生存，就是工商界的人亦须靠农民而生存。盖工厂所需原料，如棉、麦、豆、茧等固须自农村而来，就是熟货(工业产品)还须农民及地主等购用。于此可见，一着活，全盘都活。地主、工商界以及其他各界的人都可有办法。否则,工业虽发达,如果缺乏原料时,便要饮鸩止渴,购买舶来品,增加入超。所以重工还是重农,亦为今后提倡职业教育者所当慎重考虑,并且应当先确定的一个问题。

第三,学校式或社会式。我们中国人有一根深蒂固的错误观念,就是以为教育即学校,学校即教育。所以提倡职业教育,除去开办职业学校外,并无他种办法。殊不知我国古人教民稼穑,教民树艺五谷,都就社会生活加以指导。二年前有一位农业专家向我说,假使以后如有人请他去主持农学院,他必定要办一大规模的农事指导或农业推广实验区,从指导或推广而作农业及训练人才的工夫,方始不至于落空云云。这是见道之言。我国农民有三万万,安得尽人而置之学校。且不就他们实际生活,实际工作加以教育或指导,使之亲切有味,随学随用,必欲使他们进学校,与实际生活隔离,这是何等愚蠢之事。虽数千年前的古人还愚不至此。想不到现在的有知识的人还是但知道有学校式的职业教育,不知道应该注重社会式的职业教育。

第四,学生式或艺徒式。因为我们但知道学校式的职业教育,我们便很容易造就许多为社会所不合用、不欢迎的职校毕业生。已往事实俱在,毋庸讳言。我们要明白丹麦青年所以能个个人成为自耕农,独立经营一农场,由于他们在自己父母亲或他人所经营的农场上做艺徒很多年,并不一定因为他们受过中等或高等农业学校教育。他们或抽暇进民众高等学校一次几个月,隔数年后再进一次。我们今后提倡职业教育,倘使不注重艺徒式教育法,使青年由做而学,我们可以预料学生虽从职业学校毕业,但仍恐未必能为社会所欢迎所合用的。

第五,普遍还是集中。职业教育是需要相当师资与设备的,假使设备不充实,师资很平常,则所造就的人才决不能与各业艺徒工人竞争。盖一知半解,似通非通,只能空谈,不能实做也。所以办理职业教育,与其在一个时候各项都举办,不如量力而行,择要集中人才、财力举办一二种,俟有成效及余力,再谋推广。

我国职业教育的前途光明与否,须要看提倡者能否注意上述五点。苟注意及此,则前途决不至再如以前之一盛一衰,而可从此一帆风顺,前程远大。

本文载于《江苏教育》第 4 卷 3 期,1935 年 3 月,内容同作者发表在《教育与职业》1935 年第 162 期“我国职业教育的前途”一文

对于读经问题的意见

讨论读经问题,常先问读经二字之范围。如范围不是狭义(限于童年在学校以读经为功课之一种),而是广义(包含童年、青年、成年,在学或不在学),我就很赞成读经的。理由如下:

(一) 从个人经验说

我从五岁进老法学校,不必说,开头就读经(四书五经等)。直至十四岁始进新法学校,学中英文、算学、博物、理化、史地等课。同时看报纸杂志,并有国学讲义一课。国学讲义阐发中国经书中之科学思想、政治思想(特别是革命思想),甚为透彻,引起我重新读经的兴趣。此次读经与前次不同了。以前读经,先生虽然讲解,并须还讲,但印象很少,几乎没有。此次自己翻阅研究,兴味浓厚,心得甚多,好像发现新大陆或开掘新煤矿,物产盈阜,令人喜极欲狂。于此我得一结论,读经宜于儿童或青年开悟后始行之,最好有西学为对照,愈足以增厚读经之兴趣。

(二) 从社会礼俗说

中国社会素来欠缺法治精神。无形中社会秩序赖礼俗维持。礼俗虽随时代而变通,但其骨干与精神仍不外乎经书之所示。原因在古时之中国人对于人与人如何相处的道理颇有研究。人与人相处的道理非他,就是伦理。五伦中君臣一伦的名称虽已不存在,但主辅之关系终是有的。父子、夫妇、兄弟、朋友,主辅之间如何相处,实在是人生免不了而不得不研究的大问题,难问题。中国古人不怕这个问题的大而难,竟把这个问题提出来研究,并且说了许多至理名言,演为礼俗,为人类发明了如何相处之道,为社会上安排了一个维持秩序的方法。到如今这个问题(人与人如何相处)还是很严重。恐怕人类有生一天,这个问题终是存在一天。将来全人类是不是都要走上我们中国人所发明伦理的路,不必预测。但是这条路比较是行得通的,并且我们中国社会秩序于无形中用伦理的礼俗维持是实在的。尝见欧美各国人民,无论在本国或旅居他国,每于星期日(所谓礼拜日)读经。星期一报纸把先一日牧师在礼拜堂讲经的演讲词长篇累牍的发表。大小都市的报纸都如此办法,使各地方的人有间接读经与听讲经的机会。在中国,星期日休息,至少在政界、学界,及一部分工商界,是很通行的了。在西人有此休息日,一方面休息,游览,换空气;另一方面读经、讲经,作精神上的修养。我们中国人既采行星期日休息的办法,何不同时采行星期日读经,讲经的办法呢?中国如兼采星期日读经,讲经的办法,可以使未经意识的社会礼俗变为经意识的,又可以阐发伦理观念,推进文化。同时并可以使儿童平常受熏陶,不必一定强他们读经,或致以读经为乏味。

(三) 从学校功课说

现在各级学校功课的支配,大抵仿照东西洋各国学校功课而来,逐渐加以修改的。以前老法学校里,几乎只有读经及作文等功课,固然不对。但是,现在新法学校的课程,如细加检点,亦何尝尽对呢?自行新学制以来,无形中把小学中学程度提高。同时又以人事日繁,外患日亟,不知不觉地把中小学功课加重。算学、自然科学及社会科学功课既渐加重,程度又提高,其艰深费解的部分实与经书的艰深费解部分相等,使儿童青年不胜负荷,妨碍发育的害处亦相同。如以经书有艰难费解处,所以反对读经,这是我们可以相对同意的。但是经书也有比较浅显而且日常可以应用的部分,就是在童年、青年时期亦可选读。同时现在中小学课程中太繁重,程度太高,且非生活所需要的功课,亦亟宜删改。

从另一方面说,西人在英文读本中有时也选辑圣经为课材,又吾国人于看书或谈论时,偶及古代西哲苏格拉底斯、柏拉图、亚里士多得等之名,往往心向往之,思欲一读其遗书。为什么独对于读经还要表示怀疑呢?

我赞成读经的理由一时不能尽述。现在因为教育杂志社之函催,略贡愚见如上。

原载《教育杂志》第25卷5期,1935年5月

推进县教育的研究

绪论

今年五月下旬，中央评定实施义务教育暂行办法大纲。其目的在使全国学龄儿童在十年期限内，逐渐由受一年制，二年制，达于四年制之义务教育。同时并评定二十四年度中央义务教育经费支配办法大纲，规定中央义务教育经费以国库支出义务教育经费，边疆教育经费，及庚款机关拨充义务教育之经费充之，想由这几方面筹集巨款，分拨各省市，充推进地方义务教育之补助费。中央的决心要于短时间内普及义务教育，观此已甚明了。所以本文命题"推进县教育的研究"，贡献一点意见，以提倡普及教育者之参考。

研究材料，关于推进县教育的研究材料，可分下列数节详述之。

一、县教育的范围

义务教育虽为各县教育的重要部分，但县教育的范围并不限于义务教育，吾国义务教育期限除四年制外，现在有短期的一年制与二年制，然而初等学校毕业期限则为六年，又初等学校之上有中等学校，普通学校之外尚有职业学校、师范学校，与学校教育并立者有社会教育或民众教育，而女子教育亦为一不可忽视的问题。总之，县教育的范围当包含义务教育、初等学校、中等学校、职业学校、师范学校等，以上可统称学校教育，另一方面则有民众教育或社会教育，并应注意女子教育。兹列表如下：

- 县教育的范围
  - 学校教育
    - 义务教育
    - 初等学校
    - 中等学校
    - 职业学校
    - 师范学校
  - 民众教育
    - 学校式
    - 社会式
      - 公民教育
      - 生计教育
      - 健康教育
      - 语文教育
      - 家事教育
      - 艺术教育

（中等学校至健康教育）实现中华民国之教育宗旨

上表所列各项教育，事实上目前已在全国各县教育范围之内。不过因经费人才关系，程度上及所设教育机关之多寡上或不免参差不齐。本文既以推进县教育的研究为题，对于县教育范围以内的各项教育自应兼筹并顾，但为注重普及教育，训练地方自治，培养民族意识，复兴民族计，仍不得不对于义务教育及民众教育多所论列。

二、县的分析

全国各县面积与人口相差甚巨：各省每县平均面积之相差自四千方里至十万方里，

平均人口之相差自数万人至六十万人，每方里人口密度之相差平均自两方里一个（即一方里半个人）至一方里九十人。以上都是平均数，究其实际，相差更为悬殊。因为各省皆有都市及交通便利之区，人口必较密；偏僻之县，人口必更稀。所以事实上往往一县人口多者有一百数十万人，人口少者不过一二万人。这种面积人口之相差影响于各县教育设施者甚大，凡地旷人稀之区平均每人所需教育经费必较多，种种教育设施亦必不能与人口密集之区尽同。兹择足以为代表之各省列举如下：

省名	面积（单位千方里）	人口（单位千）	每方里人口密度（单位一）	县数	每县平均面积（单位千方里）	每县平均人口（单位千）
新疆	五，三六四	二，五一九	〇·五	五三	一〇一	五〇
甘肃	一，二二三	六，二八一	二·〇	六四	一九	九八
云南	二，七九二	一三，八二一	五·〇	一〇二	二五	一三〇
山西	五五三	一二，二八八	二二·〇	一〇五	五	一一六
陕西	五八七	一一，八〇三	二〇·〇	九二	六	一二八
广西	六六九	一三，六四八	二二·〇	八九	七	一四〇
福建	四〇六	一〇，〇七一	二五·〇	六三	六	一六〇
四川	一，二九三	四七，九九二	三七·〇	一四七	八	三四〇
浙江	三一八	二〇，六二三	六一·〇	七五	四	二七五
江苏	三四六	三四，一二六	九九·〇	六一	五	五五九

三、各省市义务教育及民众教育的近况

前数月，教育部曾将二十年度各省市教育统计的数字发表。这种概况统计除有分类装订本外，并陆续散见于各报纸杂志。兹就有关于各省义务教育及民众教育的统计，按照上节所举足以为代表之各省，摘要列表如下：

省名	义务教育				民众教育		
	人口（单位千）	学龄儿童（单位千）	受义教儿童（单位千）	百分比	失学成年的估计（单位千）	受民众教育者的约数（单位千）	百分比
新疆	二，五一九	一八三	七	四	一，一二〇	一	（千分之一）
甘肃	六，二八一	六二八	八八	一四	二，五八〇	八	（三百分之一）
云南	一三，八二一	一，三八二	四四七	三二	四，七〇〇	六四	一·四
山西	一二，二八八	一，三九〇	八〇三	五八	二，五〇〇	一三四	五
陕西	一一，八〇三	一，三〇七	二七二	二一	五，〇〇〇	三五	〇·七
广西	一三，六四八	一，三六四	五四八	四〇	三，九〇〇	三〇	〇·九
福建	一〇，〇七一	一，〇〇七	二一〇	二一	三，九五〇	一八	〇·五
四川	四九，九九二	四，七九九	八七四	一八	一九，二〇〇	六六	（三百分之一）
浙江	二〇，六二三	二，〇二八	六八一	三四	六，六〇〇	六五	一·〇
江苏	三四，一二六	五，三四四	六八七	一三	一四，八〇〇	一一四	〇·八

（附注）上表内失学成年以十五岁以上四十五岁以下之成年人。占全省人口总数之比例以百分之五十估计（此种估计恐太高）。减去受义务教育儿童之比例数，便是失学成年的估计数。又受民众教育者的约数中除将学校式的学生数列入外，并酌加受社会式的教育者如合作社社员等等，故数字比教育部发表者约加百分之五十。

上表仅按照上节所述足以为代表之各省摘要列举。至于有报告可根据者，共计有三

十一省市区。此三十一省市区的义务教育及民众教育的统计总数则如下表：

（一）人口约数	四八五，〇〇〇，〇〇〇人
（二）学龄儿童	四九，〇二二，二〇二人
（三）现受义务教育儿童数	一〇，八三四，八四四人
（四）百分比	百分之二十二
（五）失学成年的估计	一八九，一五〇，〇〇〇人
（六）现受民众教育的约数	一，九〇〇，〇〇〇人（现受民众教育者的约数中，除学校式学生外并酌加受社会式的教育者如合作社社员等等）
（七）百分比	百分之一

又全国各省市义务教育及民众教育的教育机关、学级、教职员及学生等的统计如下：

义务教育即初级小学	二三八，三九三校 五五四，八〇九级	四五一，八九一教职员	一〇，一六二，二九七学生（此数与上表一〇，八三四，八四四微有出入）
民众教育	七八，二七八教育机关	一三一，六〇五教职员	一，九〇〇，〇〇〇受教育者

四、各省市义务教育及民众教育经费之统计及其来源

各省市义务教育及民众教育经费总数之最近统计如左：

（一）义务教育即初级小学经费	六二，三九三，五七三元	（学生一〇，八三四，八四四人每人教育费约五元余）
（二）民众教育经费	一三，四四〇，六三四元	（受教育者一，九〇〇，〇〇〇人每人教育费约七元余）
（附）高级小学经费	三〇，三〇五，三八五元	（学生数一，四九六，二七八人每人教育费约二十元余）
（又）中等教育经费	五四，〇五五，九四二元	（学生五三六，八四八人每人教育费约一百元）
（又）高等教育经费	三三，二〇三，八二一元	（学生四二，七一〇人每人教育费约八百元）

各省各县市义务教育及民众教育经费的来源名目繁多，但大别之可分下列数类：

（一）附税　甲、田赋忙漕附税　乙、牙帖附税　丙、契附税　丁、屠宰附税　戊、烟酒附税　己、其他

（二）特捐（教育经费特捐）　甲、中资捐　乙、契纸捐　丙、盐厘　丁、盐斤加价　戊、箔类特捐　己、其他

（三）杂捐（教育杂捐）　甲、货物杂捐　乙、营业杂捐　丙、房铺捐　丁、车捐　戊、娱乐捐　己、其他

（四）款产　甲、田地租　乙、房租　丙、庙产　丁、公共牧场　戊、息金　己、其他

（五）摊款　甲、由县府摊收　乙、人民分摊　丙、地亩分摊　丁、自动筹集　戊、其他

（六）补助　甲、团体机关补助　乙、私人补助　丙、其他

（七）支拨　甲、国库　乙、省库　丙、县库　丁、市库　戊、其他

（八）学杂费　甲、向学生所收之学杂费

五、各省市义务教育及民众教育师资的最近统计

甲、义务教育的师资

高中师范	八八二校	五，六二八毕业生（内女生一，九六五人）
乡村师范	一，一四九校	八，七七五毕业生（内女生一，四四五人）
短期师范	五三八校	四，三八七毕业生（内女生六一五人）
又普通中学附设各种师范科		三，五六六毕业生

乙、民众教育的师资

训练机关	四二七所	二三，〇〇〇学生（注意，此系学生之数而非毕业生之数）

推论

根据上面所收集的材料，关于推进县教育的研究，可归纳之而作推论如下：

一、县教育范围甚广，不过为训练地方自治，培养民族意识，复兴民族计，应注重义务教育及民众教育。

二、各县面积及人口相差甚巨。就是在一县之内，平均每方里人口亦有相差。中央、省、及县教育行政当局在规划教育的推进时，应顾及此点，于实施时方可无捍格之患。

三、观各省市义务教育及民众教育近况的统计，在四千九百万学龄儿童中，受义务教育者，不及一千一百万人；失学者有三千八百万人，其数殊足惊人。在成年民众方面，失学者约有一万万八千九百万人。现在有机会受民众教育者，不及二百万人，尚无机会受民众教育者有一万万八千七百余万人之多，其数更足惊人。成年民众都是社会中坚，都应当成健全公民，且随时世的递迁，有继长增高的进步，以应世变。今无机会受民众教育者既如是之多，其问题之严重可想而知。

四、各县义务教育及民众教育师资的训练问题最关紧要。欲求教育的有效，教育事业的进步，则师资的须受专业训练，不可随便滥竽充数，乃一定不易之理。今义务教育方面的现任教训员约有四十五万人，其中未经受专业训练者必甚多。各种师范生每年毕业者约二万二千余人，不及现任教职员二十分之一，恐只足以做告老、疾病、死亡、转业者之补充，以言推广，则将等于画饼充饥矣。

至于民众教育方面现任教职员约十三万人，其中未经受专业训练者之成分或远过于义务教育师资。但各地民众教育师资训练所学生之总数不过二万三千人。假定平均每年有半数毕业，约一万二千人，不及现任教职员十分之一。除补充现任人员外，若谋作推广之用，亦微乎其微。

五、各县义务教育民众教育经费的来源虽然名目繁多，但实际上大抵都是地方税的附加税，并且有许多近于苛捐杂税。大的丰富的来源如关税、盐税等等自划为中央税源

后，县市教育经费无从再思染指。不但如此，去年财政会议决定废除苛杂，各县教育经费有来源顿绝，恐慌殊甚者。年来经济恐慌，产业移转不多，契税收入大减，各县教育经费有大受影响者。至于因水旱兵匪等灾，田赋附税减少，致使教育经费亏欠，乃各地方常有的事。所以各县教育经费不但来源本不丰富并且罗掘几穷，加以经济恐慌，天灾人祸，收入时常亏欠，窘迫不堪言状。这是推进县教育的暗礁。

最后贡献的意见

推进县教育的研究材料及由此材料归纳所得的结论略如上述。最后贡献几点个人的意见，很希望热心县教育的推进者不吝指教。

一、社会的中坚分子有二种。一是现在的，二是未来的。我们对于未来的社会中坚分子固应加以训练，对于现在的社会中坚分子尤应加以训练。理由如下：

1. 内忧外患迫于眉睫，非靠现在成年人的教育程度提高不足以应急。

2. 训练地方自治，实施宪政，尤非使现在成年人教育程度提高无从达到目的。

3. 人事日繁，加以世界各国的进步日新月异，成年人即使受过义务教育，亦当有继续不断的长进。否则个人及整个民族对于人类社会不但不足以有贡献，且将无以自存。

4. 在儿童时所受的教育含有预备的意味，及至成年，大部分未必能合用。他且勿论，农、工、商、职业学校毕业生不须再由学徒做起而真能合用或自立者，有百分之几十？所以儿童时虽受教育，及至成年，至少不得不再有复习的机会。

由此可见各县对于义务教育及民众教育应兼筹并顾，同时推进。

二、教育内容是最应当加以研究的问题。实施义务教育暂行办法大纲第二条云，义务教育实施应注重实际生活之教育。把教育应有的内容明白规定，免如以往之走入歧途，用意甚善。然而实际生活之教育亦难言矣。课材教法之能切合实际生活已不易办到。更进一步问，所谓注重实际生活，将注重儿童之实际生活么？抑成年的实际生活么？如注重儿童之实际生活，于儿童固易有兴趣，但于将来未必能完全有用。如注重成年的实际生活，则儿童不易了解，不生兴趣，虽教亦恐徒然。由此可见教育内容问题是一极费心思的问题。按照中华民国教育宗旨，中华民国之教育根据三民主义，以充实人民生活，扶植社会生存，发展国民生计，延续民族生命为目的。务期民族独立，民权普遍，民生发展，以促进世界大同。

现在要问如何教育人民方能使民族独立，民权普遍，民生发展？儿童在短期小学学了一年国语、算术、公民训练（每日约十分钟，详见一年制短期小学暂行规程）、体育，成年人在民众学校学了四个月至六个月国语、算术（或珠算）、常识、音乐、公民训练等课，便能达到民族独立，民权普遍，民生发展的期望么？倘使大家静心想一想，恐怕就要怀疑起来。

教育不能专重口耳之学，须注重良善生活习惯的养成。一天上课二小时至四小时，专学些上述各种功课，于良善生活习惯的养成，可以风马牛不相及的。

要期望民族独立，民权普遍，民生发展，必须养成人民何种良善生活习惯？这是教育者所应当明辨而且切实解决的问题。

孙中山先生在民族主义中曾说，中国民族所以受列强的政治经济侵略，而无法抵抗，是由于中国人民的一片散沙，没有团体。假使中国人民能团结，则列强对我的政治经济侵略我们都能有力量抵抗。这是就对外而言。其实国内的匪患及水旱之灾,若使人民能团结,自然亦能化险为夷,所以中国教育第一须能养成人民参加团体生活的习惯,使能运用团体力量(这就是民权),充实生活,发展民生,扶植社会生存,延续民族生命。

团结就是合群。因此我们可以说在智德体三育之外,应增加群育。中国教育,无论义务教育,民众教育,以及中等、高等教育,都应把智德体群四育并重,各就儿童、青年、成年的实际生活,指导他们由做而学,因知勉行,养成求智、创造、进德、卫生、团结合群的生活习惯。

三、教育的能否有效,一方面因视教育内容或方针之确当与否,另一方面又须靠师资之合用与否。如无合用师资,教育方针虽确当,终无法收实效。所以如欲推进县教育,对于义务教育、民众教育师资,务须严格取受过专业训练者。至于现在不合格师资,尤须设法抽调,予以一年以上的专业训练。

四、欲使五千万学龄儿童,二万万失学成年,都有受教育的机会,教育经费之筹划,自然是一个大问题。筹划教育经费,当以不加增人民负担为原则。山东菏泽县于二年前筹得乡农学校经费数十万元,并未增加人民分文负担。其详细办法见《教育与民众》月刊六卷四期,这里不赘述。

五、在急切期望教育普及之时,往往想实行强迫教育。强迫教育的办法没有人能说其非。不过行得通,行不通,却须注意的。大抵由政府下令强迫,苟非事前考虑周密,且力求近乎人情,则恐易流于有名无实。若由政府或教育者指导地方人民自治团体,如保甲长会议,共同讨论决议实施强迫教育,并即由自治团体执行,则进行比较顺利。(详见保甲制度之研究与实验一文,《教育与民众》月刊六卷十期。)

六、普及教育之责任应由党政、教育各方面之人同负之。因为党部本负有唤起民众,组织民众,训练民众之责,地方自治工作人员亦负有训政之责也。假使党部及地方自治工作人员都能照中山先生指示的途径,用教育方法,就实际生活使人民由做而学,培养人民团结的合群习惯,使他们能自动运用团体力量,小之解决一地方的政治经济社会问题,大之发展民生,复兴民族,如此合力做去,全国各县教育之推进或可有速成之望乎。

原载《地方自治》(南京)第2期,1935年6月

毕业以后的出路

毕业后有三条路可走：(一)就业；(二)升学；(三)暂时没有升学或就业的机会。这三条路虽然不同，但是青年自处，应该有同样的存心，同样的态度，并且有同样的实行办法。这个办法就是"学习"二字。自学校进社会做事，青年应该对于所就之职业，时时刻刻，处处地方，事事虚心学习研究，并且请求于人，方能有精进成功之希望。须知社会上凡有相当成功者，即使年龄已高，尚在日新又新，精益求精。初出学校的人，岂能不虚心学习呢？至于升学的人，应该虚心学习，固不必说，我更希望他们能由"做"而学手脑并用。不要升学愈高，愈变成一书呆子，自误误人！最后说到暂时没有升学或就业机会的人，他们万万不可因为暂时没有机会，便皇皇如也，或百念俱灰，自暴自弃。他们亦应该学习，日有常课，如国文、西文、算学、会计、打字及其他手艺，凡于农、工、商、医、文、理等等各科中，就自己个性所近的，自知有欠缺者，趁暂有空闲的时候，自修补习，一旦有了就业或升学的机会，便可应付裕如。古来无论中外各国，因自修有恒而对于社会有贡献的人，比比皆是。暂时没有就业或升学机会的人，便应当以这种自修有恒的人做榜样，自强不息，以期有所成就。

原载《长城》第3卷1期，1935年

江苏省立教育学院之过去与将来

一、本院创办时期及设立主旨

江苏省立教育学院原系省立民众教育院及劳农学院。两院先后于十六年及十七年筹备,十七年及十八年春季开办。时国民政府方奠都南京,国民革命军北伐行将完成,各项建设事业正开始积极进行之际。及十九年夏,两院遵照大学组织法及大学规程合并为教育学院,仍设民众教育及农事教育两个系,并附设农事教育专修科等。本院设立之主旨是双重的。(一)养成民众教育的服务人才;(二)研究民众教育学术。兹录本院学则第二条及第三条以为证:

第二条:本院遵照中华民国教育宗旨及其实施方针,以研究教育学术,养成社会服务人才为宗旨。

第三条:本院由江苏省教育厅呈准教育部尽先举办关于社会教育之学系及专修科,定为江苏省社会教育研究、设计及实验之机关。

在本文中民众教育与社会教育二个名词是通称的。因为这两个名词是异名而同实的,以后亦许永远并存通称,好像大学教育与高等教育二个名词一样,又好像我们中国人名号并称一样。

二、民众教育的意义

欲叙述本院如何训练民众教育服务人才并作民众教育之研究、设计及实验,不能不先把民众教育的意义略为说明。欲说明民众教育的意义,不能不推究民众教育的来源。它的来源自然像江或河的来源一样,不止一个的。不过它有一个主要的来源。这个主要的来源就是由于民族自救或救国的要求。试看数十年来我国的历史,每次救国运动到极热烈,极真切时,没有一次不想设法使民众起来共同救国的。甲午、戊戌后民众教育之盛行一时;日俄之战后逊清宣布预备立宪,同时竭力推行公民教育;五四运动的主要分子为青年学生,但是他们因为感觉到救国运动非有民众为后盾不可,所以就在他们自己求学的各级学校附设义务学校。至于孙中山先生在他的遗嘱中说:"积四十年之经验,深知欲达到此目的(求中国之自由平等),必须唤起民众……共同奋斗",其意更显然了。

民众教育的来源既由于民族自救或救国的要求,则民众教育的设施自应针对着民族自救而进行。原来教育是方法,解决社会问题是目的。目前中国最严重的问题莫过于民族自救。中国一切教育设施,至少在目前,都应当以解决这个问题为目标,民众教育不是例外。翻过来说,民族自救亦并不是民众教育独有的目标。

民众教育怎样办法,才能达到民族自救的目的呢?数十年来,各方面对于这个问题的答案是不一致的。譬如,有人主张须启发民智,所以用全力于语文教育。亦有人主张先富后教,所以主重生计教育。同时又有人主张民族自救须靠民众有政治能力,所以民众教育当以政治或公民教育为中心。这许多分歧的主张直至现在还是有的。

不过，近数年来，各方面的意见渐归一致了。特别是各地从事实际工作及实验工作的人，因为他们对于这个问题接触时间较多，或许容易有比较清楚一点的认识；又因为他们时常交换意见，互相参观，彼此切磋观摩，凡合理的意见，有效的方法，很容易互相仿效采取，所以他们对于民众教育怎样办法才能达到民族自救目的这一个问题的意义才渐渐接近，趋于一致。

究竟民众教育应该怎样办法才对呢？我们要答复这个问题，须分析民族自救问题的内容。现在中华民族可说是内外交困。国内的天灾人祸及国外的经济政治侵略莫不日甚一日。并且天灾与人祸，内忧与外患，互相为因果。所以患难愈深，亟亟不可终日。解决这许多患难的方式有数种：第一，由国内少数人为之，照过去数十年的经验，此路不通，所以要有民众教育；第二，由外国人代为之，如国际共管，这在我们是绝对不愿闻的；第三，由国人各自为谋，以避免或排除天灾人祸或内忧外患，事实上，这第三种方式与第一种方式，从过去一直到现在，是向来并行的，不过，不但不生效，患难反而愈深；第四，由国人共起图之。所谓共起图之不仅是口头上说，纸面上写，或利用散漫无组织，没有团结力的群众运动，求快于一时，须民众能自动的参加团体生活，运用团体力量，解决天灾人祸或外人经济政治侵略等一切社会问题。这种办法在列强各国的民众是优为之。他们对内，人与人之间都有团体行动，互相督促。对外，则全国一致应付之。所以能没有匪患内乱，并能减轻水旱天灾。即遇有一时不能抗力的天灾，也必能旋即恢复。至于他们对外，更能全国一致的侵略他国。总之，在列强各国的人民，无论对物、对人、对内、对外，处处地方表现他们有组织、有团体的力量。组织能力与团体生活在他们几乎是第二生命，家常便饭。反观吾国人民，则散漫成为天性，以致全无力量解决天灾人祸内忧外患一切政治经济社会问题。

由此可见，吾国民众教育所当下功夫的地方在培养民众组织能力、兴趣与习惯，使能自动的参加团体生活，运用团体力量，解决政治、经济及一切社会问题。有了组织，有了团体，方能有力量对付土匪、军阀，防治水旱天灾，抵抗外国人的政治经济侵略。数十年来的新教育没有注意及此，所以愈弄愈糟，今后不但民众教育应当聚精会神针对着培养民众组织能力、兴趣与习惯下功夫，就是义务教育、中等及高等教育，亦应该全体动员，针对着这一点下功夫。所以智、德、体三育之外，应当加一个群育。智、德、体、群育须同时平均发展，在我们素来散漫的中国人尤须注重群育。

从事民众教育者须就民众生活之迫切需要出发，由小而大，由下而上，由做而学，由行而知，以培养民众的组织能力、兴趣与习惯，使能自动运用团体力量（由此引起民族自信力），小则解决一乡一邑，大则一省一国之政治经济及一切社会问题，内以充实人民生活，外以抵抗强权，济弱扶贫，促进世界大同。这就是由民众教育来源所推究得到的民众教育的意义或目的。并且亦就是民众教育的方法。一言以蔽之，“运用团体力量解决社会问题”是民众教育的目的与方法。因为要达到运用团体力量解决社会问题的目的，须由做而学，由行而知的。

三、训练民众教育服务人员的办法

说明了民众教育的意义以后，我们可以开始叙述本院训练民众教育服务人员的办法。本来，一方面我们觉得民众教育的工作是急不容缓，亟需党、政、教育、农、工、商各界的服务人员以及学历、经验较高的青年学生均肯下乡工作。同时在另一方面又见到乡村工作是多方面的，问题非常复杂，从事于此工作者个人要有深心大愿，看明白乡村工作为民族复兴的要途，须肯用心，努力苦干，勤奋，然后方可有成效可睹。这些希望自不能责之于人人，而须责之于曾受民众教育专门训练者，所以我们觉得设立专校，培植民众教育服务人员，倡导乡村工作的风气，实有其需要。同时，我们也深深感到民众教育的成功，必须用科学方法研究实验，树立民众教育的学术，以后推行方较容易。因此之故，教育学院所负的使命除培植江苏省六十一县的民众教育服务人才外，还须从事于民众教育的研究、实验、设计与推广。其实这两方面的工作，亦是息息相关，不可偏废，以下再分别叙述教育学院训练人才的情形，关于研究实验事业亦略论之。

训练学生的目标

基于上文所述民众教育的意义，我们希望学生知、德、体、群四育平均发展；就群育方面说，学生必须有参加团体生活的能力、兴趣与习惯；就知育方面说，学生不但须有新的知识，并且须有民间的常识；就体育方面说，学生须有十分健全的体魄，能忍受有形的及无形的辛苦；就德育方面说，学生必须有人溺己溺，人饥己饥，磨而不磷，涅而不淄的精神。关于这四点，作者在《中国民众教育服务人员问题》一文内已有所论列（载《教育与民众》月刊第六卷第五期），兹不再加申说。为达到此种目标计，我们训练学生的方法，特别着重实习工作，由做而学，养成学生刻苦耐劳的习惯，并使之处处以人待人，即是以人为目的不以人为手段。

招生办法与别校略有不同

自从民众教育院、劳农学院开办起迄于改称教育学院一直到现在，我们招收学生的办法与别校不同。学生投考的手续分两种，一种是江苏省六十一县县政府或教育局保送的，他们入学试验及格录取后，在校求学时期的费用，由原籍担任一部分，将来毕业以后以回县服务为原则，此之谓县额生。还有的学生，投考时不限省县之别，可以自由投考，费用由本人负担（实际上外省学生多半有教育厅的津贴），此之谓公额生。

学生报考的资格，在十九年度改称教育学院以后，完全遵照大学规程所订各条办法，在十九年度以前，以招收高中毕业生为原则，但可招收有同等学历者。我们所希望于投考学生的，并不一定中学一经毕业即来投考，视作与升学其它大学相等；我们很希望中学毕业以后在社会上服务若干时期，对于现实社会有相当认识的青年前来投考。因此之故，县额学生的所以规定由原籍津贴一部分费用，一方面是寓有奖励家境清贫而有志于乡村工作的青年之用意，其性质有似于高中师范科学生的膳费由公家支给，并免缴学费；一方面也是希望学生能安心求学，减轻家庭负担，专心致志于民众教育的研究，以培养起他们对于乡村工作的兴趣与信心。实际说来，教育学院学生的缴费数是比任何大学为少，县额生每学期只收五十三元的费用，膳费、实验费等等都在内，公额生籍隶外省者加收学费十二元，其余一切均与县额生相同。

学生修业年限的长短与毕业生籍贯的统计

以前民众教育学院第一、二届学生修业年限均为两年，劳农学院第一届学生系农民师范科，修业年限计一年，第二届为农民师范专修科，修业年限计二年，合并成立教育学院之后，民众教育、农事教育两学系的学生均系四年，专修科则为二年。毕业学生数计民众教育学院第一届114人，第二届89人；劳农学院第一届52人，第二届82人，教育学院民众教育专修科第一、二、三，三届50人，农事教育专修科第一、二两届36人，民众教育、农事教育两学系27人，合计450人。兹列其籍贯统计于下（二十三年十月）：

武进县17人，无锡县15人，泰兴县13人，如皋县12人，丹阳县、泰县、靖江县、淮阴县、南通县各11人，金坛县、江阴县、常熟县、阜宁县、盐城县各10人，沛县、六合县、句容县、昆山县、南汇县、江宁县、吴县、宜兴县各9人，海门县、东台县、淮安县、嘉定县、溧水县各8人，灌云县、崇明县、高淳县、肖县、丰县、铜山县、松江县、东海县、兴化县、镇江县各7人；太仓县、砀山县、睢宁县、溧阳县、江都县各6人，青浦县、邳县、江浦县、涟水县、泗阳县各5人，启东县、沭阳县、宝山县、仪征县、高邮县、奉贤县各4人，吴江县、金山县、宿迁县、上海县各3人，宝应县、川沙县、赣榆县各2人，扬中县1人。外省的有云南省4人，四川省、江西省、安徽省、湖南省各1人。以上合计本省毕业生442人，外省籍8人；其中女生36人，另有特别生6人（陕西省2人、广东省1人、本省3人）未计入。

课程与实习的迭次修订

课程与实习两事，原有联锁的关系，皆为达到预定目标的工具，而为训练学生过程中最重要的材料，教育学院的课程，经数次修订的结果，现在的可分别为下列数类：

（1）特种科目——有党义、军事训练（女生免修）、体育、家事及看护（男生免修）等等科目，与普通一般大学的办法相同。此项课程，所有学生均须修习，并规定入校二年内修完。

（2）普通科目——有国文、外国文（专修科免修）、社会科学、自然科学、教育科学等等科目，大部分学程规定在第一、二学年内修习。

（3）专业科目——教育学院既专负培植民众教育与农事教育两种人才的使命，则训练学生的科目，除普通大学所有之教育科目外，应有专业课程，包含民众教育、农事教育的理论与实施方法等等（其详情参看教育学院学则）。

（4）技能科目——教育学院的课程，除学理论的讨论研究外，更有实际技术的练习，以养成学生手脑并用，实施教学做合一之教育。其科目分工业、农业、艺术三大类。

（5）分组科目——民众教育系分为乡村教育、工人教育、图书馆、健康教育、社会教育行政、艺术教育及科学教育等七组。农事教育系分为作物、园艺、畜牧、农业经济等四组。专修科学生暂不分组，多列选修学程。两系学生均在三年级第一学期开始分组，在教授的指导之下，就其性格之所近，选定一组为主组，另一组为副组。

关于实习的办法，也迭有修订，我们对于此事自开办至今皆特别重视，因为唯有藉实习可以训练学生刻苦耐劳的习惯，并使获得实地的经验。在十九年度以前有二种办法：一种是日间上课，午后及晚上赴乡村实习；一种是授课一年或一年半再回县实习。自十九年度以后改变办法，现在可分民众教育实习与农事实习两项，述之于下：

（1）民众教育实习——民众教育实习侧重于乡村工作，有时也兼及于市民教育、工人教育等等。两系学生须自第四学年开始起（以十二个月计算），专修科学生则自第四学期开始起（以六个月计算）分别居住乡村服务。学生实习的工作，具体言之，有下列四种：（甲）民教事务行政的实习，如领袖工作、文书、事务、会计工作等等；（乙）民教事业的实习，又须分而为二，一种是七项教育的实习，如生计、语文、政治、健康、家事、休闲、科学教育以及各项竞赛会展览会等等；一种是民教机关管理的实习，如教育馆、实验区、农业推广、小学兼办民教、民众学校等机关的行政、组织、经费支配、人员分掌、事业方法等等。(丙) 民教机关杂务的处理,如整洁房屋、修理用具、管理杂务以及膳食等等。(丁) 调查及研究的实习,如社会调查、生计调查、文盲调查、民校课本及民众读物编辑,公民训练研究以及其它专题的研究等等。学生下乡实习,食宿均系租用民房,完全自办,不雇工友。每三人负责一小区,区内农户约二百户至五百户,人口约一千至二千人,所有区内乡村建设工作,都由他们指导农民去做,使农民能渐渐自动。每一个小分区的经费,每月仅有三十元之谱。

(2) 农事实习——农事实习,包括农田实习及作物园艺等项(他如生物、理化、畜牧、养蜂、养鸡、气象测候、育种、病虫害等课程,另有实验、实习时间与各种讲授材料相衔接,不在此范围内)。现在农事实习的办法,农系及农专一年级新生,自九月入学后两个月内,以注重基本训练及练习耕田、耙田,使用农具等之技能并养成其吃苦耐劳之习惯为主旨。自十一月起,以分担田地,自行耕作,养成自动设计及管理农田的能力为主要目的。农系学生需实习两年,农专学生需实习一年,每年作物区以两熟为限,园艺区以实足一年为限。每人分担作物区六分之一亩,园艺区二分。田地由学校供给,但须按期缴纳租金。农具、肥料、种子等等,也都由学校借给,俟农产品收获后,须照价付给学校。学生每季所种植农作物的种类及栽培方法,都由学生自行计划,由指导员核准后实行。自整地到收获止,学生实习情况,逐日须有记载,并须在收获时另作一总报告,述明农作物的生育及栽培情形,并用新式簿记,作一收入盈亏的经济报告,交指导员核阅。

现在再将教育学院各系科学生所应修习的学分数,作一统计表于下,关于各年级学分的分配、总数,以及计算方法等,都照教育部所规定的办法办理。

<table>
<tr><th rowspan="3">系科别</th><th rowspan="3">组别 \ 项目</th><th colspan="5">学程</th><th colspan="2">实习</th><th rowspan="3">论文</th><th rowspan="3">总计</th></tr>
<tr><th colspan="2">必修</th><th colspan="2">选修</th><th rowspan="2">共计</th><th rowspan="2">民众教育实习</th><th rowspan="2">农田实习</th></tr>
<tr><th>普通必修</th><th>本系必修</th><th>分组选修</th><th>普通选修</th></tr>
<tr><td rowspan="6">民众教育学系</td><td>社教行政组</td><td>51</td><td>24</td><td>12 – 20
8 – 12</td><td>28 – 16</td><td rowspan="6"></td><td rowspan="6">20</td><td rowspan="6"></td><td rowspan="6">2</td><td rowspan="6">145</td></tr>
<tr><td>乡村教育组</td><td>51</td><td>24</td><td>12 – 20
8 – 12</td><td>28 – 16</td></tr>
<tr><td>图书馆组</td><td>51</td><td>24</td><td>12 – 20
8 – 12</td><td>28 – 16</td></tr>
<tr><td>健康教育组</td><td>51</td><td>24</td><td>12 – 20
8 – 12</td><td>28 – 16</td></tr>
<tr><td>艺术教育组</td><td>51</td><td>24</td><td>12 – 20
8 – 12</td><td>28 – 16</td></tr>
<tr><td>民教科学组</td><td>51</td><td>24</td><td>12 – 20
8 – 12</td><td>28 – 16</td></tr>
</table>

续表

系科别	组别	学程：必修：普通必修	学程：必修：本系必修	学程：选修：分组选修	学程：选修：普通选修	学程：共计	实习：民众教育实习	实习：农田实习	论文	总计
农事教育学系	作物组	57	33	12－16 8－12	22－10		16	4	2	145
	田艺组	57	33	12－16 8－12	22－10					
	畜牧组	57	33	12－16 8－12	22－10					
	农村经济组	57	33	12－16 8－12	22－10					
农事教育专修科		51		19			8	2		80

在院肄业的情形与毕业生服务状况

教育学院学生现在计有十级，共计264 人，各年级男女学生人数分配如下表：

在院各系科男女学生人数统计表

系科别	年级	学生人数：男	学生人数：女	学生人数：共计	备注
民众教育学系	1	19	6	25	旁听生三名未列入统计
	2	22	3	25	
	3	33	7	40	
	4	26	7	33	
农事教育学系	1	10	2	12	
	2	21	5	26	
	3	28	4	32	
	4	27		27	
农事教育专修科	1	14	7	21	
	2	16	4	20	
总计	10	216	45	261	

学生的年龄，从十八岁至三十四岁都有，其中以二十二岁至二十五岁者为最多。男女生的分配，女生计四十五人，男生二百十六人。籍贯的分配，江苏占五十七县计二百零五人，外省者占十五省计五十九人，江苏省的学生以县额生为多。

关于毕业生的服务状况，我们也有两个统计表可以参看，兹附表于后，以代说明：

服务外省之毕业生

省别	浙江	广西	山东	安徽	河南	云南	江西	福建	河北	广东	湖南	湖北	四川	陕西	共计
人数	13	9	4	4	4	2	2	2	1	1	1	1	1	1	46

说明：本院毕业生共计四百五十名，已死亡十七名，服务本省者计三三五名，服务外省者计四十六名，升学他校或回院续学者计有十四名，服务情形尚待调查，或因家居者计有三十八名。

毕业生所任职务统计表

职　别	人　数	百分比
县立民众教育机关主持人	156	
县立民众教育机关干事	46	
省市立民众教育机关干事	80	
社会教育行政人员	19	
中等学校教职员	22	
升学或回院续学	14	
农业研究机关职员	4	
民众学校、职工学校及小学校等教职员	34	
其　他	20	
已　故	17	
未　详	38	
总　计	450	

短期训练班及实习生练习生

教育学院训练人才的方法，并不限于招收规定的学生而止。在过去，我们虽两度开办社会教育暑期学校，招收江苏省各县社教机关工作人员将近四百人，予以四个星期至六个星期的训练，使其工作效率可以稍增。又因为某种技术的需要，如民众科学仪器的制造，农村工艺的传习，我们也先后开办数次的训练班，时期多则三个月，少则一月，学生数合计之在二百人以上。还有院内各部分，如农场、工场、实验区等，历年来也应允各处的请求，派员来实习或者做练习生，这一类学生的统计亦在二百人以上，他们实习或练习的时期，最久者有三年，至少也在一个月以上，这都是直接间接的从事于民众教育服务人员的训练和培养，对于此种短期训练班及实习生练习生等的训练办法，作者因为篇幅所限不备述。

四、历年来的研究实验事业

教育学院除训练服务人员外，并作民众教育及农事教育的研究实验工作，上文内业经说明。因为本文的主旨重在说明服务人员训练情形，所以关于这一方面的工作，我们只能略为提及。教育学院八年来的研究工作，举其荦荦大者如下：

1. 民众课本之编辑：已出版而销路很广者有初、高级民众读本、妇女读本、生活化民众读本等四种；

2. 研究参考书籍之编辑：《教育与民众》月刊已出六年，此外关于农事指导合作、指导乡村民众教育、各国成人教育等研究参考书籍有数十种，详见出版目录；

3. 江苏省歌谣及田赋等等之调查，其结果已陆续发表；

4. 成人学习心理之研究其结果亦已陆续发表。

民众教育实验工作主要者如下：

1. 乡村民众教育。民国十八年春季起有村单位乡单位民众教育之实验，二十一年起有区单位（地方自治区）民众教育之实验。

2. 工人教育之实验。自十九年起有工厂工人、蓬户及一般工人三种。

3. 市民教育。有民众图书馆、博物馆、卫生诊疗及国文补习班等。

4. 城市实验民众学校。日夜共有十余班，并有妇女手工艺班、托儿所等。除上课外，尤注意如何利用民众学校学生常常会面的机会，指导互助合作联络组织运用团体力量解决生活问题。兹将教育学院历年来主办的各种民众教育实验事业变迁表附录于后，以见其梗概，关于实验方面的种种问题及结果，也都有报告可供参考，有的须实地考察参观，方可知道。

看了下面的表（见第302页），可以知道教育学院现在所办理的实验事业计有四处，兹略述其办理方针如下：

（1）学生实习区（即惠北民众教育实验区）。学生实习的办法，已详上文，兹不再述。学生所办的事业，不尽相同，有实验民众学校，有实验乡村小学（小学兼办民众教育），有实验农民教育馆等等。一方面是因地制宜，一方面也是为要比较办理民众教育之各种方法与材料，究竟以那一种为合宜。

（2）北夏实验区。这是择定一自治区（无锡旧第十自治区，新第二自治区）而从事实验的，意在就原有社会环境而寻求出路者。该区主要事业如合作民众学校、农民借款储金处、借款联合会、各种合作社以及乡村改进会等等。

（3）实验城市民众教育馆。该馆有多种实验事业。① 市民教育实验，② 工人教育实验，③ 蓬户教育实验。第一项实验事业重在商人知识技能的增进；第二项实验事业重在工人生计的改善，如组织工人食堂、工人宿舍、托儿所等；第三项实验事业重在蓬户劳苦大众生计之改善。

（4）实验民众学校。设校之目的在实验民校之设备教学、训育、招生、留生等问题。并注意于民校的推广事业以及民校用书的分析，基本汉字的选习，识字测验的编造等等问题。现在有学生十二学级计四百六十余人。

再有农场和工场的设立，亦另有其意义，除了供给学生实习指导学生实习并协助院内外各地社教机关推行农事教育、科学教育外，各该场本身均有研究、实验工作，农场方面如作物、园艺、畜牧、病虫害、农村工艺等之研究试验与推广。工场方面如科学仪器的研究、修理、制造以及民众科学讲义的编辑等等，无一不努力进行。

辅导工作亦属于研究实验事业范围以内。辅导有两种：一是遵照教育厅颁民众教育辅导办法，对于附近八县民众教育机关加以辅导；二是对于在本省各县及各省服务之毕业生加以辅导。至于辅导方法有通讯、视察、共同研究或代为设计等等。

江苏省立教育学院附设各实验事业历年变迁表

年度学期机关名称	十六年度	十七年度		十八年度		十九年度		二十年度		二十一年度		二十二年度		二十三年度		共支经费	备注
	下学期	上学期	下学期	上学期	下学期	上学期	下学期	上学期	下学期	上学期	下学期	上学期	下学期	上学期	下学期		
实验民众学校五所	——																一、本表线条表示起止年度 二、高长岸社桥两实验民众教育馆于二十一年度并入惠北民众教育实验区办理黄巷乡自治协助处乡村自治协助处二十三年度起改为惠北民众教育实验区之辅导区 三、崇安寺民众茶园二十三年度上学期以前由实验城市民众教育馆兼办二十三年度下学期起由实验民众学校兼办经费不另支给
乡村民众学校二所		——															
乡村民众图书馆三所		——														550.86	
乡村民众茶园一所		——															
乡村妇女教育处一处		——															
黄巷民众教育实验区			——	——	——	——	——	——	——							13,631.64	
农民教育馆（附农村社会服务处）			——	——	——	——	——									3,679.94	
丽新路工人教育实验区						——	——	——	——	——	——					10,519.42	
高长岸实验民众教育馆						——	——	——	——	～～	～～					8,517.99	
杜桥实验民众教育馆						——	——	——	——	～～	～～					2,865.45	
实验卫生模范区						——	——	——	——							7,519.95	
江阴巷实验民众图书馆						——	——	——	——	——	——	——	——	——	——	9,183.07	
南门实验城市民众教育馆						——	——	——	——	——	——	——	——	——	——	21,268.56	
崇安寺民众茶园						——	——	——	——	——	——	——	——	——	——		
实验民众学校								——	——					——	——	4,618.42	
北夏普及民众教育实验区										——	——	——	——	——	——	37,542.04	
惠北民众教育实验区										——	——	——	——	——	——	30,849.03	
黄巷乡自治协助处乡村自治协助处										——	——	——	——	～～	～～	563.26	
农场			——	——	——	——	——	——	——	——	——	——	——	——	——	70,338.06	
工场						——	——	——	——	——	——	——	——	——	——	14,694.34	
总计																235,978.77	

五、将来计划

1. 就本国及世界大势研究民众教育应取之方针。

2. 各地民众教育及农业研究机关取得更密切之联络，以推进民众教育、农事教育之学术。

3. 力求训练方法之进步，使学生服务时均能有必不可少之修养与知能。

4. 联络各级党政机关及农、工、学、金融各界共同努力，进行民众教育工作，以达复兴民族之目的。

5. 请教育专家特别提倡民众教育，以期早日完成中国兴办新教育以救国之使命。

原载《教育杂志》第25卷7期，1935年7月

加紧乡村工作的必要

中国民族的出路在哪里？中国民族如何才能自救？答曰：须全国人民能改去一盘散沙的旧习惯，养成团结一致的新习惯，全国人民成功一民族大团体，方能有力量对外抵抗政治侵略，经济侵略，对内消除天灾人祸，树立民治基础，发展国民经济。这是凡对中国问题经过较长时期较深刻的研究者所同有的结论。革命救国而不此之务，无异南辕北辙，永不能达民族自救的目的。数十年来，迭次救国运动所以成效甚微者，原因即在此。中山先生遗嘱所云，必须唤起民众共同奋斗的意思，很清楚的昭示我们，须全体民众团结成一民族大团体，共同奋斗，方能达到我中国自由平等之目的。

如何才能使全国人民养成团结一致的新习惯，成一民族大团体呢？答曰：须取乡村工作的途径，因为乡村工作的中心是在就民众教育，培养团体力量，解决社会问题。从事乡村工作而不此之图，便是舍本求末。同时，欲就民众教育，培养团体力量，解决社会问题，而不从乡村着手，亦是舍正路而不由，必至欲速不达。其理由如下：

1. 培养团体生活须自下至上，自小而大，一般人民决不能骤然参加较大规模的团体活动，必须先在下级亲切有关系的小范围团体内历练，方能养成参加团体生活的能力、兴趣与习惯。

2. 中国人民务农而居乡村者，至少占全人口四分之三以上。乡村又为中国社会成自然形势的下层基础，由此逐渐推上去，至区、县、省、国，以培养团体生活，恰合上项自下而上，自小而大的原则。

3. 数十年来乡村破坏日甚一日。他且勿论，试以近事证之。各省水灾，首当其冲，受害最烈者，大抵为乡村。至万不获已，都市始受到灾害。因为普通人常以为都市乃精华所在，所以每用全力设法保全之，乡村就不得不破坏愈甚了。又洋米、麦、棉之进口非增加"谷贱伤农"的害处么？丝茶出口减少，价格跌落，受害最甚者，非乡民么？总之，乡村破坏愈甚，农民感觉的痛苦愈深刻尖锐，但须有人提引问题，农民必乐于商讨，乐于共谋解决之道。所以我们可以说，培养团体力量，解决社会问题，必须就乡村着手，乃自然的趋势，必由的途径。

于此，我们还须插问一句话，为什么须有了团体才能有力量解决社会问题？答曰：试略回忆中外古今历史，便不难知团体之重要。原文为《易·系辞》云："二人同心，其利断金。"《书·泰誓》云："同力度德，同德度义。受有臣亿万，惟亿万心；予有臣三千，惟一心。"又云："受有亿兆夷人，离心离德；予有乱臣十人，同心同德。……呜呼，乃一德一心，立定厥功，惟克永世。"所谓离心离德者，即一片散沙；同心同德者，即团结一致，有团体组织也。

又西历纪元前约五百年，罗马民众团结一致，对抗贵族，而争得公民之权利。由此贵族与民众复团结一致，而开拓罗马疆土。后世一部西洋史无非是阶级斗争史，各阶级内部团结以对抗或压迫其他阶级，并侵略他国。浸渐而成为今之资本主义、帝国主义，以团体力量在国内互相对抗，在国外则大肆其政治侵略、经济侵略的能事。相习成风，盖已数千年于是矣。

百余年来，中外通商，吾国亦渐重视商人，予以种种优待，种种便利。为谋商战的有力计，而有商会的组织。目前这个商会团体力量的表现，至少在国内各地，能为商人谋减轻负担，并争得应有的保护与保障。这是农民所望尘莫及或梦想不到的了。

有了团体才能有力量解决社会问题的事实证明略如上。现在应当再进一层问，为什么乡村工作有加紧的必要？

乡村工作中心既是培养团体力量解决社会问题。现在中国天灾人祸，内忧外患，不但不见减轻，并且有更形严重之势。水灾旱灾层见叠出，灾区亦渐扩大。国内经济枯竭，但外货倾销绝不稍留余地，使我愈濒于危险。国际形势紧张，吾国受外交上的压迫亦有加无已。凡此种种灾祸忧患的解除，决无一蹴而就，侥幸成功之理。亦无何种巧妙手法，必有待于全国人民养成参加团体生活的能力、兴趣与习惯——如西洋人对于团体生活的相习成风，得心应手——全国人民成功一民族大团体，方有彻底解除天灾人祸，内忧外患的可能。同时，我们又知道培养团体生活，假使躐等越级为之，易于半生不熟，反致弄巧成拙，欲速不达。于此可见，乡村工作实有加紧的必要。

或曰，乡村工作虽说是根本要图，然而现在天灾人祸，内忧外患相逼而来，急不及待，并且影响所及，范围广大。试任举一二事言之，外货倾销，敲脂吸髓，国内各省无远弗届。又黄河长江以及洞庭湖等等水灾遍及数省，此种祸患岂各地零星琐碎的乡村工作者所能应付得了。若待由下而上，由小而大，培养成民族大团体以解决之，则目前倒悬不解，将索之于枯鱼之肆，岂非缓不济急，或竟如千年得见黄河清，将成画饼充饥么？

答曰，外货倾销在政府当局及一般稍有见识者，莫不知其为害之甚，亦未尝不竭力谋应付之策。但或以环境事实的牵制，或以目光太短，人心涣散的原因，以致虽有善策也无从施行。今之含糊将就，若有所待者，果何为耶？

至于黄河水灾，以前往往数年或数十年一见者，今则三年内凡二见，且灾区遍及数省。若以偏僻的乡村工作者与之抗，似不免如螳臂之当车，稍加思索，便不能不满意。但我们须要明了治河不外有四种方式，一、由各省当局各自为谋，这是以往数年的办法；二、设一治河大员，有权力指挥有关系各省的地方政府，这是逊清以前历朝所用的办法；第三种方式，由有关系各省当局和衷共济，联合进行，团结一致，以谋消弭黄河之灾患，这也许是目前所将走上的路子。以上三种方式都是中国原有的办法，概括地说："为政在人，人存政举，人亡政息。"一般人民仍是靠天或靠人度生，度日子。第四种方式，假定美国密西西比河频年有水灾，其人民必督促，舆论必指导其政府，水利专家必贡献其学问，而其政府及人民对于治河必举国一致，共策进行。政府若进行不力，或缩手无策，人民迟至下届选举期，必表示不满意，另选贤能以代之，至治水告厥成功而后已。这是人民自觉、自动、自主的办法。亦颇合乎我国古诗所云"永言配命，自求多福"之旨。

由此看来，对于外货倾销没有彻底办法之前，暂时唯有含糊将就。至于治水在人民尚未能自求多福之前，固可取上述为政在人的第二第三种方式。若由有关系各省当局团结一致，以谋消弭水患，其办法正与乡村工作中心运用团体力量解决社会问题之旨相符合。所不同者，这为比较上一层的团结。在培养参加团体生活能力、兴趣与习惯大前提之下，如在上层者能团结一致，运用团体力量，解决社会问题，以示提倡，则君子之德风也，风尚所趋，足以促进乡村工作。此乃加紧乡村工作的另一途径。

更有进者，吾国办新教育数十年，近来每年经费约四五万万元，大中小学校林立。表面上虽称智德体三育并重，事实上却偏重书本知识，真正的智育还未必能尽有，德育体育无论矣，至于群育就素不注意。现在我们既然觉悟到中国全国人民非团结成一民族大团体，不足以达自救的目的，乡村工作以运用团体力量解决社会问题为中心，并希望为治水计，在上层者亦能团结一致，联合进行，以示提倡，为什么不请各级学校教育今后一律注重群育，就学生实际生活的需要，培养参加团体生活的能力、兴趣与习惯，使学生对于运用团体力量，解决社会问题，能如西人的相习成风，得心应手呢？如果能更进一层，各级学校以本身做社会的中心，与乡村工作同做社会活动，那么教育的意义岂不更加充实么？当此民族前途危急之时，实有全体动员发展群育之必要。此乃加紧乡村工作的又一种途径。

总之，中国民族出路在由乡村工作出发，就实施生活需要，启发指导民众运用团体力量，解决社会问题。天灾人祸，内忧外患愈严重，乡村工作愈有加紧的必要。更希望在上者能就实际问题，如治水等等，团结起来，联合进行，以倡风气；各级学校教育亦能全体动员，注重群育，以促进乡村工作中心——运用团体力量解决社会问题的成功。

原载《教育与民众》第7卷1期，1935年9月

乡村工作讨论会的重要意义

今天是我们中华民国国庆日，乡村工作既着眼于中华民族前途，则全国乡村工作讨论会第三届年会在今天开会，实含有庆祝国庆之意。今天到会参加者，有国内公立、私立、本国人、及友邦人士主持之各种乡村工作事业机关或团体之代表，济济一堂，共同讨论，此种机会殊属不易多得。

本会主旨，在互相联络，增加工作效力，这也就是同人参加本会的期望。分析言之，约有四点：

一、重行检讨同人所从事的乡村工作；

二、报告一年来工作上的心得与困难；

三、联络感情，研究切实互助方法；

四、交换知识经验，互相切磋商量如何改进工作技术。

关于第一点，为什么对于同人所从事的乡村工作需要重行检讨一番呢？近十余年来，政府、金融界、教育界，及一般爱国有志之士，都能注意乡村建设并且努力进行。但是天灾人祸，内忧外患，形势愈加严重，使我们从事乡村工作者，不得不自问现在民族危急存亡之际，究竟我们所做的工作，对于民族自救有何帮助，有何关系？一方面，水旱天灾国际形势之严重程度，比前更加厉害；在另一方面，自己觉得乡村工作微渺零碎。两相比较，殊觉苦闷。此种苦闷，为在目前念及民族前途者人人所共有，所以各方面的人都在那里苦闷，都在那里估量自己的工作，对于救亡图存有何帮助？有何关系？我们乡村工作同人当然不能例外。并且因为乡村建设之目的为中华民族自救，所以乡村工作同人，在目前所感觉的苦闷愈甚。此次集会，可以给我们一个机会，共同重行检讨乡村工作与民族自救的关系，在目前形势极严重的时候，乡村工作应如何联络进行，如何加紧工作，对于危急存亡之中华民族方能有补益，以尽国民之责，并解除心理上的苦闷。

第二点，报告一年来工作上的心得与困难，为增加工作效率计是必要的。亦唯有在乡村工作同人集会中，有这种报告，最为相宜。因为我们如向别方面的人去诉苦，他们未必愿听，即听了亦未必能了解。唯有我们乡工同人集合一堂，互诉工作上的困难，互相报告工作上的心得，可以彻底了解，发生同情，互相安慰，鼓励。并且互取所长，互补所短。上二年集会都有报告工作这一项，已印有专刊。今年仍各有书面报告，同时在会前会后还可以作更亲切的相互报告。

第三点，联络感情，研究切实互助方法。乡村工作虽由政府办，金融界办，教育界办，以及一般爱国有志之士办，并且遍及全国各地，但是天南地北，彼此缺乏见面的机会。因此便亦缺乏联络感情研究切实互助方法的机会。乡村工作的目的在民族自救，现在民族前途如此危急，乡村工作同人，能不急起联络感情切实互助，以增工作效力么？此次参加本会诸位先生，有百余人之多，来自中央及各省市，机会难得。我们应该怎样利用这次机会，联络感情，切实互助，这都靠同人之努力。

第四点，交换知识经验，互相切磋商量如何改进工作技术。语云：工欲善其事，必先利其器。乡村建设或乡村民众教育工作，在表面上看似属于社会科学，无技术之可言，但我们知道乡村工作中心在培养民众组织，使能自觉的自动的运用团体力量，推进社会，解决社会问题。如何用教育工夫达到民众运用团体力量，解决社会问题之目的，实在是一个颇费研究的问题。同时，我们应当不忘记乡村民众教育工作，须对准着整个民众生活下工夫。举凡地方人民自治团体与经济组织之培养，产业之开发，以及一切生活之改进，均须就实际生活需要，用教育工作启发指导之。此中需要科学技术，为人人所共喻。由此可见乡村工作同人确有借此次集会之机会，交换知识经验，互相切磋商量，如何改进工作技术之必要。

总之，本会主旨在互相联络，增进工作效能，同人参加本会心理的期望，大约亦是如此。目前民族前途甚危急，乡村工作问题甚繁复，而三天会期又甚短促，所以同人应当格外努力，共同商讨，以期达到互相联络，增进工作效力之目的。

原载《教育与民众》第7卷2期，1935年10月，石玉昆记录

1936 年

非常时期教育的分析

非常时期的教育是何种教育？或者说，应该是何种教育？对于这一个问题，如欲得到一个满意的答复，非经分析不可。

在我国近百年史上，像我们现在所有的非常时期已经有了几次？西历 1840 年鸦片之战，吾国为英所败，割香港，赔款 2100 万两，并开广州、厦门、福州、宁波、上海为通商口岸。其后十余年，1856 年至 1860 年，英、法联军侵入北京，订立天津和约，除赔款外，增开通商口岸天津等六处，准外人至内地游历及传教，从此门户洞开，任受欧洲资本家的侵略。

1882 年至 1885 年中法之战，结果丧失安南。同年缅甸为英所并吞。1894 年，即甲午中日之战，中国败绩，赔款 4 万万元，割台湾、高丽（硫球群岛已于 1874 年为日本所并吞）。自后德租胶州湾，法租广州湾，俄租大连湾，英占威海卫（均于 1898 年），及 1900 年庚子八国联军入侵，各国在中国均势之局已成，瓜分之祸迫在眉睫。1904 年日俄之战，以吾国东三省为战场，大连租借地及辽东半岛势力范围让于日本。

民国成立后三年，欧战开始，日本乘机占据胶州，侵中国益急。民国 4 年 5 月提出 21 条，从此以后，两国交涉日趋紧张。民国十七年北伐时，日本出兵山东寻衅，演成济南惨案，民国二十年沈阳之变，二十一年上海之战。总计最近一百年来，如 1840 年、1860 年、1885 年、1894 年、1900 年、1904 年、1915 年、1928 年以及目前，都是我国外患很厉害，很迫切的时候。在当时的人都感觉是非常时期，并且大家都想到要用教育的力量来挽救国家的危亡，所以每遇一次非常时期，在教育方面都有一种新的设施。举其重要者，可分下列四期：

第一期（1860 年前后）：鉴于西人之船坚炮利，我国设海军、设制造局、方言馆、译学馆，并训练海、陆军人才，派遣出洋留学生，这一期可称之为人才教育时期。

第二期（1895 年至 1910 年）：因前期人才教育未能收效，于是注意到教育制度，根本把科举八股废止，而兴办学校并推行民众教育。

第三期（1921 年即民国十年起）：孙中山先生因鉴于内忧外患日亟，欲达革命成功的目的，必须唤起民众，共同奋斗。所以在三民主义之民族主义中，主张须组织民众，使全国民众团结成一民族大团体，以抵抗外人的政治侵略与经济侵略。十余年来，中国国民党先注重民众运动工作，其后由民众运动转入民众训练、民众教育工作，其主要目的固在解除内忧外患也。

第四期自民国二十年九一八事变起，国人群起提倡救国教育，最近又提倡非常时期教育,所提出的方案,恐不能离前三期已有的范围,不过以海军换飞机,教育内容改变或充实,并注意组织民众、训练民众罢了。

根据以上的分析,我们可以归纳如下:

1. 我国非常时期在近百年中,已有五次以上,并且可以说非常时期不自今日始。不过现在生存的人,身历其境者,较多自 1885 年中法之战起,或者因事过境迁,国人健忘,有时外患形势稍和缓,便不看作非常时期耳!

2. 所谓非常时期教育,便是救国教育,希望用教育力量,达到救国的目的。这一点看历次非常时期教育方案,便可明了,所以现在研究非常时期教育,如有不作根本救国要图,而徒思应付一时环境者,乃最大的错误。

3. 今后所要有的非常时期教育,应该认清并握住主要之点,不宜走循环的途径,而当走直线进步的途径;更不宜沿墙摸壁浮泛不透彻、不切实际地做。

什么是走循环的路呢?譬如,第一期但有人才教育未能收效,现在如有人仍作如此主张者,便是不以前车为鉴,走循环的覆辙。什么是沿墙摸壁浮泛不透彻的做法呢?譬如,第二期废科举八股兴学校,数十年来亦未能收救国之效。现在如仅就学校教育内容加以修改增减,便是不假思索,不透彻,不切实际。怎样才能算认清主要之点,并握住主要之点呢?须考查明白为什么从第一期变更为第二期,后来又从第二期转入第三期?为什么孙中山先生在民族主义中说须团结民众成一民族大团体,始能抵御外侮,并且在遗嘱中说积四十年之经验,深知欲达到求中国自由平等之目的,必须唤起民众共同奋斗?须知仅有人才与坚甲利兵,而无整个民族大团体为后盾,就不足以制敌。因为东西各国人民,都有团结,都不是仅以少数人才及坚甲利兵来侵略吾国,况民众如无教育,无组织训练,非但不为我用,且将为敌用。同时即以作战论,现在的作战,不但以兵力相争,并以国民经济力相争,前次欧战之往事可证明,无教育训练组织的民众,对此能胜任愉快么?

至于但就学校教育范围内做非常时期教育工作,亦不应该只在功课的修改与增减上着想,而当注意自来所忽略的团结组织的训练,更应当回想到“五四运动”靠少数知识分子未能达抵御外侮的目的。所以现在打破学校这个圈儿,知识分子下全体动员令,从事组织民众,训练民众,教育民众的工作,与民众打成一片,共同奋斗。如此方能达民族自救的目的。否则第一期、第二期非常教育设施的失败,必重演于今日,使国难如水益深,如火益热,实非吾人所忍为也。

原载《教育与民众》第 7 卷第 7 期,1936 年 3 月

本院成立八周年纪念祝词

今年三月十五日是本院成立八周年纪念日。一个团体在未成立之前，必经筹备时期。这与人类的孕育时期是相同的。所以本院成立虽在八年前即民国十七年三月十五日，但发动筹备之期实远在民国十六年，国民政府奠都南京，开始建设工作，积极推行民众教育之时也。

人生以六十岁为中寿。就是有寿长者，至多亦不过百数十岁。以后只能"人死留名"，或遗留一点功绩罢了。但是一个团体却可以无限期的生存下去，能够"长生不老"。不但如此，团体成立久了，还能够返老还童，推陈出新。最理想的团体须在其所至力的事业上能与年俱进，日新又新，如此方能对于人类社会有无限量的贡献。否则，社会上徒然多了一个团体，不但无补，从消极方面说，还要多一种负担。

一个从事教育及农事的人或团体如何方能与年俱进，日新又新呢？这要靠意志坚定，择善固执，博学、审问、慎思、明辨、笃行的工夫，还要能够虚心受教，取人之长，与人为善。

原载《江苏省立教育学院校闻》第4卷2期，1936年3月

江苏省立教育学院民众教育实验工作报告

本院于十七年秋季开始办理乡村民众教育。十八年春季创办黄巷民众教育实验区，其后高长岸社桥等处陆续开办，自二十一年秋季起将以上各乡村实验区域合并整理并扩大施教区域为惠北民众教育实验区及乡村自治协助处（黄巷高长岸等处统归入协助处，并划无锡县第二区为北夏普及民众教育实验区）。兹将最近工作情形摘要说明如下：

一、农民负担

捐税之繁重，系促成乡村经济崩溃之重要原因。故本院对于此项问题，不得不加以注意与研究。农民负担之最重者，厥为田赋，最近一年来本院对于本省田赋情形，曾加以调查。盖本院除作民众教育之研究与实验外，对于本省民众教育之推行负有设计之责任，故调查农民负担情形，须以全省为对象也。

本节关于农民负担问题，可分无锡本地之状况及江苏各县一般情形两方面言之：

（一）无锡土地，每亩征省税四角四分三毫，县税九分四厘四毛，征收费二分六厘七毛，带征地方费八分二毛，普及教育捐八分，教育费二分三厘四毛，警察捐一角二分，筑路捐五分，农业改良捐二分，抵补预算捐二分六厘，积谷费五厘，共计九角六分六厘。内计正税五角七分一厘四毛，附加税为三角九分四厘六毛。合征每亩地价之百分之九点二五（每亩地价以八十九元为例），平均每人应负担田赋一元一角八分（内每人负担教育经费四角四分）。其征收方法，农民大都委托图正代纳，中饱私囊，流弊滋深。其余如牙税、契税、经忏税、屠宰捐、营业捐、宴席捐、航船捐等，名目繁多，捐则苛重，而胥吏藉端敲诈，稍不如意，动辄倍罚，农民痛苦，尤为深重。

（二）江苏田赋最重者为苏州，每亩年纳正税一元，建设费八分一厘，县教育亩捐一角七分三厘六毛，公安费三分五厘六毛，警察费二角二分一厘八毛，农业改良亩捐三分二厘，地方补助费一角六分七厘八毛，保卫团经费七分七厘，征收费四分五厘，共计洋一元七角二分三厘八毛。轻者如启东每亩正附税年征二角三分三厘，而附加税一项，年增不已，往往超过正税几倍以上。兹经统计结果，计超过不及一倍者有上海、太仓、奉贤、淞江、青浦、吴江、金山、铜山、昆山、镇江、南汇、武进、无锡、宜兴、吴县、常熟等十六县。一倍者有溧阳、嘉定、金坛、宝山、丹阳、川沙、句容、江阴、靖江、六合、江浦等十一县。二倍至五倍者有东台、杨中、溧水、泰县、高淳、江宁、启东、宿迁、江都、沭阳等十县。五倍至十倍者有仪征、萧县、南通、邳县、淮安、兴化、场山、赣榆、盐城、睢宁、泗阳、丰县、泰兴、宝应、沛县、东海等十六县。十倍至二十倍者有阜宁、高邮、淮阴、涟水、崇明、如皋等六县。二十倍至二十六倍者有灌云、海门二县。其名目繁杂分歧，多者如崇明有筑路专款、地方补助行政费、地方特税、公安经费、教育费、新案教育费、自治费、新案自治费、积谷捐、慈善费、教育实业费、教育亩捐、公安亩捐、党部亩捐、地方亩捐、市政行政亩捐、农业改良捐、慈善亩捐、积谷亩捐、警察队亩捐、公安行政亩捐、保卫团亩捐、清丈费等计二十三种之多,少者如启东、青浦等,亦有八九种。农民有以每年田内收入百分之二十以上为田地赋税者(如邳县)。平均本省农民每年每人负担田赋一元二角五分(内每人担负教育经费四角三分)。近年以来,复以公路之建筑,于农闲时又有派服工役之举,唯系暂时性质,为日当不多也。

二、农村保卫

本院各实验机关,于每年冬季,指导民众组织冬防团,从事乡村自卫,唯以法令及经费关系,不能置备枪械,其团体由每户抽壮丁一人组织之,每晚有五人至七人巡逻守夜,以村为单位。此村与彼村之间,亦有密切联络,遇有紧急事故,则鸣锣为号。附近各团,闻声均可聚集抵御。锡地尚称安靖,惟入冬盗窃较多。故此地此种组织,已足维持当时之治安。最近江苏省政府已令各县举办保安队,本院各实验机关对于保卫队组织上,宣传上,均竭力从旁协助,以期进行更行顺利。

三、经济组织

本院各实验区内之经济组织,有合作社、储蓄会、贷款所及米粮储押所四种。兹分别说明如下:

(一)合作社。惠北实验区有信用合作社六所,社员一百八十九人,资本六百五十元,历年共放出款洋一万八千七百五十九元五角六分。养鱼合作社二所,社员五十八人,资本一千零五十元。运销合作社一所,社员三十人,资本二百八十元。北夏实验区有信用合作社十二所,社员一百八十三人,资本四百六十八元。二十二年度借款者二社,计洋七百三十二元。养鱼合作社五所,社员二百零八人,资本四百三十五元。垦殖合作社一所,社员三十人,资本三十元。南门实验民众教育馆附设之潮音实验乡有信用合作社一所,社员三十二人,资本二百五十元,放出款洋一千五百元。以上三地共计有合作社二十七所,社员数七百三十一人,资本额三千一百五十五元,均信用合作社,共放出款洋共一万九千六百四十一元五角六分。信用合作社为流通乡村经济之组织,向农民银行及上海银行借款以低利贷与农民,月息一分二厘,用作购买种子及田间施肥之资本。绝对不准用于消耗方面,社员彼此尚能遵守信约,从未有延期偿还情事发生。养鱼合作社系利用天然河道,略加修理,放殖鱼秧,藉增乡村生产。运销合作社设立在高长岸地方,缘该处农民,以种植茭白为业,年来以受商人之垄断,致价格低贱,入不敷出,即于二十一年夏由该地设立之实验民众教育馆倡导农民组织运销合作社,将田间所产茭白,自行运至南京及上海销售。举办以来,成效颇著,非特商人受极大折挫,即农民收入,亦能陡增。垦殖合作社系利用荒山造林,成立不过二年。总之,本院各项事业,完全视当地环境上及需要上之不同,分别提倡,固无划一之方式及办法,合作社之组织,不过其一例也。

(二)储蓄会。大都附设于信用合作社,信用合作社为巩固事业基础及增多基金起见,每月由社员向社内储蓄洋二角或四角,此项储金,将来并不分拆,每月仍分借与社员,三个月后归还,如此累月积集,至三年后可成巨款。然后将此款存入信用合作社作为基金。如此则合作社独立经营,将农民之存款借与农民,可不必再向外界借款。而农民因按月必须存款之故,社员与合作社之关系,亦可愈加密切。此种组织计有三处,储金有三百三十一元。

（三）贷款所。北夏实验区与无锡农民银行，在北夏合作举办农民贷款储金处一所，上年度指导民众组织借款联合会一百二十一处，（民众组织借款联合会后始可向贷款处借款）会员一千四百九十人，放出款洋一万一千一百零六元八角四分。惠北实验区上年度有借款联合会十六处，会员一百十二名，放出款洋二千八百元。两区共计有借款联合会一百三十七处，会员一千六百零二人，放出款项达一万三千九百零六元。

（四）米粮储押所。惠北实验区周龙岸地方，于廿一年冬季曾举办米粮储押所一所，资本系当地领袖戈子才先生所借出，由该区自治协进会主办，兹录其办法如下：

1. 本所设干事七人，干事长一人。由本会（自治协进会）推选之，任期至结束为止。另设会计、庶务各一人，协助所务进行，干事及职员均为义务职，不支薪给。

2. 本所储押范围以周龙岸各村农家为限，但不限定本会会员。

3. 储押米数分五斗、一石、一石五斗、二石四种。

4. 每白米一石储押大洋五元，月利会员一分二厘，非会员一分四厘。

5. 本所办理时期，自十二月二十五日起至六月二十五日止，为限六月。二月二十五日，四月二十五日，六月一十五日为储借户赎米还款期，期满不赎者，由所变卖后抵偿借款，有余发还，不足追补。

至于北夏实验区方面，以无锡农民银行在区内办有大规模之仓库，故未另办。

四、经济建设

本院各实验机关指导农民办理之经济建设事业，可分修路、造桥、造林、救灾及农业改良数方面言之：

（一）修路。本院附近各乡村，交通本甚阻塞，自本院举办实验事业后，即积极提倡筑路，藉利交通。计已筑成者有高社路，长三里许；黄巷路，长一里；周龙岸路，长五里，交通甚便。北夏实验区复与公所合作领导农民建筑西仓县道，全路长十五里，业已完竣。

（二）造桥。江南多河，桥筑甚多。惟乡间格于经济，每多失修，危险殊甚。本院惠北实验区曾领导农民，先后修筑桥梁三座，一为新桥，费洋二千元。一为南徐桥，费洋一千三百元。一为岸底里桥，费洋一千五百元。其款项除由民众捐助一部分外，不足之数，则向外募集。桥系钢骨水泥造成，较昔日为宽广坚固。

（三）造林。每年春节，由院中向农林机关购置大枇树苗，分发实验机关，指导民众种植。上学年计推广桑树一万株，白杨、松树等一万零七百三十七株。除在荒隙处培植外，计造成林圃者在北夏二处，面积约三十余亩。现本院农场新购荒山八十余亩，拟积极作培植树苗之用。

（四）救灾。二十年大水，酿成巨灾。本院实验机关，在黄巷及高长岸两地，当时曾指导农民筑堤防水，事后复发起修筑堤岸，计修成者共长三十二里，包含田亩二千八百余亩。本年夏，苏省大旱，北夏实验区曾指导六乡镇民众开河戽水，得救田地计六千七百余亩。

（五）农事改良。本院关于农事改良工作之进行，设有农场主持其事，先作小规模之试验，将其结果推行于农民。农场自十七年设立以来，应地方之需要，注意于稻麦优良品种之培育，杂交猪之繁殖，中国鸡之选种，蔬菜改良之试验，病虫害防除方法之研究。兹将数年来本院对于农事改良方面进行之工作，扼要略说如次：

1. 育蚕指导。本院自民国十八年起每年春秋两季与无锡蚕桑改良机关合作,在实验区内设立育蚕指导所,介绍改良蚕种及指导育蚕方法,本年春,在北夏惠北两区共设十三所,成绩甚佳。

2. 防治猪瘟。民国廿二年秋,本院惠北实验区内梅泾岸底里等处发生猪瘟,农民缩手无策,即由本院兽医技术员注施防治药剂,颇著成效。其后各地纷纷请求,乃订定请求防治办法,略收费用,从事普遍推行。

3. 推行改良农具。无锡农民脱谷方法,向多徒手击落,自经本院提倡打稻机后,省工数倍,农民皆乐于应用。初由本院出租,其后农民以其价廉,相率自购,数年以来,此机已普遍于农村矣。

4. 供给优良鸡种。自民国二十年起,本院供给来克抗优良鸡种种蛋,每年廉价售出者约计三千个。又将公鸡廉售,或送给农家饲育,谋得第一代杂交种,以增加鸡蛋之产量。此项公鸡,本院每年供给数十头至百余头不等。

5. 病虫害防治之指导。其工作可分为下列五项:

(1) 协助农民防治蔬菜、水稻、桑树、害虫及麦类黑穗病线虫病。

(2) 制备多量病虫害标本供给全省农民教育机关之用,计有重要害虫标本三十种,病害标本二十种。

(3) 答复全省社教机关询问作物病虫害之名称及防治法。

(4) 编印病虫害防治法浅说,供给全省社教机关参考。

(5) 与本院工场合作仿制杀虫器械,已制成万能喷雾器十件,以供推广。

6. 除虫药剂之试验及推广。现已得有结果者有除虫菊石油液之代替'飞而生'以杀蚊蝇(价格仅及飞而生十分之一而效力远胜)及除虫菊石油糊之杀粪蛆(效力大于氰化钠而价格较廉四分之一)。

7. 稻麦优良品种之供给。本院自民国十八年起,即征集稻麦改良品种,举行试验。择其成绩优良者,繁殖推广。关于稻种方面,民国十八年在实验区内推广曲玉五石。民国二十年推广二十余石,又推广早黄稻十石,至本年春,在惠北实验区推广光头黄三十石,在北夏实验区推广三一八五石,均能得农民信仰。关于麦种方面,民国十八年起推广美国白皮,粒大质良,农民极为欢迎,惜不能耐寒耐湿,其后又改用金大二十六号麦种,本年在北夏惠北二处,合计推广十石左右。

8. 农村工艺之传习。本院于二十一年秋,添设农村工艺一科,平时指导本院学生制造实习各项农村工艺,并训练各县社教机关工作人员。各社教人员来院实习后,回县服务者计有六十余人。二十二年起复与北夏实验区合作设立传习班,招收农民,授以蒿秆藤柳品之制造方法,并在天福巷地方指导改良竹器。一年一来,直接传习男女农友五十余人。制作品交本院推销者有五百余件。本年度又在该区薛家村增设一班,并组织生产合作社,及城内发售所等从事推销。

五、乡村教育

本院附设之惠北、北夏两实验区,均系从事乡村民众教育之实验。而民众教育工作之范围至广,举凡农村保卫事业、农村经济组织以及各种乡村建设工作,莫不包含在内,盖教育即生活之改进,固不限于书本上智识之传授也。故现今欲单独提出乡村教育一项事业以言之，似甚困难。

原来上述各节，即系本院乡村民众教育工作之一部。惟现为适合本题题旨起见，拟缩小其含义，单独提出乡村小学与民众学校二项言之：

（一）乡村小学。北夏实验区有实验小学一所，实验以小学为中心，实施各项民众教育之方法，白天为小学校，晚上招收失学之青年及成人，授以基本智识，庶教具亦能充分利用，教育之功能亦可由儿童而及于成人。北夏实验区内文化甚低，小学甚少，后经几番提倡，乃扶助农民设立乡村小学三所，开办费由乡民募集，经常费除将学生学费抵充外，不足之数由乡村自治机关供给之。

（二）民众学校。上学年北夏实验区共设民众学校二十所，三十四班，男学生九百六十一人，女学生四百六十三人，共计一千四百二十四人。惠北实验区共设十三校，男学生二百零二人，女学生四百二十六人，共计六百二十八人。共计两区有民众学校三十三校，男女学生达二千零五十二人。每班均四个月毕业，课本均系自编。北夏实验区复有合作民众学校之办法，即鼓励私塾或小学校，自动办理民众学校，由实验区指导之，每月由实验区派员前往月考，视其成绩之优劣及毕业生之多寡，酌给教师以相当之津贴。此种办法试行以来，对于文字教育之推行，颇见成效。将来关于民众学校之推广，或须采用此法，自办之学校，将专做实验之用。

六、乡村自治

民众教育之目的，即在于实现乡村自治。而乡村自治之实现，必须使一盘散沙之农民，先有组织，俾民众在共同信约之下，得发挥其力量。此种组织，在本院称之谓乡村改进会或自治协进会，由村中热心公事之成年民众组成之，为推动地方事业之中心力量，亦即办理地方自治之协助机关也。现北夏实验区有七所，会员有三百二十三人，惠北实验区有十所，会员达六百九十二人。举凡修桥、造林、筑路、开办小学等等地方公益事业，由该会发动主办之。

民众教育之目的既为实现地方自治，故民众教育之机关，办理达相当年时期后，应即迁移，所有事业应改归民众自办，以期发挥其自治之能力。本院基于此种主张，凡以前所设立之实验机关，均以三年为一段落，期满后即将机关撤销，事业移交地方人士接办。现已结束者有黄巷、高长岸两处，唯恐民众程度有限，进行不无塞碍，故将该区附近一带协域，划在一起，设立乡村自治协助处，用少量之经费及人力，辅助并指导事业之进行，惟处处以民众为主体也。

七、人才训练

本院设立之主旨，在养成江苏省六十一县民众教育、农事教育服务人才，并为民众教育、农事教育研究设计及实验之场所。以故除从事于民众教育、农事教育之实验外，对于服务人才之训练，实负有重大责任。现院内设民众教育、农事教育两学系，并附设农事教育专修科，学生二百八十余人，除由另省各县教育局保送外，外省之来院就学者亦日众。历年毕业生有四百五十余人，均在民众教育机关服务，而其地点又大都在乡村。兹将历届毕业生之籍贯统计及服务地点列表如下：

毕业生籍贯统计表 二十三年十月制

县别	铜山	吴江	丰县	萧县	高淳	阜宁	崇明	灌云	溧水	嘉定	淮安	东台	海门	吴县	江宁	南汇	宜兴	昆山
人	7	3	7	7	7	10	7	7	8	8	8	8	8	9	9	9	9	9
县别	句容	六合	沛县	南通	盐城	常熟	江阴	金坛	淮阴	靖江	泰县	丹阳	如皋	泰兴	无锡	武进	扬中	川沙
人	9	9	9	11	10	10	10	10	11	11	11	11	12	13	15	17	1	2
县别	宝应	赣榆	金山	宿迁	上海	奉贤	高邮	仪征	宝山	沭阳	启东	泗阳	涟水	江浦	邳县	青浦	溧阳	江都
人	2	2	3	3	3	4	4	4	4	4	4	5	5	5	5	5	6	6
县别	睢宁	场山	太仓	镇江	兴化	东海	松江						外省	湖南	安徽	江西	四川	云南
人	6	6	6	7	7	7	7						人	1	1	1	1	4

附注:1. 毕业生数,本省四百四十二人,外省八人;

2. 其中女生占三十六人;

3. 另有特别生六人(陕西二人、广东一人、本省三人)

毕业生服务地点分布图 二十三年十月制

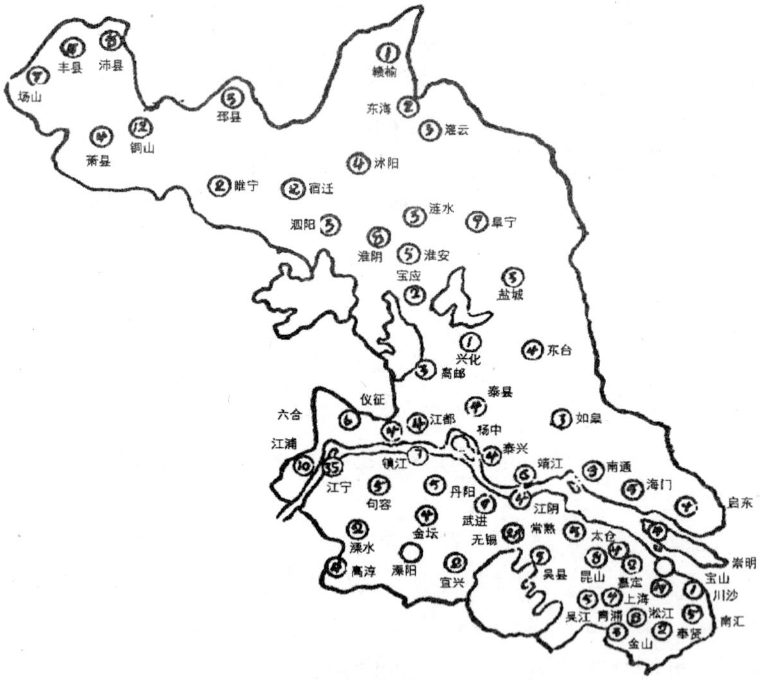

服务外省之毕业生

省别	浙江	广西	山东	安徽	河南	云南	江西	福建	河北	广东	湖南	湖北	四川	陕西	共计
人	13	9	4	4	4	2	2	2	1	1	1	1	1	1	46

说明之一

本院毕业生共计四五〇名，已死亡十四名，服务本省者计三三五名，服务外省者计四十六名，升学他校或回院续学者计有十三名，服务情形尚待调查或因事家居者计有四十二名。

说明之二

关于服务本省各地之毕业生：

1. 上海市与上海县合计；
2. 南京市与江宁县合计；
3. 浦口与江浦县合计；
4. 无锡县与本院合计。

原载《乡村建设实验》第2集，中华书局1936年发行

青年训练问题的综合观

一、青年训练问题的由来

青年为人生受教育的最重要的时期，这是全世界各国的当局及教育者所普遍承认的，所以青年教育的设施所在都有。我们中国提倡新教育虽还不到五十年的历史，但事实上青年教育机关如中等学校已遍设于全国各省市，用于青年中等学校教育的经费，每年约有五千万元左右，从事于青年中等学校教育之教职员总数，约五万九千人，学生总数约四十三万五千人，由此可见青年教育在我们中国不能算不重视了。在过去的数十年，我们对于青年教育既然如此重视，为什么现在又要提出青年训练的问题呢？推究青年训练问题发生的原因，约有三种：

（一）由于不满意现在青年教育的办法。我国旧时教育制度为科举八股，自与外国通商以来，外交军事屡屡失败。自强之道，一方面在政治刷新，一方面在教育制度之改革。所以于三十余年前毅然决然把八股科举废除，兴办新教育。不料新教育办了数十年，不但国家自强的目的不能达到，并且青年自身的问题，也未必能解决。于是又把学制及学校性质一再修改，至今仍未见效，因此便转换方向注意到青年教育方法上面，这是青年训练问题发生的第一种原因。

（二）由于从事民众教育者主张以青年训练为中心。民众教育范围包含童年、青年、成年，但通常注重成年人，至少指年龄在十余岁以上者。提倡民众教育，一方面固在挽救机会之普遍，但主要目的在民族自救。有人以为唯有注重青年训练，民众教育方易达到民族自救的目的，这是青年训练问题发生的第二种原因。

（三）由于青年训练在国外已见成效。近年来实施青年训练的东西洋各国如日本、意大利等，都已有成效为世人所共见，其他各国继起实施者亦很多。我们中国改革教育制度目的本在民族自强，今见各国青年训练对于这一点已经收效，自然便想起而仿效进行，这是青年训练问题发生的第三种原因。

二、青年训练的特性

在辨明白青年训练问题的由来以后，我们便不难推知青年训练的特性。民族自强或民族自救，须靠人民的力量。人民如何方能有救国的力量？这须靠人民有组织，能团结。有了团体组织，便能发生力量。我国数十年来的青年中等教育，所以未能达到民族自强的目的，便因为一向忽略了群育的训练，或学生参加团体生活的训练。目前有许多从事民众教育者主张注重青年训练，而无非是给青年以组织上的训练。各国已收青年训练之效者，是收“青年团体训练”之效，而非仅仅是“青年训练”之效。我们在开始提倡进行青年训练的时候，必须把青年训练的特性认清，否则恐再过数年或数十年仍未必能达民族自救自强的目的。

三、青年训练的范围

青年训练的范围，固不宜囿于青年中等学校及大学初年级教育范围之内，而当推及于全国学校以外的全体青年，特别是乡村青年。但是目前在学的青年，总数约有五十万人，同时中学大学的教职员及经费是现成的师资设备环境等，都比校外优越，自然应当充分利用这种机会。依照上节所述青年训练的特性，切实做青年训练的功夫，并应推广及于校外。同时对于一般青年尤其是在乡村的青年，总数有数千万人之多，应当想尽办法，使他们都有受青年训练的机会。须知我国地域面积及人口总数，都远超过于日本及意大利等国，他们有了数十万或数百万受过青年训练的青年，便可收自强之效。我们中国却非有千万以上的人，受过青年团体训练者不足以推进社会，达民族自救之目的。对于这一点我们决不能放松的。

四、青年训练的方法

有了团体才能有力量，这是无疑义的。但是团体力量可用之于善的方面，亦可用之于恶的方面。例如，资本主义国家中到处有团体力量的表现，但他们不用于国内之互相压迫，便用于侵略他国。我们现在要有团体力量，不在国内之互相欺侮争夺，而在整个的民族自救。凡从民族自救大前提下来的种种团体组织与运用，都是我们所需要的。如有从自私自利出发而有的种种团体组织与运用，都非我们所需要的。青年组织上的训练或青年团的训练，应当把握住民族自救的大目标、大前提，并就实际生活训练青年，运用团体力量，解决一切社会问题，使有参加团体生活的能力、兴趣与习惯。团体的或有组织的生活成为第二天性，然后始可与素有团体力量的列强相见于经济、外交、军事的角逐场中而不见拙，民族自救的目的便亦可有达到的把握。

原载《教育与民众》第7卷7期，1936年5月

乡村工作今后应取的路向

一、注意团体生活习惯的养成

乡村生活改进事业有五种不同的做法,(一)由行政官吏来做,(二)由地方士绅来做,(三)慈善事业的做法,如修桥补路,修福修寿,(四)由民众教育者代老百姓为之,因为老百姓不易推动,不如直截了当由民众教育者代为之,倒易有成绩表现,以上四种做法,前三种是中国原有的老法,第四种是最近十余年的新法,虽然对于乡村生活都能有相当改进,但是人存政举,人亡政息,其兴也勃,其退也速,这种乡村改进,都是很靠不住的。所以为乡村生活改进事业的靠得住,捏得稳计,我们要有第五种的做法。这种做法是要老百姓能自动地运用团体力量来做。注意!不仅是要老百姓能自动地来做,或是能自动个别地来做,而是要老百姓能自动地运用团体的力量来做。我们中国原有的乡村生活是个别的、各归各的、分散的、散漫的,因人心不齐,不能共商进行,对于天灾如水旱虫患,对于人祸如盗贼匪患等等,就都没有办法,没有力量解除。老百姓步调不一致,你进我退,你向左,我向右,甚至遇水灾则依邻为壑,遇盗贼则各不相助,力量彼此抵消,互相牵制,除了靠天吃饭,或靠贤明的地方官、良善的士绅或慈善家,偶然得到安居乐业而外,还有什么好办法呢?

推行乡村民众教育的目的在整个乡村生活的改进,而其主要之点在使旧时各别散漫的生活改为团体集合的生活。我们如把乡村生活改进事业同织布来作比较,则民众团体生活如经线,各种政治经济生活的改进事业如纬线。在经线方面的团体,有乡村改进会、保甲会议、合作社、校董会等等;在纬线方面的各种政治经济生活,就有卫生、消防、保安、农业改进、及普及教育等事业。这许多事业都须由民众自动运用团体力量来推进,方是正办,方能有长治久安,有进无退的希望与把握。所以从事民众教育者应该用全力注重培养民众团体生活习惯,使能自动的就实际生活需要,运用团体力量,改进政治经济等各方面生活。民众教育者的工夫要用在远处高处,不要用在近处低处。培养民众团体生活习惯,指导团体活动,这是远处与高处。仅仅代老百姓做公文、筑路、经营合作事业,或教他们读几行书,识几个字,或包办,代办乡村改进事业,这就落到近处低处了。说得具体一些,例如,消防事业不是要民众教育者代老百姓集合款项,雇用人员,购置消防用具,而是要民众教育者用教育工夫提醒老百姓,引起他们自动组织消防队参加消防队,并且自动设法筹款,购置消防器具。以后更须进一层抽暇于定时训练队员,使他们于一旦遇火灾时,不致手忙脚乱,没有联络,减少消防的效力。同时还须对于上一层的团体,如保甲会议,下指导工夫,使他们能相机增加消防的设备经费,领导并鼓励消防队员等。消防事业应当如此,其他卫生、治安、合作及教育等事业亦当如此。并且我们不要小看了这种乡村民众团体生活习惯的养成。须知我国所以受列强侵略而不足以抵御,由于彼有团结的民族,而我则无之。整个民族的团结不能一蹴而就,所以需要民众教育者看清培养民众团体生活习惯的重要,下死工夫,不稍放松,使我们全体人民能如英国人一样,团体生活成为第二天性,随时随地都能合群,都能自动运用团体力量解决政治、经济及一切社会问题。语云,作始也简,将毕也巨,其斯之谓欤!愿民众教育者及早图之。

二、注意民众德性的培养

民众教育项目有语文、生计、政治、健康、艺术等等。各项教育均有热心推行者,且不无相当效果,如文盲数目之减少,农产及副业之改进,合作社与仓库之逐渐加多,地方自治事业的进行等。凡民众教育机关所在地之附近,均有相当表现。但如详加研究,则不满人意之程度几占百分之一百。文盲数虽减少,民众做人的道理及整个社会并不见有什么进步。合作社与仓库组织不健全者多而健全者少。至于农产及副业之改进,地方自治事业之进行,以往尽可有相当成绩表见,甚或曾经盛极一时,但将来是否能保持已有之成绩,或将有退无进,却在不可知之数。何以会产生这种不满人意的现象呢?而且这种现象不仅限于一、二处民众教育所在地,实在是很普遍的。推究其原因约有三种:

(一)沿袭数十年来学校教育教书不教人的通病。各级学校教育平时都是忙些国语、算术、自然科学、社会科学等功课,所以一个儿童或青年从学校毕业,做人的道理全不讲究,一般人也不以为怪。现在从事民众教育者大抵都是学校出身,或为曾从事学校教育者,所以沿袭了教书不教人的通病。

(二)把教育事业看做可以割裂的,并有先后的次序,如分为语文、公民、生计教育等项,各别的推进,或狃于先富后教,及衣食足而后知荣辱等见解,便以为施教须有先后的次序。殊不知不识字,没有知识,固易作奸犯科;识了字,有了知识,作恶亦许可以更厉害。至于致富之道,一方面需要知能的增进,同时更需要勤俭诚实的德性,否则,便易走上为富不仁的路子,所以把教育事业看做可以割裂的,并有先后次序,实在不免错误。

(三)未能把握住教育的主旨。美国人最崇拜者首推华盛顿与林肯。华盛顿童年伐樱桃树,林肯不忍小羊的哀鸣,退回去加以援手等故事,都脍炙人心,家喻户晓。又华盛顿晚年不愿做第三任总统,百数十年以来,美国人奉为好榜样,后世有破坏这种好榜样者,终归失败。其间教育意义的深长固甚显然。中国古时教育制度,人生八岁入小学,教以洒扫应对进退之节,礼乐射御书数之文;及其十有五年入大学,教以穷理正心修己治人之道。且从事教育者都本其实际经验,躬行心得,就民生日用彝伦以为教。倘使取来同现在注重的国、英、算,知识技能,及权谋术数以就功名的习向,两相比较,便不难明了对于把握住教育的主旨一点,实有天壤之别。

总之,吾人苟欲藉教育以复兴民族,则今后各级学校教育均应注重学生德性之培养。从事民众教育者在实施各项教育时,亦应注意民众德性之培养。例如,识字班,读书须教明理;生计教育,除教以增加生产的知能外,须同时培养勤俭诚实的德性;合作组织,须确实发挥人人为我,我为人人,互助之宗旨;健康教育,须顾及公共卫生,注重公德,不仅为个人的健康等是。

三、结　　论

中国民族复兴的关键在全国人民是否能团结成一民族大团体以御外侮。如何使散漫的民众成为有团体生活习惯，且能自动的运用团体力量解决一切实际问题，这就是我们乡村工作人员所要负的责任。我们应当认清我们这种任务，切切实实从乡村出发，培养起民族团体力量，使能自小而大，自下而上，成一民族大团体。同时我们还应当注意民众德性的培养，务使团体生活习惯与德性的修养同时并进，团体成为理性的而不是强权的。例如，民族大团体之作用最初在抵御外侮，求整个民族之自由平等，以后则在济弱扶倾，维持世界和平。至于在国内的政治经济等团体（如保甲会议、冬防队、消防队及各种合作社等）的作用亦复如是。所以团体生活习惯的养成与民众德性的培养二者是乡村工作人员所当同时注意，同时用力下工夫的。团体是经，事业是纬，无团体则事业不能举。注意了团体生活习惯的养成，如不同时注意到德性的培养，则不但团体不健全，不久易于失败。如近数年来各地民众教育人员所指导成立的各种团体之不能尽满人意，且即使团体勉强有成功，至多亦不过到强权即理性的地步，参加目前列强的队伍，蹈列强的覆辙，抱薪救火，扬汤止沸，非我国所应自期，亦决非各国所欲期望于我国者也。

原载《教育与民众》第8卷1期，1936年9月

农村地位的重要与青年之农村社会服务

农村社会的在中国,农村社会的在青年目光中,等于边疆、荒僻、野蛮、未开化的地方。所以但闻有离村的青年,不闻有回农村去或到农村去服务的青年。在青年的心理中,都希望往生活比较优越、舒适、安全、待遇比较丰厚的都市里跑,而脱离交通不便,文化落后,生活简陋,工作劳苦,收入微薄的农村苦海。不但他们自己如此希望,就是他们的父母,亦以此期望于他们。乡村里的为父母者,虽不能使个个青年有往都市去的机会,至少希望有一二人能如此。假使偶然有一个乡村青年有了这种好机会,全村及附近各乡村的人,便都啧啧称羡。乡村青年既然大家要往都市里跑,那么原来在都市里的青年,岂有再下乡之理。青年及一般人视乡村为苦海,为畏途,既是一个事实,然则青年与农村社会服务这个问题便未免含有矛盾性质,格格不入了。

农村与都市,两相比较,苦乐悬殊是实在的。都市为交通发达,人文荟萃之区,他的繁华、富庶、热闹、便利,为人人所共见。他内部包含的龌龊、奸诈、势利,种种引诱与危险,以及因此所生生活上的痛苦,却为众人所忽视。不错,久居都市的人,未尝不生厌弃之心,而要想到自然去,到农村去。然而他们的意思只不过到农村去休息半天一天,至多半月一月,换换空气,以期刷新精神,仍回都市去久居罢了。况且他们为休息计,未必必须到农村去,而可以到名胜之区去凭吊古迹,游览风景。甚至于从这一个都市到另一个都市去休息若干天。譬如,久居汉口、上海、青岛者到首都去;或久居首都者到北平、青岛、上海去。如此彼此往返,以求解除因久居一都市所生厌倦之心。总之,都市是大家归宿之所,或大家希望能去久居之所。这种倾向已经成了社会上一种风气,积重难返了。

为什么社会上有这种群趋于都市的倾向呢?都市的繁华、富庶、热闹、便利,固然是造成这种倾向的原因。但是最大的原因还是在乡村与都市两相比较,苦乐悬殊的关系。乡村的苦况笔难尽述,先就衣食住行说:

粮食是乡村所出产的,然而农民为经济困难的缘故,不得不把好的粮食售去,反购价值贱而品质劣的粮食给自己吃。或者在新谷登场,谷价低落的时候,把新谷售出去,到青黄不接,粮价昂贵的时候,再购进食粮。有许多地方的农民,食粮是没有一定的,随时令及田地所出产而不同,有什么吃什么,产麦的时候吃麦粉或仅吃麦麸,产高粱或番薯的时候便吃高粱或番薯粉。贫苦者虽在平时亦常有以树叶、树皮充饥者,一遇水旱灾害荒年更不消说了。

关于农民穿衣的问题,亦可以分三层来说:

(一)农民辛苦所得的出产品不能留作自用。宋人诗云:“昨日入城去,归来泪满襟。遍身罗绮者,不是养蚕人。”

(二)敝衣补缀,悬结如鹑,衣不足以蔽体,冬不足以取暖。这种情形到处皆是。虽在沪郊,冬令严寒时,农民衣服单薄,且无力穿袜者甚多。贫苦情形出乎意外。

（三）为生计所迫，衣服典质殆尽，无力取赎；或原有衣服不敷用，做新的更谈不到，骤遇严寒，便至冻毙。虽在都市里或不免亦有这种事情发生，但远不如在乡村之多而普遍。

至于农民所住之房屋与都市的高楼大厦比，固相差太远。这还是我们初步所得粗浅的印象。如细加考察，便知各地农民有穴居而处者；有土屋或茅房一架，家徒四壁者；有虽有瓦房，而低下窄小，不可以居者，冬令入室更觉冷峭凄惨。固不料人世间有此种景象也。

最后，关于农民行的问题。把一轮车或驴车与汽车、电车等比较，狭窄或倾圮的泥路与砖石黄沙柏油的坦道比较，乡村与都市交通相差情形的悬殊自易见出。近数年来，虽建筑公路进行甚快，然亦仅限于必要之干路罢了，偏僻之区不方便如故。一般人视乡村为畏途，尚何足怪。

以上为农民衣食住行简陋艰苦的实在情形。在这里，只能举我们观察所及的略为叙述。其实农民的苦况，物质生活仅不过是一方面。此外，如医药卫生，乡村绝无设备。农民生了疾病，唯有等死；遇瘟疫时，传染不可收拾。又如教育设施，乡村也没有，即使有，亦品质不良。其余如饮料、电灯、电话，以及公安、消防等公用便利与公共保障，几乎都是农民所不能享有的。乡村与都市的苦乐悬殊，固相去天壤也。

农民生计窘迫，农村贫苦的原因，一方面由于农民的不自振拔，但知靠天吃饭，坐以待毙；另一方面由于天灾人祸，相迫而来，使农民痛苦，如水益深，如火益热。今年（民国二十五年）秋天据各方面报告，虽算是熟年，然这是很难得的；况且美中不足的地方，不在少数，如两湖有患旱灾之区，螟虫为灾的地方亦不少；同时华北及其他各省，自秋至冬，苦旱的区域很广，以往数年，连年水灾，人民元气已亏损到极点。今年遇熟年，元气固未必能全部恢复，况明年是否能免水旱病虫害等灾患，可说是没有把握。总之，天灾是使农村贫苦的一种原因。天灾之外，还有人祸、匪乱、兵灾、派饷、勒捐以及鱼肉乡民的官吏、军警、豪绅，加重农村负担的各种田赋附捐等等，没有一种不是破坏乡村使农民生活更贫苦的原因。

农村的苦况，照上面所述，可以略略窥见一斑。假使我们中国，像欧洲的英德等国一样，工业发达，农业处于不甚重要的地位，那么，农村虽很贫苦，关系还小；然而中国是素来以农立国的，农业至今仍占最重要的地位。全国人口约计四万万三千万人，据各方面的调查报告或估计，农民至少在百分之七十五以上，总数约有三万万二千二百五十万人。同时国际贸易自通商以来，主要出口货，最初以丝茶为大宗，例如，六十五年前（前清同治九年），丝及丝货合计二千三百万两，茶三千万两；其后四十年（前清宣统二年），丝及丝货合计九千万两，茶三千六百万两，棉花二千八百万两，芝麻一千四百万两；至民国九年，丝及丝货合计九千三百万两，茶减少至八百万两，棉花降至九百万两，芝麻一千万两，但同年黄豆代之而起，出口二千二百万两，蛋及蛋黄蛋白二千一百万两，豆油一千四百万两、豆饼四千一百万两，花生仁五百万两，花生油九百万两，桐油六百万两，民国九年，出口货总值五万万四千一百万两，各种农产品输出总值三万万数千万两，约占百之六十以上。民国二十二年改两为元，兹将近四年来主要出口货价值以银元计算列表如下：（单位百万元）

品名/价值/年份	生丝	蛋及蛋制品	棉纱	茶	桐油	棉花	丝织品	棉织品	花生	烟叶	粮食	麻	花生油	仔饼	豆类	总计（其他输出品在内）
二十一年	五一	四四	二九	三八	二三	三二	二八	一六	三〇	四	四〇	七	六	四〇	七九	七六七
二十二年	四八	四六	四〇	三四	三〇	三〇	二六	一九	一七	五	一二	六	五	五	四	六一一
二十三年	二三	三〇	三一	三六	二六	一五	一四	八	一二	七	一〇	九	四	五		五三五
二十四年	三五	三二	一九	二九	四一	二一	一三	三	一九	九	一三	九	一〇	五		五七五

以上就主要输出品以农产为多,证明农村地位的重要。现在试再就中央及地方赋税之税源,证明农村地位的重要:

中央岁入以关税及盐税为大宗,盐税每年收入约一万万六千余万元,平均每人年纳盐税约四角。全国农民三万万二千余万人,共纳盐税一万万二千余万元。至于关税岁入约四万万元左右,内一万万元左右为出口税,农产品约负担六七千万元,即进口税三万万元左右中,农民直接间接至少负担一万万元以上。

地方政府岁入百分之六十以上,是靠田赋,省县都相同。全国省县地方政府,岁入田赋一项,约计共有二万万五千万元左右。兹略举民国二十年度数省经常费岁入预算情况,以为例证:(单位百万元)

省别	山东	江苏	浙江	河南	山西	新疆	安徽
田赋	一四·〇	九·〇	九·〇	八·〇	六·〇	一·四	三·七
合计	二四·〇	一六·〇	二一·〇	一七·〇	一一·〇	二·八	九·四
备注			内有中央补助款收入一百八十万元	内有中央补助款收入六百万元			内有中央补助款收入三百四十万元又此系该省二十一度预算款

观上表,可知各省岁入,大抵都是以田赋为大宗。至于各县县政府税收尤靠农民负担。例如江苏省江宁县田赋,占县政府收入百分之九十三,河北静海县田赋,占收入总额百分之八十九。

岂但政府收入大部分依靠农民,就是一般都市里的人民,亦何曾不大部分依靠农民呢？地主及其家属亲友，直接或间接依靠农民为生不必说了，丝业、棉织业、面粉业、榨油业、茶业等，工商界人的原料，何自而来？又做进口货贸易商人所经售的煤油，每年约四千万元左右，棉及棉织品，又米及小麦，每年共计约二万万元左右，大部分销到何处去，不是乡村么？如有怀疑这种话的人，请莫空发议论，一问从事工商业的人，便自明白。

综上各节，无论从人口比例，主要进出口货物，中央及地方政府税收，以及地主与从事工商业的人依靠农民的情形而论，无有不证明农村地位在中国的重要。在这里，我们须同时回想到本文开头所述农村生活的贫苦低下，在中国社会中农村地位如果是很重要，农村生活便不应当贫苦低下。农村生活贫苦低下，实在不仅是农民的不幸，而是全体人民前途的殷忧。所以农村改进，乡村建设，就成了中国刻不容缓的要图。

农村复兴这个工作，不能单靠政府或外边人来做，须培养农民自动的力量，方始在消极方面，可免去种种流弊及“人存政举，人亡政息”；在积极方面，可以长治久安，一劳永逸；并可由此放大范围，养成民族大团体以抵御外侮，复兴民族。所以最近数年在日本亦有农村自力更生的运动。

培养农民自动的力量，来做农村复兴的工作，在上须由政府定为一“事在必行”的政策，在下须由有志，有血性，有心肝的青年，肯吃苦耐劳，下乡死心塌地与农民为伍。就实际生活需要问题，启发农民，指导农民，使他们能参加团体生活，运用团体力量，以解决一切切身的政治经济及社会问题。青年们为了自身及整个民族的出路，莫不感觉苦闷，现在我们已经明了农村改进，乡村建设工作的重要，我们不应当立刻排万难，下决心来干这种关系全国人民幸福及整个民族前途的工作么？青年的出路，农民的出路，我们中国民族的出路，都系于青年的愿否为农村社会服务。不禁馨香祷祝之！

原载《教育与民众》第8卷3期，1936年11月

1937 年

悼郑一华先生

二十五年夏,郑一华先生有赴岭南之意。余以本院研究事业及其个人身体关系,竭力劝阻。彼经慎重考虑后,允仍留苏,而不赴岭南。余方引以为慰。不意未及三月,而一华又卧病,近且彼逝世之噩耗突至。余为求其身体之健康而力阻其南行,孰意彼从吾言,而卧病,而逝世!设或彼果南行而身体转健康,则余之劝阻其南行,岂不可痛可悔也?

回忆一华与余共事数年,其感人最深而不能忘者三端:

(一)学问有根底也。一华兼通中英文,虽深奥者均能互译。其著作已有可传者。少年如此,若天假之年,不将更有益于人世耶?

(二)品性高尚也。一华主编《教育与民众》月刊者数年。其地位可受利诱与威胁。一华遇之,坚定不为动。平素并不以此居功,仅于病体极孱弱,不复能任编辑时,方吐露此种地位之不易处,对于继任者应慎重选择之意。呜呼!品性高尚如此,可敬爱,可感泣也。而不幸早逝,在余不更伤痛耶?

(三)富于同情也。一华于前年忽患肺病甚剧,疗养数月而愈。其后每遇患肺病者,必将其个人养病经验详细讲述,并加安慰。病者经彼指示,往往得减轻疾病,或即就痊。一华之不独善其身,富于同情,于此可见。今一华本人反以脚气病促发旧疾而逝世,他人鲜有能起而慰之者,不可感伤耶?

一华之编辑本刊也,埋头苦干,专心致志。同人但见月刊之有精彩、有进步、有贡献,而能按期出版,殊不知一华之呕心血为之也。余平时执笔为文,未免有惰性,然经一华之催促,便亦不得不勉应之。呜呼!一华固知人之性者也,固知我者也。余写此悼文时犹忆一华屡次索余文稿情形,历历如在目前。呜呼一华!天竟不假之以年,而赍志以终耶?余不禁涕泗滂沱也。

原载《教育与民众》第 8 卷 7 期,1937 年 3 月

在未战之时当作战时设想

翻阅中国近百年史,寻求民众教育的真义,便不难知道所以要推行民众教育的目的在救国或民族自救。时至今日,民族的危机更远过于十年、二十年以致三十年五十年前。我们致力于民众教育的人岂能片刻忘却中华民族自救的目的,而不谋直接间接达到此目的呢?

数十年来的历史明示我们,苟不自强,外人必觊觎我们,侵略我们。在列强的所以如此,亦有正反二面的理由。在正面说,假使我们自己不能振作有为,在列强中必有觊觎我者。若甲乙进而丙丁不进,则丙丁必将相形见绌,所以不得不竞相侵略我。在反面说,列强以资本主义帝国主义之发展,争市场与殖民地乃自然的趋势,我虽能自强,彼仍欲侵略。因此可见侵略与抵抗是无可避免的。

二十年前欧洲大战的教训我中国所不能忘者,即西洋各国本身在生死存亡关头,无暇东顾,东亚局势不得不由东亚各国自决之。我东邻日本抱极大野心,逞其狡谋,在外交上、军事上以及领土及经济方面,得寸进尺,二十余年来,进展甚速,于吾国命脉,简直有断绝之危险。

近者世界第二次大战迫在眉睫,于一年至三年内有爆发之可能。其导火线无论发现于欧洲或东亚,慫前慂后,都无疑的,且不可幸免的,足以促进中国的危机。

一九〇四年日俄之战未发生前,日本朝野上下一致都以俄国为假想敌,而生聚教训者近十年。及之战发生,日果得胜。

近据国际观察者肯定的报告说,目前日本虽以吞并中国为目标,但其假想敌则非仅中国而为俄国。盖在彼如可胜俄,则必能胜中国也。日本朝野上下之目光可称是远且大矣。日本如此,我们中国既处极危急的地位,且在世界第二次大战将爆发之前,应当怎样自处呢? 自然“在未战之时,当作战时设想。”

假定我们的假想敌是“爱克思”,同时假定大战之爆发期距离现在至多不出若干月,那么,我们中国的朝野上下应该怎样一致地对准了这个目标生聚教训,以期立于不败之地,操必胜之券呢? 特别是我们致力于民众教育的人应该怎样根据我们的假想敌“爱克思”,及假定大战的爆发期,一点不放松的,做生聚教训的工夫呢?

勾践灭吴,日本胜俄,古今如出一辙。苟不能在未战之时,当作战时设想,那么生聚教训,徒托空言耳! 徒托空言耳!

原载《教育与民众》第8卷8期,1937年4月

学生与乡村服务

在中央广播电台教育部教育播音讲演稿

一

学生与乡村服务这个题目将要分二次讲。今天第一次先讲乡村服务的重要，乡村服务与都市服务的比较，学生与乡村服务的关系等三节。此外还有数节留在下次再讲。

（一）乡村服务的重要

我们平时对于这个问题是往往忽略而不加注意的。我们一念及中日国际关系紧张，便联想到东四省、东北走私等等以及外交、军事准备，经济建设，国防教育等的重要，而总不会想到乡村服务的重要的。其实乡村服务与政治、军事、经济、社会问题的解决都有密切关系，并且我们可以说，与整个中国问题的解决有密切关系。试举一个例子，棉花是我们中国主要农产品的一种，而为军备必需品，去年（二十五年）吾国棉花丰收，除供给国内纺织厂应用外，还可以余二百数十万担输出到外国去，总值在一万万元以上，可以抵销每年入超的三分之一。假使因为我们大家愿意做乡村服务工作，对于棉田的推广，棉种的改良，棉花的运销及检验等等再加以指导工夫，而能够在数年内使每年棉花产量比现在增加五百万担，那么不但军备必需品问题可以不必忧虑，并且还可以解决入超的经济问题。乡村服务的重要由此可以窥见一斑。

刚才我们说过乡村服务与整个中国问题的解决有密切关系。这是怎么说呢？在没有和外国人通商之前，数千年内，我们中国的一治一乱都是极少数的人在那里争天下，大多数的老百姓是不理会的。但是自从与外国人通商以来，情形就大不相同了。西洋人以及学西洋的日本人都挟了资本主义以及资本主义背后的帝国主义来侵略我们，其势汹汹不可响迩。他们都是有团体的，有组织的，力量自然就大。我们是散漫而没有组织的，所以发生不出力量来。散漫没有组织的国家遇到了团结有组织的国家，焉得不吃亏呢？以前的救国方法及策略仅仅注意到人才，军备交通及工商业等救国运动，亦仅仅由极少数的知识分子在那里声喊喧闹，还是几千年以来所用的老办法。殊不知时势已经和从前大不相同。东西洋各国的人有团结力，而我们没有，决不足以抵抗他们的侵略。对于这一点忽略了，救国方法策略与救国运动，虽然变一百种花样，亦是不中用的。所以今后我们不要救国就罢了，如要救国，则须在训练人才，讲求军备及经济建设之外，同时还应当用全力培养我们自己及全国人民的团结力。否则恐怕免不了要蹈以往数次救国运动的覆辙。

所谓培养我们自己及全国人民的团结力是怎样解释呢？团结力不是凭空所能培养成功的。须就我们自己及全国人民的实际生活，组织团体，运用团体力量满足生活上的需要，方能引起参加团体生活的兴趣，并养成参加团体生活的能力和习惯。例如我们在学校求学时,同级学生在课业等各方面,必定有相同的问题及同样的需要,便可组织级会,运用级会这个团体力量,以解决本级相同的问题,满足本级同有的需要。试再具体一点说,每学期开学时必定需要添用新的课本,倘使一级五十个同学各自上街去买书,所费时间及车费等很不在少数,倘使同级的人能组织起来,共同商定办法,推代表数人上街去买书,则其余的同学都可以节省时间及车费,亦许因为整批购书,还可便宜些。又如全学校学生膳食卫生等问题,决非各个人自己个别留心所能解决的,必须全体同学组织起来,共同商定办法,遵照实行,于必要时并推定若干代表严格执行,方始会有成功的希望。所以方才说要培养我们自己及全国人民的团结力,决非空言所能达到目的的,必须就实际生活,组织团体,运用团体力量,满足生活需要,解决生活问题,方能引起参加团体生活的兴趣,养成参加团体生活的能力与习惯。

现在在学校求学的学生同一般老百姓比较,虽然可以算是知识分子,但是我们中国知识分子的通病是与一般老百姓同样的缺乏团结力,而学生当然不是例外。我们这种知识分子只有参加团体生活的知识,像如何开会,如何运用四权等等,至于参加团体生活能力实际上是没有的。所以遇组织团体或开会时往往容易闹笑话,闹乱子。参加团体生活的能力既然没有,参加团体生活的兴趣和习惯就更不必说了。我们中国知识分子尚且仅仅有参加团体生活的知识,而没有参加团体生活的能力、兴趣和习惯,无怪乎我们中国国民成为一片散沙,遇到了有组织,有团结力的西洋人及日本人要处处吃亏,事事让步。

缺乏参加团体生活的能力、兴趣和习惯,既然是我们中国知识分子的通病,学生求学时代便应当随时随地培养自己的团结力。对于此点牢记在心,实力奉行,始终不懈,十余年如一日,自然能够逐渐养成参加团体生活的能力、兴趣和习惯。培养团结力从自己本身做起这是很紧要的。然而全国中等学校学生总数照二十二年度的统计仅有五十六万人,大学学生约有四万三千人,大学中学合计共约六十万人,而全国人口总数照同年度的统计有四万万四千五百八十五万人。如果六十万大学和中学生都能有团结力固然是好,不过大多数的人如果仍旧是一片散沙,没有团结力,对外的不足以抵抗侵略是可以预卜的。所以我们除积极培养自己的团结力之外,还应当同时猛进的培养全国人民的团结力,尤其是占全人口百分之七十五的农民,总数有三万万三千四百数十万人之多。如果这许多农民都能有参加团体生活的知识、能力、兴趣与习惯,并且能运用团体力量满足实际生活需要,那么,不但他们自己生活问题可以解决,就是地方自治,经济建设,军事准备等等重要问题亦可一一迎刃而解。

在此我们便应当进一层问,谁来负责培养农民团结力?要农民自己负责么?恐怕不可能,所以要提倡大学中学生及一般知识分子做乡村服务的工作,负起培养农民团结力的责任,以期达民族复兴的目的。乡村服务的重要就在此。

(二)乡村服务与都市服务的比较

乡村服务需要热烈的提倡,都市服务是不需要提倡的。这有两个缘故:1. 现在在都市服务的人已觉太多,有人满之患。2. 平常我们大家都喜欢跑到都市去服务,而绝对不愿意下乡做事。大家都以在都市做事为荣,下乡做事为耻。凡不在都市做事而在乡僻之区做事的人,宛若是不中用,没出息的人。这种情形结果是怎样呢?好的人才与事业都集中在都市,特别是集中于几个比较大的城市,如南京、北平、上海、天津、汉口、广州等处。都市变为精华之所在，乡村成为鄙陋不堪的地方。别的不必说，试问好一些的学校和好一些的医院在何处？岂不是统统在都市吗？人才和事业既都集中在都市，所以我说乡村服务需要热烈的提倡，而都市服务是不需再要提倡的。

乡村服务虽然应当热烈的提倡，但是乡村服务的困苦艰难情形却不可隐瞒，而应当直说。乡村生活简陋，饮食起居为经过多少年学校生活的知识分子所不惯，这是一定的。同时，乡村工作事事须开创，无成规可循，因此收效缓而成绩不易表现；并且乡村事业阻碍甚多，农民知识缺乏，不易推进，固然是意料中事，而小土豪的把持阻挠，竭力破坏事业，往往也是免不了的。有这种种原因，所以很容易使知识分子对乡村服务欲行又止，即使一鼓足气下了乡，不久亦就灰心了。以上是乡村服务的困苦艰难情形。其实在都市服务难道一点儿困苦艰难都没有吗？先说都市的饮食起居，岂非价值昂贵而不可口，不可居吗？薪金虽高，但是因为都市生活程度较高，所可余的钱亦很有限。至于环境之恶劣，很容易使青年堕落，岂非为世人所公认的么？若说做事的成绩，除敷衍了事，或空费时间与金钱之外，还有什么表现？不过因为大家看惯了，不去追究罢了。此外如都市中的腐败，充满了各种恶势力，足以阻碍事业的进行，恐怕比在乡村所遇的阻碍还要大十百倍。由此可见乡村服务实比都市服务来得优胜，大家应该辩明这一点，欣欣然的去做乡村工作。

（三）学生与乡村服务关系

或者有人说，大学学生以及大多数的中学生到乡村服务，因为年龄太轻知识太浅，世故人情太不明了，对于农民和农村事业未必有很多帮助，这种见解确是有道理的。不过我们不要忘记现在已有的师范学校及农业学校岂不是百分之九十九是中等学校程度吗？这许多学校的毕业生目前在乡村服务的不在少数。他们的工作对于乡村不能说是完全没有什么帮助的。自然我们很希望从事乡村服务的人的程度能提高，不过在全国乡村范围辽阔，目前国际形势紧张，乡村工作需才孔急的时候，我们亦很希望大学及中等学校学生能够全体加入乡村服务的队伍，促进培养民众团结力，中国民族自救的事业。况且大学及中学学生都是热血青年，有纯洁的爱国热忱，强健的体魄，勇往直前的精神，倘使能够下乡服务，对于农民及农村事业无疑是可以有相当贡献。同时我们回想到将近二十年前的五四学生爱国运动，参加的大多数人是大学和中学学生。由此可见得学生热心救国的不后于人，所希望的大学和中学生能够下乡服务，培养农民团结力，做切实有效的救国工作。

现在我们把今天所讲的总结一下，对于中等学校学生与乡村服务这个题目，今天已经讲过的，是乡村服务的重要，乡村服务与都市服务的比较，及学生与乡村服务的关系等三节。此外还有乡村服务人才需要，及乡村服务现状、办法、及方式等节留在下次再讲。

二

关于乡村服务的重要，乡村服务与都市服务的比较，及学生与乡村服务的关系等节上次已经都讲过了。今天将要继续讲乡村服务人才的需要，乡村服务的现状方式及办法等数节。

（一）乡村服务人才的需要

我们中国所需要的乡村服务人才总数究竟要多少？这个问题是应该研究明白，而得到一个圆满的答案的。但是我们要答复这个问题,先须问明白中国究竟有多少乡村?每一乡村需要几个服务人员?中国究竟有多少乡村呢?照中华职业教育社出版之农村教育丛辑有每县三四十村,全国七八万农村的估计。而梁漱溟氏在他所著的《中国民族自救运动之最后觉悟》一书,北游所见纪略一文中则云,全国照七八万农村算法,大约加三倍算差不多了。七八万三倍亦不过二十余万。同时梁氏在"河南村治学院旨趣书"一篇文章中又说"中国一村属社会也。求所谓中国者,不于是三十万村落其焉求之"。现在姑且照全国三十万乡村计算。三万万三千四百数十万农民分配在这三十万乡村,平均每一村约有一千一百余人。以五口之家计算,每村约有二百二十余户。这样大的村庄在北方虽然有,亦不是完全如此。在南方就凡真正务农,完全依靠农业为生的地方,所有村落都很零碎散漫。往往五家至二三十家成为一村,两村之间,彼此距离亦有相当的远,因为不如此,每家所耕种的田地的收入太少,必不足以养活一家人口。所以乡村的小和零碎散漫是必然的现象。不但全国约三十万乡村的估计太小,或须加一倍作六十万计算。并且我们应该要特别注意到乡村的零碎散漫这一点,因为乡村如果不零碎散漫,彼此距离不很远,那么服务人员在工作的时候可以省力,比较容易收效,否则就须多费心力而收效不宏。

中国究竟有多少乡村?每一乡村需要几个服务人员?这个问题是不能随便答复的,并且照上边所说,乡村多少这个问题还是次要,乡村是否零碎的问题却是比较的重要。我们如果要估计乡村服务人才需要的总数,似乎不必以乡村数目为标准,而可以乡村的户数和人数为标准,同时还顾到乡村的零碎散漫这一点。

现在各地施行保甲制度,在乡村的保甲编制大抵是用十进的,就是十家为甲,十甲为保,一保之内共有百家。在村落小而散漫的地方,一保可有十村以上,全区域内彼此距离远者三四公里(合旧制七八里),在村落较大而不很散漫的地方,一村可有一保至三四保的户口。按照普通的调查统计报告,每户约五口强,每保一百户约有五百余人,内户长一百人。又学龄儿童与人口之百分比是百分之十强,所以一百户五百余人中约有学龄儿童五十余人至六十人。至于男女的比例在中国各地虽略有不同,但是总与一对一之比,相差不远。所以一保内五百余人之分配大约如下:

1. 成年人约二百二十人(内户长一百人),妇女约一百人。
2. 青年约一百十人。
3. 儿童约一百八十人(内学龄儿童约六十人)。

如果以三保三百户一千五百余人计算,所有人口之分配情形又如下:

1. 成年人约六百六十人(内户长三百人),妇女三百三十人。
2. 青年约三百三十人。
3. 儿童约五百四十人(内学龄儿童约一百八十人)。

我们假定根据三保一千五百余人之分配来推求所需要的乡村服务人才,似乎下边所说的人才是不可少的:

1. 学龄儿童约一百八十人,需要乡村小学教员至少三人。
2. 青年约三百三十人,以半数在初级中学肄业计算,至少需要乡村初中教职员约五人。

3. 成年妇女约三百三十人,至少需要家事指导员一人。

4. 成年男女共计六百六十人,内户长三百人,至少需要成年教育兼地方自治事业指导人员一人至三人。

5. 三保一千五百余农民需要农事蚕桑指导,合作指导及卫生指导人员各一人。

以上所说需要的五种乡村服务人员为节省经费计,可以把卫生指导和家事指导归一个人担任,农事指导和合作指导亦可合并由一个人担任,并且还可以使成年教育兼地方自治事业指导员及农事、合作、卫生、家事等指导员在乡村中小学兼教课及职务。但是,无论如何,三保一千五百余人之区域内至少需要乡村服务人员十二人至十五人。全国农民总数约三万万三千四百数十万人所需要的乡村服务人员总数至少当在三百万人以上,内乡村小学及初中教职员约需二百人,其余成年教育及地方自治农事、蚕桑、合作、卫生、家事等指导员共约需一百余万人。

(二) 乡村服务的现状

照第一节推论所得的结果,全国乡村所需要服务人员总数在三百万人以上。乡村服务的现状是怎样呢?仅就服务人员一项而说,目前在乡村服务人员的总数约四十万人左右,试分析如下:

据最近公布的二十二、二十三年度各项教育统计,全国小学教职员约共有五十六万人。假定其中三分之二在乡村,三分之一在城市,则在乡村小学之教职员约有三十七万人。又全国中学教职员约共有六万二千人,假定其中六分之一在乡村初级中学服务,约有一万三千人。又全国社会教育服务人员约共有一万四千人,假定其中十分之七在乡村服务,约有一万人。以上三项合计为三十九万三千。假定此外还有全国党政教育各方面所派在乡村的服务人员总数在一万左右,亦一并计算,则四项合计总数为四十万三千人。以四十万三千人,与三百余万人比较,短少不足之数为二百六十万人。况且现在所有的四十余万乡村服务人员,其中未经相当训练,缺乏应有修养与经验,不合格,不合用而滥竽充数的必不在少。所以乡村服务的现状是很不能满人意的。分析不能满人意的因子大约有如下数点:

1. 现在所有四十余万乡村服务人员约仅占所需要总数三百余万人的八分之一,不足八分之七,相差太巨,因此事业范围太小,无从达组织乡村,推进社会复兴民族的目的。

2. 现在所有乡小乡初中的师资不合格的很多,而其他乡村社会服务人员未经相当训练,缺乏应有修养经验的也很多。

3. 现在所有四十余万乡村服务人员能够明了乡村工作中心或乡村服务的主要点的能有几个人?即使明了而能切切实实永久不懈做,并且能做得彻底的又能有几个人?(在此我们要请听的人注意,在上次第一讲中,曾说明乡村服务与整个中国问题的解决有密切关系。所谓乡村服务的要点,就是须就我们自己及农民的实际生活组织团体,并运用团体力量,满足生活需要。这种团体生活能够成为我们的第二天性的一天,便是我们中国民族得救的一天。所以培养团体生活是乡村工作的中心。可惜现在明了这一点的人很少。)

4. 服务人员不足之数,相差太远,不过是表面的现象,至于骨子里乃是一经费太少的问题。现在教育经费的来源在地方的大部分是田赋、屠宰税、契税等等;在中央方面税源较大的如棉统税及盐税大部分都取之于农民身上，但是用之于农民身上的却很少。因为学校教育机关设在都市的多，而百分之八十至九十的教育经费是由学校教育机关领取应用的，这种畸形发展的情况现在已积重难返，如果以后新增教育经费能支配给乡村方面，乡村工作人员方可随之而增加，工作效率亦方可有增进的希望。

（三）乡村服务的方式

研究乡村服务方式应该就服务、人员本身及服务机关与事业三方面来讨论。

因服务人员本身所产生的乡村服务方式有三种：

1. 肄业时的实习。

2. 暑期服务，或实习。

3. 毕业后服务。

今年夏天暑期乡村服务的声浪很热闹，如果以后能年年继续规定办法，并且预先有必要的布置，那么对于乡村工作也未尝不无小补。在我个人的意见如果要希望在毕业后能有成效的服务，必须在肄业时先有长期（半年至一年以上）的有计划及指导实习。

因服务机关所产生的乡村服务方式种类很多，其大致有四：

1. 学校的社会活动。

2. 民众教育机关，如民众学校、民众教育馆、民众教育施教区、及乡村图书馆。

3. 社会团体事业，如农会、合作社、乡村改进会等。

4. 行政机关，如卫生所、农业推广、合作指导及区乡镇公所、保甲会议等机关。

以上四大类的乡村服务机关，对于乡村服务工作，现在有未必能进行者，如乡村中小学对于社会活动能从事者未必多；又如区乡镇公所，其位置尽可在乡村，但是因为行政工作的繁重，同时又因为不明白乡村服务的重要，所以能从事乡村服务的亦未必多。至于保甲会议本可形成地方自治团体的基础，只因为知道运用自治团体，解决社会问题这一点的重要的人几乎没有，所以法令上尽可规定保甲会议，实际上仍只有保长及甲长办公处的行政机关，而没有地方自治团体的保甲会议机关。

又以上四大类乡村服务机关有能联络进行者，有各自为政，不知联络进行者。所谓联络不联络，便是指学校与民众教育机关，或行政机关与民众教育机关等是。如果要想得到充分的成效，以上四大类乡村服务机关最好能联络进行。并且现在各省市已颇多把学校、民众教育及行政合成三位一体，并与社会团体事业密切联络进行的。

因事业而产生的乡村服务方式，可分政治、经济、文化三大类。属于政治的如地方自治中的户口调查、人事登记、保卫消防等各项事业。属于经济的如水利及农业指导等。属于文化的如义务教育与成年补习教育之推进等等。这三种政治、经济、文化事业，表面上虽然似乎截然不同，实际上是有不可分割的联系的。不但三种事业同为消长，并且我们乡村服务的主要目的在就三种事业的推进，建设新社会制度。这句话很费解，不过现在因为时间太短，只说到这里，不再说下去了。

（四）乡村服务的办法

乡村服务的办法约略可分代办和指导农民团体自办二种。这是与学校教育一样的。我们知识分子在学校里上国文课教师教学生作文，可代替学生做，或指导学生习作。如果代替学生做了，学生虽在学校数年以致十数年，终归学不会的。如果希望学生文章做得好,不但要使学生习作,并且要使学生常常习作,做得多而快。学校内学生学习作文应当如此,学习其他功课亦不得不如此。至于乡村服务,如果不用启发指导农民自动运用团体力量,推进社会事业的办法,而用代办甚或包办一切乡村政治、经济、文化事业的办法,那么一时成绩固然很容易表现,并且很多,但是农民老是靠天吃饭,依人成事,恐怕永久没有进步。乡村服务因此便不过成一种消极的救济工作,而不是一种积极的建设工作,解决不了整个中国问题,达不到民族复兴的目的。所以我愿从事乡村服务者切勿代办包办,而当启发指导农民自动运用团体力量,推进社会事业。

原载《教育与民众》第8卷10期,1937年6月

无锡江苏省立教育学院办理地方自治事业之经过

江苏省立教育学院，于民国十八年春，开始进行地方自治事业之实验。其主旨在以教育方法，培养人民进行地方自治事业之能力。至今八年有余。所有经过情形，可依照下列四节分述之。

一　地方自治区域单位

地方自治区域单位问题甚为重要。我们最后之目的固在一县地方自治之完成，但为培养民众进行地方自治能力之有效起见，其入手方法，不得不自小而大，自下而上。所有江苏省立教育学院在民国十八年开始进行地方自治事业之实验时，即决定从乡单位入手。照当时法律所规定，每乡户口须在一百户以上五百户以内。最初开办者为黄巷实验区，前后三大村，共一百数十户，由县政府划为一乡，以便作地方自治之实验。继此而起，经本院用教育方法指导民众进行乡单位地方自治事业者，自十八年春至现在(二十六年春)八年之内，约有一百乡镇左右。这是乡单位之实验。二十一年春，因既有三年经验，于是进一步筹备作自治区区单位之实验。以当时无锡县第十自治区为范围。内有二十乡镇，五千余户，二万七千余人。定名为北夏实验区。至今四年有余，该区虽已遵照新法令与原有第二区合并成为新第二区，但旧北夏区单位，用民众教育方法培养地方自治能力之实验，仍照旧继续进行。同时在二十六年春又开办蓬户自治实验区。蓬户为城市劳苦大众之住所，内百分之九十五以上为人力车夫，房屋都是茅房，故称为蓬户自治实验区，系由党、政、警、学四方面所合办，即区分部、镇公所、旧公安分局及教育学院附设之南门民众教育馆所合办也。最初所办者在炒米浜，试行保甲制，以保为单位，与上述之乡单位及区单位之地方自治实验有别。二十三年增设灰场浜蓬户自治推广区，二十六年春，又增设汤家桥蓬户自治推广区。均以保为单位。

总之，就地方自治区域单位而言，江苏省立教育学院，自十八年起至现在(二十六年春)，曾先后作乡单位、区单位以及保为单位地方自治事业之实验。目前乡单位者约有三十余处，旧自治区单位者一处，以保为单位者共三处。至于毕业生在本省及其他各省市所任职务与地方自治事业有关系者，不在本文范围以内，故不赘及。

二　地方自治团体

地方自治事业，须有地方自治团体方能进行。这种团体不能与地方自治机关，如区公所、乡镇公所、保长或甲长办事处等，混为一谈。仅有机关，自治事业不过由官方举办，其事业之兴衰好歹均须视区长、乡镇长、保甲长之贤否，与人民之自治，实际上丝毫无与焉，并且即有所举办，或须用政府大力强制，或则终是有名无实的。所以不欲实行地方自治则已，如欲实行地方自治，必须在地方自治机关外求得地方自治团体。关于这一点，江苏省立教育学院曾作乡村改进会及保甲长会议二种试验：

1. 以乡村改进会为地方自治团体

地方自治法令中本有乡民大会,区民大会等之规定,但事实上这种大会并不召集,即使召集亦因散漫无组织,对于地方自治事业决不能有何贡献。所以只能由区公所或乡镇公所等机关独任其劳。乡村改进会之组织目的即为补此缺憾。会中分子宜有三种人:(1) 地方上年高德劭,能热心为公者;(2) 向上有为之青年;(3) 现任乡镇长及闾邻长或保甲长。如此组织而成的地方自治团体等于英国的众议院,一方面共同研究讨论地方上应兴应革事宜;另一方面即可由乡长副等领导会员及一般民众把议决案见诸实行。

乡村改进会作为地方自治团体,运用上很能见效,组织亦简易,但是有一难关,就是法律上的根据问题。教育学院在无锡县境内所指导成立的乡村改进会,自十八年至二十三年,六年之间,不下数十个。呈请立案时,大抵承党部方面都照准,但县政府方面则往往因人事之更易,有时可邀得照准,有时则搁置不批,有时更碰到"于法无据,未便照准"的钉子。在二十三年前二三年间,江苏省各县都有这种同样的现象。

2. 以保甲长会议为地方自治团体

二十二年开办蓬户自治实验区,不用当时的乡镇闾邻制,而试行保甲制度,即以保甲长会议之组织作为地方自治团体,每月开会议一次。甲长在未赴会前,先与本甲同人对于各项问题交换意见。所有应兴应革事业经保甲长会议商定后,即由保甲长会同区内民众进行。其效用与内阁员兼议会议员之制相同也。这种保甲长会议办法,在各省市已施行保甲制者都可采行,以期实现真正地方自治。可惜大家明白这点重要的很少,所以法令上虽有保甲长会议之规定,而并不举行,即举行亦不重视而等于虚应故事。结果,地方自治终不过是区长乡镇、长及保甲长之代治,在县政府之下多了许多区及乡镇公所,还有更多的保长及甲长办事处罢了。

三　地方自治事业

由上述一二两节可见地方自治事业之进行,大抵须就一区域单位,运用地方自治团体之力量以推进之。团体内之分子与他们所代表民众为主体,实施教育者为顾问或参谋。如以旧时县政府为比,县长(或县知事)为主体,钱谷及刑名师爷为顾问或参谋。又以旧时带兵或做督抚者为比,指挥官或督抚虽为主体,然亦不能没有幕府中的幕友为顾问,否则军事政事都未必能办得好。实施教育者对于一地方自治区域单位内民众所处之地位,如有钱谷刑名师爷之对旧时之县主事,幕府幕友之对督抚,文武大官既一日不可无参谋顾问,民众在进行地方自治事业时,实亦一日不可无实施教育者做他们的顾问与参谋。然教育者亦当认清自己的地位,限制自己专做参谋顾问工作,万不可因急于求成绩,走上代办,甚或包办地方自治事业的途径。否则,民众自治能力终无由养成也。

江苏省立教育学院,在这种信念之下,就乡单位、区单位及蓬户自治实验区,指导乡村改进会或保甲长会议等地方自治团体,陆续举办之事业,择其较重要者列之如下:

1. 乡单位

(甲) 政治方面

乡长副及闾邻长或保甲长之选举;调解委员会与消防队及冬防队等等之组织;道路之放宽修筑及桥梁之建筑;疾病预防及清洁卫生之进行;户口之调查与复查;其他。

(乙) 经济方面

信用及各种生产运销合作社与储蓄会之组织；改良蚕种及稻麦种之介绍与推广；养蚕合作指导；仓库之组织；修堤，戽水合作及其他水利事业之进行；扛重队之组织等等。

（丙）教育方面

民众学校及小学校董会之组织与学校之创办；强迫入学之议决与执行；农事合作，乡村改进等短期讲习会及地方自卫训练班救护班等之举办；其他。

2. 区单位

在区单位内所指导进行地方自治事业，大抵仍须就各乡镇区域着手，方能合于自小而大，自下而上之原则，无躐等，欲速不达之弊，所以区单位内之事业略与乡单位同。唯在北夏区有二件重要事业值得特别提出的。其一，救灾，二十三年夏苏省大旱，北夏实验区曾指导区内六乡镇民众组织联合戽水会，得救稻田计六千七百余亩。其二，建筑区道，二十二年冬季农闲时，北夏区民众建筑区道，自西而东，横贯全区，长共约十五里，三年以来，每年农闲时逐渐加宽，并铺煤屑。总之，区单位地方自治实验之目的本在由乡而区，而县，由下而上，由小而大，完成县单位之自治。但培养整个一区民众自治团体之意识，又必有待于事势之需要与时机。上述救灾与建筑区道二事，即其例也。

3. 保单位或联保单位

这种以保或联保为单位之试验，专在蓬户自治实验区。至其地方自治事业亦可分：

（甲）政治方面

户口调查及人事登记；保甲长之选举；清洁及公共卫生；疾病预防与治疗；消防、冬防及守夜队之组织；息讼及禁赌；道路及沟渠之修治；其他。

（乙）经济方面

消费合作社及人力车合作社与储蓄会之组织；贫民贷款之举办等。

（丙）教育方面

儿童及青年强迫入学之决议与执行；蓬户塾师之训练；合作及保甲讲习会地方自卫训练班等举办；其他。

四　地方自治事业之研究与推广

研究工作分理论的探讨与事业之实验，二者同时并进。以上所述各节大抵属于事业之实验一类。至于理论之探讨则除有区务会议、实验区联席会议及研究实验会议与专家座谈会等外，并编印“教育与民众”月刊及附刊、专刊等，供给关于地方自治及一般民众教育，农事教育之参考资料。

对于地方自治事业之推广，江苏省立教育学院所能尽力者为（甲）人才训练，九年以来，毕业生约有六百余人，内四百人左右在乡村及城市从事民众教育者，直接间接都于地方自治事业之推行有关。（乙）旧教职员之改就他处教育或民政事业，虽未必有实验区或实验县之名义，实际上却未尝不在用教育方法贯彻完成地方自治之政策。（丙）供各方之参考。所有乡单位，区单位之地方自治，及保甲制度之实验，除同人互相砥砺切磋外，并供给毕业同学及留心此种事业者之参考。同时我们亦都抱与人为善，见贤思齐之宗旨，愿意不断的吸收国内外各地之所长，以求地方自治及民众教育事业之进步。

附录　参考书籍

1. 教育与民众月刊自第一卷至第八卷各期

2. 民众教育实验报告第一二三集
3. 黄巷实验区
4. 北夏第一年及第二三年各一册,以上江苏省立教育学院出版
5. 乡村建设实验第一二集　中华书局印行

原载《地方自治专刊》第1卷1期,1937年

抗战时期之民众教育

一

要知道抗战时期的民众教育应该怎样办理,我们先应当一方面研究明白抗战时期民众的生活状况及其需要,另一方面研究明白抗战时期国家的需要,并且再研究明白这两方面的相互关系。无疑义的,在抗战时期,政府当局及全体人民所应当共同努力维护保持的,是整个民族的生命。所以在表面上看,似乎国家的需要高于一切,政府当局以及全体民众都应该抱牺牲的决心,以应国家的需要。因此在抗战时期民众的生活及其需要,似乎无从顾全,且不必顾全的。这种心理及见解,现在是很普遍的。但是在我看来,如果军事、政治、经济、教育等等一切事业都根据这种心理及见解而进行,不但对于抗战丝毫无补,并且将使各种事业停顿,而军事亦因之无法办理。须知国家的需要与民众的生活及其需要有密切关系的。例如,在战时国家需要军食及军费;军食及军费须赖人民在可能范围内各安其业,照常生产,始有充裕的希望。所以在战时使人民尽量的能在可能范围内各安其业,照常生产,不但是民众所切望,是民众生活的需要,同时亦就是国家的需要。又如,在战时军运固急不容缓,但货运亦决不宜听其停滞。因货运不畅,农产物及工业原料与出品都不能流通。有无既不相济,多的地方太多,缺乏的地方缺乏到极点。一方面因货太多而价落,另一面因货太缺乏而货昂,各地方都将感觉到痛苦。各业既停顿,政府税源亦必因之告匮。所以在战时就人民生活而言,固需要货运照常流畅,就国家财源而言,亦何尝不需要货运照常流畅呢?反过来说,在战时为维护民族生命计,军运固急不容缓,人民为求避免敌人蹂躏,能在后方照常从事生产事业计,亦何尝不希望军运之迅速呢?试再举一例子:从战区退出的难民,成千成万,都需要各地慈善团体或政府机关去设法救济与安插,费用既很浩大,工作亦很繁重。政府当局在军事吃紧、军书旁午的时候,哪里再有工夫顾得到此呢?但是战事愈延长,战区愈扩大,难民的人数亦必愈增多,救济安插他们固很费事,倘不救济安插他们,国家的元气便将因之而损伤。不但退出来的难民政府应当救济安插,就是在敌军占据区域中的同胞,政府更应当设法救他们出险。最好在变更战略,阵线移动之前,能预为之所,使他们不受敌军蹂躏,且可不为敌用。看了最近前线敌军用我国战区同胞做运输掘壕等工作,并实施以华制华的毒计,用东北同胞来打先锋,便不难明白预先设法救援战区同胞,并救济从战区退出来的难民的必要。这不仅仅是为人民本身计,实同时为保全国家元气计。由此可见在抗战时国家的需要与人民的生活需要实在是有密切关系的,并且可以说一而二,二而一的。这是我们讨论抗战时期之民众教育所应当先研究明白的第一点。

二

在抗战时期国家唯一的需要是集中全力维护民族生命。为了要达这个目的,全体人民都须具有下列数种条件:

（一）杀身成仁、牺牲为国的决心与勇气。

（二）热烈真诚关切的爱国心，及从这种爱国心所发出一贯的行为。

（三）输财为国，源源接济之牺牲精神。

（四）镇静勿慌，就各人本位事业加紧工作。

（五）推进生产事业，节省无谓消费，以充裕抗战之资源。

（六）联络合作，同心同德，任劳任怨，维持后方秩序，增加抗战力量。

（七）不稍存苟且偷安之意，而有准备长期抗战，求得最后胜利之决心。

以上七个条件，是在抗战时期全体人民自上至下个个人所应当具备的。不过因为教育程度的不齐，人类感情意识的流动而不静止，所以全体人民，自上至下，每个人能否具备这七个条件，却不敢断言。这是我们讨论抗战时期之民众教育所应当先辨别明白的第二点。

三

现在试进一步研究抗战时期民众的生活状况及其需要。民众的生活状况及民众的生活需要，在战时比平时更加复杂，这是大家预料得到的。为讨论便利起见，我们只能择其比较重要者分述如下：

（一）在战区火线内的人民，大抵不能照常工作，迁避流离，成为难民。其数之多寡，视战区之大小而定。战区逐渐蔓延愈加扩大，难民之数必愈增。他们的生活困苦颠连。他们的生活需要有三种：

（1）物质方面的食衣住行及医药。

（2）精神方面的安慰及对于抗战情形与抗战必要的明了。

（3）相当的工作。既可以工代赈，又可使如许多的难民参加生产工作。

所谓在战区火线内的解释有三种：

（1）陆军作战及重炮所能及的区域。

（2）敌人海军所能侵扰的区域。

（3）敌军飞机所能袭击轰炸的地方。

前二种区域范围都有限度，可分前线与后方。第三种就无从作前线与后方分别。凡能被敌军飞机袭击的地方都应当包括在战区火线的范围之内。

在前线作战受伤后，送到后方医治的将士，抗战时期愈长，他们的人数亦必愈增。因为敌我对垒相持的紧张，救护工作不能顺利进行，同时又因为军事当局忙于积极作战之布置，或后方医院服务人员的不得力，往往使这许多受伤将士痛苦不堪言状。他们生活上的需要如下：

（1）极敏捷的救护。

（2）确实尽心的治疗。

（3）适当的食衣住，重伤者还需要滋养品。

（4）人事上的帮助，如代写书信等，精神方面的鼓励与安慰，及对于抗战情形与抗战必要的明了。

（5）因为他们程度不齐，所以需要相当的教育设施与相当的管理。

（6）对于残废者予以生产技术的训练。

（二）接近战区的人民生活至不安定，精神亦至不安宁。所以弄到这种地步的原因很多：

（1）军队过境及军需之征发，如对船、拉夫等等。

（2）远地炮声及敌机侦察袭击。

（3）难民过境及难民之收容。

（4）交通阻滞，货物金融不流通，物价飞涨或低落。

（5）谣言蜂起，汉奸及宵小之活动。

（6）本地人民之迁避。

（7）地方长官或军警张皇粗疏之措施。

（8）人民自身对于国事欠缺认识，甚或欠缺爱国心，致间有漠视国难、希望冀苟安者。

接近战区地带人民的生活既因上述各种原因而有不安定的现象，他们的生活需要有哪几种呢？

（1）减少不必要的慌乱、纷扰及损失（如由于上述原因中之一、二、五、六、七及八之一部分而来的），使能照常从事农工生产事业，或照常就各人本位事业加紧工作。

（2）便利货运，流通金融。

（3）进行慰劳及救济事业以满足并发挥同情心。

（4）进行输财、从戎、国际国内宣传等战时服务工作以满足并激发爱国心。

（5）精神方面的安慰及对于抗战情形与抗战必要的明了。（这与前一节难民及伤兵生活的需要相同）

（6）各种团体组织及运用之指导。

这最后一种需要是最最重要，因为以上一、二、三、四等项生活需要的满足，各种问题的解决，全赖人民能有健全的组织。倘使没有组织，不但各种事业无从进行，就是地方秩序恐怕将陷于不可收拾的地步。地方秩序混乱，人民生活固然将更加不安定，就是对于前线作战将士亦有损无益。所以各种团体组织及运用的指导，是人民在抗战时生活需要中最重要的一种。

（三）其他各地的人民距离战线稍远或很远，足有许多地方的城市有时亦不免受敌军飞机的侦察或袭击，但是大部分人民的生活，都能够同平时一样安定，情绪亦不甚紧张恐慌。生活上稍受影响的亦许是有：物价的变动，金融的碍滞，交通的阻梗，消息的不灵通，收入的减少，以及对于在战线上、战区内或接近战区地带亲友或事业之关怀等等。至于他们的生活需要则有下列数种：

（1）同仇敌忾，长期抗战，求得最后胜利决心的满足。

（2）漠不关心，坐观胜负，甚或有从中取利等不良心理的去除。

（3）抗战情形与抗战必要的明了。

（4）余同前节接近战区地带人民生活需要的二、三、四、六等数种。而第六种生活需要，如各种团体组织及运用的指导，当然亦是最重要的。

四

除去分析以上三种区域人民生活状况及生活需要之外，我们还应当注意到另外一种人的生活状况及生活需要。这是那一种人呢？这就是汉奸。自从此次抗战开始以来，所发现的汉奸几乎遍地皆是，各界都有。上海前线我军某高级长官曾说："像目前在战地上，只见汉奸，不见民众，那是很痛心的。"假使无知无识，为饥寒所逼，贫困的人做汉奸，我们还可以责备政府，并且自己责备自己，没有能够替这种愚昧贫困的人早为之所。无知现在所发现的汉奸，知识分子、有产阶级亦不在少数。如果笼统的骂他们丧心病狂，我以为是无用的。我们应当认清他们的生活状况及生活需要。汉奸的活动不胜枚举，试举我们平日所知道的如下：

（一）刺探军情及其他重要消息报告敌军。

（二）造谣生事或替敌军做反宣传。

（三）以军用品或食粮供给敌军。

（四）破坏交通工具或散放毒药。

（五）做敌军向导。

（六）自动的替敌军打先锋或做工事等。

（七）做敌人的傀儡。

（八）希冀敌军收编，不战而退，实则终为敌军所卖，受敌军之欺。

（九）因贪小利贩卖日货。

（十）放信号，引敌机轰炸、敌炮射击。

汉奸生活上的需要有下列数种：

（一）意见的疏通，情感的联络，敌忾同仇，爱国心的激发。

（二）陈腐思想，或权位、势力、利欲等不良欲望与冲突的祛除。

（三）贪图小利，容易受敌引诱，无知愚民的教导，必不可少生活费用的接济及生计问题的设法解决。

（四）汉奸活动的严密侦查与防止。

（五）情节重大，或冥顽不灵、甘心为虎作伥者，处以死刑，以儆效尤。

五

在分析了抗战时期国家需要与民众生活状况与需要，及这两方面（国家的需要与民众生活需要）的相互关系之后，我们可以根据这个分析结果，研究抗战时期民众教育应该怎样实施。我们已经明白国家的需要与民众生活需要是有密切关系的，是一而二，二而一的。同时，我们又明白为集中力量维护保持民族生命，适应抗战时期国家唯一的需要计，全体人民须具有七种条件。至于抗战时期各地及各方面民众的生活需要，共计不下二十余种。就民众教育立场上说，怎样才能满足这七种条件和二十余种需要呢？初看了，岂不是头绪纷繁无从下手吗？在这种头绪纷繁的情形之下，实施民众教育，有没有提纲挈领、执简驭繁的办法呢？有的。这种提纲挈领、执简驭繁的办法，便是"团体组织与运用之指导"。在平时，民众教育本应当注重指导民众，运用团体力量解决社会问题。在抗战时期，民众教育不但不能外乎此，并且更应当注重这一点。战国时孟子问梁惠王的话问得很好，"孟子曰：独乐乐，与人乐乐，孰乐？曰：不若与人。曰：与少乐乐，与众乐乐，孰乐？曰：不若与众。"独自不若与人，与人不若与众，岂但乐乐如此，其实世事莫不皆然。试观抗战时期国家需要人民具备的七种条件中的任何一种条件，独自有，何如与人有；与人有,何如与众有呢?又试观在抗战时期从事满足民众生活需要的工作,独自进行,何如与人进行;与人进行,何如与众进行呢?在这里我们应当注意,所谓与人与众都含有团体组织与运用的意思,如乐乐的音乐队,从戎的军队,推进生产的经济组织,从事救济事业的慈善团体,宣传工作的宣传队等等,不胜枚举。所以我们可以归纳起来说,抗战时期民众教育的中心工作是团体组织与运用的指导。

六

团体组织与运用的指导,表面上看仅有二个步骤,事业上实不止此。在组织方面往往先有编制而后有组织。如保甲制度把一家家人依次编为甲,由若干甲合编为一保。保甲制度如到此而止,就仅可以算有了编制,而不能算有组织,便亦不能成自治团体。既不成团体,便无从运用。所以一切自治事业只能由县长令区长,区长令乡镇长,乡镇长令保甲长代办或包办。保甲制度须有了甲民会议、保甲长会议,兼做会议与执行机关,如英国内阁制的议会,方能成为地方自治团体,群策群力,进行地方自治事业。以此类推,假使我们在抗战时期把战区内逃出来的难民编为保甲,指挥保甲长做种种服务,秩序比没有这种编制的固然好些,但是因为不举行甲民会议、保甲长会议,难民事事处于被动的地位,既不成团体,又不知自动,虽欲竭力指挥推动,所可成就的亦必很有限。

又在组织方面,有仅有团体的躯壳,而无团体的实质的。会议虽常常举行,但是并无甚结果。所谓会而不议,议而不决,决而不行是也。在上面一节我们说保甲仅有编制没有甲民会议、保甲长会议,便不成团体,无从推动。为什么在这一节又说会议虽常常举行,但是团体仍仅有躯壳,而无实质呢?甲民会议、保甲长会议都是会议,有许多普通团体的会议亦是会议,为什么保甲会议便可兼执行,并可成为地方自治团体,运用之进行地方自治事业,而有许多普通团体的会议便致无甚结果呢?这其间的分别何在?原因何在?

对于以上几个问题的答复很简单:甲民会议、保甲长会议可兼执行机关,因为一保中本有治安、消防、卫生、道路、教育等生活上的种种需要,经过会商,便可照办。至于有许多普通团体虽有组织与集合,但是假使生活上并没有什么需要,即使有需要而在会议时并未能搔到痒处,那么,无怪乎议而不决,决而不行了。由此可见团体组织须根据生活需要,否则将变成仅有躯壳而无实质。

团体组织还有初级与高级之分(这种名称不是很妥,暂且姑妄用之)。例如,难民宜有团体组织,救济难民亦宜有慈善团体的组织。有时为求工作调整、力量雄厚计,各种慈善团体还宜有联合组织。其他以此类推,不再多举例子。

团体范围的大小宜视其事业性质而定,不必一律。例如,维持后方秩序的义勇壮丁队似宜以乡镇为单位,指挥较为灵便。但有时亦需要邻近数县联防,又如维持货运的联络机关或团体组织,不但须跨数县,有时或须跨数省。所以团体范围的大小宜视其性质而定,不必一律。但在抗战时期,一般后援事业的进行,大抵以县为单位较为相宜,因此亦许有若干种团体亦宜以县为单位。

总之,抗战时期民众教育的中心工作,是在指导民众组织团体,运用团体力量,满足国家的需要和人民的生活需要。仅有编制而无会议,虽形似有组织,实不成团体,发生不出力量来的。团体会议中所商量的问题应切近实际生活,否则亦不能生效。至于团体的范围须视事业的性质而定，普通后援工作在团体可以县为单位。又团体有初级高级之分，如以义勇壮丁队为初级的组织，那么，处于指挥及指导地位的乡镇长与民众学校校长教员的联合会议便为高级组织。

七

本文仅止于点出抗战时期民众教育的中心工作，和指导团体组织与运用的几个主要原则。至于详细设施办法，须因地制宜，所谓运用之妙，存乎其人。本文不复赘述。如有必要，当别为文以叙之。

抑民众教育偏重成人教育。看了本文最初所述抗战时期国家的需要和民众生活的需要，此语尤信。当此国家危急存亡，民众生活状况复杂，生活需要急迫之际，实施民众教育者，将自处于指导的地位，谋使民众运用团体力量，满足国家和民众生活的需要，谈何容易。然而同时又因为时势严重，时机紧迫，凡为知识分子者又不得不念天下兴亡，匹夫有责之义尽其本分之所当为。顾名思义，从事民众教育（即成人教育）者，能不自反而益思自强，求教学相长呢？

更有进者，从事教育事业者固然都是成人，中央及省市县地方党政军警大小公务人员亦都是成人。军事委员会蒋委员长从前曾手编胡林翼治兵语录及各种训练集，以自勉而勉人，这种自反自强，虚怀若谷，与人为善的精神，我们可以知道他在此抗战时期，必更加发挥到极点。临事而惧，好谋而成，求得最后的胜利，期为整个民族开辟一条生路。其他大小公务人员在此抗战时期，谅必都能效法这种自反自强，虚怀若谷，与人为善，成人自教的良法，替我们国家与人民造福无穷也。

原载《教与学》第 3 卷 4 期，1937 年

1938 年

青年教育宜注重学习做人的提议

对于青年学生行谊的三不管。现在一个青年学生的学习做人可说是三不管。家庭把学生送往学校上学,以为全权交给教师,事事须靠教师教训,所以对于青年的一举一动,不复加以注重。并且寄宿生在学校的时候多,偶然回家,在家庭对他们未免带几分客气与宽容,留在家里的时期又比较的不长,即使品性有欠缺,或不致露破绽,或虽被家庭中人觉察,亦模模糊糊宽容过去了。这是一不管也。在学校教师方面,则以为青年来校是专为读书的,教师尽其心力教学生修习各种功课,每一学期都有进步,这是应尽之职。至于做人的道理,有青年们的父母兄长去教导,做教师的可毋庸过问,并且亦无从过问。因为学生人数往往又多,时间精神有限,对于学生学习做人,虽明知其重要,而有心指导,然事实上终无法进行。目前各校虽有施行级任导师的制度的,可是他们所管的乃侧重在学生遵守校规与否,对于学生学习做人几乎没有关系。同时在教师中或不免有以避免与学生相责善为得计的,所以视担任级任导师或训育为畏途。这是二不管也。至于青年们自己能够勉励学习做人的,千人中能有几个呢?能勤学功课做得好的,还容易找得到,因为学校、家庭与社会都以此相勉也。然而功课虽好,往往做人的道理未必懂得。能勤学功课好的学生尚且如此,其余一般的学生更不必说了。这是三不管也。

三不管的影响

青年学生学习做人在这种三不管的情形之下,唯有听各人生性之自然发展,及受寻常环境或同伴之影响,其结果之不能满人意是可以预料的。儿童与青年年复一年的长大,各种功课虽一知半解,至于做人呢?在校无论对师长、同学、工人,在家无论对父母、兄弟、姐妹、亲长,在社会无论对朋友识与不识,相处得不得当的十之八九,得当的不及十之一二。无礼无理,不敬不爱,不恕不义,毛病百出。且其自处亦常缺乏勤俭、谨慎,有条理,节食卫生以及其他人生必须有的优良习惯,以至于青年在涉世之后,对于出处、辞受、语默、忠实、廉洁、勤奋、进取、宽容、虚心等等服务做人的道理,不得不从头起学习。由碰钉子,受磨折,而反省,而悔悟,而改过,而进步。其有秉资稍逊者,虽受挫折而不知反省,不能悔悟。于是灰心,愤激,走入歧途,厌世或做失业游民,至死不悟,可慨也夫!

三不管的原因

这种对于学生学习做人三不管的现象何由而造成的呢?分析言之,约有二种原因:一由于教育制度的变迁,这是近因;一由于重知轻义,这是自古以来一向有的原因。自从我国兴学校以来,对于教师逐渐不尊敬。以前私塾时代,学生入塾,礼节非常隆重。学生家长对于教师之恭敬宽待亦到极点。以为非如此不足以表示师道之尊严。惟其期望青年成就之意愈切，故对于教师愈为尊敬。但自教育制度变更，兴办新法学校，数十年来，尊师之意渐渐衰矣。愈至晚近，其衰愈甚。学生入校对于教师既无需行任何礼节；家长与教师隔阂之至，可以终身不见一面，不通一信。校长本有双重资格，同时为教师，又为学生家长的代表人，并为一校的公仆。但此种双重三重资格，因并无明文规定，校长遂唯我独尊，既鲜能代表家长尊敬老师，又未必能代表公家尽其公仆应尽之道。师道之尊严既衰，对于青年学生学习做人便无形中忘之九霄云外矣。

其次，重知主义之盛行把学生学习做人置之脑后，而把学校当做专门取得知识的场所。学生纳费入校，专为交换知识，学校几成为知识交易所，教职员变为经纪人。同时商业化的学校亦不免有存在的，普通一般的学校总不外乎灌输知识为唯一的职责，教师学生以及学生家长与社会人士，莫不以此相期望，相督责，相勉励。学校与学校之间亦仅仅以此相矜尚，相竞争。流风所至，这种重知主义不但把学生行谊置之脑后，并且把学生身体的健康亦忽视了。结果学生行谊之不讲究固在意计之中，青年身体之脆弱，往往学未成而身先死。或虽由大学中学毕业，不久即谢世或成废物，这种情形是数见不鲜的，重知主义之流弊，固不仅影响于学生学习做人一端而已也。

重知主义虽到了近世愈加盛行，其实在古时就已经有重知主义的萌芽。现在学校中教育方法是教师讲学生听，或专教读书。在古时亦未尝没有学生专好听讲者，同时也未尝没有教师专好教学生读书者，试看下列两个故事：

一、子曰：予欲无言，子贡曰：子如不言，则小子何述焉？子曰：天何言哉？四时行焉，百物生焉。天何言哉？

二、公明宣学于曾子，三年不读书。曾子曰：宣！而居参之门，三年不学何也？公明宣曰：安敢不学。宣见夫子居庭，亲在，叱咤之声未尝至于犬马。宣说之，学而未能。宣见夫子之应宾客，恭俭而不懈惰。宣说之，学而未能。宣见夫子之居朝廷，严临下而不毁伤。宣说之，学而未能。宣说此三者，学而未能。宣安敢不学而居夫子之门乎？

误以讲述为学，读书为学，在古人已犯这种毛病，不过到现在更甚罢了。

学的范围或教育的目的，讲述、问答、读书、试验、实习等等都是学习的方法。平时我们亦许可以把讲述或读书作为主要的学习方法，然而我们决不能便把讲述或读书作为学的本身。自古以来，无论东西各国研究教育者，凡讨论学的本身，或学的内容，必于讲述或读书之外别有所指。即以师范生而论，亦不过把教学法作为学习科目之一种而已。然则，究竟什么是学呢？

孔门设教凡分四科，曰：德行、言语、政事、文学。至其论成人，则曰："若臧武仲之知，公绰之不欲，卞庄子之勇，冉求之艺，文之以礼乐，亦可以为成人矣。曰：今之成人何必然？见利思义，见危授命，久要不忘平生之言，亦可以为成人矣。"又孔子答哀公问弟子孰为好学云："有颜回者，好学，不迁怒，不贰过"。而子夏论学亦云："贤贤易色，事父母能竭其力，事君能致其身，与朋友交，言而有信，虽曰未学，吾必谓之学矣。"

分析上节所述，我们可说，学的本身或内容在孔门分四科，而以德行为先。假定教育的目的是成人，成人所需具备的条件，减至最小限度，那么义、勇、信三种德行乃必不可缺的。至于好学与否，及学与未学之分，都须以做人的道理学得到家与不到家为断。

秦汉以后，虽有专以训诂及记诵词章，甚至以帖括为学者，然每一朝代，对于什么是学这个问题，并非没有认识清楚的人。如汉马援诫兄子书，诸葛亮诫子书，唐柳玭著书戒其子弟，都以学做人为前提。至宋儒如张横渠、杨大年、二程等等对于什么是学这个问题，认识更为清楚。兹摘宋数人之主张于下：

一、张横渠说："教小儿先要安详恭敬。今世学不讲，男女从幼便骄惰坏了，到长益凶狠……"

二、杨大年说："童稚之学不止记诵，养其良知良能，当以先人之言为主……"

三、程明道主张："治天下以正风俗得贤才为本。宜悉心推访有德业充备，足为师表者，及笃志好学，才良行修者，延聘至京师相与讲明正学。其道，必本于人伦，明乎物理。其教，自小学洒扫应对以往，修其孝弟忠信，周旋礼乐。其要，在于择善修身……"

程伊川审详学制，大概以为"学校礼义相先之地。……置尊言堂以延天下道德之士。……及置待宾吏师斋，立观光法"。如是者亦数十条。

或者有人说，以上引证的都是中国古人，至少五六百年以前的人，对于什么是学的主张或办法，恐怕不免太陈旧，不适宜于现代的青年教育。我们为解除这种疑虑起见，自不得不参考西洋人的主张与办法。还恐怕有人以为西洋古代苏格拉底、柏拉图等等的教育学说亦太陈旧，所以我们都略过了，专取目前西洋较为著名作者的主张引证来作参考。

英儒罗素民国十年左右曾来游中国。近著教育与良善人生一书，主张教育如对于青年体育、知育及感情有正当的注意，必能养成一种富有生气，情感锐敏，知勇兼全理想的品格。

又美儒杜威亦曾来游中国。其所著教育与民本主义一书，很为世界各国研究教育者所注意。在该书最后一页，杜威云："学校内德育最重要的问题即为知与行之关系。因为除非从正式课程所增加之知识能变化人的气质，那么道德的目的为教育一致与最高的目的这一种设想是无效的。……"

或者又有人将要说，罗素与杜威都是资本主义国家的人，亦许会站在资本主义立场上说话。其人其言即将成为过去，不足为参考。

无论这种疑问对不对，我们试转换方向，研究苏俄新教育的目的。在苏联教育人民委员部的国家学术会议中，对于苏联新教育的目的，曾有如下的决定：

"我们学校的目的是造成人民为社会有用的一员，且健全而有劳动能力，而渗透着社会的意识，组织化的训练认识，而且理解自己在自然及社会中的位置。通晓发生的事件，为劳动阶级的意识形态而不屈的斗士。又当做共产主义社会有用的建设者之教育"。（祝康译新兴俄国教育一〇七页）

为社会有用的一员，……理解自己在自然及社会中的位置，……不屈的斗士。

这岂不是都与做人的道理有关的吗？

最后让我们再提醒一点来作这篇文章的结论。这就是东西洋各国现在所积极进行的青年训练。青年训练有用社会教育方式的，亦有用学校教育方式的。其注重之点，一方面在团体组织的训练与运用，另一方面在德性的培养。虽然各国对于所要培养的德性不尽相同，然都注重这一点是无疑问的。青年教育在目前既为国内外教育当局及研究教育者所重视，所以我们要做青年教育宜注重学习做人之提议。

原载《教育通讯》第 1 卷 8 期，1938 年 5 月

长期抗战的农村工作

教育播音稿

今天讲的题目是“长期抗战的农村工作”。为了要使大家容易明白起见,将分四节讲。

一、长期抗战与农村的关系。长期抗战是求得最后胜利的必要条件。我们须准备长期抗战,最后的胜利方始有希望,有把握。所谓长期抗战的准备有四种。

(一) 精神方面需有准备长期抗战的决心,并且全国军政当局及人民须能同心协力,和衷共济,一致御侮。

(二) 军事方面须指挥统一,士兵用命,军械精良,充实阵线,工事坚固,将领智勇兼全,三军让功不争。

(三) 政治方面须注重安定人心,维持后方秩序;联络友邦,加增我军声势。

(四) 经济方面须流通金融,疏通货运,尽量开发生产,增厚抗战资源。

前三种长期抗战的准备因时间限止,暂时不谈。今天专门讲第四种经济方面对于长期抗战的准备,就是长期抗战的资源问题。

目前的战争除武力之外,还须有物力财力。物力财力是战争的资源,战争唯一的武器。而持久战更加须靠资源的充实,资源的源源不绝。我们中国的持久战的资源在哪里一方面呢?在内地各省的农产。这许多农产产量既多而大,并且年年从地中生出来,取之不尽,用之不竭。真是源源不绝,无尽藏的。去年我国农产丰收。仅棉花一项,除供给国内应用外,尚余二百担,可以输出外洋,价值八千万元。因此一年以来,各地都有蓬蓬勃勃的生气。今年预计农产年成又好。据报告,估计今年棉花收成比去年又多,可增加到将近二千万担,值银八万万元。米粮约可收六万万担,值银六十万万元。仅此两种农产今年一年内的收入,便可与敌军作三年以上的持久战,使敌军疲敝不堪。这是我国天然本来有的长期抗战的资源。从此就可见到长期抗战与农村关系的重要。

二、农村工作的必要。农产物既然是长期抗战的资源,我们便自然而然的要注意到农村问题。在平时,农村与都市比较,本处于极不利的地位。都市处处优越,事事占便宜;农村处处吃亏,事事不便利。治安方面,警察与保安队的给养大部分或全部分是从田赋来的,但是他们的职责仅在保护都市。乡村治安上已有问题,须等警察保安队从都市或大镇市开拔下乡,往往武装同志未到,而盗贼早已远扬了。农业技术方面,关于水利病虫害的防治,优良种子的推广,以往无人注意。近年来虽各地都尽力提倡,高唱入云,但是确实做得好,能收实效的有几处?农村金融方面,虽然现在已经有专门为流通农村金融而设的机关,像农本局,农民银行等,但是他们为顾全自己营业成绩起见,很容易变成商业性质的金融机关,对于农村小民的帮助可以减少到零点。其余商业银行的农业贷款更不必说了。总之,他们终不能脱商业的营业性质,对于工商或有利,对于农民仍无益。至于各种农产物的统治办法,如果由官厅自办,大抵农产物价格未必能高,而官厅仍不能占利。如果由工商界主持办理,大抵只顾到工商本身的利益,使农村小民吃亏,不过戴了一个冠冕堂皇的统制经济的大帽子罢了。此外如医药卫生方面,名医良医集中在都市,如要请他们下乡诊病,诊金加数倍,还未必愿意去。所以农村的人患病,只有等死的一法。又如教育方面,经费来源虽同其他地方行政经费一样,大部分出自田赋,但是优良的教师和教育机关岂不是都集中在都市吗?这种农村破坏的现象,在平时本已很厉害,到了战时,破坏更加厉害。拉夫,封船,征发车辆、牲口、稻草、食粮,催征钱粮,盗贼乘机而起,交通阻梗,农产物运输停滞,致谷贱伤农,消息隔膜,谣言蜂起,一夕数惊,致不能安心工作。这种种因战事而来的影响无一不使农村益趋于破坏。农村在平时已破坏不堪,一到了抗战发生,就因事实的不可避免而致破坏到极点。然而照我们刚才第一节长期抗战与农村关系一节中所说,农产物的增加和源源接济是长期抗战,求得胜利的枢机。怎样才能把握住这胜利的枢机,使农村不因受长期抗战的影响,而益趋于破坏,并且能够反而更加安定,增加生产呢?这就需要农村工作。农村工作的意义是要使有心肝,有识见,有学问,有才能,肯吃苦,肯用心,肯苦干的知识分子下乡服务,做认识问题,提醒农民,共同商办法,鼓舞实行的工作。换句话说,做就实际生活需要指导农民组织团体,并运用团体力量,解决政治、经济及一切社会问题的工作。这种农村工作在平时已很需要,到了长期抗战发动了以后,就有刻不容缓的必要了。

三、农村工作的步骤。农村服务工作在进行的时候须有步骤,切不可任意随便凌乱的进行。须知道农村工作的目的在解除农民的痛苦,减少农民的困难,解决农村问题,并不是要治丝而棼之。使农民更加痛苦,增多困难,农村问题愈不易解决。

进行农村工作的先决条件是认识农村问题。要认识农村问题不就是说要做什么社会调查工作。普通各教育机关所做的社会调查工作,未必都能帮助我们认识农村问题。并且他们的做法往往很容易引起农民的误会,对于事业未必有补,对于工作的进行确有妨碍了。

怎样才能对于农村问题有真切的认识呢?需着眼于农民生活上的需要。切忌由农村工作人员作主观的推想。农民生活本来安排在面前,不一定需要什么很细密的,理想的调查。他们生活上的需要亦很显著,在抗战时尤为显著,很容易点出来,例如,拉夫,封船,征发车辆、牲口、稻草、食粮,农产物运输停滞,价格跌落。谣言蜂起,草木皆兵,宵小盗匪,蠢蠢欲动,致不能安心工作。疫病盛行,生命危险。这许多不安定的情形都由于抗战影响而来。这是农民在抗战时实际生活状况的重要部分。他们这种生活上的需要是急待解决的。孟子说:"知者无不知也,当务之为急。……尧舜之知而不偏物,急先务也。"做农村工作的人能就农民实际生活需要出发权其缓急轻重,先就急要的和重要的进行,方可以算知所当务。

四、农村工作的项目。抗战时期农村工作的项目可就政治和经济二方面分别讨论。在政治方面,如果先就比较切近农民生活,为他们自己所认为急待解决的问题,逐渐推及到他们自己所感觉不到重要,而实在对于他们有密切关系的问题,一一讨论,就共有下面所说的几项:

1. 为安全人心计,须将拉夫,封船,征发车辆、稻草、食粮等问题谋得妥善的解决。

2. 为维持地方秩序计,对于造谣生事,希图趁火打劫的地痞、宵小、盗贼、破坏秩序,为虎作伥的汉奸,须有防止、侦查、惩治的办法。

3. 为避免不必要的损害计,须提倡做简易有效的防空设备。

4. 为使一般人民都能有准备长期抗战的决心计,须用宣传方法说明长期抗战的必要,并鼓舞敌忾同仇,援助政府,一致御侮的行动。以上是属于政治方面的,至于抗战时期农村工作的项目在经济方面的有下列数种:

1. 为增加生产计,须有农事指导或农业技术指导。

2. 为集合农民力量使能经营个人单独所不能经营的事业计,须有合作指导。

3. 为减少农民因抗战影响所受经济上的损失计,须设法流通金融,疏通货运。

综上所说,政治及经济两方面抗战时期农村工作的项目,可归纳为六项:

1. 人事指导以安定人心。

2. 保甲指导和壮丁队或自卫队、冬防队指导以维持地方秩序。

3. 从事宣传工作以提倡防空设备和准备长期抗战。

4. 农事指导以增加生产。

5. 合作指导以集中并增厚农民经济力量。

6. 设法流通金融,疏通货运,以减少农民损失。

以上六项工作,如果要详细分析说明,便需要半小时,恐怕还不够。所以现在我们只能暂时做到点出这六项工作为止。但是关于这六项工作,还有三个要点,我们应当同时注意的:

(1) 在这六项工作中,没有一项不含有团体组织和运用的意义的。例如,第一项人事指导解决拉夫等问题,非把地方壮丁编制起来,组织起来,共商一摊派法子,轮替出差,并与军政当局商定出差日期,轮替日期的妥善办法,问题是不会解决的。所谓编制组织便是团体的初步。其他数项,如保甲、壮丁队、自卫队或冬防队、宣传亦须有队的组织,合作社等都是团体的一种。至于农事指导,流通金融,疏通货运,表面上看,似乎与团体无关,其实水利问题,病虫害问题,以及货运等问题,苟不互相联络,通力合作,岂有解决的可能。由此可见农村工作的中心工作,实在就是就实际生活需要,指导农民组织团体,并运用团体力量,解决农村问题。这是我们应当注意的第一点。

(2) 上面已经说过,农村服务工作人员须认识问题,提醒农民,会商办法,鼓舞实行。这种任务一望而知是一种纯粹的教育工作。再从另一方面看,所谓人事指导,保甲指导,农事指导,宣传工作等等,望文生义,亦不难推知是一种教育工作。农村工作既是教育工作,我们全体工作人员便应当都有学不厌而教不倦的教育家的精神。

(3) 抗战时期农村工作的目的,直接的在解决农村问题,帮助农民;间接的在增加农产,增厚抗战资源,援助军政当局。所以军政当局对于农村工作,不但应当给予充分的便利;并且在消极方面,对于拉夫等扰乱农村人心的措施,应当是设法使之减少到极低限度,在积极方面,对于流通金融,疏通农产运输,应看作抗战时期的重要政务之一种,竭力进行,切实办到。

最后,我们应当提及农村工作人员的来源问题。在长期抗战的前提之下,我是主张除其他方面如军政等等需要有必不可少的工作人员之外，所有知识分子应该全体动员，下乡服务的。自从此次全面抗战的局面展开，谁都希望求得最后的胜利？最后胜利的要诀在长期抗战，长期抗战的唯一武器在内地农产物的大量增加和源源接济。既然如此，我们知识分子焉得不全体动员下乡从事农村工作呢？

《教育杂志》第28卷第2号，1938年2月

1939 年

省立民众教育实施机关使命的研究

省立民众教育实施机关在吾国名之为省立民众教育馆,已有三十余年的历史。初名为通俗教育馆,至最近十余年始称为民众教育馆。民国二十六年全国各省市均已设有省立或市立民众教育馆。不过,数目多寡不一。同时,各方面对于省立或市立民众教育馆的使命未必都能有深切的认识。爰草此文以就教于当世之贤达。

研究省立民众教育实施机关的使命,有四种入手方法:一、就各省立市立民众教育馆过去及目前之工作综合比较,归纳之,得一结论。二、就各国相等于吾国省立或市立民众教育馆之民众教育实施机关所有过去及现在之工作综合比较并参照吾国国情,作一结论。三、集合国内外对于这个问题有研究者所发表的意见,整理分析之,作一结论。四、先指出国家、社会及民众的需要,然后针对这种需要推论省立民众教育馆的使命。在这四种入手方法中,本文将以采用第四种方法为主,并于必要时酌采前三种方法。

国家社会及民众的需要怎样才能正确地指出呢?在这里,我们当注意所谓社会与民众并非笼统的指一般社会与民众的需要,乃指在某个区域,某一地方,或某一场合内的社会与民众的需要。若仅笼统的指一般社会与民众的需要而言,就恐怕将要流于空洞、抽象,无补于我们所要讨论的问题。必就某一区域、地方、或场合内的社会与民众的需要加以研究,方能切近实际而有具体的答案。至于讲到国家的需要一层,自然应当同时兼顾到整个中华民族现在及将来的需要。

在何种区域、地方或场合内我们可以找到省立民众教育馆呢?换一句话说,省立民众教育馆应该在何种区域、地方或场合呢?

第一种场合,凡是人口密集的地方,如各地的都市,大抵都需要大规模的民众教育设施,就是有数万人口的小城市亦便需要有相当规模的民众教育设施。这里面缘由是显而易见的。因为民众教育的对象随了人口密集而增加。倘使公家漠视这种关系,没有相当规模的民众教育设施,其结果或有待于私人设立类似民众教育馆之机关,如青年会等,以补充之,或唯有听社会的日趋于堕落而莫之救。

第二种场合,凡是农业区域各乡区域内农民人口满数十万或百万以上,亦很需要有较大规模的民众教育设施。农业区内人口虽散处而不密集,但若以散处各地的人民加起来,总数满数十万或百万以上,民众教育的对象既积少成多,民众教育的需要便亦随之增加。并且,散处在一辽阔区域内数十万或百万的农民教育,比了密集在一都市内数十万或百万的民众教育在实施时更要多费心力,疲于奔命。试仅以教育电影巡回一项而说,在施教者尽可辛苦万分,在农民则因未得机会失望而埋怨的很多,这是常有的事。农业区域内各地农民人口总数须满数十万或百万以上方有较大规模的民众教育设施，这还是就目前吾国人力、财力及农民的教育程度立论。若农民的教育程度逐渐提高，吾国人力财力能较宽裕，农业区域内较大规模的民众教育设施应该大加推广的。试看，丹麦现在人口约四百万，而农业区域内的民众高等学校约有六十所，平均每六万六千人便有民众高等学校一所。

现在我们已经点出有二种场合需要有省立民众教育馆之设置：一、人口密集的都市；二、农业区域内各乡村农民人口满数十万或百万以上。为什么我们说在这二种场合内需要有省立民众教育馆之设置呢？这是拿这二种场合内社会及民众的需要做根据的。

第一种需要，都市有都市的社会问题，如失业，居住等；乡村有乡村的社会问题，如灾荒，治安等。这许多问题都需要设法研究解决的。

第二种需要，任何一都市或任何一农业区域内的民众，莫不有他们教育的、娱乐的、辅助或救济的需要，这是很显明，不待解释的。

第三种需要，更紧要的，就是整个国家时代性的需要。近数年来，苏联的成人生产教育处处迎合着五年计划的需要，便是市乡民众教育应该准对着整个国家时代性的需要而猛进的一个很好的例子。

上面所提国家、社会及民众的需要，可说是内在的或本体的。因上述二种场合内有这种内在的或本体的需要，所以须有较大规模的省立民众教育馆的设置。进一层说，为促进某一区域内所有各地民众教育的事业计，亦须有较大规模的民众教育设施，为之辅导与示范。这种需要虽与内在的或本体的不同，然而他的重要不但不亚于内在的或本体的需要，实有过之无不及。

由此可见需要有省立民众教育馆设置的场合共有三种：

一、人口密集的都市；

二、农业区域内各乡村农民人口数满十万或百万以上；

三、全省分若干区域，每区设省立民众教育馆一所，负辅导各县民众教育之责。

这三种场合，分析之固然各有不同之点，但在事实上三种场合往往合而为一。至少第一与第三，或第二与第三种场合一定是合而为一的。

在指出需要有省立民众教育馆设立的三种场合，及民众教育内在的与非内在的各种需要之后，我们可以开始讨论省立民众教育馆的使命了。分析言之，省立民众教育馆之使命有四种如下：

由于民众教育内在的需要

一、施教

二、训练人才

由于促进民众教育的需要

三、辅导

四、示范工作

省立民众教育馆第一种使命是在其所在地施教——上边已经说过省立民众教育馆所在地之社会与民众必有种种需要，如属于教育的，娱乐、研究的，辅助或救济的，现在为求易于明了起见，试把这各种需要逐条分述于后：

1. 教育的需要包含很广。比较重要的有小学基本学科及职业性质学科的补习，文化性质学科的研究指导；一般智识之增进，与一般智识程度之提高；智育、德育、体育、群育之同时推进等。

2. 娱乐的需要。每为人所忽视，甚或轻视。殊不知倘使人们没有娱乐，生活便枯燥无味，工作效率亦将随之而减少。每闻农民叹息说，从前一年中常有数次迎神、赛会、演剧等娱乐的希望以调节生活，增加工作效率，近年禁止迎神、赛会、演剧后，我们一点娱乐的机会都没有了。足见乡村民众很盼望有娱乐的机会，都市的民众自然不是例外，而且，需要更为迫切。这种娱乐需要的满足，与其听其自然，还不如由民众教育机关负责进行的有利而无弊。

3. 研究的需要。由于问题的发生，如粮食贵贱一问题，于市乡民众都有切肤之痛的关系。如卫生、治安、居住等等问题，无论在市在乡都是免不了有的。此外如乡村的土地、水利、交通，都市的劳工、失业等等问题，不胜枚举，极需要有教育机关提醒，并设法请专家领导研究的。

4. 辅助或救济的需要。举其重要者，有代写文件，职业指导与介绍，法律顾问，人事咨询，疾病预防与治疗，灾荒救济等等。

以上所列举的四种需要都是事实，省立民众教育馆在施教时虽未必能处处给以满足，至少应该因地制宜，择其尤要者进行，持之以恒。同时，还应该认清整个国家时代性的需要，设法使施教与之发生联系。

省立民众教育馆的第二种使命是训练人才——所要训练的人才可分三种如下：

1. 农村干部人才的训练。这是指馆址所在地及辅导区内各地农村所需要的干部人才。目的在用文化的陶冶，人格的感化，唤起青年农民精神上的觉醒，刺激他们能力上的发展，促进他们事业上的合作，使他们有正确的人生观、新意识、新希望，直接的努力改进农村生活，间接的努力复兴中华民族。这种训练须力求逐渐普遍，避免养成少数领袖，落入新土豪之窠臼。

2. 社会需要人才的训练。此项人才的需要，因地因时而不同。在都市中凡属于工商等职业性质学科之补习班，无论短期或长期都可归入此类。在农村方面如水利、植树、病虫害、农村副业、合作社等短期补习班或训练班亦都属于这一类。又如无线电收音机管理及修理讲习班，义勇壮丁队班长训练班等，目前在市乡二方面都很需要。此外因时因地所应举办的社会人才训练不胜枚举。

3. 服务人员的训练。以上1、2两种人才训练本含有为社会服务之意。例如农村干部人才之能努力改进农村生活。又如学了无线电收音机之管理与修理，自己便利亦可以与人便利。合作社社员受了训练之后，可于无形中使合作社本身健全。所以，以上1、2两种人才训练确实都含有为社会服务的意义。但是这种服务都不是职业的，而是业余的。至于本节所提服务人员的训练乃指以民众教育为职业的，换言之，就是指民众教育服务人员的训练而言。民众教育重要服务人员之造就，固然应该由专设的训练机关负其责，但辅助人员在各省馆辅导区内需要很多，有时亦有开班训练之必要。所以这种工作可列入辅导方面的。

省立民众教育馆的第三种使命是分区辅导各县民众教育事业——上面已经说明这

种辅导工作的目的在民众教育事业的促进。至于辅导办法有四,分述如下:

1. 教材教具的接济。坊间所印行的教材未必能尽合各地情况。有关于民众教育的特种教材,又未易觅得。若由各县民众教育机关自行编制,事实上为力所不能及。又如改良种子之培植,农事及防空等展览会需用之模型,电影及广播教具等等,都需要辅导机关置备,供各县轮流借用。

2. 施教方法及关于人事问题的指导。各县民众教育机关往往有对于某项事业的施教方法有所未谙者,亦有因人事上之阻碍而至事业不能进行者,所以需要由辅导机关就近与之商讨,给以指导,使事业能进行顺利。

3. 人员的进修与理论的研究。各县民众教育服务人员对于学问能力上大抵都有上进之大志。辅导机关就应该迎合这种向上之志趣,给以进修的机会,如短期实习,开会研究,印行刊物介绍新智及高深理论以及个别面谈通信答问等。

4. 进行事业的联络与协助。辅导机关对于各县民众教育机关所处之地位,有如军需处之对于本师各部分军队,有须接济者,亦有须联络进行者。教材教具等的需要接济,前面已说过,除去物质的接济外,有时还需要有人的帮助,如病虫害等问题,或由辅导机关直接派人指导,或须设法介绍转请。至于广播教育、巡回教育电影、农业推广等等,就都需要由辅导机关与各县民众教育机关联络进行方能办得通。

省立民众教育馆的第四种使命是民众教育的实验与示范——世上凡百事业都在试探与推进的过程中。科学的发明固靠试探,一般事业的进行,无论农工商学政军等虽不用试探之名,而确有试探之实。例如工厂管理及买卖,如因今年如此办法而获利,那么明年必仍用旧办法加以必要之注意与修正。反之,则必改弦易辙,以求比较可有获利把握的办法。同样的,办理学校教育无论在教学、训育、学校行政方面,都须处处用心,时时探求推进的办法。又如县行政有用实验名义的,有不用的。用实验名义的固应探求,不用实验名义的,其实何尝不在探求呢?不过探求的目的与方向或许有不同耳。由此可见我们提出民众教育实验并不是要有所标榜,而是要加重试验的责任,并因此可预先确定试验的目的罢了。至于示范工作的目的有二:一、供辅导区的各县民众教育机关做参考。二、供各方面之采行。供各县参考一节可毋庸说明,至供各方面之采行一节可举几个例子来证明。民国十八年无锡开始从事工人教育实验,近十年来各工厂进行大规模的工人教育的已数见不鲜。又如蓬户教育自二十二年起在无锡进行,嗣后南京、青岛及各地市政府均认为重要而采行。其余例子甚多,可不必赘述。

总之,省立民众教育馆之使命有施教、训练人才、辅导及实验与示范等四种。这四种使命都是根据国家社会及民众的需要而指出的。在这许多需要的后面又有时代性与社会环境的背景。今后的问题是省立民众教育馆应该怎样的准对着国家、社会及民众的需要,努力完成他所应负的使命。

原载《教育与民众》第9卷1期复刊号,1939年4月

1940 年

在苏教院举行十二周年纪念大会上的祝词

一、培养国家元气

民国二十六年夏秋之交，中日战事发生，本院离上海战地很近。在八月下旬决定照常开学上课之前，即向本省当局陈明并与院内全体师生约定，为培养国家元气及对敌人争气起见，抗战一天，本院当积极推行一天，遂于同年冬季本院迁移过湘途中，又向本省省政府前当局及教育部报告并请示。三年以来，幸赖本省当局之维持，中央之督导，西迁时沿途各省当道之援助。到桂后，桂省当道及地方人士精神上实质上之指导资助，院内全体师生之刻苦奋斗，各地校友之努力服务并积极为本院之声援，本院事业，不但得以不废，且能尽量开展。今距抗战最后胜利之期日近一日，同人一息尚存，自应益自奋励，力图推进本院事业，期遂培养国家元气，并对敌人争气之初衷也。

二、养成民族大团体

中国民族之自救，中国问题之解决，须赖民族大团体之养成。孙中山先生在民族主义最后二讲中，曾剀切说明。此乃救国之唯一康庄大道。惜国人虽皆研究三民主义，对此要点或忽略不注意，或认不清楚，或虽知其重要而不知如何养成民族大团体之方法。本院师生十余年来，从事社会教育及农业教育之研究实验与推行，同时体验中山先生所指示培养民族大团体以救国之大道，得有下列之醒悟：

（1）民生民权民族问题，换言之，经济政治及一切社会国家问题之解决，均须赖人民团体组织之力量。

（2）民族大团体之养成，须由小而大由下而上。

本院师生既得有上述二种极可宝贵之体验，当此抗战建国同时并进，一刻不容稍懈之时，能不就社会教育及农业教育本位工作，切实由小而大，由下而上，根据社会实际生活需要，培养民众参加团体生活的能力、兴趣、习惯，期促进民族大团结之养成，以遂中国民族自救之目的也！

三、开辟正常形态人类文明

本院新旧师生十余年来所相勉者，厥维互相尊重，“以人待人”之道。学生固当尊师，老师尤当尊重学生人格。为师者不因学生年龄较轻，知识较少，而稍存欺骗利用之心，应始终以学生为目的,而不以学生为工具。学生毕业后服务社会,亦不以一般民众程度较低,愚昧可欺,而稍存欺骗利用之心,应始终以民众为目的,而不以民众为工具。此乃互相尊重,以人待人之道,将来世界正常形态人类文明必有之趋向。目前世界各国互相攘夺之主要原因,由于在不知不觉中,将过去用以征服自然对付物类的方法态度,转移到对付人类社会本身之上。此种错误在过去历史上屡见不鲜。例如异教徒相互残杀,残酷之极。但物极则反,穷极则通,宗教信仰自由,未尝不由于千数百年异教徒之相互残杀逼迫而来也。今世人类相互残杀,已渐至白热化,预料结果,当不外乎人类觉悟以往,转移对物之道用以对人之错误,而走上人类互相尊重,以人待人之大道。世界正常形态人类文明于焉以启。本院新旧师生既早以此点相勉,际此过渡时代紧要关头,固当愈加奋发有为,追随邦人君子之后,共负开辟世界正常形态人类文明之责也。

附注:(桂林航讯)江苏省立教育学院自创设以来,对于社会教育及农村改进工作,颇有贡献。院原设无锡,自上海我军转进后,即转辗迁至桂林复课,幸赖教职员之艰苦支撑,及中央与广西省政府之协助,渐复旧观。光阴荏苒,匆匆已至十二周年。该院师生暨留桂校友,为庆祝纪念起见,特于三月十五日举行纪念大会。该院高院长践四,适因公赴渝,不能亲自出席,特发表祝词(原词见上),勖勉师生。

原载《教育通讯》第3卷13期,1940年3月

国民教育含义的商榷

国民教育这个名词,虽沿用已久,并且自从新县制颁布后,全国各地将要每保普遍设立国民学校,因此国民教育成为目前从政者和从事教育者个个人所热烈讨论的问题。但是国民教育的含义却是不很清楚,各人所有国民教育的概念相差可以甚远,对于立法者所有的本意未必明了。照这样下去,今后推行国民教育自然便会处处发生障碍,处处发生问题。所以国民教育的含义,实在有商榷的必要。

国民教育的目的在使个个人成为健全公民,由此中华民国真能成为一个民族独立,民权普遍,民生丰裕的民治国,这是很容易明了,不必多加讨论的。至于国民教育的含义,详细分析起来,就有内包的和外延的两种:

国民教育内包的含义可分实质的、空间的和时间的三类。外延的含义可分为性别的和年龄的两类。

实质的就是教育的内容。平常我们都认智德体三育为教育的内容。近数十年,特别是近数年来提倡群育,于是三育便扩展为智德体群四育,这就是国民教育内容或实质的含义。

教育的内容又可以说应该是生活。生活和智德体群四育原来是一件事的两方面,智德体群四育是生活的方法和规范;生活的进步向上是四育所要达到的目的。生活有物质的、精神的和个人的、团体的,家庭的、社会的,民族的、国家的、人类的等等分别。

国民教育空间的含义,当目前我们民族国家最最危急的时期,是非常重要的。空间指地域而说的。我们的国民教育须以中华民国、中华民族为唯一的中心,既不要西洋化,更不要东洋化;既不要恶化,更不要奴化。

时间的含义又要分数项,其中最要紧的是使国民教育合适于我国目前的需要,迎头赶上世界先进各国,这可说是国民教育的时代性。其次,时间的含义还有现在和将来、短期和延长等分别。

以上实质的、空间的和时间的三个类别,是国民教育内包的含义。

现在我们再讲国民教育外延的含义。国民教育的外延是指人。人有男女老少等等分别。教育须普及于人人,所以男女老少都是国民教育的对象,亦就都在国民教育外延的范围之内。性别是指男女之分别,国民教育须使男女受教育的机会均等。年龄是指幼稚、儿童、青年、成人和老年等的类别,国民教育不仅限于儿童教育,亦不仅是青年教育。国民教育须注意到幼稚教育,尤其不应该忽视成年人和老年人的教育。因为成年人是现在的国民,现在的生产者;儿童和青年是未来的国民,他们的生活实际上还须依靠已成年者。古人说:“皮之不存,毛将焉附。”假使教育忽视成年人,专门对于儿童和青年下工夫,那么,社会不但是很不容易有进步,并且恐怕连现状都将难于维持。新县制规定推行国民教育,便是要大家注重成人教育的明证。

总结起来,国民教育的含量义可试列表如下：

- 国民教育的含义
  - 内包的
    - 实质的——智德体群四育并重——个人、团体、家庭、社会、民族、国家、人类——精神物质整个生活的进步向上
    - 空间的——中华民国中华民族为教育唯一的中心
    - 时间的——时代性——现在、将来——短期和延长
  - 外延的
    - 性别——男女受教育机会均等
    - 年龄——
      - 幼稚、儿童、青年——未来的国民和生产者
      - 成人、老年——现在的国民和生产者
- ——国民教育

最后我们要说一说我们对于今后推行国民教育的希望:第一,希望我们大家在消极方面切实注意下列三点：

1. 国民教育不仅是识字或书本的教育；
2. 国民教育不仅是学龄儿童的义务教育；
3. 国民教育不仅是男子的教育。

进一步希望我们大家在积极方面切实注意下列各点：

1. 推行国民教育,无论短期的或延长的,须智德体群四育并重,求整个生活的进步向上,不可再如已往之专以识字或书本教育为能事,误民误国。

2. 推行国民教育须特别注重现在的国民和现在的生产者的成年人和社会实际生活改进的指导。又男女受教育的机会须均等,万万不可再如已往之但知有儿童和青年或男子教育。

3. 推行国民教育须以中华民国中华民族为唯一的中心;且须适合于我国目前的需要,迎头赶上世界先进各国。

一言以蔽之,国民教育应该是以中华民国、中华民族为唯一中心,适合于我国目前需要,迎头赶上世界先进各国,普及全民,包含儿童青年成人男女,特别注重成人智德体群四育并重,整个生活进步向上的教育。

原载《教育与民众》第 10 卷 1 期,1940 年 5 月

教育和新县制关系的分析

民国二十八年九月十九日，国民政府公布县各级组织纲要，确定县为地方自治单位，县以下为乡（镇），乡（镇）内之编制为保甲。并且规定县为法人，乡镇为法人，县之面积过大或有特殊情形者得分区设署，区署为县政府补助机关，又在人口稠密地方，如一村或一街为自然单位，不可分离时，得就二保或三保联合设立国民学校，合作社及仓储等机关，推举保长一人为首席保长，以总其成，但壮丁队仍须分保编队训练。至于乡（镇）以及保的事业同样的都分为民政、警卫、经济、文化等四种。

在未讨论教育和新县制的关系以前，我们需要先把新县制内县以下各级的组织和任务说明如下：

一、新县制内县以下各级组织可说是三实二虚制。县和乡（镇）、保三级是实的，区和联保二级是虚的，后二级的作用在给前三级以弹性的补充，不妨碍前三级的事权而给以必需要的辅助。这种三实二虚制可用图表明如下：

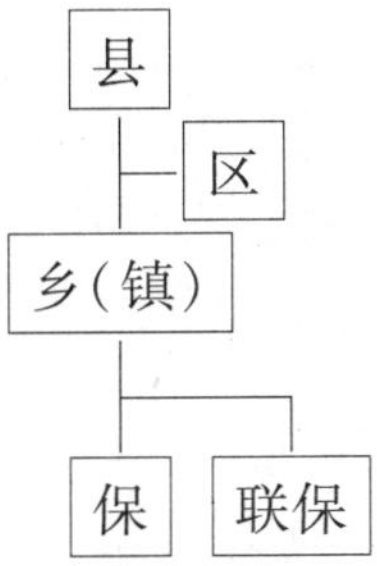

二、新县制内乡（镇）和保甲处于最重要的地位。保甲为基层组织，乡（镇）为自下而上第二层的基层组织，其上即为县。县各级组织纲要第一条县为地方自治单位，第四条县以下为乡（镇），乡（镇）内之编制为保甲的规定都可以证明乡（镇）和保甲在新县制内所处地位的重要。

三、新县制内规定地方自治的主要事业为民政、警卫、经济、文化，即所谓政教养卫是也。县各级组织纲要第三十二条乡（镇）公所设民政、警卫、经济、文化四股，第五十条保办公处设干事二人至四人，分掌民政、警卫、经济、文化各事务，都是一律把政、教、养、卫四项定为各级地方自治主要事业的明证。

四、新县制采取政教养卫合一办法，所以规定乡（镇）长暂兼乡（镇）中心学校校长及乡（镇）壮丁队队长，保长暂兼保国民学校校长及保壮丁队队长，在经济教育发达之区域校长以专任为原则（见县各级组织纲要第三十四条及四十九条），并且规定民政、警卫、经济、文化各事务由副乡（镇）长及中心学校教员或由副保长及国民学校教员分别担任（见纲要第三十二及五十条）。

一言以蔽之，新县制内县以下各级的组织以乡（镇）和保甲为最重要的基层组织，他们的主要事业：政、教、养、卫。并且这四项事业——政、教、养、卫——是合一的。

新县制内县以下各级的组织和任务说明后，我们可以开始分析教育和新县制的关系了。

第一，新县制完全是教育的。换言之，新县制是澈上澈下的，整个的，完全的，充分的含有教育精神的。新县制的实施，训政的完成，地方自治事业（即政、教、养、卫）的推进，都须依靠教育，由教育人员用教育方法，下教育工夫，来指导进行。更进一步说，地方自治事业政、教、养、卫合一的真精神是在政治、保卫、卫生、消防、道路、交通、户籍、经济合作、农工水利等事业都用教育来指导推进。这种说法不是我的曲解。

为什么我可以说这种说法不是我的曲解呢？原来政、教、养、卫合一有几种不同的意义。有人主张政、教、养、卫合一的要点是在用政治力量推进教养卫的事业，亦有人主张政、教、养、卫合一是互相为用，互相推进的。最后而最合理想、最确当的主张就是政教养卫合一的真精神，是用教育来指导推进政治、经济、保卫和教育本身的事业。以上三种主张谁是谁非，谁对谁不对，或者都对，都不对，今天我暂时不加以详细讨论，缓日将另为文以讨论之。目前我单单说明我个人自己的立场，和县政级组织纲要内各条文对于这个政教养卫合一问题所采取的立场，或者说是我们就条文内所看得出来的倾向。

我个人主张政、教、养、卫合一应该是用教育工夫来指导推进政治、经济、保卫和教育本身等地方自治事业，而不是要用政治力量来推进教育、经济、保卫。简单地说，政治这样东西是硬性的，初看好像力量很大，非用他不可，其实政治力量愈用愈不能生效力。最初用政治力量时或者似乎可以推而稍动，其后不推则不动，既而虽推亦不动。唯有用教育工夫使人心领神会，团结一致，方始能推进政治、经济、保卫等事业，就是教育事业本身亦须用教育工夫来推进的。为什么会这样，留待另文再说明，今天我仅仅说出我个人对于政、教、养、卫合一的主张罢了。

为什么我说前边这种方法（就是政教养卫合一的真精神是在用教育来指导推进政治、经济、保卫以及教育事业本身）——为什么我说这种说法不是我的曲解呢？这是显而易见的，很容易证明的。我们只需把各级组织纲要细心研究一番便容易看出来了。乡（镇）长副被选举资格第一项是师范学校或初中以上学校毕业者。保长副被选举资格的前二项是1. 师范学校或初级中学毕业或有同等学力者；2. 曾任公务人员或在教育文化机关服务一年以上，著有成绩者（见三十一及四十七条）。又乡（镇）公所内民政、警卫、经济、文化四股主任由副乡（镇）长及乡（镇）中心学校教员分别担任；保办公处内民政、警卫、经济、文化干事二人至四人由副保长、国民学校教员分别担任（见三十二及五十条）。同时，乡（镇）长暂兼乡（镇）中心学校校长及乡（镇）壮丁队队长；保长暂兼保国民学校校长保壮丁队队长（见三十四及四十九条）。以上所叙各种安排倘用表来排列如下，便不难看出他的用意来了

第一表——乡（镇）

乡（镇）长……………………………………………………………师范毕业

副乡（镇）长…………………………………………………………师范毕业

民政股主任 警卫股主任 经济股主任 文化股主任	……	须由(师范出身的)副乡(镇)长及乡(镇)中心学校教员分别担任
乡(镇)中心学校校长 乡(镇)壮丁队队长	……	由师范毕业的乡(镇)长暂兼

第二表——保

保长	……		师范毕业
副保长	……		师范毕业
民政 警卫 经济 文化	……	干事二人至四人	须由师范出身的副保长及保国民学校教员分别担任
保国民学校校长 保壮丁队队长	由师范毕业的保长暂兼		

看了上面二个表,我要请读者试自问,照这种安排其用意在使教育行政化呢?还是要使行政教育化?换言之,政、教、养、卫合一的真意是在用政治力量推进教育、经济、保卫呢?还是要用教育方法来指导推进政治、经济、保卫以及教育本身事业呢?这恐怕是不必多说,不用多辩,不言而喻的了罢!

或者有人说,乡(镇)长、副乡(镇)长及保长、副保长的被选举资格不限于师范毕业。我答复说,不错的,这点我亦知道。但是我要反问,为什么要把师范毕业列在乡(镇)长副及保长副被选举资格的第一项,不把他倒转来列在第二项或末一项?同时我还要问为什么乡(镇)公所民政、警卫、经济、文化四股主任以及保办公处民政、警卫、经济、文化干事二人至四人,要规定由师范出身的副乡(镇)长、乡(镇)中心学校教员以及副保长、保国民学校教员分别担任呢?在此我要请读者不要忘记中心学校及国民学校教员倘不由师范毕业而由其他学校毕业的人担任是不合格的。由此看来,县各级组织纲要对于政教养卫合一的真意所在似乎是很清楚,毋庸疑问的了。但是我们如果要想完成这种理想——用教育工夫来指导推进政治、经济、保卫以及教育本身事业的理想——应该立刻多多设立师范学校,大量地培养文武全才,能说能行,热心服务,刻苦耐劳,有良心,肯用心的师范毕业生。否则,这种理想是永远不会完成的。

第二,新县制是实施训政的。为什么我要点清这一点呢?因为训政不过是要用教育方法训练人民,以期完成宪政。所以假使我们能够明白新县制是实施训政的,我们便可深切了解新县制和教育关系的密切。原来国民革命的目的在实现三民主义,完成宪政。军政时期和训政时期本非截然可以划分得开的,抗战建国口号的一种意义便是军政和训政应该同时并进。要实施训政,以期实现三民主义,完成宪政,便是要用教育方法完成国民革命的任务,达到建国的目的。此次新县制颁布后,我推想起来,我们知识分子申明了新县制是实施训政这一点恐怕不很多。所以我在分析教育和新县制关系的时候特别点清新县制是实行训政的,同时并且申明实施训政是要用教育方法指导推进地方自治事业，实现三民主义，完成宪政，达到革命建国的目的。

怎样知道新县制是实施训政的呢？我们可以从县各级组织要有关于这个问题的各条条文中得到证明。为醒目起见，试列举如下：

一、县级地方自治单位。

六、中华民国人民，无论男女，在县区域内居住六个月以上或居住所达一年以上，年满二十岁者为县公民，有依法行使选举、罢免、创制、复决之权。

十五、县设县参议会，由乡（镇）民代表会选举县参议员组织之。

三十一、规定乡（镇）长副由乡（镇）民代表会就公民中合格者选举之。

三十八、乡（镇）民代表会之代表由保民大会选举之。

四十七、规定保长副由保民大会就公民中合格者选举之。

五十二、保民大会每户出席一人。

五十四、甲置甲长一人，由户长会议选举。

五十五、甲设户长会议，必要时并得举行甲居民会议。

以上九条都是在地方自治方面的，县参议会、乡镇民代表会、保民大会、户长会议、甲居民会议，或由人民直接参加，或选举代表组成议会，商议地方自治事业使县和乡（镇）保甲一律都形成地方自治团体，不仅仅有县政府、乡（镇）公所、保办公处等机关。同时乡（镇）长副、保长副及甲长都由人民选举，处处充分表现着民治的精神。但新县制在另一方面却要表示出是实施训政的，试看下列各条文：

七、县长县政府，置县长一人，其职权如下：

1. 受省政府之监督办理全县自治事项；2. 受省政府之指挥执行中央及省委办事项。

十、县长县行政人员之考试、甄审、训练、任用、考核，依法律之规定。

十六、县参议会暂不选举县长；县参议会之议长以由县参议会自选为原则。

县各级组织纲要第一条（见前）既规定县为地方自治单位，第七条又规定县长受省政府之监督办理全县自治事项，严格地说，县长便应该由民选，方始不失去地方自治的本旨。但十六条却又规定县参议会暂不选举县长，县长之任免等等依法律之规定。甚而至于在十六条中有这样一句话：县参议会之议长以由县参议会自选为原则。如此则地方自治的本旨不将丧失了么？在作者看来，这种规定并非要抹杀或否认全县地方自治，而是要实施训政，推进地方自治，完成宪政。倘使不如此看，则县各级组织纲要条文便似乎未免前后矛盾了，还有什么意义呢？其实新县制的注重实施训班是很显明的。县、乡（镇）、保甲各级议会或由人民直接参加，或选举代表参加。同时乡（镇）长副、保长副、甲长一律是民选，县参议会议长亦以民选为原则，仅仅一个县长暂时不由民选，依法任免，受省政府之监督办理全县自治事项。虽没有明言训政，其为训政固已明甚。

因此，我们可以推断新县制内一部分在数年后必须专行修改的，例如，县长改为民选，县参议会议长确定为民选等，但是目前施行新县制的实施训政亦是绝无疑义的了。

所谓实施训政便是要用教育工夫推进政治、经济、保卫以及教育本身事业，换言之，推进地方自治事业，实现三民主义，完成宪政，达到建国的目的。此其意和上文第一节新县制完全是教育的一段文章实施归结到一致。

第三，新县制是要改造教育的。为什么教育需要改造呢？因为过去的教育不能满足社会的需要。社会需要什么？社会需要进步。怎样才能进步？须有指导者才能进步。谁配来指导？知识分子上进而有良心者才配来指导。指导者应该留在哪里？应该留在地方的基层组织——乡（镇）和保甲。每一保和乡（镇）各各都需要有指导者，指导者单独设置还是联合设置？单独设置需款太大，并且太单调，事业不易推进。

指导者！指导者！指导者！指导者！是人人都需要的。凡希望事业能成功而不失败的人，都需要指导者。而且事业愈大，地位愈高的人，需要指导者愈迫切，指导者的知识程度须愈高。例如，旧时县政府必有钱谷和刑名师爷、文武官长幕中必有许多有才识的幕友，沛公有张良，刘备有孔明等等例子不胜枚举。这是大家都知道的。师爷，幕友，是何等的尊称！地方官和文武官长有师有友，还怕事业的不能成功而失败么？

军政当局既需要指导者，基层组织保甲和乡镇的人民教育程度不高的人，自然更加需要指导者了。这种需要一天不满足则基层社会一天无进步的希望。各个基层社会没有进步的希望，合起来，也就是整个国家没有进步的希望。这样说来，可见关系太大了。我们大家既然急切希望整个中国能进步，怎样可以忽略基层社会保甲和乡镇指导者的需要呢？

基层社会指导者有没有前例？有的，在我国旧时有两种，在西洋各国亦有两种。

我国旧时乡村里私塾中的老师开门授徒，不但教私塾中学生，同时还做乡村老百姓的顾问，指导社会生活，使私塾俨然成为社会的中心。有时遇有贤明的塾师，往往可以使附近数里至数十里内风俗淳厚，这是数见不鲜的。

还有回教的清真寺，不但把教民的宗教和教育同时并进，并且对于每寺附近所有教民生活的各方面都给以指导。清真寺主持阿衡如遇贤明上进，则所有附近教民都能随之上进，生活亦能一天一天的改进。

西洋原来有礼拜堂做基层社会乡村镇街的中心。礼拜堂的牧师不但传道，同时还要指导教区内的人民改进生活，使现世界成为天堂。但在某一时期（各国不同，例如在美国是在将近三十五年前）教会牧师在每次做礼拜的时候，往往专讨论各派教义的争点，平时又忽略教区内人民生活的指导改进，以至于因为大家都厌听狭义的教义的争论，每逢做礼拜时教民来者寥寥。乡村人民亦就此堕落，生活艰苦，社会杌陧不安。在这种情形之下，忧国忧民的社会先进，不得已遂群起研讨基层社会中心的问题。有人主张使礼拜堂复活，从注意训练牧师着手，使他们注重现世社会生活的改进，认清做基层社会人民指导者任务的重要，恢复礼拜堂做社会中心的地位。同时亦有人主张以学校做社会的中心的。美国前总统威尔逊当他任大学教授时，对于这个问题曾有一篇演讲稿发表。他以为只要把学校的大门开起来，欢迎老百姓来利用学校的校舍和所有的设备，使老百姓有集合的机会，他们自然而然便会讨论到他们自己的切身问题而求其解决，人民的生活就此改进，社会就此进步。在西洋各国拿礼拜堂或学校做基层集会中心的实例以及各种言论和实施办法的报告是很多的，我不再细述了。

国内外基层社会指导者的前例既如此而吾国基层社会——乡村镇街需要指导者的迫切又如彼，我们便应当进一步问，今后我国宜乎拿何物来做基层社会的中心，尽指导者的职责？我是一向主张拿学校或其他教育机关做乡村镇街基层社会的中心的。理由很多：

（1）有上述私塾和西洋以学校为社会中心的前例。

（2）因为学校在全国各地乡村镇街基层社会设立比较的普遍。

(3) 寺庙轻视现世而重视来世或天堂,且大多数已废弃。

(4) 清真寺仅属于回教同胞并且阿衡程度高而上进者不多,有待于训练改进。

(5) 礼拜堂数目很少,加以在吾国仅能以传道为职志。

总之,在我们中国宜乎利用学校或教育机关做社会的中心,负指导者的责任是事势的必然无可疑问的。不过,学校或教育机关照数十年来过去传统的办法,能否做成社会的中心,是否负得起指导者的责任,却是一个大大的疑问。假使在过去数十年间我们中国各地的学校和其他教育机关早能做成社会的中心,早能负起指导者的责任,那么社会亦就早已有进步,我们中国早可有办法了。过去我国学校所以未能做成社会中心的原因,概括言之有下列数种:

(1) 中了传统观念的毒,但知教书,连做人处世之道和学生身体的健康都不注意,怎样还能望学校做社会的中心,负指导之责呢?

(2) 乡村镇街学校教员年龄太轻,不明白故世人情,引不起老百姓的信仰心。

(3) 或者因为教员程度太低,并且缺乏上进有为的志气。

(4) 师资训练的方针错误,原来并没有想到把学校做社会的中心,负指导者的责任,当教员的人既经没有受过这种训练除去照传统的办法教死书之外还有何种好办法呢?

现在新县制已经颁布了!从今以后形势将大不相同了!师范毕业生须任乡(镇)长、副乡(镇)长和保长、副保长,并且还须兼任校长和壮丁队队长,同时师范出身的中心学校和国民学校教员须分别兼理民政、经济、警卫、教育股主任或干事,这种安排是硬要使学校做社会的中心,学校做社会活动,学校和社会沟通,和社会打成一片,同时,这种安排是硬要使教员负指导老百姓改进生活的责任,在这种形势之下,学校便非做成社会的中心不可,教员非负指导的责任不可,这是逼到走上教育改造的路子,所以我说新县制是要改造教育的。

虽然,教育改造谈何容易。新县制虽要逼迫学校和教员走上教育改造的路子,如果不注意师范教育本身的改造,使一般的青年仍旧仅受教死书的训练,深中传统观念的毒,我可以断定乡村镇街学校对于老百姓和社会国家仍将丝毫没有帮助的。假使乡(镇)长副、保长副和各校教员不由受过长时期必不可少适当训练的人担任,随便请人滥竽充数,结果之坏,自然更可断言的了。总而言之,统而言之,教育改造是我国所需要的,但是若不先注意师范教育的改造,则教育改造是一定将要落空的。

第四,新县制是实施全民教育的。我们在讨论这个标题时,须先辨明何谓全民?何谓教育?然后再问如何实施全民教育?全民包括儿童、成年人和妇女。这是很容易明白的。教育作何解,便人言人殊,有意见的参差不同了。为简捷计,我们试把教育分作学校以内和学校以外的两种。学校以内的教育除去识字读书求知之外,还有做人处世之道,性情脾气的陶冶,锻炼身体卫生习惯的养成,群育、团体生活的提倡和训练等等。智、德、体、群四育都是应该并重的,都是应该同样注意下工夫的。至于学校以外的教育则包括一切生活问题,一切社会问题解决途径之指导。例如,地方自治事业中的卫生、道路、消防、治安、人事、登记、农桑、水利、合作等等,家庭和个人日常生活的改进,婚丧喜庆等事的进行,以及非常时期征工和兵役等困难问题的解决,处处都需要指导。这种指导,实际上就是教育,就是学校以外的教育。

现在我们试把以上两项解释合起来看,我们便可以说全民教育是儿童、成年人和妇女在学校以内所受智、德、体、群四育并重，以及在学校以外所受关于一切生活问题，一切社会问题解决途径之指导的教育。

这种全民教育的解释和社会上一般人心目中所有的观念是大不相同，相差甚远的。他们平常总以为教育不过是识字读书，所以动辄以扫除文盲为能事，殊不知德育、体育、群育以及一切生活问题，一切社会问题解决途径的指导，比识字、读书、扫除文盲还要重要百倍，千倍，万倍。如果像以往的教育仅知道注重识字读书，而不知道同时对于德育、体育、群育以及一切生活问题，一切社会问题解决途径的指导给以应有的注意，多多地用力量，下工夫，那么虽然再办一百年教育，甚至这种教育普及全民，亦是无益于民族国家的，个人的毕业即失业犹其余事，无关重要。

新县制内规定乡村镇街学校教员兼任乡(镇)公所和保办事处民政、经济、保卫、教育股主任或干事，其用意岂难道是在节省经费或加重教育负担。不明白的人或者可作此设想，明白的人便不难会意到这种安排的真意所在。真意究竟在哪里呢？真意在使各学校教员一方面在学校里开儿童班、成年班、妇女班给以智、德、体、群四育并重的功课和训练指导；同时在另一方面指导老百姓解决一切生活问题和一切社会问题的途径，这种全民教育确是我国人民最最需要的教育，亦是最最理想的教育。以往的限于学校以内并且仅知道教授识字读书的教育乃是不合乎人民需要，无益而反有害于人民和国家的教育。

我再重复地说，新县制是要实施儿童、成年人和妇女的全民教育的。所谓教育不仅是识字，亦不仅是读书，更不仅是取于学校以内的上课识字读书，而是学校内智、德、体、群四育并重，和学校以外一切生活和社会问题解决途径之指导的教育。其实施方法在使学校教员指导地方自治事业。新县制内已有这种安排，我很希望负责推行新县制的先生们能够对于实施全民教育这个问题给以充分的注意和努力。

总结一下。教育和新县制关系的分析大概如上所述：

(1) 新县制完全是教育的。

(2) 新县制是实施训政的。

(3) 新县制是要改造教育的。

(4) 新县制是实施全民教育的。

这四项合并起来说，就是要使学校做社会的中心，由教员用教育方法发展全民的智德体群四育，同时并负指导解决一切生活问题，一切社会问题的责任，实施训政，改进教育，和实施全民教育同时并进，可说是一举而数善备焉，但是如果真要想求得这种办法的有良好效果，真要想用教育方法推进地方自治，达建国的目的，我们应该大量增设师范学校和初级中学，培养具备乡镇保长副和教员合格的人选，并且应该特别注意培养的方法，务使配合上述实施训政，改造教育，和实施全民教育各项理想的要求。同时在实施办法方面尤其应当给工作人员以辅导，并且选择乡镇保长副和教员之努力，肯用心，办有成绩者奖励之，使做各地的榜样，彼此互相观摩切磋，继续不断求事业的进步。这样我们认清了教育和新县制关系的密切，用全力并用心培养师范和初中学生，使他们毕业后在基层社会服务时能胜任愉快，更在实施办法方面辅助指导，切磋观摩，日进无疆，那么，新县制的成功便自然而然可绝对的有把握了。

原载《教育通讯》(汉口)第3卷22期，1940年6月

尊师育才以助建国

大家知道尊师是应该的,无疑问的,还用得到在教师节一天提议或提倡尊师么?但是大家都知道应该尊师是一件事;大家在平时虽然知道应该尊师,究竟做不做,尊师不尊师,又是一件事。这是可以请大家反省自问而使明白,不必多讨论的。

在提议尊师之前,我必须先说明我个人的立场。我说我们应该切实尊师。并不是因为我自己在教育界服务,是当老师,所以便不禁田鸡跳在称盘里自称自卖,要抬高自己的身份。我虽然在教育界服务已二十余年,并且以后再准备服务十五年至二十年,但是我在过去二十余年间,几乎没有一年中不是担任教员兼职员的。兼任了职务以后,个人的地位便与单纯担任教师的大不相同,这在下面可以说明。目前简单地说,我是因为担任了学校行政很久,站在主持学校行政的地位,深感觉得有切实尊师的必要。所以我要在二十九年教师节这一天,提出“尊师育才以助建国”的题目来就正于邦人君子。

估计我国学校及社会教育教师,目前全国总数约有一百万人左右。但在不久的将来,全国每保普遍设立一国民学校,同时中等及专科以上学校数目亦增多,社会教育积极推行,全国教师总数将有三百数十万人至五百万人左右。仅保国民学校教师一项,每户以五点五人计算,每保一百户,全国四万万五千万人约有八千万户,合计八十万保,每保一校,每校平均教职员三人,共约二百五十万人,加上全国中等以上学校及社会教育服务人员,合计全国教师将有三百数十万人。如果教育发达,教师总数增加到五百万人左右是意计中的事。

此外还有店铺和工场内学徒所从学的师傅,估计全国各店铺和各工场内处于师傅地位的人当不在少,并且礼失而求之野,各店铺和工场学徒与彼等家属之尊敬师傅,还颇有我国的古风,我们知识分子当自愧不如远甚。

以上各项教师和师傅,共计数百万人是处于何等重要的地位呢?儿童,青年和成人德智体群四育的发展,社会生活的进步,整个国家建设所需专门人才的培养,中国民族自救的前途,这一切的一切的重要责任,都要以上各项数百万教师和师傅担负的。因为希望他们能够负得起这种责任,能够完成他们的使命,所以我们愈加要切实尊师。因此我以为“尊师育才以助建国”的口号,今后虽高唱入云,亦不为过的。

谁来尊师?谁应当尊师?自近数十年兴办新教育以来,时移势变,尊师的情形与数十年以前未免大不相同了,数十年前,未兴办新教育,仅有家塾或私塾的时候,尊师的主体是学生和学生家长,至于公家仅须处于提倡的地位已经够了。当时学生家长以及学生本人和老师非常亲近,尊师是当然而然,义不容辞,责无旁贷的。并且社会上尊师的风气很浓厚,家长和学生对于尊师有欲罢不能之势。自从兴办新教育以来,形势便大变了。学生家长与教师非常疏远,学生和教师虽比较接近,但以师生人数均多,因不专一的缘故,便觉散漫;因散漫疏远,便不知不觉形成不复尊师的事实。家长学生和教师比较最接近的人尚且不知尊师，此外还有什么人来尊师呢？

当前最重要的问题是谁来尊师？谁最应该切实尊师？数十年前未兴办新教育之时，仅有家塾或私塾，学生家长和学生本人都知道尊师的，政府仅须加以提倡便够了。自兴办新教育以来，因为形势的转移，就变得没有人知道尊师。然而就事论事，学生家长和学生本人对于教师的关系虽或成疏远，或成散漫，还是应当尊师而不容推诿的。至于政府的责任现在比数十年前要加重得多了。以前政府对于尊师仅须加以提倡，今后政府还须切实尊师，切切实实地做尊师的事。除学生家长，学生本人与政府应该尊师之外，尤须应该切实尊师的，便是公私立各校的校长，和社会教育机关的主持人员，兹为醒目起见，试列一尊师今昔比较表如下：

尊师今昔比较表

- 尊师今昔比较表
  - 数十年前家塾及私塾时代
    - 学生家长、学生本人——尊师
    - 政府当局——提倡尊师
  - 自兴办新教育以来
    - 学生家长、学生本人、学校校长或社会教育机关主任、政府当局——均应尊师

一、校长尊师。现在我们先讨论为什么校长（或教育机关主任）应该尊师？校长对于学校事业是须负完全责任的，所以校长是有权的，地位在校内是最高的。平常人因此就以为校长是最尊，其他教职员都在校长之下，不如校长之尊，而做校长之人遂亦居之而无疑。其实这种见解是错误的，荒谬的，何以见得呢？我们可分三层来说：

1. 校长是学生家长的代表。在数十年前家塾和私塾时代，学生家长和塾师很接近，所以可以由家长亲自尊师。但是从兴办新教育以来，学生家长便和学校教师疏远，不克亲自尊师，学校校长因此就不得不做学生家长的代表，对于全校教职员代尽尊师之责，代致敬意。倘使校长不明白这种意思，不知道自己须做数十百千学生家长的代表，那么便将没有人来尊师。试问不尊师还能够希望学生之能有成么？所以做校长的人是应该认清自己的职责，代表学生家长竭尽尊师之道的。

2. 校长是公仆。一国的元首是一国的公仆，此义近二百年以来已为人人所深知。推至任何一机关之首脑，自然亦就是各该机关的公仆，学校校长当然不是例外。就是以自然组合的社会，例如就家庭而论，父母虽为子女的家长，但事实上父母还是做子女的牛马，比公仆有过之无不及。因此元首、首脑、校长、家长、主任等等是不容易做的，真是古人所说"匪以役人，乃役于人"的。具体一点说，公私立学校校长或受公家委托，或受校董会推举，主持一校校务，期望能替国家社会培养人才。从事建设事业，责任非常重大，人才之能养成与否，国家建设事业之能否促进，都须依靠教职员在平时是否能够竭尽心力教导学生，校长之应自视为公仆，对于全校教职员致敬尽礼的缘由就在此。

3. 校长是代表公家或校董会负督导之责的。这是从校长和教职员关系的另一方面看，目的还是同样的一个，就是求全校工作的有效果，事业的能进步，人才的能养成，国家

建设事业的能促进。做校长的人怎样才能尽督导之责呢？自然，校长可以行使他的聘请和解聘等职权，同时还应当事事以身作则。不过，以权力服人，终不如以情谊服人。最好的，最有效的督导方法，还是在校长对于教职员能够致敬尽礼，能够尊师。假使校长能够常以学生家长之心为心，能自视为公仆，时时刻刻尊师重道，对于教职员致敬尽礼，那么，校长虽不行使他督导的权力，全体教职员亦必黾勉从公，克尽厥职的。

末了，我要申明，凡在学校内担任教务、训育、事务等主任重要职务的先生们，他们的地位是双重的。在一方面他们都是老师，应该和其他教师同样的受校长的敬礼。但是另一方面他们必须代表校长向所有教师尽尊师的责任。校长和校内重要职员都是学生家长的代表，都是学校内的公仆。职位愈高，应该愈谦逊，对于教师和其他职员愈是恭敬。倘有人以为担任了重要职务，地位便比别人高，因此搭架子，不可一世，对于同事颐指气使，徒然暴露自己个人的浅薄，还没有什么要紧，因此贻误作育人才的事业，祸就闯大了。

二、学生尊师。目前学生知道应该尊师，而且能够实行尊师的不是没有，不过，除国民学校内的儿童之外，其余中等以上学校学生知道尊师的，千人中得不到一二人。自兴办新教育数十年以来，特别是近二十余年来，学生所以不知尊师的原因，在上面已经略略提及，就是因为现在学校内不但学生人数多，教师人数亦多，不如昔时家塾或私塾中，一位老师教几个或一二十个学生，彼此注意力集中而不散漫，容易引起信仰和尊敬之意。现在学校内教师和学生双方人数多了，师生关系便流于疏远散漫；加以学生家长与社会上一般的人不知道提倡尊师，无知的青年那里还能够尊师呢？历经愈久，不尊师的风气愈普遍，便每况愈下，像江河之日下，一泻千里，无可挽回。到如今，学生之不尊师诚有不堪言状的了。

试先述浅近的，学生称教师，无论当面或背后，应称某先生或某老师，这是应该的，无需叮嘱的，假使不如此做，在学生的良心上会感觉不安的。可是现在的情形是怎样呢？学生当老师的面固然称某先生或某老师，但在背后就鲜有再称某先生或某老师的，简直呼教师姓名某某某，他人听了亦不加以纠正。同学彼此谈话时，恐听者嗤以为迂，便没了良心，故意以直称老师姓名某某某为得计。如此做惯了，虽有时在尊长之前亦不禁直称教师姓名，尊长不明白的不但不加以斥责，还要随声附和。此而可忍，孰不可忍？听说某次有一个二十余岁的学生自一校转学他校，投考插班，在口试时，先生询问，某种功课在原校时是那一位先生担任的？该生直呼任课教师的姓名某某某，不称先生，亦不称老师。口试先生颇为惊骇，故意再说担任另一种课程的先生，如是者凡四次。而该生毫无觉察，每次必仅直呼任课教师的姓名。如此无礼，如此糊涂，如此颟顸，试问这种学生投考新校能够考得取吗？这种人投身社会能够受人家的欢迎吗？不能受人家的欢迎，还能有成功的希望吗？细微不敬之意，关系固很紧要，影响亦甚大，青年学生能不戒之戒之。

还有一种同样的事，在学生和教师通信的时候常常发现的。学生写信给老师，学生颇多自称为“生 XXX”，而不称“学生 XXX”，或“受业 XXX”。生原来是很要紧的，生活，生命，生长，生意，生趣等等都是生的好现象，学生对老师自称为“生”，做老师的固然未尝不引以为安慰。但是先生之生亦是生，学生之生亦是生，学生对老师自称为生，未知是先生之生，还是学生之生，岂不是有些儿混淆，并且我们倘欲生活、生长，要有生趣、生意，非时时刻刻的学不可。现在年轻的人定要不学而生，未免舍本求末，缘木求鱼。自己简称学生为“生”亦是社会上一种不知尊师而简慢的表示。居简而行简，无乃太简乎。昔孔子称阙党童子说，“吾见其居于位也，见其与先生平行也，非求益者也，欲速成者也”，几为今日一部分青年学生的写照。

以上我仅就细微而为当人所忽略的事叙述一二件，证明近二三十年来青年学生的不知尊师，至于其他如往往因膳食等等细故，闹风潮、罢课，为习见习闻的事，亦为社会人士所疾首痛心的。嚣张傲慢之既盛，还说得上尊师么？但是假使青年学生真想求益，求进步，就非马上改弦易辙，抛去简慢的风习，切实尊师不可。

三、学生家长尊师。学生家长尊师是我们中国原有最好的风尚，可惜近数十年来，因家塾或私塾的废置，新教育的兴起，学生家长和教师关系疏远，起初因事实的不可能而无从尊师，继则因淡忘而不复尊师，最后因历时过久，长老凋谢，社会上习闻尊师之道的人一天少一天，甚至不知有学生家长应该尊师这一回事。不但如此，做家长的自己不尊师还可以说因为由于疏远的形势，事实的不可能，但是家长郑重叮嘱子弟尊师的现在还有几人呢？家长知道要和学校教师设法联络，以增进教育子弟的效力的有几人呢？把子弟送入学校，仅看作一件应有尽有的事，知其然而不知其所以然。甚或仅视学校为知识交易所，纳学费以换取知识，无所谓身体的锻炼，品行的修养，群育的发展，对于自己子弟所习功课的进步情形和成绩报告家长督促查问的固然不是没有，但是漠视不问不闻的恐怕不少。等到子弟一无所成，投身社会失败了，或者在学校上学的时候就学坏了，家长还不明白原因的所在。有徒然叹气的，有责罚子弟的，有责备教师的。然而家长中有自己责备自己，自悔在平时不设法和教师多联络，不尊师，并且不叮嘱子弟尊师敬师的么？须知青年子弟在求学时期内和家长亲长同处的时间少，而和教师同学相处的时间多，因此，青年人身体、品性、知识技能以及群育的进步与否，都须靠教师的能否竭尽心力训练青年。倘使做家长的果然切望子弟能够有成效，能够自立立人，自达达人，那么，我们中学原有学生家长尊师的良好风气非从速切实恢复不可，还要请全国学生家长注意的。

四、政府当局尊师。在家塾私塾时代，教师是由学生家长直接聘请或选择的，所以尊师之职落在家长身上。现在却不同了，公立学校校长是由政府当局选择聘请的，甚至有教员亦归政府当局选择聘请的方法。因此学生家长和学校校长教员远不及政府当局和学校校长教员的接近，尊师之责就不得不从学生家长身上转移到政府当局身上。这是政府当局应该尊师的一种缘由，同时，政府当局是国家或地方人民的公仆，选聘校长教师是政府当局重要服务的一种。校长（教员）如优良，便可以为民族国家造就建设人才；校长（教员）如不优良，便不足以为民族国家造就建设人才。政府当局须想尽种种方法，竭智尽能，为民族国家选聘得优良校长（教员），并使他们很乐意的，很努力的教育青年，为民族国家造就建设人才。政府当局怎样才能选聘得优良校长（教员），并使他们很高兴的努力从事教育工作呢？无疑的，最好而最有效的方法，政府当局须能尊师，须能诚诚恳恳，切切实实的尊师。

本节所提出的政府当局，从下层说起，是指县长、县教育局局长或县政府教育科长以及督学、教委等教育方面其他一切佐治人员；市政府的市长、教育（或社会）局局长、教育科长以及教育方面其他一切佐治人员；省政府主席、各委员、教育厅长以及教育方面一切佐治人员；中央国民政府主席、行政院长、教育部长以及教育方面一切佐治人员。在各省专员公署的服务人员，以此类推。

又私立教育机关的董事会主席和全体董事，对于校长或主任以及所有教职员均应尽尊师之道。董事会对私立教育机关的关系和政府当局对公立教育机关的关系相同。校长或主任既由校董会选聘，校董便处于学生家长代表的地位，势非代尽尊师之义务不可。

五、教师自尊。学校校长、社会教育机关主任、青年学生、学生家长、政府当局、私立教育机关董事以及社会上一般的人都是应该尊师的，我们在上面已经分别说明。现在我们又要作进一步的要求，要求什么呢？要求教师的能自尊。教师自尊的方法最重要的有以下数种：

1. 应该认清教育事业和学生民族国家前途关系的密切。

2. 任教师的应有专业的精神，不以教师生涯为传舍。

3. 须不仅能以言教，而能以身教。例如，任科学教课者，自己对于科学研究的兴趣非常浓厚，兼任学生生活指导，亦能以身作则。

4. 教师须充分的有乐业精神，不管人家能尽尊师之道与否，教师自己总是乐育英才的。

5. 社会一天进步一天，教师亦应继续不断的努力进修。颜渊称孔子仰之弥高，钻之弥坚。似乎未尝不由于孔子之默而识之，学而不厌，诲人不倦，且发愤忘食，乐以忘忧，不知老之将至。

原载《教育通讯》第3卷32期，1940年8月

颁行新县制以后的民众教育

自从一年前颁行新县制以来,有许多人发生一种误会,就是说在新县制中没有民众教育的地位。新县制规定,乡镇和保只有国民学校,无实施民众教育的机关。就一县说,也没有办理民教的机关,所以有许多人以为过去的民众教育馆都可以停办,并且有拿实施民教的经费减少或取消的,这是一个很不幸的误会。而它的害处,可以使颁行新县制的一种真意完全失掉。

我们应该仔细考虑,为什么要颁行新县制?有人说:颁行新县制是要走县政建设来复兴中国的路子,这当然不错的。但是我们要问:县政建设这种工作应该怎样进行?或怎样来进行县政建设?走政治的路子呢?还是走经济的或自卫的路子?或者是走教育的路子?对于这问题各人的意见是不会相同的,也有人主张四者应该同时并进。仔细分析起来,有下面三个不同的办法:一、四者分开来单独进行;二、以某个方面来做中心,例如以政治力量推动一切;三、四者联络进行。我们要研究这些办法的确当与否,可以用主观或客观的见解,主观的是我们感到要怎么办,客观的是要查出新县制的法意怎样办。我们现在研究的既然是新县制的县政建设,似乎应该要很仔细的客观的来分析新县制条文的意义,不应该拿个人主观的见解来解释。

讲到这里,已经有两点可以确定了:第一新县制的目的是由县政建设以复兴民族;第二我们应该研究怎样进行县政建设。第一点我们已经看清楚了,现在所看不清楚,同时意见还不一致的是第二个问题。要答复这第二个问题,我刚才在上面已经说过,应该很仔细很客观的来分析新县制条文本意。如果大家能这样做,则各人的意见似乎就能趋乎一致。在半年前,我在我所写一篇文章"教育和新县制关系的分析"里面曾说:新县制是充满了教育的意味的,以后的县政建设,无论是政治、经济、自卫以及教育本身,都是要用教育工夫来推进。何以见得呢?在县各级组织纲要中,乡镇长和副乡镇长资格中之一项规定是师范学校毕业生。乡镇公所设民政、警卫、经济、文化四股,各股的干事由副乡镇长及乡镇中心学校教员分别担任。保长副保长的第一项资格亦是师范毕业生,而保长的民政、警卫、经济、文化各项事业亦由副保长及国民学校教员分别担任。教员不是师范毕业生是不算合格的。因此我们想到几个问题:一、为什么乡镇长副以及保长副的资格规定要师范毕业生?二、为什么一个乡镇或一个保内的民政、警卫、经济、文化各种事业要由中心学校或国民学校的教员来担任呢?三、为什么一个乡镇或一个保内的各种事业不请专任干事来担任?如能另请专任干事则对县政建设,岂不更容易推进吗?四、乡镇以及保内的民政、警卫、经济、文化等各项事业,不请专任干事而交由中心学校及国民学校的教员来分任,为的是减轻经费负担吗?或暂时找不到人的缘故吗?考虑了以上四个问题,就不难看出新县制法令的真意所在。乡镇及保的民政警卫经济文化各项事业,并不是暂时不请专任的人担任,也不是因为要节省经费而请中心学校及国民学校的教员来分任。这种安排是故意的,是有目的的。就是为了要用教育工夫来推进民政、警卫、经济、文化各项事业。换句话说,就是要用教育的力量来推进整个县政建设事业,这是很明显的,用不着细说的了。

那么怎样才能用教育的工夫来推进县政建设呢?怎样来推进乡镇及保的民政警卫经济文化等事业呢?乡镇中心学校及保国民学校单办儿童教育就够了吗?单办儿童教育就能推进乡镇及保的民政警卫经济文化等事业吗?地方自治事业的推进儿童能够担负吗?同时我们要问:中心学校国民学校的教员担任了民政、警卫、经济、文化各项事业,倘对于地方上的成年男女不用教育工夫,就能把这些事业推进吗?假使教员要用政治力量推进地方建设事业,他们的成功一定是很有限的。所以我们可以这样说:县政建设的成功是要依赖于中心学校,国民学校的教员肯对地方的成年男女下教育工夫,换言之,就是要依赖于这许多教员肯实施民众教育。因此颁行新县制以后,民众教育是应该格外注重的。

总之,新县制的目的是在由县政建设以复兴民族,而县政建设的推进是要靠新县制的中心学校、国民学校教员能实施民众教育,能教育地方的成年男女,以推进乡镇和保内的民政警卫经济文化等地方建设事业。

在颁行新县制以后,既然应该注重,那么有些人看了新县制条文中没有民众教育馆,就要停办原有的民众教育馆或减少民教经费,这不是一个很大的误解吗?也许他们以为新县制中只要办学校教育就够了,而没有明白新县制的推行是完全含有教育意味的,是要注重民众教育成人教育的。中心学校和国民学校的教员,照新县制条文中的意义,为了要推行地方建设事业,还不得不实施民众教育。换句话说,中心学校、国民学校还不得不施行民众教育。那么原有的民众教育机关,自然应该格外下工夫从事民教民业的推广,希望因此使县政建设得加速度的推进。由此可见行政当局在新县制颁布后,应该对民众教育格外提倡,民教经费也应设法增加。

从另一方面说,实施民教的人,在新县制颁布后,不应该仅仅保守着原有的民教壁垒,应该打进学校教育的大门里面去。上面不是说过吗?地方建设事业的推进,特别要靠中心学校和国民学校的教员对地方成年男女下教育工夫的。但问题就发生在原有中心学校和国民学校的教员身上。第一,他们对儿童教育工作已经太忙;第二,他们对于成人教育的实施办法不一定很了解。所以要他们能够对成年男女下教育工夫来推进地方建设事业,就未必能够完全办得到。在这样的场合中,非得正在实施民教而对民教有经验有办法的人来协助他们不可,这是一种事实的需要。因此,在新县制颁布后,实施民教的人,就不应该单单保守原有的民教机关,而应加入中心学校国民学校这些教育机关里去。

最近社会上许多人士常喜欢说学校教育与民众教育合流,十年来,大家也提倡乡村建设与社会教育合流。如果今后大家能照新县制法令的真意,中心学校和国民学校的教员能了解民众教育的重要,同时实施民教的人能加入学校教育队伍里去共同来用教育工夫推进地方建设,这就可以真正做到学校教育与社会教育合流,县政建设与社会教育合流了。

雷鹏翥、熊承涤记录,原载《教育与民众》第10卷5期,1940年11月

对于今后推行国民教育的希望

我们对于今后推行国民教育的希望，第一，希望我们大家在消极方面切实注意下列三点：

1. 国民教育不仅是识字或书本的教育。
2. 国民教育不仅是学龄儿童的义务教育。
3. 国民教育不仅是男子的教育。

进一步，希望我们大家在积极方面切实注意下列各点：

1. 推行国民教育，无论短期的或延长的，须智、德、体、美四育并重，求整个生活的进步向上，万万不可再如已往之专以识字或书本教育为能事，误民误国。

2. 推行国民教育须特别注重现在的国民和现在的生产者的成年人和社会实际生活的改进的指导。又男女受教育机会须均等，万万不可再如已往之但有知有儿童和青年或男子的教育。

3. 推行国民教育须以中华民国中华民族为唯一的中心；且须适合于我国目前的需要，迎头赶上世界先进各国。

原载《教与学》第5卷4期，1940年

1941年

颁行新县制后师资培养方案的研究

（上）

自从颁行新县制以来已将近一年有半了，全国各省市地方正在依照新县制努力进行，改革实施，这是最好不过的一种好现象。因为新县制是为适应抗战建国的需要而制订，而颁行的。新县制内对于政治、经济、警卫、教育等事业的进行都有具体的规定，这种种的规定办法倘能彻底做到，举凡动员民众，地方自治，地方建设事业的推进，宪政的实施，三民主义的实现，都可以因此而得成功。我们应该认清无论从对内对外的立场看，或从政治、经济、文化革命的立场看，新县制是一条最适宜而最易见效的途径，换一方面来说，新县制是抗战胜利，建国成功，政治、经济、文化革命完成的大道。我们不能仅仅看做一种县制或政治的改革，新县制的主旨是要把政治，经济，文化等各方面完全改革的。新县制的精神是否真是这样，我们不预备在这里讨论，我们仅能指出这个要点，请大家注意。

推行新县制的力量　推行新县制和推行其他政令一样，当然不能例外，是需要中央和地方当局主持督促，切实进行的。同时一种政制的改革终免不了和财政发生关系，需要有相当的经费方能进行无阻。所以政治力量和经济力量同时实行新县制必不可少。不过，我们还要问，新县制的推行，除去政治和经济力量外，是否还需要其他力量？倘使我们认为是还需要其他力量的，那么所需要的是那一种或那几种力量？

按照我个人的愚见，新县制条文中早就安排好了一种推行的办法，或说是推行的力量。这是什么办法，什么力量呢？强迫的办法么？警察的力量么？领袖的培养么？干部的训练么？宣传么？劝导么？……我们可以提出一连串一二十种，究竟新县制中安排了何种推行办法还须就条文中细细考查的。

新县制中规定地方的基层组织为保甲，保甲之上为乡或镇，乡镇之上便是县，保甲和乡镇之间必要时得设联保。又乡镇和县之间于必要时得设区，但联保和区之设置是例外，通常是只有保甲，乡（镇）和县的三级，联保和区是虚的，仅在必要时设置的，它们的作用在补乡镇和县之不及，并不是用来替代乡镇和县的。总之，新县制中的主要基层组织是保甲和乡（镇），乡（镇）之上就是县（或市）。

同时，新县制规定每保设国民学校一所，每乡或镇设中心学校一所。规定担任保长保副以及乡（镇）长乡（镇）副的资格中有一项是师范毕业。又每一乡（镇）中心学校校长和每保国民学校校长暂分别由乡（镇）长和保长担任，经济宽裕的地方设专任校长。至于地方自治或地方建设事业在乡(镇)设民政、警卫、经济、文化四股由副乡(镇)长和中心学校教员分别担任四股主任。在保亦分民政、警卫、经济文化四种事业,设干事二人至四人,由副保长和国民学校教员分任。在此,我们要提醒我们自己,中心学校以及国民学校教员须师范毕业才算合格的。否则,不合格的师资须经补习及检定后才可以成为合格。

照上面所述种种规定,我们不难推想到新县制中安排好了何种推行办法。有政治的,经济的,强迫的,警卫的,领袖的,干部的,恐怕亦有宣传的和教导的。但是这种种都是偏面的或片断的看法,没有看到一贯的精神和真意所在。一贯的精神在哪里呢?这就需要我们仔细研究,细心体会了。我们倘要想求得新县制一贯的精神,我们须能虚心体会,仔细研究客观方面的事实,不宜带了主观的成见——如政治力量虽要紧,凡事非钱不行,所以经济最重紧,干部决定一切等等成见,去解释新县制的条文,以至于仅看到偏面的或片断的办法,结果抹杀了新县制的真意所在。

然而关于推行办法新县制的真意,新县制的一贯的精神,究竟在哪里呢?在用教育方法推进民政、警卫、经济文化以及教育本身事业。换言之,所有一切地方建设事业都须用教育方法推进。这是新县制的一贯精神,新县制的真意所在。并且是很显明,很显而易见的。原来任何一个地方的合作、农工业、卫生、保卫等等事业都需要各种指导员去提倡和指导。现在新县制中规定中心学校国民学校校长,暂由具有师范毕业资格的乡镇长和保长担任,而乡镇和保甲中民政、警卫、经济、文化等事业由副乡镇长、副保长和教员分别担任,岂不是很显明的要用教育方法,教育力量来推进一切地方建设事业吗?即使专设合作、农工业、卫生、保卫等等事业的指导员来提倡指导,亦没有一个不要用教育工夫的。现在规定了由副乡镇保长和中心学校和国民学校教员分任民政、警卫、经济文化等事业,无非表示彻底的要用教育的工夫推进一切地方建设事业。这并不是说中心学校国民学校教员是万能的,有了他们就不再需要合作。农工业、卫生、保卫等等事业的指导员,这许多有专门研究的指导员无论如何是少不了的。不过由教员等就地主持其事,比较的容易联络进行,容易推动,容易收效罢了。

今后的中心学校国民学校教员,不像以前仅须以教育儿童为能事。他们既然分任了地方民政、警卫、经济、文化等事业,就不得不同时办理成年人的教育。儿童教育与成人教育同时并进,既可以相得益彰,更易于推进地方建设事业。还有一点应该提及的,卫生事业,农业推广等若分别单独办理,既感觉太单调,又不经济,所以在以往就早已有联络进行的办法。现在把国民学校中心学校做一保和一乡(镇)地方建设事业推进的中心,并规定由各该校教员分任各项事业,恰是适合乎联络进行的原则的。以上一节文中所说由中心学校国民学校教员就地主持民政、警卫、经济、文化等事业比较的容易联络进行,容易推动,容易收效,到此亦便可以明白了。

新县制的一贯精神既然是要用教育工夫,推进一切地方建设事业,新县制既然规定了要中心学校国民学校教员分任乡(镇)和保内民政、警卫、经济、文化等事业,因此师资的培养就成为最重要的问题。须有了良好胜任的师资方始能够有完成新县制使命的希望,否则,新县制虽好,没有适当而胜任愉快的人去推行,便亦就变成徒然的了。

（下）

师资量的问题

当新县制未颁布以前，师资培养问题，无论在量与质的方面本来已很严重。现在照新县制规定提高了乡（镇）中心学校和保国民学校的地位，加重了各该校教师的责任，师资培养问题在量的方面固然同以前一样严重，在质的方面就更加严重了。现在试先以所需师资数量作一估计如下：

我国人口现在号称四万万五千万人，以每户人口作五点五计算，全国约有八千万户。新县制规定甲、保、乡（镇）均以十进。八千万户以十除，约有八百万甲，八十万保，八万乡和镇。每乡或镇各设中心小学一所，全国共计八万所；每保各设国民学校一所，全国共计八十万所。假定中心学校所在地之保免设国民学校，就可少设国民学校八万所，全国仅须设国民学校约七十二万所。假定每一国民学校除校长由保长暂兼外，设专任教师三人，全国七十二万校共计约需二百十六万名；又假定每一中心学校除校长由乡长或镇长暂兼外，平均每设专任教师6人，全国八万校共计约需四十八万名，两项合计共需教师总数为二百六十四万名，如再加上乡（镇）长及副乡（镇）长各八万名，保长和副保长各八十万名，合计一百七十六万名，连同上项教师数共需四百四十万名。约当于全国人口总数的百分之一。

不过，或者有人说假使乡（镇）中心学校和保国民学校都能够设专任校长，似乎每校可各减少教师一名，变成每一中心学校设专任校长一名，专任教师五名，总数仍为每校六名。每一国民学校如设专任校长一名，专任教师二名，总数仍为每校三名，如此办法，便可在上面四百四十万的总数中减去八十万名，余下三百六十万名为实在所需培养之总数。我的答复是：这种计算方法是误以职务上更动作为数量上更动，需知道上面的办法，不过把职务移动罢了，至于所需之人数实际上丝毫没有减少，因为乡（镇）长副、保长副，和各校教师人数都并没有变动。各个单位内的数目既无变动，那么总数四百四十万名怎样能够变动呢？或者又有人说乡（镇）长、副乡（镇）长、保长和副保长等的规定资格中之一项虽为师范毕业，但是规定的其他资格还有数项，何必一定要假定由师范毕业生担任乡（镇）长副，和保长副，而且把他们计算在所需培养师资的总数中间去呢？这一个问题不仅有关于师资量的问题，并且有关于师资质的问题，我们不能在这里详细讨论。不过我们可以简单地说，地方建设事业的进行须赖地方主要人员意见一致，步调一致。今后地方主要人员在乡（镇）内自然是乡（镇）长副和中心学校校长与教师。这许多人意见一致，步调一致，地方建设事业便易见成效。倘使这许多人意见相左，步调凌乱，彼此的力量相牵掣，相抵销，事业就受影响而致停顿败坏。这是一定不易的道理，也是数见不鲜的事实。见解的接近不接近，办事的联手不联手，对于事业的成功不成功常成正比例的。因为中心学校和国民学校合格教师是师范毕业，所以为求今后地方建设事业的易于进行，易收成效起见，我们便不得不期望乡（镇）长副，和保长副都由师范毕业生担任，而把他们的总数一百七十六万名计算在应有培养师资的总数之内。因之，我们所需师资的总数，仍为四百四十万名，而不能减为二百六十四万名。

讲到这里，有二点须附带声明，请大家不可发生误会，免致妨碍师资培养的前途的。

第一点，我在上面虽然竭力主张乡（镇）长副、保长副和中心学校、国民学校校长，教师一律都请师范毕业生担任，因此希望他们意气相投，互相帮助，共同谋地方建设事业的进步，地方人民幸福的增进，这并不是说，平常我个人做事喜欢这样的，所以推己及人，便要这么样主张，其实我个人平常做事并不喜欢这样安排，不过，我看到社会上一般情形大概是这样，而我个人的不是这样却是例外，所以尽管我个人未必有这种倾向，但是为求事业的容易成功计，我们就不能不迁就我们的朋友、同事以及社会上一般的人，让他们这样办，收相助相扶持之益。让他们这样做了，我们便可以责成他们，把应办事业办完成，办妥当。在这种情形之下，他们自然会互相合作，把事业办好，办完成的。关于这个第一点，请大家试把社会上一般情形考虑一过，便不难知吾言之不谬。

第二点，我并不是站在服务教育的立场上主张乡（镇）长副和保长副须由师范毕业生担任。更加不是希望由师范毕业生来包办地方建设事业后，可以使某一方面或某派、某系的人执简御繁，易于把持操纵全国地方政治经济事业。我们的所以如此主张，完全由根据新县制的"法意"而来的。按照我的看法，新县制是彻上彻下的、整个的、完全的、充分的含有教育精神的（详见《教育通讯》三卷二十二期）。同时新县制中既规定师范毕业是乡（镇）长副和保长副资格之一，我们为求地方建设事业进行便利起见，为什么不设法能有师范毕业生来担任乡（镇）长副和保长副，使他容易和中心学校国民学校校长、教师联络互助，从事地方建设工作呢？至于把持操纵等玩意儿，倘使真有人要想这样做的时候，那么，无论你怎么办，他们终会有方法想的。况且师范学校的设置将来一定散布在全国各省市地方的各乡镇，事业未必统一，把持操纵并不是一件容易的事！

照上面的估计，所需师资的总数大约是四百四十万人，分三项如下：

1. 国民学校七十二万所每所教职员三人共需师资二一六〇〇〇〇人；

2. 中心学校八万所　每所教职员六人共需师资四八〇〇〇〇人；

3. 乡（镇）长副乡（镇）长、保长副保长共需一七六〇〇〇〇人；

以上三项合计总数四四〇〇〇〇〇人。

所需师资的总数如上表，原有师资的总数是怎样呢？据民国二十二年全国初等教育概况统计报告，是年各种学校（幼稚园、初小、高小、简易、短期等）合计共有二十五万九千另九十五校，学校学生数约有一千二百三十八万三千五百名（全国学龄儿童，据二十一年度统计，共有四千九百六十八万八千九百余人）入学儿童占全体学龄儿童百分之二十五弱。假定每校教师数平均以二人计算，原有二十五万九千余校，约有教师六十万人。

又同年（二十二年）全国社会教育统计报告，学校式的有四万五千九百五十一所，一般的有五万一千六百四十所，合计九万七千五百九十一所。假定每所教师数平均以三人计算，九万五千七百九十一所约有教师二十八万二千七百余人。以上初等学校教师数和社会教育机关教师数二项合计，约有九十万人。这就是原有师资的总数。在这总数中，按照各省情形，大约合格的师资约占三分之一，代用者三分之二。试举下列二项统计便可见一斑：

广西省共需国民教育师资九一四一〇人；

现有五九一一七人；

合格二一八九四人；

代用三七二二一人。

湖南省共需国民教育师资一一二五〇〇人；

现有六〇七九六人；

合格一九九五五人；

代用四〇五一四人。

以上湘桂二省国民教育师资统计都是比较近年的(二十七、八年)。看了这个统计，我们不但知道合格和代用的百分比，并且还可看出两省现有教师数至少都已超过应有即共需教师数百分之五十以上。又这两省每省平均约有国民教育教师六万人，全国各省国民教育师资数字情形相仿佛者至少可有十省以上，其余十余省经过近数年来的努力推进，国民教育师资至少每省平均可有二万人，而社会教育机关服务人员总数还须另计。如此则现有国民教育师资数字似宜有下列之估计：

1. 湘桂等十省每省平均六万人，十省合计六〇〇〇〇〇人；

2. 其他十八省每省平均二万人，十八省合计三六〇〇〇〇人；

3. 全国社会教育服务人员，照上述估计约三〇〇〇〇〇人；

共计一二六〇〇〇〇人。

(附注)此外还有二个自治地方、二个特别行政区、七个直辖市的现有教师并入(2)，其他十八省一项计算，不另列。

一般人的估计常说全国应设国民学校八十万所，每所教师二人，共需一百六十万人；现有学校二十万所，每所教师二人，共有四十万人。两数相抵，缺少一百二十万个教师云云。这种估计办法虽然很便于计算，但与事实和新县制的精神未免都不合的。照过去实际经验，国民学校教师平均每人照顾儿童三十余人，每天用全部时间已觉忙不过来。怎样还能有时间和精神去推进地方民政、警卫、经济、文化等工作呢？试再看二十八年湖南教育情况统计，当时现有小学数约二十八万所，在学儿童数约一百二十五万七千五百人，教师总数六万零七百九十六人，约计平均每校教师二人，而每一教师平均仅摊到二十个学生。须知这二十个学生都是儿童，并没有包含新县制内国民教育的意义。又试就全国学龄儿童总数五千万人用八十万个国民学校去除，所得商数为六十二个人有余，即每校儿童数。照上面湖南情形推论，每校教师三人，专门从事儿童教育，还是忙不过来的。何况新县制规定的国民教育，除儿童教育外，一定要办成人教育，并推进民政、警卫、经济、文化等地方建设事业的么？所以全国八十万校，每校教师二人的估计是不合实际和新县制的要求的。其实，每校教师三人的估计还是未免太少，而中心学校和国民学校教师共需总数二百六十四万人为比较正确的估计，到此亦就可以明白了。

至于现有教师一百二十六万人的估计数字是否太大亦值得商量的。我在上面已把这个估计的根据申说清楚，可请读者复按，现在姑且暂时接受这个数字，以便作进一步的研究。

现在教师一百二十六万人每年因年老、疾病、死亡或改业等退职须补充者，照平常百分之五计算，约需六万三千人。

又假定乡镇长副和保长副共需一百七十六万人暂时不管，仅以国民学校和中心学校所需共计二百六十四万教师，和现有师资一百二十六万人两数相抵，尚缺少一百三十八万人。这个数目和一般人的估计尚缺少教师一百二十万教师的数目相差仅十八万人。因此对于应行补充教师之人数可说我们的主张和一般人的主张很接近,不必多所争论。

如果我们对于国民教育师资训练要作一个十年计划,那么连同每年教师退职补充的六万余人逐年教师总数增加而递增,因现任计算在内,每年约需有二十万人毕业,自民国三十年起至四十年止,前后十一年,大约所需国民学校和中心学校教师二百六十余万人可以齐全。十年计划是否太迟缓是一个问题。同时在另一方面,全国每年要造就二十万国民教育教师是否可能又是一个问题。这两个问题是互相牵连的,而主要的问题还在每年造就二十万国民教育教师的是否可能。如果我们定要作一个六年计划,那么每年需要造就三十万师资,方能一面增加新教师,一面补充旧教师退职之数。

关于造就国民教育新师资全国每年二十万至三十万这个问题,各方面所发表的意见和计划已很多,我在本文中不预备提出具体的方案,不过只想提出一点意见,作方案的研究,备主持者参考。兹先就国民教育教师量的方面提供几个原则如下:

(一)国民教育师范学校的设置分国立、省立、县立、市立等数种。

(二)师范学校有初高级或简易与高中的区别,县得先设初级、简易师范,国立和省立师范须同时办设高级。

(三)自三十年起各初级、高级或简易师范一律须附设一年制短期师资训练班各一班或二班,入学程度视各地方情形酌定(凡一校设初级高级师范者,在初高级两方面,须各附设短期训练班一班,又各校如力量有余能多附设短期训练班者更好)。

(四)各地原有代用教师一律照旧供职,仅加以检定及指导,不另开班调训(根据这个在职不停,退职者以训练合格新教师补充的原则,对于原有代用教师似可不必另行开班调训,免顾此失彼,妨碍新师资训练的进行。因为目前三分之二的代用教师每年亦须有百分之五因老病死亡改业而退职的,经过若干年后合格新师资增多,代用教师比例逐渐减少,自然会淘汰净尽,最要紧的问题还有造就的新师资连同短期班毕业生在内全国每年能否达到二十万至三十万人。对于代用教师似可不必多注意或多加限期)。不但如此,在合格新教师不够用之前照我个人的意见,还应该多吸收代用师资,所以有下面第(五)项原则。

(五)保国民学校和乡(镇)中心学校在各地陆续开办,一时合格师资不够分配时,得暂任用代用教师,唯须加以指导和检定(指导办法在下文讨论教师品质问题时再详及)。

(六)国立师范学校设七十所(每省分设二所),如皖南北、川东西等等,二十八省共需五十六所,其余十四所分设在各直辖市和自治地方与特别行政区。

(七)省立师范学校设二百所(平均每省设六所,每一直辖市设市立师范一所以上,各自治地方和特别行政区依此类推)。

(八)县立师范学校设一千七百五十所,(平均每县一所,由省所辖之市仿此)。

以上六、七、八,三项合计共设师范学校二千零二十所,大约在每一县或市内都可有师范学校一所,国立、省立、市立各校之设置应互相配合,使散布在各县市,免有重复偏枯之弊。

(九)各师范学校均须设在乡村,直辖市立师范有二所以上者,只可有一所设在市区内,其余须设在乡村(这是因为乡村居民远多于城市,并且以往师范设在城市者多,毕业生视下乡为畏途,现有百二十万教师中大多数愿在城市服务,已足够城市之用,所以今后应以训练乡民的师资为主)。

(十)每一师范学校在校学生数须以三百至四百人为度,如人数过多,可择较远地点分别设立两个独立学校(因为学生人数太多了不好办,且办不好,师范教育应注重个别训导,更不宜太多,这点很重要,请用附注说明于后)。

(附注)现在工业化时代,大家都倾向于大量生产,每一工厂不但有大量的出产品,并且雇用的工人动辄以数千或数万计,同时近代军事方面所有军队人数和车费,军用品数目都大至不可胜数,而各国大学学生和市区中小学学生数也常有逾千或逾万的,看了这种无所不用其大量的情形,谁能不眼红与欣羡呢?殊不知大量与否须用得其当,工厂和军队的规模有不得不大之势,并非一定故意要它大或多,就是各国市区中小学学生人数之所以多,亦是由于人口稠密的缘故,非取这种不得已的办法不可。至于各国大学学生人数每校虽有数千或万数千者,但每一大学往往分设数个或十数个学院平均每一学院亦不过数百人。倘使我们今后办理师范学校不把每校学生数规定为三百人至四百人,而专用好大好多,这绝不是理想的办法,应该慎重考虑的。

依据上面十个原则,我们试问今后每年是否能造就新教师二十至三十万人?假定第一年内国立、省立、直辖市立师范学校高初级各设一年制短期训练班二班,第三年起因新办师范高初级均可有学生毕业故仅须各招一班,每班六十人,计二百七十校,五百四十班,第一年可有短期训练班毕业生约六万四千八百人。又假定每一县立师范各设一年制短训班一班,每班六十人,计全国一千七百五十校,第一年可有毕业生十万零五千人,此外假定旧时原有全国各省市县立初高级师范学生,在第一年内,将届毕业者共有四百班,每班五十人,约可有毕业生二万人。以上三项合计,总数十八万九千八百人,和我们每年二十万人的希望相近(而和每年三十万人的希望相差太远),我相信上边这种推算是最宽和最乐观的,实际上即使竭尽全力去做,还恐不易办到。

设校经费问题

师资量的问题讨论告一段落后,接下去对于设校经费问题似宜即加以讨论。国立、省立师范每校每年经费连学生四百人膳费在内,约可以十二万元至十五万元为标准,国立者七十校,每年共需九百余万元,在各省亦有筹得的可能。县立师范每县一所,每年经费连学生二百人左右膳费在内,以五万元为标准,在贫瘠各县恐无法筹此巨款,但各省中经济力量够得上者很多,又各县倘能整理田赋等地方收入,剔除积弊,如二十八年四川省大竹区每年一县收入比旧时可增加二十万元左右,不但可用以创办师范学校,并有余款可用作推行其他地方建设事业之用,足见事在人为,设校经费问题并非不能解决。

学生来源与师资的问题

高中师范一年制短训班新生招高中毕业,或曾在高中肄业,或仅初中毕业者,斟酌地方情形而定。第一年全国共需新生约四万人,资格照上边这样放宽了,大约可无问题。初中师范一年制短训班新生招初中毕业,或曾在初中肄业,或仅高小毕业者,亦斟酌地方情形而定。第一年共需新生约十一万人,大约亦可无问题。至于师资的师资问题,全国各地师范二千余校,约共需教师二万至三万人。虽然不能说没有这许多适当人才可资聘用,但选择不可不谨慎,最好能用牛刀割鸡,不要因陋就简,随便请不能胜任者,以至造就不出优良的国民学校教师来。

师资品质问题

师资品质问题比师资数量问题更要紧，国民教育的推行和新县制的实施一面要有足够的师资，另一面还要有合用的师资，即使师资数量足敷分配，而不合用的人居大多数，对于推行国民教育和实施新县制的帮助一定是很有限的，师资合用与否全看训练得法与不得法，所以师资品质问题其实就是师资训练问题。

要知道国民教育师资应该怎样训练，先须认清我们对于今后推行国民教育的希望，这可分消极与积极方面，分述如下：

甲、消极方面：

1. 国民教育不仅是识字或书本的教育；

2. 国民教育不仅是学龄儿童的义务教育；

3. 国民教育不仅是男子的教育。

乙、积极方面：

1. 推行国民教育，无论短期或延长的，须智、德、体、群四育并重，求整个生活的进步向上，万万不可再如以往的专以识字或书本教育为能事，误民误国。

2. 推行国民教育须特别注重现在的国民和现在的生产者的成年人，并注重实际生活改进的指导，又男女受教育机会须均等，万万不可再如以往的但知有儿童、青年或男子，而不知有成年人和女子的教育。

3. 推行国民教育，以中华民国中华民族为唯一的中心，且须适合于目前的需要，迎头赶上世界先进各国（参考《教与学》月刊五卷四期）。

认清了对于今后推行国民教育的希望，我们还须拟订办理国民学校的原则如下：

1. 国民学校各教师应以半日时间办儿童教育，半日时间办社会教育或成人教育。

2. 儿童教育须智、德、体、群四育并重，并应注重儿童日常生活训导。

3. 成人教育须注意社会实际生活改进的指导，换言之，须注重指导成人运用团体力量，解决实际问题，因此还须同时顾到成人智、德、体、群四育的平均发展。所谓实际问题就是地方上民政（包含卫生）、警卫、经济、文化等问题，这许多问题须由国民学校教师指导保内成人运用保甲长或户代表会议、合作社、自卫队、校董会等等团体力量解决之。

4. 儿童教育因教师人数不够时可采用半日制。

根据上面的六项希望和四个原则，我们试开列国民教育师资训练的办法如下：

1. 师范学校须设在乡村，学生人数以三百人至四百人为度。人数过多时，须择较远相当地点分作两部分。

2. 学生功课须实习与课本并重；劳作与阅读并重。

3. 听讲阅读等时间应酌量减少，但基本工具国文一课务须多做，多练习，使学生国文清通后将来可以自修，求进步。

4. 学生在校日常生活须由教师指导学生运用团体组织（如膳食委员会、演说练习会、消费合作社农业生产团等等）解决之。

5. 学校须附设工场和相当面积的（至少六十亩以上）农场。

6. 各课注重试验和实习。例如国文除日记外须每周作文一次，生物标本指导学生自制等是。

7. 国立、省立及直辖市立师范学校须附设乡(镇)中心学校一所,保国民学校五所以上,由教师领导学生办理,一面作校内师生研究实习之场所,一面供他人之参考。县立师范亦须照样附设国民学校若干所,能附设乡(镇)中心学校一所更好。

8. 高初级师范生第一学年参观,兼在校内做社会服务工作(如定期举行民众同乐会等);第二学年见习,并参加社会活动,如列席保甲长、户长会议,旁听等等;第三学年完全实习。一年制短期训练班第一学期参观见习,第二学期完全实习,即由教师指导办理中心学校或国民学校。

9. 短期训练班以及高初级或简易师范生智、德、体、群四育和实际生活,社会服务,办理儿童和成年教育各方面均须预定一毕业能力标准。凡未达标准者(特别作指导校内学生和地方老百姓运用团体力量解决实际问题方面)不得毕业。

总之,今后培养师资在智、德、体、群四育,实际生活,社会服务,地方建设事业推进等各方面都应由做而学,由做而教。至于国立师范学校每省两所,省立师范平均每省六所,尤应十足贯彻新县制国民教育的精神,以做一般师范的楷模。

原载《教育通讯》第4卷1、2期,1941年1月

教育研究进行办法的商讨

广西教育研究所成立迄今已将半载，近拟出版《广西教育研究》月刊，因即用“教育研究进行办法的商讨”一题，简单写几点，以就教于关心教育研究事业的诸位先生。

我个人的愚见以为教育研究进行办法应该注意下列五点：

1. 重申教育宗旨。我国教育宗旨及其实施方针于十八年公布后，于二十年又经修正，教育宗旨的全文如下：

“中华民国之教育根据三民主义，以充实人民生活，扶植社会生存，发展国民生计，延续民族生命为目的，务期民族独立，民权普遍，民生发展，以促进世界大同。”

又广西省素以实行三自政策（自卫、自治、自给）和四大建设（政治、经济、文化、军事）求实现三民主义，所以“近来以还，由于政府与人民之共同努力……在文化方面则以提高民族意识消弭阶级斗争，创造前进文化为鹄的，因之，教育实施爰即依据‘政教合一’、‘建教合一’、‘文武合一’三大原则，活用教育制度，从教导民众，培植社会建设人才，以适应政治、经济、军事、建设之需要”（见广西省中等教育述要导言）。至于国民基础学校的对象不仅是儿童，而同时还教成人，不仅是狭小的学校，而是广大的社会，所以国民基础学校的使命，在纵的方面，要训练本省民众，使有现代国民必具的知能，使每一个人都成为“建设广西，复兴中国”的有力分子；在横的方面，要运用教育力量促进政治建设、经济建设、文化建设、军事建设的完成（见二十八年二月出版广西之国民基础教育）。而国民中学的设立，亦为适应本省四大建设之需要，所以广西国民中学办法第一条云：“广西省政府为便于继续国民基础教育，提高文化水准，及准备基层建设之干部人员，适应本省四大建设之需要特设国民中学”。

综合上述各节，可见广西省教育设施的主旨在依据三大原则，实行三自政策和四大建设，以期实现三民主义的中华民国教育宗旨的。今后广西进行教育研究时，自应把这一点把握住，以求方针的正确。

2. 针对时地需要。目前是中国抗战第四年的时期，虽然距最后胜利之期已不甚远，但建国所需的努力，恐将比抗战时还要更紧张。举凡政治、经济、文化、军事各方面的建设所需要的人力、财力、智力、群力，无论在战事初结束时，以及将来，一定不会比现在抗战时期少，只有比现在多。试回看上次欧战后，欧洲各国努力从事复兴和建设的情形，便不难了解的。同时，目前我们所处的时期是一个极大转变的时期。我个人是抱乐观主义的，有许多人喜欢危言耸听，他们亦许是故意这样说，否则便未免见识太短浅了。在我看来，目前世界大转变的方向是将由黑暗到光明，混乱到平治。在这种大转变中，文化关系是最紧要的。所谓文化是指社会秩序维持之道。而社会秩序维持之道要靠人生态度。由今之道，无变今之俗，人类社会秩序是无论如何无法维持的。不过，再经过若干年的大战和混乱，一定会逼得西洋人和日本人的人生态度的转变。人生态度转变，社会秩序维持之道便亦可求得。转变的方向既不是向西，亦不是向东，既非向左，亦非向右，而是向中。换句话说，他们将因人生态度转变，而采取中国文化以维持人类社会秩序。因此世界人类便可由黑暗走上光明之路，由混乱到平治。为什么是这样，我们在这里不能说明，须另为文详言之。但是这种转变是无疑的，可以断定的。因此在这大转变时期中，我们在中国，在中国的广西，对于教育研究和实施不能不加倍努力促使我国文化建设备做世界各国的指南针。

地和时有密切关系。倘使我们能够认清抗战建国和世界大转变时期的中国一国的和广西一省的需要，那么我们对于教育研究今后应取的方针和应有的努力，大概是不会差的了，不过教育还有他属于地方的特殊性。例如，在沿江沿海应注意渔业、航业、盐业、商业等教育；在山岭区的应注意森林、畜牧教育等是。在中国属于地方性的教育问题最显著的莫过于普遍文化水准提高的需要，所以普及教育是急需的，须加紧进行的，又在广西属于地方性的教育问题亦有很显著的例子，如特种教育。以上我们不过对于地方性的教育问题提出几个例子，说明在从事教育研究和实施时不能不针对地方的需要。而在目前更应当针对抗战建国时期和世界大转变时期的中国和广西的需要，来做教育研究和实施的工作。

3. 确定研究范围。教育研究范围的确定，一方面要从远大的理想看，另一方面却又不能不顾到事实，同时还须辨明白事业的缓急轻重。上面两节所提教育宗旨和时地需要可说是在理想方面的。为求教育研究方针的正确，我们在开始进行时，自然应该注意教育宗旨和时地需要，认清我们的目的，放大我们的眼光，提高我们的理想，扩充并且巩固我们的基础，如此，我们的工作才会有巨大贡献的可能。但是，另一方面却又不能不顾到事实。研究所需的人才、经费、设备等等，都可给我们许多限制。有时有了经费未必一定能得到相当的人才和设备，有时虽不难得到人才和设备，但又苦于无充分的经费。还有一种可能的情形，便是虽有充分的经费和设备，而没有适当的人才来利用这种现成的经费和设备。此外还有许多说不尽的麻烦，例如，法令的限制，人事的复杂，意见的参差，程度的不齐，环境的影响，错综纷纭，殊足以令人目迷神昏，无法应付。然而这都是免不了的事实，都是从事研究工作的人所会遇到的，而不可避免的。所以须请大家不要妄想，以为研究工作是清静的，高尚的，须知做研究工作的人须能顾到事实，设法解除事实的困难，才会进行顺利。

理想的远大如彼，而事实的限制又如此，所以我们在开始进行时就不得不斟酌教育事业的缓急轻重，定研究次序的先后，和范围的广狭。

4. 注重实施方法。研究有动静之分。调查统计、理论、计划、演讲、座谈、阅读、出版等等都是属于静的研究方面的。就办理实际事业，求实施方法，方是属于动的研究方面。一般人平时所称的研究，大抵不过指上边所述各种静的研究工作罢了。这在社会上已成了一种风气，很不容易挽回。加以我们中国人好静而不好动者多，所以更会走上静的研究的路子。报告也、论文也、计划也、刊物也，汗牛充栋。演讲也、座谈也、热闹得很。以往多少年数的研究结果，大概都是纸面的，所以有许多有心人都感觉到各种教育实施方法的缺乏或不切实际，但普通一般人仍旧仅知以空热闹，纸面成绩为满足，为得计的，结果就未免自误误人，误国殃民。

西洋有一句谚语说："一两的实行，胜于一磅的言论。"是的，不错的，尤其是在我们中国，文人好静而不好动已成牢不可破的风气。所以我想来加重这句谚语的分量，改为"一两的实行胜于一百斤的言论"。我们如果不设法矫正过去偏重静的研究的毛病，今后还脱不了他们的窠臼，蹈他们的覆辙。专在纸面上、口头上、笔墨上下工夫，而不肯用大部分的力量去从事实际事业，探索实施方法，那么，不但我们的心思才力、时间、经费，仍将白化，而教育事业前途终究亦将没有办法，没有开展希望的。

记得二十五年夏秋之交，吾国教育专家孟宪承氏愿意主办一民众教育实验区，该区范围等于一个旧时的自治区，内有二十余乡镇，数万人口。一年后由另一位教育专家古楳氏继孟氏之后，主办该区。孟、古二氏都是早已著作等身的，而会愿意从教育实施上去探求办法和真理。他们苟非有真知灼见，岂肯以专家和大学教授的地位，荒废了自己的阅读研究，著书立说的工夫，去下乡吃苦，跑路流汗，应付琐碎麻烦的事，接近无知无识的乡民呢？盖他们以及和他们有同样觉悟的人，都见到研究工作若不从办理实际事业上去探求办法和真理，是空洞不合用的，为个人进步计，为教育事业，为国家前途计，教育研究人员应该由静而动，转换方向，赶快用全力去注重有效实施方法的探求。这种觉悟是教育研究成败的关键，我们必须认清且把握住而不可稍为放松的。

所谓注重有效实施方法，就是从办理实际事业，从实际工作中去发现问题，即再就实际工作中去探求解决问题的方法，以实现理想和主义。例如，我国说国民教育、中等教育、师范教育、职业教育、社会教育等应该怎么办。我们要实现这种理想，我们不可仅以空想、口说、写文章或计划，定规程或下命令为能事，而当从实地办理国民、中等、师范、职业、社会教育去发现问题，并探求解决问题的方法和实现理想或主义的途径。上节所提孟、古二氏以及其他肯做实际工作的教育专家便是都有这种觉悟而且肯实行的。

教育研究在广西如要走上注重实施方法的路子是很方便的。因为研究所的常务委员由教育厅长担任，研究和行政既经联络合一，自然可以互相帮助。在这种安排之下，只需在全省国民基础学校、中心学校、国民中学、初中、高中、师范、职业等学校，以及社会教育事业中，各指定一校或一事业负研究实验之责，就在原地点，用原有经费，请原有人员切实进行，不过须使各该校或事业以及服务人员与研究所有密切的联络，大家肯虚心探求，都有研究的精神。苟能如是进行，那么无论一年、三年、五年、十年、二十年，一定会有相当成绩和贡献的。

5. 推进团体生活。教育即生活这句话现在已人人能言之。假使我们接受这句话的时候，那么教育研究便等于生活研究，而教育研究所亦可以说是生活研究所。我们中国人生活方面的短处很多，如不讲公德，随地涕吐，高声喧哗，迟缓不进取等，生活上说不尽的短处。但是我以为这许多都是枝节，我们中国人生活上根本的欠缺乃是团体生活。又百年以来，我们为求中国的复兴和建设，始则派留学生，开办译学馆、兵工厂，练新兵、兴海军，及稍有规模，稍有基础，到了甲午之后不幸失败了。遂继以废科举，兴学校，戊戌政变，义和团等等，而仍未收效。民元以来，救国运动不可胜举。为一般知识分子所乐道者莫如五四运动、新文化运动、民众运动以及民众教育运动等等。以上种种运动虽然闹得甚嚣尘上，可是效果仍是甚微。这是什么缘故呢？我说因为根本上我们中国人欠缺了团体生活习惯，发生不出力量。没有团体力量去运用种种好办法，无论如何不能收效的。

我们常说要实现三民主义以求民族独立，民权普遍，民生发展，不过我们要问，实现三民主义的关键在哪里呢？照我的愚见以为实现三民主义的关键在培养团体生活习惯，使大家能运用团体力量，解决实际问题。这是很显而易见的，因为民权主义的实现要靠民众有团体生活习惯，能运用团体力量。同时，中山先生在民族主义中岂不是很明白的昭示我们，要抵抗侵略，求得民族独立，非中华民族痛除一盘散沙的旧毛病，养成一整个民族大团结不可么？至于民生主义的实现，如合作社的组织，水利问题，病害虫害问题，改良种子，造林，护林等等有关民生的问题哪一个能由人民单独解决，而不需要有了团体力量才能解决呢？

由此可见培养团体生活习惯，确是教育工作中最重要的一件事。所以我提出从事教育研究须以推进团体生活做我们的主要工作。民众教育、社会教育应该如此做，国民基础教育、国民中学、初高中以及师范、职业教育都应该注重群育。随时随地随事在生活的方方面面都要设法培养民众以及学生的团体生活习惯和兴趣，使团体生活成为我们全中国人的第二天性，处处应用，时时应用，事事应用团体力量来解决实际问题，能够这样，自然我们整个中华民族亦不难成一民族大团体，以争取民族独立，民权普遍，民生发展了。

对于培养团体生活，广西的保甲、村街、乡镇组织以及村街民月会等，已有很好的基础，只要从事教育者能够认清团体生活的需要，尽力加以推广和推进而已。

原载《广西教育研究》第1卷1期，1941年1月

新县制与抗战建国的关系

自从民国二十八年九月国府公布县各级组织纲要(新县制)后,最初几个月内颇受各方面的注意,很有许多人加以热烈的讨论或准备积极推行,但是到了现在,时隔一年有半,几乎有事过境迁,慢慢的淡忘了的模样,在我看来,这是一种很不应该有而要不得的现象,因为新县制是抗战必胜,建国必成的利器和唯一的途径,内中规定的县以下各级组织,以及民政、警卫、经济、文化等事业推进办法就抗战与建国两方面看,都是不可少的,所以全国朝野上下的人对于新县制都应该密切地注意,切实地研究和推行,以期抗战必胜,建国必成的信念得早日实现,本文的目的就在引起大家对于新县制的注意,研究与推行。抛砖引玉,很希望邦人君子多多指教。

为讨论便利起见,本文拟分下列各节:

一、抗战建国的需要。

二、新县制的主旨。

三、新县制内容的提要。

四、新县制的运用以及如何配合抗战建国的需要。

五、具体的提议,内分(1) 实施新县制的步骤;(2) 普遍训练;(3) 团体生活;(4) 事业进行。

六、结论。

试依次分述于后:

一、抗战建国的需要

按照抗战建国纲领,在军事方面,抗战建国的需要与新县制有关系的为全国壮丁训练,各地武装人民的指导及援助,抗战人员家属的优待,伤亡官兵的抚慰,及残废的安置等;在政治方面,与新县制有关系的为国民参政机关组织,民众自卫组织的改善、健全与训练,地方自治条件的加速完成,并倡导民众忠勇奋斗,为国牺牲,严守纪律,服从命令等;在经济方面,与新县制有关系的为改善人民生活,实行计划经济,扩大战时生产,发展农村经济,提倡合作事业,调节粮食,开垦荒地,疏通水利,开发矿产,经营工业,发展手工业,严禁奸商垄断,实施物品平价等;在民众运动方面,与新县制有关系的为发动全国民众,组织并改善、充实农工商学各职业团体,救济并组织训练战区难民及失业民众,加强民众的国家意识,使能辅助政府肃清反动等,在教育方面,与新县制有关系的为普及国民教育,推行战时教程,注重国民道德的修养,训练青年,及训练妇女等。

二、新县制的主旨

蒋委员长在中央训练团讲演,确定县以下地方组织问题时,曾郑重申明"本案之根本精神在于唤起民众,发动民众,加强地方组织,促进地方自治事业,以奠定革命建国的基础,至为适应当前国家民族之情势需要,自无待说"。又县以下地方组织实施办法程序开头即云本案之目的:(一)为明耻教战,以保全民族;(二)为使人尽其力,地尽其利,物尽其用,货畅其流,以利民生;(三)为训练人民行使四权,切实办理训政,实现地方自治,以达于宪政。

总括上面两节,新县制的主旨在加速实现三民主义,而抗战建国的需要在就自卫、政治、经济、教育、组训等各方面,努力进行,积极下工夫,以求抗战必胜,建国必成。最后归结亦就是三民主义的实现。所以抗战建国纲领之总则有下列二条的规定:(一)确定三民主义暨总理遗教为一般抗战行动及建国之最高准绳;(二)全国抗战力量应在中国国民党及蒋委员长领导之下,集中全力,奋励迈进。

至于研究如何运用新县制使配合抗战建国的需要,就有须先说明新县制内容的必要。

三、新县制内容的提要

1. 新县制确定县为地方自治单位,乡镇为县以下之基本单位,保为乡镇之构成分子,均特别加以充实(甲为保之构成分子固无待说),在县与乡镇之间必要时得设区,同样的在乡镇与保之间必要时得有联保之设置,甲,保,乡镇均以十进,但留有弹性,以六至十五为限。

2. 在自治团体方面,甲设户长会议,必要时得举行甲居民会议,保设保民大会,暂定每户出席一人,乡镇设乡镇民代表会,每保代表二人,由保民大会选举之,县设县参议会,由乡镇民代表会选举县参议员组织之,每乡镇选举一人。

3. 在行政方面,甲长一人由户长会议选举,保长副保长各一人由保民大会就合规资格之公民中选举之,乡(镇)长一人,副乡(镇)长一人至二人,由乡(镇)民代表会就合规定资格之公民中选举之,县参议会暂不选举县长,又甲设甲办公处,保设保办公处,乡(镇)设乡(镇)公所,内分设民政、警卫、经济、文化四股(保办公处的事务亦为民政、警卫、经济、文化等)。

4. 在警卫方面,每保编壮丁一小队,二十岁至三十五岁合格之甲级壮丁约五十人,由保长兼队长,乡(镇)壮丁队由乡(镇)长兼队长,按期抽调各保壮丁队中之精壮者,轮流到乡(镇)受高一级之训练,并任警卫之责。

5. 在经济方面,合作社以乡镇为单位,各保设分社,又各乡镇并应设仓库一所储押物品(粮食管理应特设分库)。

6. 在教育方面,保设国民学校,乡镇各设中心学校,各校长由保长乡镇长分别兼任,而副保长,副乡长及各校教师须分别担任民政、警卫、经济、文化各事务,又国民学校中心学校均包括妇女、儿童、成人三部分,使民众教育与义务教育打成一片,普遍的提高人民之知识技能,教师除任课外并须协助保长乡镇长指导民众办理各项事务。

四、新县制的运用以及如何配合抗战建国的需要

新县制运用之原则可得而述者有如下数条:

1. 由做而学或说是做学教合一。户长会议,保民大会,乡镇民代表会,县参议会等民意机关的设置,都是要使老百姓实践中练习民权的行使,而壮丁队的训练和警卫工作,以及合作社仓库等的组织管理等没有一件事不表现要使人民由做而学的精神,人民由做上学,而国民学校中心学校老师,又必须就做的上面来指导。

2. 注重团体组织。各级议会，壮丁队，妇女会，合作社，仓库，以及农会等职业团体的组织，都足以培养人民的组织能力与团体生活，使全国可以自下而上，由各级地方自治团体的形成，最后到民族大团体之成立。

3. 政教养卫合一。保长兼国民学校校长，壮丁队队长，并亦得被选兼任合作社分社社长，乡（镇）长兼中心学校校长，壮丁队队长，同时副保长副乡（镇）长以及国民学校中心学校教师须分别担任民政、警卫、经济、文化等事务，这种种安排都充分表现教养卫合一的主旨，要使行政人员以及一般的人必须重视教育，以教育为方法，达到革命建国的目的。

4. 社会与学校打成一片。国民学校中心学校均包括妇女，儿童，成人三部分，国民学校普遍提高人民之知能，中心学校内分初级班与高级班，高级班注重训练民众担任户籍、卫生、合作等事务，同时所有学校教师均须分任各项训练及指导工作，并须辅助保长或乡（镇）长处理民政、警卫、经济、文化等各项事务，无论在纵的方面或横的方面，人的方面或事的方面，可说是无所不包，明明要使社会与学校打成一片，以全体人民为对象，以社会为学校，就实际生活指导国民做人做事。

总括上面1至4节，一言以蔽之，新县制的运用在使社会与学校打成一片，以社会为学校，全体人民为对象，民政、警卫、经济、文化等事务为功课，培养团体生活，使人民由做而学，运用团体力量解决社会实际生活问题，即民政、警卫、经济、文化等各项事务。

接下去试就军事、政治、经济、民众运动，及教育等各方面分述怎样使新县制配合抗战建国的需要，事实上在上面抗战建国的需要一节中，我们已经点明新县制与抗战建国需要的关系，不过现在经过研究新县制的主旨与内容提要后，便很容易看出怎样运用新县制使配合抗战建国需要的办法。

在军事方面，新县制内规定的保壮丁队及乡镇壮丁队足以满足抗战建国所需全国壮丁训练与各地武装人民的指导及援助的要求，又妇女会及农工商学等职业团体对于优待出征军人的家属，抚慰伤亡官兵，安置残废等项工作，或单独，或联合，都可有相当帮助，至于各级议会，自治机关（如乡镇公所保办公处等）及国民学校中心学校对于以上各项需要之可有帮助，更不必说。

在政治方面，新县制内规定的户长会议，甲居民会议，保民大会，乡镇民代表会，县参议会等，足以满足抗战建国所需组织国民参政机关，加速完成地方自治条件的要求，而由国民学校、中心学校教师辅助保长、乡镇长训练指导壮丁队户籍、卫生、仓库、合作社等等事业，正所以针对改善、健全与训练民众自卫组织，并倡导民众忠勇奋斗，为国牺牲，严守纪律，服从命令等抗战建国的要求。

在经济方面，新县制在表面上虽仅明文规定仓库及合作社二项，其实壮丁训练不仅限于军事自卫，对于公民及职业训练亦须顾及，而国民学校中心学校的妇女班、成人班、高级班，于读书识字之外，当注意双手万能，力求实用及普遍知识技能的提高（详见“地方自治开始实行法”及“确定县以下地方组织问题”之其二其三其五），这样自然就足以满足或促成抗战建国所需改善人民生活，实行计划经济，扩大战时生产，发展农村经济，提倡合作事业，调节粮食，开垦荒地，疏通水利，开发矿产，经营工业，发展手工业，严禁奸商垄断，实施物品平价等要求，且地方自治不仅为政治团体，而当成为经济团体。上列种种经济事业，以及用公耕法与为公服役法来筹措自治经费等早由孙总理在地方自治开始实行法中昭示。新县制目的之一既为加速完成地方自治的条件，那么新县制应当能够满足抗战建国经济方面的需要是毋庸置疑的。

在民众训练及教育方面，新县制内规定的保及乡镇壮丁训练，每保编组壮丁一小队，以五十人计算，全国六百四十六万八千余队共可有三千二百七十万人，加上甲长、保长、乡镇长训练，以及各级议会与农工商学各职业团体之组织，国民学校、中心学校妇女班、儿童班、成人班、高级班的教学，和各校教师辅助乡镇保甲长训练并指导民众办理各项事务合起来足以满足抗战建国所需发动全民，改善并充实团体组织，加强民众的国家意识，普及国民教育组织并训练妇女、青年、难民及失业民众，推行战时教程等等的要求。

总之，抗战必胜，建国必成的主要条件为合全国人民，群策群力，奋斗迈进。新县制是一种组织，一种制度，所以要使全国人民能够合起来群策群力，奋斗迈进。所以我们如果希望抗战必胜，建国必成，便应当依照立法本意善于运用新县制，使配合抗战建国的需要，以促成革命建国和三民主义的实现，这是我国知识分子应做的最伟大的功业，需要深思熟虑，艰苦卓绝，有恒不辍，努力进行，在下面一时不及提出整个的进行办法，目前仅能提出几个具体的提议。

五、具体的提议

怎样能使新县制行得通，实施没有阻碍，而且能够确实见效，这是一个值得郑重考虑的问题。关于新县制实施办法程序已有详细规定，毋庸重复多说，现在试仅就实施新县制步骤，举出不可忽略的要点并加以申说。

（甲）在朝在野知识分子对新县制的重要性太无认识，太不注意，需要做一翻宣传工夫，使他们深切明了推行新县制为抗战建国必要的条件，必由的途径，大家赶紧起来切实实施。中央与各省当局，各省当局与各县当局，各县当局与乡镇保甲长，都应该以此相勉励，同时中央及省府县府大小公务人员亦都应该以此相勉励，于必要时施以不得不有的训练，如此方能化除一切模糊、惰性、顽固、疏忽等阻力，使新县制的实施一帆风顺。又今后县府省府公务人员的考成应侧重施行新县制的实际成绩，全国一律如此办理，经过二三年后，成效才会显著。

（乙）乡镇及保为新县制的基础，乡镇保长副及中心学校国民学校教师为此基层工作人员，而教师之总数超过乡镇保长副三倍以上，所以今后师范教育实占极重要的地位，须尽量设法破除关门办教育的传统观念，使教师能以社会为学校，全民为对象，实际生活为课程。而一般中央省县地方政府机关的知识分子尤其应该乐意做这种工作，但不妨仍旧支各人原支的薪金，用原来的名义，因为基层工作不但切实而不空洞，且兴趣横生，使人生意义可格外充实。

（丙）经费为兴办事业所必需之条件。实施新县制所需经费为数很大，开始时最好能在不增加人民负担的前提之下来筹必不可少的经费，这是有可能的，大抵一县的税收，如田赋、屠宰税、契税、牙帖税、营业税等或可剔除中饱，或可把包征的比额提高，结果每年收入可比原有收入增加百分之五十以上。例如，四川省大竹专员区内各县两年以来的收入情形即一明证。过去八九年前在江苏滨太湖地带有二县的税收亦曾有同样增加情形，假定一县税收能增百分之五十以上，那么开始推行新县制所需的经费还怕没有着落么？等到二三年后地方生产专业发达，筹措经费自然可以更便利了。

全国知识分子都认识实施新县制的重要，并且乐意做基层工作，同时经费亦有着落，新县制才能通行无阻。这是我对于实施新县制步骤的具体提议。

第二个具体提议是普遍训练。

原来新县制内所规定的保壮丁队、乡镇壮丁队，各校妇女班、儿童班、成人班等已经安排了普遍训练，无需再有什么提议。不过我所以再要提出来的原因，在提醒大家普遍训练的重要。有了普遍训练才会有可用的全民力量，才会成真正的民主国家。否则，不但没有可用的全民力量，并且使少数受训者在大多数未受训者中间成为新土豪劣绅，任意鱼肉欺侮，昏天黑地，这绝非目前及今后应有的现象，而应该赶快纠正。所以在实施新县制时应切实做到普遍训练这一点。不可忽略，不可虚应故事，不可阳奉阴违。普遍训练是新县制能有成效或不能有成效的枢纽。要动员全民抗战建国，便非运用壮丁队、妇女班、儿童班、成人班、青年训练等完成普遍训练全民训练不可。

第三个具体提议是团体生活。

这个提议可与第四个提议——事业进行合并讨论的。普遍训练，全民训练，要训练些什么？主要的是要训练人民运用团体力量，解决社会问题。举凡抗战建国，小至一身、一家、一机关、一村、一乡、一镇，大至一县、一省、一国的各项事务，非有组织，有团体力量，不易得到顺利满意的解决的。教育不普及，生产不增加，治安不好，公共卫生不易推进，水利、交通以及其他一切事业都无进步，总结起来无非由于人民无团体生活习惯，无组织遂无解决社会问题的力量和办法。新县制内规定的户长会议、甲居民会议、保民大会、乡镇民代表会、县参议会、合作社、壮丁队、各种职业团体等等都是要培养人民团体生活，使能运用团体力量，解决所有政治、经济、文化等社会问题的。这种说法不是我个人的私意，而是新县制的法意，亦就是我们中国最缺乏，最需要的一点。一片散沙是不成的。要达到民族独立自由的目的，非有整个民族大团体不可。要改善人民生活，增加国富，并非有合作组织等不可。要实施宪政，非人民能运用甲民会议、户长会议、保民大会、乡镇民代表会、县省参议会等民意机关不可。所以培养团体生活，使全体人民都能运用团体力量解决一切社会问题，进行各种事业，是新县制的画龙点睛处，凡从事教育、训练、指导等工作的人都应当设法切实做到的。

六、结论

新县制的足以配合抗战建国的急迫需要略如上述。中央颁布新县制大部分采取广西省数年来所实施的办法。最近南宁收复，广西全省完整，正可以积极充实新县制的内容为各地倡导。同时，各省地方或为陪都所在的首善之区，或素为文化发达之区，或在抗战前线或在边区，就各地方的地位看，无一不重要。为一省一地方计，为全国计，为全民计，为求抗战必胜，建国必成计，为实现三民主义，完成革命建国，都有积极推行新县制的必要与义务。

原载《抗战时代》第3卷2期，1941年3月

抗战以来的江苏省立教育学院

三个大前提

为什么江苏省立教育学院原址无锡沦陷敌手已逾三年,而学院本身还在后方努力进行?这是因为有三个大前提:

1. 不让敌人摧毁文化事业。敌人可暂时占据我们的土地,但是我们必须和敌人争气,保持我们的文化事业。

2. 保全国家的元气。教职员学生等知识分子都是国家的元气,在这长期抗战的时期,他们心志必有所专注,精神方能愈加奋发,尤其是能在一个有十余年历史的文化机关从事教育事业的研习和推行。

3. 培养抗建人才。七七抗战后民众组训工作更为重要,因之各地需要本院毕业生之服务者亦愈多。

半年播迁

七七卢沟桥抗战,接连八一三上海抗战。无锡距沪虽仅二百数十里,我们推测,照一二八的经验,至少可以在锡上课一学期。但为避免敌机空袭计,九月十日开学时,就把三分之二的师生分散在乡间两个民众教育实验区上课,到了十月初旬,敌机开始轰炸无锡后,我们便把其余一部分师生疏散到另一个乡区上课,并实施民教。同时亦设法先在江苏高淳预借庙宇祠堂,准备必要时迁移之用。及十一月中旬,得悉金山卫敌人登岸消息,预料敌人将由宜兴进兵攻南京,或由宣城进兵攻芜湖,包抄南京,本院就决定西迁。全体师生限十一月十五日前分别从三地出发。初意还想在高淳结束秋季学期功课,所以约定自各地出发的师生到溧阳集合,同赴高淳。不意形势转变太快,一部分先到宜兴的师生便中途折而北向,到镇江、南京,或乘轮到汉口,或乘车到徐州,有许多师生就留徐工作。但大部分师生仍在溧阳集合,同赴高淳转芜湖乘轮到汉口,这是十二月四日,师生自京镇及徐州到汉者亦来会合。但因当时经济困难,遂不得不设法疏散。凡学生有实习机会者都劝他们去实习。其他无论如何愿随学院同行者,所有新旧师生及毕业生一律欢迎加入同行。在汉留约一星期,便同到长沙,借湖南省立农民教育馆等地上课三星期。到了二十七年一月初,再自湘雇船启程到衡阳,凡十余日,师生除助船夫拉纤外,每日上课数小时,在衡等待便车转来桂林,时为一月二十日左右,就借广西大学文法学院上课三星期,结束二十六年秋季学期功课。计自二十六年九月至翌年二月,本院师生常在播迁之中。一路承校友、民众、各省地方当局及爱护本院之人士予以援助鼓励,感激非可言宣。

半年艰苦

二十六年秋,教职员薪水发至十一月份上半月,而江苏教育经费仅发至十月份上半月。院内原来略有积余,但以银行存款除交通及上海两银行得提取外,存省银行之款停止提取,致使院内经济拮据异常,所以师生旅费全由各人自己负担,间有困难者由学院借垫。自二十六年十二月份起教职员每人月支生活费十二元,二十七年二三两月各支十六元,四月份起最高者月支五十元,八月份起最高者月支百元。以后逐渐增加,迟至二十九年度因物价高涨太甚,加以大家积蓄渐无,始不得不将教职员薪金照其他公立大学同样支给。学生之困难者,自二十六年十一月起即由院给以贷金。还记得二十七年三月间某讲师自苏电桂,表示欲来,我们去电欢迎,同时说明各人月支生活费十六元,不及一个月某讲师果来桂同甘苦。这种师生精神之团聚,正所以反映上文保全元气云云之必要。

学院和风景区

本院开办时在虎丘之阳,半年后移太湖之滨,再隔半年定址在惠山之麓。想不到因敌人的侵略,竟搬来山水甲天下的桂林,并且借校舍在名胜之区的寺和庵与庙,师生在此享清福已又逾三年了。不过,读者不要太理想,须知风景虽佳,庙亦许是破的,并且寺庵庙彼此中间可以相距一二里。所以每逢富贵人家的子女要想进本院求学的,我们必先领他们的亲长看附近的风景和寺庵庙,并且劝他们勿轻易送子女来学,倘使送,就须过这种简朴刻苦的生活,并受严格训练。

功课和校风

本院原设民众教育农事教育两学系,并附设农事教育、电影播音教育两专修科。二十七年春因设备不全,电影教育播音教育专修科暂停。同年秋奉教育部令,改设社会教育、农业教育两学系,并附设农业教育专修科。功课照以往办法注重平时实习,除有参观及实习外,另提出在学期间的四分之一使学生在本院队属机关实习,或商得其他教育和农业机关许可后,使学生去实习。院内每天生活日程为升旗、早操、早餐、上课、午餐、午睡、上课、课外强迫运动或劳动服务一小时(每人每周二次)、降旗、晚餐、自修(或上课)、就寝。清晨五时许起,至晚九时半止。

从事社会教育乡村工作的人的生活,非简单朴素刻苦耐劳不可。桂林这个地方使我们感觉很愉快的,就是本地自下至上,都是生活简朴,精神振足的。我们师生来到这里,都觉得很惯,很自然。

导师制在本院已有十年以上的历史。每一位老师都是专任教员兼指导员,像母鸡一样,每一个母鸡常和小鸡十个左右接近,看笔记,个别谈话,劳动服务,院内外公共集会等等,一切的一切都共同参加。

学生和设备

从前在本省时,本院学生十分之六为本省籍,十分之四为外省籍,遍及十四五省。近两年来的百分比适与以前相反,就是外省十之六七,本省十之三四。历来女生数常占十分之二强。至于学生总数,以前在本省时除附属机关外常在三百以内,近来的有旧时的半数,此外附属国民中学三班学生约九十人,附属儿童教育团的学生约四百余人,其他民众学校等等不计。

图书除陆续自行添购外，桂省图书馆每次可借给本院五百册，每半年更换一二次；以前西大文法学院图书馆亦予本院师生以便利；今后广西教育研究所图书馆亦可予本院师生以便利。

仪器除电影设备可与桂省府教厅互相通用外，其余显微镜等等都仰仗省桂中及桂省医学院予以便利。

农场畜牧场，借用公地及租用田地共数十亩。农系科学生除在本院实习外，并常商请桂省家畜保畜所、沙塘农事试验场准许数人至数十人前往实习数周至半年。桂省图书馆、职校、中学、国中以及农本局、中国工业合作协会、合作金库与附近湘赣浙等省教育农业机关，亦准许本院学生前往实习，并任指导。

二十九秋季起为补充全体师生食物营养，并训练全体学生劳作计，组织农业生产团，学生每人须种蔬菜田半分以上，畜养及农产加工生产工作由高年级学生选习。

推广及代办教育事业

二十七年春季学期，本院师生曾办八桂镇补习班及南华艺员补习班，效果尚可。已故马君武先生每遇见我们，必称道那次补习班之成绩。同时承广西省政府委托代办收音人员及劳作师资进修班各一班，二十七年秋及二十八年春两学期内所办教育事业有：

1. 协助广西成人教育年。
2. 恢复《教育与民众》月刊。
3. 举行教育座谈会。
4. 实施岩洞教育。
5. 设立儿童教育团。
6. 开办民众学校。
7. 筹设社会教育推行区。
8. 进行农村调查工作。
9. 接办东兰国民中学(以上九项印有详细报告)。

二十八年秋及二十九年春两学期内，除继续上年原有固定事业外，新的主要教育事业有：

1. 受广西省政府委托代编国民中学前期二年教材共一百数十万言。
2. 创立附属国民中学，以便把所编教材试教修订。
3. 代办女高中师范班一学期。

二十九年秋季学期起一学年内，接受广西省政府委托代办国民中学教育研究班；同时计划进行者，除设法充实已举办之各种教育事业外，拟集中精力注重附属国民中学推进地方建设事业。

毕业生服务调查

服务地点为苏、浙、皖、闽、赣、两湖、两广、两河(河南、河北)、鲁、川、康、云、贵、陕、甘等省，而以苏、川、桂三省为较多。

经费来源

江苏教育经费发至二十六年十月份上半月，后又奉江苏省教育厅核准动用积余金二万余元。自二十七年五月起陆续由教育部发给经临补助费约二十万元；三十年度春季已蒙核准发给四万数千元。同时自二十七年秋季起，广西省政府陆续补助本院经临两费，至最近总数已有十万元左右。回忆二十七年春秋之间，广西政府当局常询问本院需要何种帮助，本院因不速之客，受惠已多，深恐无以为报，不敢商请，正如古人诗云，"不是微禽敢辞惠，只愁无处觅金环"。及二十七年七月，因情不可却，遂请拨借公地并拨款建筑校舍。二十八年九月起承委托编辑国民中学前期教材，月补助本院三千元。二十九年九月起承委托办理国民中学教育研究班月补助四千余元，内千余元作学生膳费旅费之用，另发临时费添建校舍，教育部及广西省政府爱护本学院之盛意，殊令人感奋也。

教职员

本院院内连附属国民中学及儿童教育团教职员共约六十人，院本部专任者，三十余人，兼任者五人，附属国中专任导师四人，附属儿童教育团教师十三人。内三分之一以上系旧人，其余系三年半来陆续聘请者。

原载《教育与民众》第10卷8期，1941年4月

《教育与民众》百期专号序

本刊印行百期专号有三种用意：一、检讨社会教育及本刊在过去十余年的进展；二、商讨社会教育的前途；三、对于历年来作者、读者和编者表示谢忱，并请作者、读者和一般热心社会教育的人予以指导。

民国十八年春，本刊初发行时，国内对于社会教育注意者固不乏人，但寥若晨星。当时社会教育事业的推行，须费九牛二虎之力，始能略有发展，所谓事倍功半者是也。到了近几年来，情形就不同了。各地新兴社会事业的发展，蓬蓬勃勃，如雨后春笋。这许多新兴社会事业虽不标明社会教育事业的名义，但实际上固然确确凿凿是社会教育事业。这种现象无非证明社会教育是我国所迫切需要的。自从民国二十八年秋，新县制颁布后，规定保国民学校及乡（镇）中心学校须各负所在保和乡或镇的政教养卫地方建设事业推进指导的责任，使学校做社会的中心，学校社会化。此种办法无非更证明社会教育是我国所迫切需要的而已。社会教育在十余年来发展如此迅速，固然可喜，但因此热心提倡，社会教育者的责任便愈重了。此在我们检讨过去，远瞩未来，所不得不益自策励者也。

社会教育的能够有益于国家民族，有助于抗战建国，已经为大家所公认，无需乎再宣传或申说。但是如何实施社会教育；如何依照新县制使国民学校、中心学校以及中等学校和专科以上学校分别成为所在地社会的中心，推进地方建设事业，配合抗战建国需要；如何培养社会教育人才，如何加紧社会教育工作，以期收到最大成效，促进三民主义建国的完成，都是今后社会教育方面应该研究实验实施推广的重要问题，须待在朝在野热心社会教育的人们所当共同努力积极进行的。

讨论到这里，似乎我们还有注意一个重要问题的必要。这就是社会教育的中心工作问题。社会教育的范围很广，门类很多。读，写、算、图书、博物、电影、广播、乡村建设、民众组训、语文、公民、生计、健康、家政、艺术以及其他种种社会教育项目，不可胜数。五花八门，名目繁多，从事社会教育学习、研究、实验、实施、推行的人，是不是应该一以贯之？还是散漫无所归呢？其实从根本上着想，根据中华民国教育宗旨，社会教育无疑的应该注重恢复我国民族固有精神，培养民众团体生活，使能根据理性，运用团体力量，解决政教养卫一切社会问题，如此，才能养成整个民族大团体，实现民族、民权、民生主义的希望和把握。所以上述各项社会教育都应认清这一点，以此为各项目的中心工作，一以贯之，殊途同归。

最后，我们要借此机会对于历年来爱护本刊的读者、作者致无限的敬意和谢意。同时，对于十余年来本刊历届心力交瘁的编辑人亦致无限的敬意和谢意。

中华民国三十年度高阳序。

原载《教育与民众》第10卷10期（百期专号），1941年6月

教师的心事重重

三十年教师节述

一、国家民族的前途亦或是青年儿童的前途

国家民族的前途寄托在哪里呢？无疑的寄托在目前的青年和儿童身上。青年和儿童之所以要上学，父母亲长之所以要送子弟入学，国家之所以要办理教育，无非是为的要培植人才，造就良好公民，使国家民族青年儿童的前途光明。最最使教师操心的，就是这种连锁的关系和双重的责任，国家民族的前途和青年儿童的前途是连锁起来的，国家民族将来有没有办法，须看目前青年儿童是否能成有用之才和良好公民，这其间的关系成正比例的。因此，教师就负了双重的责任，使青年儿童前途光明，同时便使国家民族前途亦光明。如误人子弟误青年儿童的前途，同时便亦误国殃民，误国家民族的前途。我们须记得凡目前无补或为害于国家民族的一般成年人，是过去教师所造成的，将来如果有无补或为害于国家民族的人，自然无疑的是目前的教师所造成的。做教师的人假使糊里糊涂不明白或没有想到这种关系，便亦罢了，但是一旦明白了这种连锁的关系和双重的责任，就免不了成为教师的心事。教师误人子弟，误少数青年儿童的前途，表面上固然似乎是无关重要的，无如国家民族的前途，完全寄托在目前的儿童与青年的身上，这是一定不易无可疑问的，哪里还能够不成为教师的心事呢？

二、以言教还是以身教

在现代的世界，可说是以言教到了全盛时期，国语、壁报、传单、定期刊物，汗牛充栋；演讲、宣传、表演、广播，甚嚣尘上，成效如何呢？这许多以言教的种种方法，已经成了社会上所盛行习惯的事。要提倡一件事，便不得不做这种宣传工作，并且除去做这种宣传工作之外，亦无其他更好的办法，至于收效如何？是从来不顾到的。何况做了这种种工作，已经够辛苦了，哪里还有精力来计算所收的效果呢？总结一句，这是现代盛行不问收效的以言教的办法。其次还有言不顾行或学用分离的以言教的办法，这是怎么说呢？古人所说的口耳之学，大约可以说明这种以言教的办法。先生说学生听，师生都不能行，亦不思实行，仅仅以能说为能事罢了。实例很多，习语文的人既不会写信，又不会做文章，且不会演说；学了数年物理学，不会装置电铃；大学农工毕业生，没有把握经营小规模的农场、工场，规模较大的更茫然了。最荒唐的是言不顾行，甚至言行适得其反。农校的农场荒芜，这不是言不顾行吗？以礼义廉耻为公共校训，而听便学生放肆无礼，师生经手款项账目不清，这不是言行相反么？更进一层，我们反转来问，以身作则的教育有效无效呢？照道理以身教应该是有效的，但是学生能用脑筋的未必多，（此处略有删节）教师尽管以身教，学生还是走他们自鸣得意的路，这就如何是好呢？以言教乎？以身教乎？岂

不将使教师心事重重乎？子曰："始吾于人也，听其言而信其行。今吾于人也，听其言而观其行。"又曰："予欲无言。"子贡曰："子如不言，则小子何述焉？"曰："天何言哉，四时行焉，百物生焉，天何言哉。"孔子虽在当时说明了以言教以身教的几个观点，但到现在的情形更复杂了，言教身教却又成了教师的心事。

三、社会和教育的对立

上节所说的，以言教乎？以身教乎？还不过关于教师个人和学生个人间的关系，教师自己可有斟酌余地，但本节所要说的社会和教育的对立，就把范围扩大了，其影响所及，往往非教师所能完全左右。原来社会环境对于人的影响无论中外古今都早已承认的，孟母的所以三迁，就是一个很好的证明。现在的问题是社会和教育走一个方向，还是走相反对或相背驰的方向？如果方向相同，那么做教师的人好像行船的顺风顺水，收效必定速而且宏。假使方向相反对相背驰，那么教师如逆水行舟，吃力不讨好。目前的情形就是这样，教育是应该走正路的，而社会上的风气偏偏专走不正当的路子；教育是应该走向光明的大道的，而社会大势所趋都向黑暗方面去。例证多得很，到处皆是，不胜枚举。列举出来近乎发牢骚骂人，不过事实确是如此，社会和教育，处于互相对立，互相反对，互相背驰的地位。并且社会对于儿童，特别是对于青年的恶影响很大很深很普遍，儿童青年及社会上一般的人，沉浸于其间，不知不觉无以自拔，无法挽回。他的最重要的原因，还是"草上之风必偃"和社会的"从风日靡"。孟子说："一齐众楚，虽日挞而求其齐也不可得矣。"为教师者如果醉生梦死，不用脑筋，便亦随波逐流，马马虎虎过去了，教师如果是清醒的，处这种情形，处这样的环境，将怎么办呢？熟视无睹，不闻不问，都非良心所愿；然而既倒狂澜，既非只手所能挽，尽力而行，效其愚忠，又未免自觉可怜，这岂非教师的又一重大心事么？

四、抗战建国对于教育的要求

上面三种教师的心事，不过是普通的寻常所见的，但是抗战已逾四年，为求最后胜利，建国完成，做教师者应当怎样努力呢？换言之，怎样才能满足抗战建国对于教育的要求呢？抗战四年余来，小学、初高中以及大学，一年一年毕业的已经各有四次以上。在开始抗战后进大学的，已毕业一班，进初高中的，已各毕业二班。以上各级毕业生总数亦很多，这许多毕业生，果能适合抗战建国的需要否？对于抗战建国有什么帮助？有多少帮助？各级学校的教学和训练，是否都能配合或针对抗战建国的需要？以上种种问题，不想亦罢了，每一次想到了，实在足以使教师操心烦闷的。尽可以学生毕业后出路或升学都一帆风顺，不成问题，但是满足抗战建国对于教育的要求与否，是另一回事，而确实成问题的。试举实施新县制这件事来说，新县制要求保国民学校，乡或镇中心学校，能做所在地之保和乡、镇的社会中心，能负起所在地民政、警卫、经济、文化事业推进的责任的，试行二年以来，原有学校对于建国重要工作能做到几分？师范学校及一般师资训练机关，果能按照新县制对于教育的要求切实进行否？其实抗战建国，不但对于保区乡（镇）学作上述的要求，就是对于一般的中等学校和大学，何尝不作同样的要求。我们做教师的，个人热烈希望抗战胜利建国完成，但是怎样使学校做社会中心，负得起推进地方建设事业的责任,怎样能予学生及一般民众以配合抗战建国必要的训练,是四年余来使教师时常操心烦闷的大问题。

五、怎样安身立命

国家民族,青年儿童,言教身教,社会环境,抗战建国等大问题,增加教师的心事,重重叠叠,已足以压迫教师,使教师透不过气来,然而教师亦不过是一平常人,公的问题固然使他操心烦闷,他自己个人的问题,自然亦使他操心烦闷的。教师个人如何安身立命?对于他本人,当然亦是一件重要的心事。教师的工作是单调的,教师的生活是清苦的,教师的责任是繁重的,教师有什么可以自慰的呢?虽然孟子曾说,得天下英才而教育之,为人生三乐之一,但能够有这种一乐的教师,百人中有几人?所以怎样安身立命,就成教师的一件心事。孔子更进一层,他曾这样说:"德之不修,学之不讲,闻义不能徙,不善不能改,是吾忧也。"孟子又申说:"夫以百亩之不易为己忧者农夫也。"又说:"放勋曰,劳之来之,匡之直之,辅之翼之,使自得之,又从而振德之,圣人之忧民如此。"这都点出了教师安身立命的心事。

原载《教育通讯》第4卷第32、33期合刊,1941年8月

吾国社会教育今后应特别提倡的事业

当国立社会教育学院初成立,《教育与社会》季刊初发行的时候,为求社会教育确实能够有益于国家民族,确实能够收宏效计,并且为正一般从事于社会教育的研究、学习和推行的人的视听计,我们不得不提出"吾国社会教育今后应特别提倡的事业"这个题目。

要确定吾国社会教育今后究竟应该提倡些什么事业,我们须先明白吾国为什么要推行社会教育?从表面上看,社会教育似乎是不急要的,是次要的,是点缀品而非必要品,有亦好,没有亦未尝不好。假使社会教育真是不急要的,次要的,非必要的,那么今后无论怎样办都好,便不用讨论吾国社会教育今后应该特别提倡何种事业。

社会教育果是不急要的么?如果不是不急要的,为什么国立社会教育学院迟至民国三十年后成立,而其他各种学习的大学早已成立了数十年?培养人才机关成立的先后迟早岂不是很清楚地证明了各种事业的急要和不急要么?这种说法是表面的、肤浅的,而非实际的、深刻的。何以见得呢?试举一个例子来说,平时我们自己或亲友患病起初用医药治疗,屡屡更换,每换一次虽不无微效,而病终不能好转或痊愈,后遇到一个识病的医生,对症投药,病始霍然而愈。这是常有的事。在这里可见得我们因病就某医某医,用某药某药的迟早先后,决不足以证明某种医药的急要或不急要。同样的,社会教育举办的稍迟稍后并不是由于社会教育在吾国为不急要,而是由于吾人不能很早认识社会教育对于吾国的急要。

社会教育果是次要的,而非重要的吗?常人看学校教育是重要的,社会教育是次要的,儿童和青年教育是重要的,而成人教育是次要的,这亦是表面、肤浅,而非实际、深刻的见解。关于社会教育的重要我曾作下面的比喻:常人以为学校教育是每日三餐的饭,而社会教育不过是点心、小吃;我却以为把学校教育比粥饭倒未尝不可,不必反对,因为学生在学校内上课有一定的时间,毕业有一定的年限,但是把社会教育比点心和小吃便未免大错特错了。我们如把学校教育比粥饭,便应当把社会教育比空气。粥饭是不可少的,而空气是更不可少的,是不可须臾离的。试思我们一生在学校求学,至多不会超过二十年,而在这二十年求学时期内,休假日期或因通学的缘故,不在学校的日子很多很多。但是从另一面想,我们人类自从出生到老死之日,有那一天不生长在社会之中,有那一天不浸润涵濡在社会之中?既然如此,我们还能够不重视社会教育么?过去的错误不必说他了,我们希望从今以后,大家再不要人云亦云,模模糊糊,看社会教育是次要的,而当认清社会教育是最重要的。

社会教育果是点缀品而非必要品么?常人看了处处地方都有学校,便好像非有不可。博物馆、图书馆等社会教育机关有的地方有,有的地方没有,便好像可有可无。他们就误以为社会教育是点缀品而非必要品。这不但是表面的,肤浅的见解,而且是糊涂不明事理的见解。何以见得呢?须知学校有各种不同的学校,如小学、中学、大学、农、工、商、理、医、文、法、师范等等学校。各种学校的设置须视其需要而定，不能处处都有，亦不必样样都设。同样的，社会教育方面亦有各种不同的社会教育机关，如民众学校、补习学校、体育场、图书馆、博物馆、陈列所、戏院、电影院、广播电台、卫生和农工等教育指导所等等。这许多社会教育机关的设置亦需视其需要而定，不能处处都有，亦不必样样都设。至于怎样辨别社会教育事业的需要，吾国社会教育今后究竟应该特别提倡那儿种事业，这便是我们在本文内所要讨论的问题。

综合上面三节可得结论如下：

1. 社会教育是后起的，为什么后起，因为譬如治病一样，开头用试误法，大家不知道社会教育对于吾国的重要，到后来方始想起吾国需要社会教育的迫切，而设法推行。

2. 社会教育是极重要的，他的重要性和空气对于吾人同样的重要，不可须臾离开。事实上确实是不可须臾离开的。

3. 社会教育是必要的，不过社会教育范围甚广，在何种意义之下的社会教育确实是必要的？又吾国社会教育今后应该特别提倡何种事业？都是有待讨论的问题。

要商定今后吾国社会教育应该特别提倡何种事业，还须追溯吾国社会教育的起源。有人说，社会教育的推行起于教育改造的要求。这当然是不错的。不过这是他的副作用。至于社会教育的主要作用却不在此而另有所在。社会教育的主要作用在哪里呢？直截了当地说，在达到救国建国的目的。百余年来，自从吾国和外国人通商，受列强侵略，为救国建国计，我国曾屡次变法图强。最初先设制造局、译学馆，兴海军，练新兵，派遣留学生。及稍有成就，稍有规模，不幸又丧师败绩，割地赔款如故。不得已就转用力于政治的改革，八股与科举的废止，学校的设立。到了四十余年前，庚子八国联军侵入北平之前后数年间，当时爱国者鉴于学校教育的推广不易，推行迟缓，在危急存亡之际，缓不济急，就想到用社会教育来教育男女老少，希望在极短时间内能够普及全民，唤起民众，共同救国。自此以后，每次救国运动，没有一次不联想到社会教育，没有一次不加紧提倡和推行社会教育。如前清末年筹备立宪时的公民教育，五四运动时的义务教育，欧战时的留欧华工教育与国内平民教育，国民革命军开始北伐后的民众运动和民众教育，训政时期以及抗战开始前后的公民训练、壮丁训练、民团、保卫队等等各种组织和训练，都是要想竭力推行社会教育，组织并训练民众，使能团结起来，运用团体力量来救国建国的。所以我们当认清社会教育的主要作用在救国建国。在过去是如此，今后自然更应该如此，因为存亡危急的情形今甚于昔，而抗战建国工作需要社会教育的迫切亦更甚于往昔。

社会教育既然是救国建国的教育，那么吾国社会教育今后应该特别提倡何种事业，便很容易指点出来了。在我个人看来，吾国社会教育今后应该本救国建国的宗旨特别提倡以下的数种事业：

1. 培养组织力、团结力，增强抗战建国的力量。

2. 提倡科学，争取抗战胜利，促进生产建设。

3. 恢复民族精神，抑强扶弱，以求国家民族的独立、自由与平等。

试再把这三种吾国社会教育今后应该特别提倡的事业分析言之。

1. 培养组织力、团结力。救亡图存，救国建国的要图，莫过于培养民众参加团体生活的能力、兴趣和习惯，使能运用团体力量解决社会问题。所谓社会问题，小之如一家、一邑的衣食住行、保卫、卫生、教育等问题，大之如一国的内政、外交、交通、经济建设等问题。原来各种社会问题的解决，可由一个人或少数人主持包办，其余的人可以坐享其成。这是我们中国自古以来通行的办法。一切问题都由圣君贤相或贤明长官负责处理，老百姓可以不管，这种解决社会问题的办法有极危险的毛病，就是人存政举，人亡政息，不稳定，靠不住，并且力量薄弱而不雄厚。如果要有靠得住的解决社会问题的办法，便非用民力，用众人之力不可。民为邦本，本固邦宁，就是这个意思。用民力，用众人之力来解决社会问题，不但可免去人存政举、人亡政息的危险，并且力量雄厚，事事可有把握。

孙中山先生在民族主义中先说，吾国受到列强政治、外交、军事、经济侵略，非常危险。后来又说，如要抵抗侵略，非去除吾国人民一片散沙的毛病，使全国人民成一国族，民族大团体不可。列强都是用整个国家力量，整个民族大团体力量来侵略我们，岂是我们一片散沙的中国所能应付。所以为救亡图存、救国建国计，培养民众参加团体生活的能力、兴趣和习惯，使能由下而上由小而大，形成国族、民族大团体，运用团体力量抵御外侮，建设国家，是唯一无二的途径。

培养组织力、团结力，凡是教育机关——小学、中学、大学——都应当做的，而社会教育对于这一点所应负的责任更重大。因为学校教育在目前中国尚不普遍，而社会教育则普及全民的。所以吾国社会教育今后应该特别提倡的事业第一是培养组织力、团结力，增强抗战建国的力量。

2. 提倡科学。社会教育可以提倡的事业很多，如体育、音乐戏剧、家政学等等。不过为贯彻救亡图存，抗战建国的目的起见，社会教育应该特别提倡科学。无科学即无国防，无国防即无国家，是一件显而易见的事。今后数十年，以至百数十年内，世界各国恐将常在战争之中，这是无可避免的。战争非他，实际上就是科学的竞争。谁的科学最发达，胜利就最有把握。飞机也、大炮也、战车也，哪一件不是科学的产物？速率之增高也，射程之增远也，运输之增快与增便也，那一件不是科学的进步？近数十年以来的战争已很清楚地证实了凡对于攻战守具，平时竭尽其人力物力，精心营造，早有把握者，未有不胜；反之，未有不败。战争之胜利既须取决于科学的发达与进步，而今后世界的趋势既免不了战争，同时吾国的要求又为抵御外侮与国家建设，社会教育不办则已，如要办社会教育，则除去特别提倡科学外，尚有何说。

社会教育提倡科学应注意三点。

第一，社会教育本身要科学化。社会教育须充分地利用科学方法，利用科学的工具，例如，电影、广播等等（其余依此类推），来推行社会教育，提倡科学。

第二，社会教育要提倡对于国防有密切关系的科学，鼓励父兄送子弟去学习航空、航海，以及各种工程学，开办科学实验馆，提倡科学玩具以及其他种种有关于国防的科学事业，都是社会教育所应特别提倡的。

第三，社会教育在提倡科学时，要同时注意到科学事业进行的计划化，不但事业的缓急、轻重、后先，应辨别清楚，并且某一种科学事业和人才所需的数量，分布的区域，进行的时期，都要有预定的计划。就是社会教育本身怎样提倡科学亦应当有具体切实可行的计划。

总之，为争取抗战胜利，促进生产建设计，吾国社会教育今后应该提倡有计划的国防

科学事业，而社会教育本身更应科学化，计划化。

3. 恢复民族精神。说到恢复我们中国民族精神，就不能不联想到我们人类生存在现在世界做人之不易。人生原来有三个重要问题需要解决的，就是对物、对人、对己三个问题。我们古人钻木取火，构木为巢，造网罟耒耜，造舟车桥梁，造弧矢，造衣裳，造市易，造卦画文字，尝百草以疗百疾，与今西人之研究科学，造机器、枪炮、铁道、轮船、飞机、战车，同一目的，同一作用，同为解决人生对物的问题而起。我们古人在这一方面很用心力，很下了一番工夫，所以如黄帝、周公的指南车，张衡的浑天仪，尧典的定四时，周髀的尊算术，以及后世火药和印刷术的发明，都树立了西人科学研究的基础。近世西人就在这一方面有特长，放异彩，几乎使吾国人瞠乎其后，望尘莫及，因此我们不妨说，今之西人能用科学发明征服自然，是善于解决人生对物的问题的。

但是讲到解决人生对人的问题，西人就素来不及我们中国人。在对人和对物的两方面，我们和西人可说是各有所长。我们在对物不如西人，在对人则胜于西人。西人在对人的道理为什么不如我们？为什么有所短？要知道他们的短处正从他们的长处来的。因为他们长于对物，他们能够用科学发明征服自然，他们就在不知不觉中养成了一种不顾一切，有我无物的态度，又在不知不觉中把这种不顾一切，有我无物对物的态度转移到对人的方面来，以至于演成历史上宗教的不相容，地主与农奴，贵族与平民，资本家与劳动者的对立，以及近百余年来民族间的血战。人类将长此互相残杀么？世界将长此终古么？答曰，否！否！我是乐观的，并且历史不是没有证据。试观西洋宗教不相容而互相残杀，千余年后，逼出一个相容与宗教信仰自由的道理来。我相信百余年来以及目前世界各国互相残杀，到了一个阶段，必定会使人类觉悟，逼出一个人类相处的正当道理来，绝不会让有我无物，不顾一切的对物态度长此下去，用在对人方面。对人有对人的正当态度，人类决不能够长此下去用对物的态度来对人的。不过要使世界全人类的大多数人觉悟到这一点，需要相当的刺激和时间罢了。

忠孝、仁爱、信义、和平是人类相处正当的道理，应有的态度，亦就是我们中国人所固有的民族精神。不错，我们在目前及最近的将来不得不培养团体力和组织力，并提倡科学，增强抗战建国的力量，争取抗战胜利，促进生产建设。但是我们不要因此忽略了我们同时更应当恢复我们民族精神，我们中国固有的做人的道理——忠孝、仁爱、信义、和平，做世界人类的先导。因为世界目前虽正在混乱之中，但是人类前途的光明，历史上早已给我们很显明的例证。我们人类正在激剧的转变之中，前途是非常光明的。只要我们不眼花，只要我们把握得住，我们人类一定能够离崎岖而登康庄大道。这个康庄大道就是人对人应有的相处之道，亦就是我国固有的民族精神——忠孝、仁爱、信义、和平。在目前混乱期中，我们不但不应该失望，我们应该鼓起我们的勇气，加倍努力，恢复我们中华民族精神，做世界人类的先导。吾国社会教育对于恢复民族精神，今后应该特别提倡，于此亦可见了。

原载《教育与社会》季刊创刊号，1942 年

下　篇

《民众教育》

高践四著《民众教育》一书系1933年(民国廿二年)十二月由商务印书馆列入《万有文库——百科小丛书》出版并发行。该书由王云五先生任主编兼发行人。

凡　例

一、本书提出民众教育真义，前后有一贯的主张。

二、本书因限于篇幅，但能将民众教育重要问题，加以研究，并且重要问题中，如服务人员之训练，民众教育行政及经费等问题，都未及提出研究，以后有机会时，再当补充。

三、本书参考书籍，另列详表，附在末章之后。

四、本书第一章民众教育的意义一章全文，曾载《教育与民众》月刊第五卷第一期，特此注明。

五、本书仓猝成稿，疏漏甚多，故请国内外贤达，不吝指教。

第一章 民众教育的意义

第一节 各种不同的主张

民众教育的意义很广泛，为便利读者易于明了起见，试分别列举如下。

一、民众教育就是识字教育

我们中国文盲占全人口之大多数，文盲不除，民智不开；民智不开，国家无由反弱为强，民族无由复兴。所以有许多人竭力提倡民众教育，希望于最短时期内把全国文盲消除净尽。在这许多人眼光中看起来，民众教育之为识字教育是绝无疑义的。

二、民众教育是成年补习教育

识字于开发民智有关，固然是很重要，但是识了字，饥不能食，寒不能衣，现当小民生计十分艰难困苦之时，求生不得，救死不遑，民众实在感觉不到识字的需要。因此便有人主张民众教育应该是成年补习教育，不但教以识字，并且给以职业技能，知识之训练，俾得谋生有术，渐渐有志上进，有志向学。

三、民众教育是补充教育

补充教育的意义有二。第一，补小学之不足。吾国学龄儿童有入学的机会者平均不过十分之二，致使成年失学者前后相继日多一日，充塞于社会。所以应提倡民众教育，教成年失学者以补小学之不足。第二，补学校教育之不足。人生在学之期至多十余年，并且平时学校还有休假日与极长时期的暑假寒假等，假使不设图书馆、博物院、体育场、民众教育馆及函授学校等民众教育机关，则吾人在离学校后或在学校放假时几无受教育的机会。因此便有人说，民众教育是学校教育的补充教育。

四、民众教育是成年教育

文盲、成年失学者大抵都指成年人而言。至于应受成年补习教育者之为成年人更不必说。近百年来英国之工人教育，丹麦之农民教育与吾国国内所推行之工人与农民教育——统一言之为民众教育——如出一辙，都着重成年人。在西洋既名之为成年教育，在吾国当然未便独异。现在欧美各国设有成年教育学会者很多，世界成年教育协会亦经成立，总机关设在英国，均以研究推行成年教育为职志。而成年学习心理之研究，尤为推行成年教育之基础。

成年教育的含义很多，将来对于教育改造的影响亦必很大。文盲、成年失学、成年补习等为含义之最浅近者。其次为成年续学，即四十以及五十、六十、七十余岁年长者之进大学或中学肄业是也，此为含义之较深者。又孟子称舜之善学，自耕、稼、陶、渔以至为帝无非取于人者；又称汤之于伊尹学焉而后臣之，故不劳而王；桓公之于管仲学焉而后臣之，故不劳而霸。孔子自谓默而识之，学而不厌，诲人不倦；又谓德之不修，学之不讲，闻义不能徙，不善不能改，是吾忧也。这都是成年教育含义之最重要者。至于因成年学习的可能，儿童学习的徒然浪费，因此进而主张废止童年教育，将入学年龄延缓至满十岁以后，义务教育期限缩短至二年以内，则对于吾国教育改造与教育普及有莫大关系，凡研究教育者不可不深切注意之。

五、民众教育是平民教育、大众化教育

平民教育据晏阳初说是全民教育或民众教育。平民是指一般已过学龄时期而不识字或已识字而缺乏常识的男女。平民教育的目的在使二百兆失学男女都具有共和国民应有的精神和态度。至于大众化教育的意义，视受教育为权利。现在学校教育的设施不但学校太少，供不应求，并且因收费昂贵，非有钱者不易得求学的机会，反不及未废科举时寒士还可以有与富者同应考试的机会。学校教育的设施既如此偏而不全，所以要提倡民众教育使教育大众化，教育机会均等，无论贫富，大家有享受教育权利之机会，并且要有终身的机会，使全民众自少至老有继续不断的长进。

六、民众教育是救国教育

民众教育为救国教育的最显著的例子，莫过于孙中山先生在其遗嘱中说，欲达到求中国之自由平等之目的，必须唤起民众共同奋斗。于是中国国民党党员遵照遗训，做民众运动的工作，并进一步尽力设法扩张民众教育事业，增加民众教育经费。数年以来，民众教育运动蓬蓬勃勃，风起云涌，弥漫全国。所可惜者，因为大家对于民众教育之意义认识不清，对于民众教育之方法缺乏研究，以至于不易达到唤起民众共同奋斗之目的。

七、民众教育是社会化、生活化的教育

现在的学校教育是在一种特殊环境内施教，大抵与社会隔阂，于社会无补，不但无补，而且有害。往往学校多一毕业生，社会即多一寄生虫。有心肝的人鉴于数十年来所办学校教育之无补于中国，遂群趋于民众教育一途，主张教育须社会化、生活化。譬如在某村设立一民众教育机关，就应当以全村为学校，全体村友为学生，日常生活需要为课程。其法以接近及认识民众性情为第一步。选择热心及有力量的人组织乡村改进会，同时并就民众生活需要指导组织合作社、救火会、保卫队、音乐会等，以培养团体意识，推进社会为第二步。一村之教育机关如此，一乡、一区、一县、一省、一国之教育机关莫不如此，实行教育即生活、宇宙为学校二语。教育这样办法，方能解决社会问题，有补于社会，有益于人生。

八、民众教育是乡村建设

自十九世纪中叶，吾国救国运动屡次无功，原因在旧社会秩序或组织结构破坏，而新社会秩序或组织结构未能建造,近则乡村破坏日亟,不得不自救或救济之,故有乡村建设运动。他的目的在就乡村中求得解决中国政治、经济以及其他一切社会问题之端倪,使中国新社会组织结构肇端于乡村。其办法使知识分子下乡办理一种具有特殊组织之乡农学校(现称民众学校),一方面引进新知识新方法或供给各种资料于乡村,另一方面引起多数人的力量以渐形成一团体。总之,乡村建设工作要在能组织乡村,推进社会。中国新社会秩序或组织结构之建造须植基于此,由此开展。在乡村建设运动者看起来,乡村建设是救国的途径,民众教育是乡村建设的方法,所以民众教育是乡村建设。

九、民众教育是通俗教育、社会教育

通俗教育的名称自前清光宣年间用起,直至近数年方才废止。民众是教育的对象,通俗是教育方法之一种,社会是民众所处的环境。昔人因求教育之能极早普及全民,使全民都能参加救国工作,于是提倡利用宣讲,简字(即注音符号)白话报、浅近书籍、改良戏剧、说书等等。近人亦颇多主张利用幻灯、电影、广播无线电等等方法以期民众易于接受教育。这许多教育方法便是所谓通俗教育。

又前人因鉴于吾人除十余年就学外,余则无一日不在社会,即在就学时期每日在学校不过数小时,余则无一时不在社会。故社会的感化力为最大,往往学校陶铸国民数年,一旦进了恶社会,便为所熔化。于是不得不提倡改良社会的教育,这是社会教育的第一义。

吾国学校教育数十年来或盲目地东抄西袭,或关了大门办理与社会隔阂,对于社会需要不切近的教育。现在教育改造之声浪甚高,改造之法唯有使教育切近社会需要,教育民众化、生活化、社会化。这是社会教育的第二义。

以往的教育者着重于使少数未成年或未成熟的个人能适于其社会环境。但是吾人今日适当社会过渡之改造时期,数千年来久不变之社会秩序既被摧毁,新社会秩序急需建立,建立新社会秩序无他,即对于一般人的风尚习俗,社会间的组织关系,努力下除旧布新之工夫。这种工夫决非少数人之事,所以今后教育设施应该着眼于一般社会,特别着眼于生产的大众,就生产过程并就实际社会问题而教育之,使社会多数分子由被动转于主动,由无组织转于有组织。这是社会本位的教育,乃社会教育的第三义。

十、民众教育是全民教育

原来既称之为民众教育,就无疑义的应该指全民而言。上文曾叙述晏阳初说平民教育是民众教育全民教育,但是他立刻又加以限制说,指已过学龄而不识字或识字而缺乏常识者云云。大抵他的意思是说,教育应普及全民,但是现在有二百兆人已过学龄而不识字或识字而缺乏常识,所以我们应特别对于他们下教育工夫。这一段思想过程,他未申述明白,遂难免令人误会他从四百兆全民一转而至二百兆文盲或缺乏常识者,忽欲全而忽欲不全,似觉前后矛盾。

全民教育与普及教育的意义似同而实不同。普及教育不过希望个个人受规定年限或规定程度之义务教育;全民教育一方面固希望教育普及,同时并主张学无止境,全体民众若男、若女、若老、若少、若有识、若无识,均当有永久继续不断求学与永久继续长进不

已之机会与可能。因此教育设施当就年龄、性别、程度、职业及社会需要分若干部分。其间尤当注意于成年部分的生产及处理事务之训练。因为儿童不过是预备时期，一至成年便直接负生产并对于社会各方面须负相当应尽之责任，预备时期所受之教育至成年时未必能完全适用。成年时因需要而学，学用贯通，收效自大，所以成年时期的教育尤为切实而重要。

主张全民教育还有一更紧要的理由。吾国外患日亟，人以整个一国的力量在军事、外交、经济上谋我，甚或联络与国协以谋我，我若不能以全国民众之聪明才力一致对外，实无以自存于世界。然而吾国民众之散漫不能团结已成习性，非用教育方法导民于组织，培养团体意识，不足以使全民团结一致，共御外侮。再就国内情形来说，大小贪官污吏、土豪劣绅、军阀土匪鱼肉乡民，压迫乡民，破坏乡村，为所欲为，绝无顾忌，岂不是因为人民散漫而无组织无力量。所以为消除内忧计，亦应当从全民教育入手，使全民有组织团体的能力兴趣与习惯，形成力量，使人知其不可侮，而不再相侵。一举两得，为民族前途计，固未有愈于全民教育者也。

第二节　民众教育的真意义

上节所述十种民众教育的意义虽对于各家主张未必能完全列举，且对于所举之各家意见或未必能申述清楚，但是概括起来说，民众教育意义之重要者终不外乎上节所举之十种，其间即有出入，大抵是文字上的不同，未必是意义上的不同。或者由于某种意义与另一种或二种并合或分离，就好像又产生出许多不同的主张。论其内容，实际上无甚出入也。

民众教育的意义既如此广泛，如此庞杂，研究民众教育的人将何去何从呢？作者以为欲知民众教育的正确意义，第一当从他的起源来看。民众教育的来源由于救国运动，民族自救运动。何以见得呢？这有确凿的证据。甲午年中日之战，我国丧师败北，割地赔款，危乎殆哉。于是都想变法图强，因感人才乏绝而谋推广学校，又以外患日亟，时不我待，乃提倡简字学校、半日学校、农工商妇女军警僧道等半日或夜课学校、体育会、藏书楼、科学陈列馆、阅书报处等等，并提倡在各大商埠都会开办大报馆，务使“上自君后下至妇孺”都能了然于天下大势。不但如此，并且又提倡以白话报济报纸之穷，以演讲济白话报之穷。这许多举动表示当时的爱国者想尽种种方法要使大多数、最好全体国民能够起来共同救国。这就是孙中山先生所说“必须唤起民众……共同奋斗”的同样意思。由此我们可以推知民众教育的起源，是救国运动或民族自救运动。

如何能使大多数——最好全体——国民能够起来共同救国呢？这是民众教育所要解决的问题，亦就是民众教育所要达到的目的。对于这一点，各人的意见便不相同。本来意见尽可不同，最要紧的在能搔到痒处，得其关键。如要能搔到痒处，得其关键，便应该进一步问：为什么吾国大多数以及全体国民不能够起来共同救国？原因在哪里？毛病在哪里？毛病没有辨别明白，便无法下手治病，亦决无回复健康之望。

毛病在哪里？毛病在民众不识字么？在民众无职业知能么？在民众或成年人无求学的机会么？在成年人之不学或不好学么？在……么？何以现在识字，有学问，有职业知能，有求学机会，好学的民众及成年人等等或漠视国事，袖手旁观；或自谢无能，听其自然；甚或争攘倾轧，不顾大局，媚外性成，为虎作伥呢？于此可见症结并不在此，当别有所在。症结何在呢？"外国人常说中国人是一片散沙。中国人对于国家观念本是一片散沙，本没有民族团体。……我们四万万人有了民族的大团体，要抵抗外国人，积极上自然有办法。现在所以没有办法的原因，是由于没有团体。有了团体去抵抗外国人，不是难事。……假若全体国民都能够……联成一个大民族团体，无论外国用什么兵力、经济和人口来压迫，我们都不怕他。所以救中国危亡的根本方法，在自己先有团体。……大家联合起来成一个大国族团体，结成了国族团体，有了四万万人的大力量，共同去奋斗，无论我们民族是处于什么地位，都可以恢复起来……"（见《民族主义》第五讲第六讲）

一片散沙，没有团体，没有民族团体，是没有办法的原因，是中国人毛病之所在，症结之所在。须从培养民众团体意识入手，使民众有组织团体之能力、兴趣与习惯，因此大家能联合成一大国族团体、民族团体共同去奋斗，方可说是搔到痒处，得其关键。民众教育之工夫当在此处着眼，若舍此而他求，枝枝节节的去做隔靴搔痒的工夫，便永远无从达救国之目的。

具体一些说，我们中国人有几种普通习性，很不适宜于现代社会。这几种普通习性是什么呢？靠天吃饭，听天由命。这是消极无为，坐以待毙。安分守己、独善其身，各人自扫门前雪，莫管他人瓦上霜。这是怕事，怕因多事而召祸患，知有个人家庭，而不知有社会国家，为家计，则问舍求田，孜孜矻矻；为国计，则不闻不问，百废莫举。这是自私自利各不相谋。试问全国人民有了这种样子的习性，安得不成一片散沙！一片散沙的结果，是人为刀俎，我为鱼肉，听人宰割，任所欲为，没有办法，徒然叹息罢了。一片散沙的人民，对外固无办法，对内亦何曾有办法呢？还不是听人宰割，任所欲为么？常人看了军阀、土匪、贪官、污吏、土豪、劣绅、地痞、流氓之骚扰、压迫，鱼肉乡民，便归咎于乡民之愚，乡民之不识字，无知识。但是一般识字，有知识、学问、才干、聪明的人还不是同样受军阀等骚扰压迫，做他们的鱼肉，听他们宰割，任所欲为么？为什么有知识的人亦只能相对而泣，忍气吞声，常常说无办法，无办法呢？须知消极、无为、怕事、自私自利、各不相谋等习性一天不除，就一天无办法，人民终是一片散沙，组织不成团体，引不起多数人的力量。

人民怎样才能不受军阀等骚扰、压迫、鱼肉之痛苦？社会上（小至一村一乡，大至一省一国）怎样才能百废俱举？就对外说，我们国家与人民怎样才能不受外人之政治侵略与经济侵略？要达这许多目的，须使人民能够把消极、无为、怕事、自私自利、各不相谋等旧习性革除，并且养成勇于任事、负责任、能合群的新习性。大家联合起来组织成坚固的团体，用大多数人的力量按照社会需要及区域范围举办合作、保卫、水利、交通、卫生、教育及农工业改良等事项；或按照情理对于参政权、捐税及一切政治作正当之要求与应有之监督，凡事关一区域者由一区域人民团体共同商斟，共同努力举办之，事关数区域或力非一区域所能举办者，联合数区域或由高一级大区域人民团体共商合力举办之，譬如保卫则联防，水利则通筹等是。至于对外，则须举国一致用全力以应付之。古人说，能治其国家，谁敢侮之。但须大多数人民能合群，负责任、勇于任事、能治其国家，便没有人敢来欺侮。否则子有庭内弗洒弗扫，子有钟鼓弗鼓弗考，宛在死矣，他人是保，国家危亡终必无可幸免。这是吾人所应当深省的。

养成民众组织团体之能力、兴趣、习惯，引起大多数人民之力量，宜从何处入手？当此存亡危急的时候，并且在偌大一个中国，人口四万万，能求得一执简御繁而且确实有效的方法，是最最要紧的。照孙中山先生的意见，我们要组织民族大团体成国族团体，宜从宗族团体入手。宗族团体在中国南部甚坚强，往往两姓械斗，视死如归，不胜不休，所以用作组织国族团体之入手，未尝不是一良法，但是宗族团体坚强情形除在中国南部外，其他各地并不普遍。且每一同姓之宗族散处四方，在政治经济各方面本无何种密切关系，徒赖因血统关系所生之感情，而求散处四方宗族团体之坚强，事实上恐不易办到。所以我们可师孙中山先生之意，而当别求组织国族团体之入手方法。

勇于任事、肯负责、能合群并不是中国民众性之所近的，至少不是他们的习性。他们的习性与社会上的风气是消极、无为、怕事、自私自利、各不相谋。因为有了这许多后边的旧习性，所以不但国族大团体组织不成，就是一村、一乡、一县的小团体亦组织不成，以致大则受外国人侵略，小则受地痞、流氓、土豪、劣绅、贪官、污吏、军阀、土匪的鱼肉压迫骚扰。现在要革除民众的旧习性，养成他们组织团体之能力、兴趣与习惯，勇于任事、肯负责、能合群的新习性，非顾到三个条件不可。这三个条件是：第一须就民众实地生活需要；第二须就自然形势的区域；第三须由小而大由下而上。

民众实地生活需要很多。试举几个例子，譬如某地方每到冬天治安便生问题，我们可乘机提醒并指导民众组织冬防队以自卫；又如某山出产树柴茅柴，居民樵柴后，常由贩卖商人收去转卖，价钱不及市价之半，我们便当指导民众组织运销合作社。再就娱乐方面说，集好音乐者组织音乐会，好国术者组织国术团等等。在这许多及其他团体中间，民众可以学习运用四权之方法，并且可以渐渐感觉到团体的益处。但是最紧要的一点，是在就民众实地生活指导他们组织团体，否则引不起他们的兴趣来。

民众实地生活需要，概括言之不外经济与政治二大类。经济组织比较最有益无损的，莫过于合作社。无论生产、运销、信用、消费等各方面，用合作组织以经营之，消极方面可免贫富相差悬殊之流弊，积极方面可使经济事业发展，民众生计宽裕。至于经济以外之民众实地生活需要，大抵包含地方各种建设事业，或应兴应革事宜，如治安水利交通教育等等问题，宜有一种简易可行之组织，使民众得共商合力处理之。这种组织的性质偏于政治方面较多，所以可说是政治组织。政治组织如何方能简易可行，以后当详细说明之。

自然形势区域为什么要紧呢？譬如某地或为高山所隔，或为大湖所分，假使要指导这种地方的民众组织团体，不但事实困难，并且他们的实地生活需要无论在经济政治各方面都未必相同，并无密切关系，便亦无从组织。

组织国族团体，使全民众团结一致对外做民族自救的工作，这是我们最后的目的。但入手却不得不由小而大，由下而上。须知中国民众素无团体生活之习惯，若骤令他们进一大团体内，他们只有望洋兴叹，不知所措。唯有令他们先从下面小范围的团体里参加练习，他们还感觉得到生活上的需要，关系的密切，人的好歹，事的利弊与缓急轻重，而能从容发表意见，商定办法。各地民众因在小范围团体里面受过相当训练，渐有相当政治能力、兴趣与习惯，便可参加高一级较大范围之团体而无忧。大抵最初以一村或数村，户数自一百至五百户之自然形势区域，就实地生活需要指导民众组织团体最为相宜，最易收效。由此上一级至现制一自治区或迳至一县,仍就这个较大区域范围内民众共同生活需要组织政治及经济的团体。民众因已在下一级小区域范围之团体内得有相当经验,故参加一自治区或一县之团体工作或可胜任愉快。然后再就一省或数省或全国民众生活上之共同需要,如大股土匪之剿灭,沿海各省渔业之发展与保护,民食之调节,水患之防治,外人侵略之抵抗等等,由民众自动组织政治及经济团体以处理之。到了这个地步,民众的政治能力、兴趣、习惯已经养成,对于参加团体生活已成习性,方可组织民族大团体,合全民众之力量,一致对外以救中国危亡。

救国是目前中国民众教育最要紧的任务,在上文已经说明。不过同时于无意中我们把民众教育另一种任务亦已在上文中叙述。这种任务就是为世界开辟一历久不弊、正常形态的人类文明。组织团体从一村或数村之小区域范围做起,用意在民众本来相熟,会商问题时无从尔虞我诈,易于折中至当。有时为事势所迫,不得不使少数人吃亏牺牲,亦必大家谅解不得已的苦衷,斟酌情理,和衷共济以处理之。至于经济团体采用合作制度,既可合众人之力开发经济,又可永免贫富相差悬殊之害。所以无论在政治或经济方面都可以实现以全民众力量为全民众谋幸福之主张。换言之,无论一小区域或大区域内的政治经济以及一切社会问题都由民众按照事实,斟情酌理,和衷共济以解之,没有那一部分民众愚弄或压迫其他部分民众之现象发生。大抵一切社会问题之解决不外二种方式。第一种方式是智欺愚、富欺贫、上陵下,强陵弱,众暴寡。如地痞、流氓、土豪、劣绅、贪官、污吏之愚弄、鱼肉乡民;土匪、军阀等之骚扰、压迫乡民;西洋历来资产阶级利用其优势,把持政权,榨取贫苦劳动者,并以武力及经济力互相争雄,侵略弱国,都是属于这种方式。第二种方式是协商调和,讲理性,讲信义。如中国旧时家庭、夫妇、父子、兄弟以及师生、朋友、亲戚间之相处,中国在很强盛时代与四邻之交往,都是属于这第二种方式。在现代社会如要这第二种方式行得通,有两个先决条件。一是理性发达,如吾国人所常讲的忠恕之道。二是民众团结,须引得起多数人民的力量,共同解决社会问题。两个条件缺一不可。中国人但具备前一个条件,而不具备后一个条件,所以解决社会问题的第二种方式有时而穷,不能处处合用,永久合用。现在民众教育所要努力的是在引起大多数人民的力量,使渐形成一团体,以补但有理性之不足,俾有实力用协商调和,讲理性,讲信义之方式,解决一切社会问题(小之一地方的政治经济问题,大之一国的政治经济及外交问题)而永远扫除强陵弱,众暴寡方式之流毒。这就是民众教育为世界开辟一历久不弊、正常形态的人类文明的大任务。

至此我们可以将本文结束,提出民众教育的真义如下:

民众教育需就实地生活需要,培起全民(至少大多数人民)力量,根据理性,以解决一切社会问题。

不就实地生活需要便引不起兴趣,无从施教,前文已经说明。对于此点儿童及成年人是相同的,而成年人因在家庭社会直接负维持及改进责任的关系,此点尤为重要。

全民力量、团体与理性是新社会秩序的三要素。亦就是未来世界历久不弊、正常形态人类文明的基础。三者缺一不可。中国人虽具理性而缺前二种要素,所以平时在社会上并理性的作用亦不甚显著,必俟培起大多数人民的力量,形成团体理性的作用方能显著,新社会秩序方能树力。国家及政治经济等问题始得一一解决。

中国政治经济等问题解决之日，便是中国及中国民族得救之日，亦便是新社会秩序已经树立稳固，而世界历久不弊，正常形态的人类文明开辟之日。以后民众教育的任务在谋这种人类文明之绵续与进步。

第二章　民众教育的成效

第一节　民众教育在中国古时所见的成效

中国古时虽没有民众教育的名称，而有民众教育的事实。孟子说，“当尧之时……后稷教民稼穑树艺五谷，五谷熟而民人育。人之有道也，饱食暖衣，逸居而无教，则近于禽兽。圣人有忧之，使契为司徒，教以人伦。……放勋曰，劳之来之，匡之直之，辅之翼之，使自得之，又从而振德之，圣人之忧民如此”。孟子又说，“所谓西伯善养老者，制其田里，教之树畜，导其妻子使养其老。……文王之民无冻馁之老者，此之谓也”。

为什么要并且怎样制其田里，教之树蓄，导其妻子使养其老呢？对于这两点，孟子和梁惠王、齐宣王、滕文公等论治国之道的时候几乎没有一次不提及。一则曰，“无恒产而有恒心者，惟士为能。若民则无恒产，因无恒心。苟无恒心，放辟邪侈无不为矣。……是故明君制民之产，必使仰足以事父母，俯足以畜妻子，乐岁终身饱，凶年免于死亡，然后驱而之善，故民之从之也轻。……五亩之宅树之以桑，五十者可以衣帛矣。鸡豚狗彘之畜无失其时，七十者可以食肉矣。百亩之田勿夺其时，八口之家可以无饥矣。谨庠序之教，申之以孝悌之义，颁白者不负戴于道路矣”。再则曰，“民事不可缓也。民之为道也，有恒产者有恒心，无恒产者无恒心。……设为庠序学校以教之，庠者，养也；校者，教也；序者，射也。夏曰校，殷曰序，周曰庠，学则三代共之，皆所以明人伦也”。

古之圣人教民稼穑，教之树畜，教以人伦，没有一件不是就人民实地生活需要施教。至于养教射三项与现在主张民众教育当将保教养合一者几若合符节。到了战国时代，孟子以为当时社会问题之解决亦非用这种民众教育方法不成，所以他就到处逢人，大声疾呼，竭力提倡。

其次，中国在以前虽不用成年教育的名词，但成年教育的事实则自古迄今，无时无之。古书如《论语》、《孟子》、《宋元明学案》，大抵为师友问答，讨论问题，研究学问的话都是成年教育的好例子。我们在前章中已提及孔子自谓默而识之，学而不厌，诲人不倦；及孟子盛称子路人告之以有过则喜，禹闻善言则拜。舜善与人同，舍己从人，乐取于人以为善。自耕稼陶渔以至为帝无非取于人者。及汤之于伊尹，学焉而后臣之；桓公之于管仲，学焉而后臣之等节。近世曾涤生在他子侄辈外出就事时，常常教他们对于同事须明以为友，暗以为师。蔡松坡行军时抄写曾胡治兵语录以自镜。成年教育的例子举不胜举。

以上所述中国古时民众教育的事实及自古以来成年教育的事实可以证明民众教育的需要是没有时代的限制的。古时有古时的社会问题、政治、经济问题等待解决。我们可以简单地说中国古时民众教育是用来直接解决社会问题的。至于自古以来的成年教育是用来直接增加服务能力,间接解决社会问题的。

第二节　民众教育在各国近代所见的成效

各国近代提倡民众教育比较最早的是英国。十八世纪中叶,工业革命后,英国新形成的中等阶级组织文哲学会作历史、科学、文艺等人文的陶冶;并组织工艺学社,作金木土染等工艺科学原理与技术的研究与训练;此外复有星期学校,初授年长者以读写算三科。后以义务教育已普及,于是转移其注意于宗教的、社会的、文学的科目,及储蓄会、图书馆、医药卫生等社会服务工作。

十九世纪中叶,因受欧洲大陆及本国政治革命的影响,英国民众教育运动愈形进展。人民大学、工人大学相继成立,合作运动亦应时而生。合作运动以自助自学为目的,所以每当合作社分配利润时,常把教育经费先行提出。人民大学学生都是工人,所学功课不似以前工艺学院的狭隘,有名学及公民教育等。这些青年工人学生造就很有可观。毕业生在市政府服务,任市长、市议员、市参事、市法院推事者,颇不乏人。工人大学的主要目的在不以人作机械看待,而以所有人类,无论贫富智愚,都作有灵魂的生物看待。

十九世纪末叶及二十世纪初叶,英国民众教育运动可说是普遍全国。大学扩充教育、大学导师班、工人教育会、全国妇女学院联合会、众人学院等等,纷纷而起。地方政府、中央政府都竭力提倡。在此时期当特别提出请读者注意的民众教育事业有二,一是教育公社,十九世纪中叶,牛津大学在伦敦东部贫民窟设一学舍为寄宿舍,使学生得亲尝贫民的生活滋味,因目击工人被用如机械,于是可以深究他们的痛苦与希望,并见到他们还需要领导者,教育公社即为满足这种需要而发起,而推广的。其次是罗斯金大学,这个大学的发起在调解工人与现在社会制度两方面的误会,因此宣言如下:“我们要收取一班素来反对现在社会的人,教诲他们,改正他们,庶几受教之后,他们不但不再以空言抵制现代世界,而且开始把现代世界收为己用。世界原来只是人做的,工友们还须努力把他来改造,使能中用。”

丹麦民众教育始于十九世纪初叶,有四个特点足为我们注意的:一、民族复兴;二、教育改造;三、偏重农民;四、提倡合作社。丹麦在十九世纪初叶为英海军所败,并且迭受英法的蹂躏。有志之士乃提倡民族教育以期民族之复兴。因求民族复兴而不满意于当时与国计民生无关的教育,于是主张教育改造,而有庶民高等学校之设立。学生来自田间,出校后仍归田间。在校尊重劳动,努力工作。学校功课根据社会的需要,人民的风习,国家的情形,因势利导,以改善人民的生活,改造社会,改造国家。

丹麦并不忽视工人教育,但以人民务农,庶民高等学校与乡村少年发生关系比较多些。只就直接受教的人们统计,约占乡村人口全数四分之一。

改造经济组织是改造政治,改造国家社会的先声。丹麦的经济改造靠合作运动,而庶民高等学校乃合作运动的原动力。鸡卵、牛奶、牛油等合作事业都由小农组织而成。这种小农合作的经济组织可使生产与分配都能社会化,无形中免除资本主义的危害。至于不为中间商人所剥削还算是合作事业利益之小者。

美国民众教育事业的进行不后于欧洲各国。十八世纪中叶美国开国元勋佛兰克令利用报纸，提倡地方建设事业，鼓吹十三州之联络抗英，及建设民主政治的共和国，彰彰在人耳目。佛氏又曾在他所居城市费拉台而费亚募捐建筑公共演讲厅，以后就递而为费城图书馆。现在图书馆几遍及全美矣。

讨论美国民众教育者必历数夜校、工余学校、移民的同化教育、大学扩充教育等等。这许多民众教育事业就他的需要而论，本都很重要。但是民众教育运动在美国有最大影响与价值的要算以学校为社会中心的运动。这种运动在美国将近有三十年的历史。他的起源好像庶民高等学校运动的在丹麦一样，由于一般学校与社会及人民生活隔离，与国计民生无关，所以要想把学校作为社会的中心，使他社会化、生活化。现在美国有许多省立农业大学已能与全省各地穷乡僻壤的农民发生关系，联络他们，指导他们，以期有补于国民经济。这未尝不是以学校为社会中心运动的结果。

苏俄自开国以来，在积极方面预作经济、政治、文化建设事业；在消极方面因列强嫉视，须步步为营，时时防卫。这两方面的工作决非在上者少数革命领袖所能完成，而有赖于全体民众之了解与共同努力。所以十余年来苏俄对于教育，尤其是民众教育，非常注重。他们深信只有靠教育的力量才能使国家的经济生活、政治生活、文化生活经过一番改造。举凡农业方法及组织的改进，工业技能的改进及技术专门人才的训练，农工的调和与谅解，国内一百四十四种不同民族的团结，自治基础的确立，一种完全不同于昔的新社会政策的了解与信仰，适合于新社会生活的艺术家及学者的养成，新文化的建设等等，都非教育不为功。他们又深信，假使现在的政府但知注重儿童及青年的教育，只可希望下一代建设事业的进步，或希望下一辈对于新社会的适应困难减少许多，不过为目前计，如要使现在成年的男女对于共产主义的原理及信条有明白的认识，就不得不特别注重民众教育。

苏俄当局既深悉民众教育之重要，自能竭力提倡推行。十余年来经济、政治、文化三项建设方面所得结果，十之八九能如先前的期望。第一次五年计划的完成为世所震惊，还是表面上显而易见的。至其国内各种民族的团结一致，民众政治能力的增高，及民众文化程度的远胜于列强各国的民众，恐不是普通一般人所及知的了。

综观上述英国、丹麦、美国、苏俄四国民众教育之设施，大约已可概见各国近代需要民众教育的急切。他且不论，在美国固有以学校为社会中心的运动，而英国最老，最保守，贵族式的高等教育机关牛津与剑桥大学或创办教育公社，或推行大学扩充教育，都设法使他本身社会化，生活化。倘使见不到民众教育需要的急切，如何能有这种运动与变动。至于丹麦的民族复兴教育改造，经济改造，苏俄的经济、政治、文化建设，均用民众教育以竟其功。在事前两国的革命者都能见到非走民众教育这条路不足以使国基巩固，国家向前发展，他们的卓识毅力实有足以使人起敬者。

讲到中国现在对于民众教育的需要，无论以中国古时及各国近代所收民众教育之成效做对照，或就中国现在实际情形、社会环境、人民风习与生活需要作根据详细深究之，不难发现吾国现在需要民众教育实在是急切万分。政治革命因限于极少数的知识分子，大多数人民漠不相关，且绝无政治能力，至屡次失败。经济建设因外扼于资本主义帝国主义之侵略压迫，内困于人民知识技能之低落，经济组织之薄弱，至无从进行。加以民族精神之丧失，旧秩序崩坏后新秩序未能建立，内忧外患，日甚一日。在这样危急的时候岂可不从速效法英美及丹麦、苏俄等国就教育改造以谋人民生活的改善，社会改造，与国家改造呢？或采行我国古圣人教民稼穑，树艺五谷，并设为庠序学校以教之，注重养教射以明人伦的办法，就经济建设、政治建设、文化建设以谋吾国民族之复兴呢？苏俄革命领袖明白儿童教育只能减少下一辈适应新社会的困难，至于目前经济、政治、文化建设的成功，须有靠于民众教育。我国古圣人教民稼穑，教以人伦，大抵亦是注重民众教育而无疑。美国且谋彻底解决之道，有使学校为社会中心的运动，希望学校与民众能打成一片，而其农业等大学现在确已有能满足这种要求的。吾国革命之完成，新社会秩序之树立，农工生产之加增，经济组织之改善，大多数人民力量之培起，民族精神之恢复，舍民众教育，其道何由？

第三章　近数十年来中国民众教育的演进

第一节　救国教育与公民教育时期

中国在闭关自守时代,因四邻都是小于我弱于我,所以庞然自大,数十百年可以没有外患的忧虑,即有之,一鼓荡平,便又可以相安于无事。国内对于人民,以放任不扰民为上策。从好的方面说,如此方可使人民生息蕃庶,从坏的方面说,便是听人民自生自灭罢了。不但听他们自生自灭,并且为保全自己权位计,恐防人民效陈涉项羽的故智,揭竿而起,取而代之,还要用愚民政策。对于人民教育,既绝对不肯如古圣人的用工夫,复以帖括取士,使天下聪明睿智尽入吾彀中,这样办法本可一世二世,传之无穷。不过有时出了一位好大喜功或荒淫无度的在上者,妄作妄为,横征暴敛,一反平时放任不扰民及愚民政策,人民便觉不惯,不能忍受。此时陈涉项羽辈逐有机可乘,互相争雄,及归统一,又回复不扰民愚民政策,便算治世。如此一治一乱,演成中国数千年来的历史。

放任不扰民及愚民政策的结果,是养成人民散漫无组织,一片散沙的恶习性。这种政策用之于闭关自守时代,本感觉不到什么短处。但是自十九世纪初叶,中国人与西洋人通商后处处吃亏,事事见绌。起初以为由于军备不及人,于是购枪械,筑炮台,设海军,练新兵,开办兵工厂。既而以为人才及科学不及人,于是派遣留学生,设立译学馆,京师大学,荏苒数十年到了甲午年中日之战。中国虽然有了坚甲利兵、炮台、军舰及新人才,仍旧一败涂地,全军覆没,割地赔款求和。痛定思痛恍然大悟,不得不归咎于教育制度之不良。所以在甲午年的后二年,前清刑部左侍郎李端棻在奏请推广学校一折中曾说:“夫以中国民众数万万,其为士者十数万,而人才乏绝,至于如是,非天之不生才也,教之之道未尽也”。李端棻不但主张在各省府州县遍设学校及藏书楼,并主张在各省会通商口岸,繁盛镇埠,开办大报馆,以启发民智。到了庚子年,中国又败于八国联军之役,这种主张,愈形得势,愚民政策的八股本已废止,改为策论,后并科举亦废止,顿时学校林立于中国,并为求确实普及全民计,报纸、白话报、阅报处、演说、妇女农工商军警等等夜课半日及简字学校,展览会、陈列室、体育会等,风行一时,遍及全国。这是近数十年来中国民众教育演进的第一期的前期,动机由于救国,所以可称之为救国教育时期。

隔了数年,因中国辽东半岛问题发生日俄之战,结果日本胜而俄国败。日俄两国本来势均力敌,都算是世界强国。他们两国所不同的在政体,一是立宪,一是专制。我们中国人看了日本以立宪而胜,俄国以专制而败。于是大家主张改革政体。前清政府不得已遂宣布预备立宪。立宪无他,便是在宪法中,规定把政权自一人或少数人手中,移至大多数人民之手。因此又不得不想到民众教育的重要,对于大多数民众,加以训练,使成良好公民,巩固立宪基础,间接亦无非就是救国的张本。这是中国民众教育演进的第一期的后期,可以说是公民教育时期。

民众教育在这时候,是盛极一时的。因为当时中国屡败之后,各国看中国不可救药,为自卫计,在中国划分势力范围,瓜分之说甚嚣尘上,亡国之惨,迫在目前,在朝在野的人都激于义愤,爱国热血,势如潮涌,所以对于凡可以救国的方法,无不用全力以赴之,输力输财,甚至杀身毁家,均所乐为。民众教育、公民教育,在当时既都认为直接或间接救国之工具,大家自然要想尽方法,竭力推行。这个时期前后共有十五年左右(大约自甲午至戊申),而以中间数年,推行最力,有空前之盛况。

第二节　通俗教育与社会教育时期

通俗教育的名称何自而来?当民国纪元前十年左右(即庚子年前后),国人设法推行民众教育,无微不至,因为希望大多民众,能够立刻奋发起来,共同救国,所以想尽种种易于使民众接受教育的方法。如宣讲、演讲、浅近文书、白话报、简字戏曲、歌谣、影灯、图画等等,方法愈通俗,民众愈易接受,教育愈易普及,救国愈有希望。用意甚善,用心甚苦,通俗教育的名称,大概如此而来。当时各省学务处普通课,以初等、中等、师范与通俗并称,通俗教育的名称于以确立。

由于外患刺激而生的热烈感情,终究是一时的,不能持久的,事过境迁,感情便亦随之而移。加以教育本须下苦工夫方能有成效,并非一蹴可就,教育变为通俗,虽易使民众接受,然而不下苦工夫,终等于浮光掠影,不能生效,况且前清皇室一方面虽为事势所逼,不得不推行教育,另一方面又恐民智开了,于他们自己权位有妨碍,所以对于民众教育,心里终是怀疑。譬如宣讲一项,不但当首重圣谕广训并不得涉及政治。演说一切偏激之谈,宣讲有限制,其他民众教育机关,如白话报、陈列馆、半日学校等之有限制,自可想见。当局的对于民众教育,既如此疑信参半,一般有志之士,对于民众教育之热度,又渐渐降低,而办理民众教育者,又不得法,于是民众教育遂由救国教育、公民教育的重要地位,退至无关宏旨的“通俗教育”地位,其后又退至普通教育的附属地位。上面已经说过,各省学务处初成立时,还把通俗教育与小学中学师范并称,等到学部成立,学部普通司分师范、中学、小学教育三科,而以通俗教育、家庭教育及教育博物馆等,隶属于师范教育科。此时的通俗教育,好比慈善事业,救济救济人民的学荒,表示表示人类的善意罢了。什么救国,什么公民,都已忘之九霄云外矣!

但是物极必反,穷极则通,自然之理。民众教育本身自有功用,无论如何,不可以淹没的。所以民国元年蔡元培因在欧多年,有鉴于各国社会教育的发达,我国民众失学的占大多数,以此立国危险很大,遂竭力提倡社会教育,而于教育部内特设社会教育司,与普通专门两司并立,同时并召集临时教育会议,提出关于切音字母之议案,经议决云:教育宜普及,文字宜适用于一般人民,不得专为少数才俊计云云。

民众教育从清末通俗教育的附属地位,到了民元,一跃而至社会教育的独立地位,似乎可以得救,推行无阻,一帆风顺了。然而按之事实,则并不能如此,原因有三种:第一,常人以为民国成立,中国已得救,大家不再想到提倡民众教育;第二,袁世凯早有帝制自为的意思,开发民智,根本上对于他不利,他当然最多只肯敷衍面子,不愿实心实力提倡;

第三,同时一班知识分子,群趋于组织政党,大谈法治一途,国内法律学校林立,都以此为做官当议员的捷径,再没有人想到民主政治的基础,在有健全公民,故当设法竭力推行民众教育,以巩固中华民国的基础。

有了以上三种原因,民众教育在民国初年,表面上虽得到独立的地位,事实上仍无从积极推行。六七年中间,不过有极少数的几个人,想尽力提倡,空谷足音,令人闻之心喜罢了。

通俗教育的名称,大约有二十五年的历史。到了民国十八年各省县通俗教育馆等始一律将通俗二字改为民众二字,通俗教育的名称遂废止。至于社会教育的名称,自民元沿用至今,二十余年,此后或将与民众教育转注并存,盖一横一纵,各指出一重要点,有并存之可能也。

第三节　平民教育与义务学校时期

民众教育是解决社会问题与救国最重要的方法,前面已一再说明。平时社会问题不严重的时候,尽可以不想到他,一旦社会问题严重,国家危急,便又不得不想到民众教育的重要,而谋提倡与推行。救国与民众教育有联带关系,要救国便一定联想到民众教育,便一定走上这条路。不但在民元前十年左右是如此,就是在民国十年前后,亦未尝不如此。

民国四年,当欧战正在吃紧之际,日本向我国提出二十一条件。其后三四年间,日本是一方面因欧美各国无暇东顾,要挟他们承认日本在华有特别权利,另一方面勾结中国政府及外交当局,签订丧权辱国的条件。国内爱国的人眼看国家危急,忍无可忍,遂有民国八年的'五四运动',把当时媚日的外交当局打倒,并使以后的人,都有戒心。参加五四运动的,以学生为主体,青年人血气虽盛,而人数究属极少。如大多数民众麻木不仁,不能做他们的后盾,不但势力不雄厚,并且尾大不掉,无从竟救国之功。于是各地学生竞设义务学校以教失学的成年人及学龄儿童,希望因此可增厚救国运动的实力。

同时于民国六年中国对德宣战,加入协约国后,华工数十万人赴前线助战。熟识国际情形者,恐赴欧的华工甚多,良莠不齐,间有行动失检者,将有损国体,加以华工素未出国门者居多,事事以有人照料,较为妥当,于是组织华工青年会,招欧美留学生服务,其中有晏阳初、傅葆琛等,即在为华工服务时,试办华工教育,用白话文编辑千字课本,每天规定时间上课,四个月毕业,即可与祖国的家中人通信,进行顺利,颇有成效。晏阳初等就回想到中国国内,还有三万万二千万以上的人,是与在法国前线的数十万华工同样不识字,不能做健全公民的。所以他们在民国九年,便发起平民教育运动。四五年间,奔走呼号,煞费苦心,影响所至,遍及各省,与义务学校运动同时并进,双管齐下,相得益彰,几乎使二十年前之民众教育盛况,不能专美于前。

平民教育运动在提倡者,虽竭尽心力,赞助者亦很热烈。但实地推行时,因种种关系,颇感困难。大抵最紧要的,是实施方法问题。所以中华平民教育会于民国十四年,决定先注重研究工作,划定县为实验区,作实施与推行平民教育之研究实验,期在短时期内(最初以十年为期),得有良法,可以把平民教育推行全国。

至于义务学校运动，在开始本希望藉此教导民众，增厚救国运动的势力。不过到了后来，国内外形势略变，初意渐渐忘记，并且义务学校中所授功课，无非是读、写、算及常识等等，与普通初级小学无异。以后义务学校性质，便完全变成普通小学教育不足之补充。换言之，因成年及学龄儿童之失学者，无学习机会，遂多设义务学校，使他们得学习读、写、算等课而已。义务学校及平民教育运动，至此便告一段落。

第四节　民众教育与乡村建设时期

民国十二年一月，孙中山先生发表中国国民党宣言：说明清廷虽覆，中国仍陷于列强殖民地的地位，有再申民族主义以励行普及教育，力图改正条约的必要。再申民族主义的目的，便是要使民众知道，中国现在处于很危险的地位，大家应该联合起来，成一个大国族团体，集合四万万人的大力量，共同去奋斗恢复民族的地位。

又民国十三年一月，国民党第一次全国代表大会，发表改组宣言，其中有云：民生主义在平均地权，节制资本，使私有资本制度，不能操纵国民之生计，对于贫乏之农夫，劳苦之工人，应努力求其参加国民革命运动。故国民党于农工运动，必须以全力助其发展，以增进国民革命运动的势力。

看了以上两节，我们可以明白为恢复民族地位计，为求民众生计有保障计，都需要唤起民众，使大多数人民能共同起来奋斗，为国计民生谋出路。所以国民党自民国十三年起，用其全力注重民众运动。在十五年七月出兵北伐以前，大规模的民众运动、农民运动、工人运动早已在各大都市及湘赣等省蜂起，声势浩大，很足以助北伐军之声威。不过民众运动的目的，并不在肤浅的利用群众心理，鼓动民众于一时，而在使民众能团结一致，永远共同的自动为国计民生谋出路。要达这种目的，便非切切实实组织与训练民众不可。民众运动的名称，极容易使人望文生义，引起误会，以为但须利用群众心理，鼓动民众于一时，便算了事。这种办法，做破坏工作固有余，做建设工作就不足，甚至可以像法国革命恐怖时期，危及鼓动者本身，不但可暂不可久，并且无由达使民众团结一致，永远共同的自动为国计民生谋出路的。所以国民党党员就不能不进一层而作扩张民众教育事业，及民众教育应与民众运动一并进行之主张。

民国十五年夏及十六年夏，国民政府教育行政委员会委员许崇清及韦悫先后发表教育方针草案。许崇清除主张扩张民众教育事业外，并且主张学校的社会化，学校教育当与社会生活的活动和事务相结合，不但是材料的内容要与社会环境相联络，并其方法的内容，亦须与社会生活相一致。韦悫主张把教育民众化，使民众人人皆能享受教育的利益，并以大多数民众的利益，而不以特殊阶级的利益为研究学问的中心。他说明民众教育应与民众运动一并进行的理由，发挥很为透彻。他说："国民革命的最大目的，在求中国的自由平等，欲达到这个目的，我们要组织民众训练民众，使民众的势力变成国民革命的势力。……近年本党对于民众运动，做了不少工作，……但对于民众教育，没有什么设施，未免可惜。我们知道工人运动和农民运动，是民众运动的重要工作，故民众教育对于农民和工人，应特别注意。"

在唤起民众团结一致共同奋斗，求中国之自由平等，恢复民族地位的大前提之下，从民众运动进一层到民众教育，本来是必然的。因为运动的工夫，终似乎太浅薄浮泛，非用教育的工夫，切切实实组织民众，训练民众，养成他们团体生活的能力与习性，便永没有使民众团结一致，共同奋斗的可能。这种道理，是显而易见的。加以民众教育与训政有密切关系。他的功用，格外显著，需要愈加迫切。所以这一次民众教育的提倡及推行，便与以前大不相同。以前可以说是无基础、无计划、无研究的，这一次就基础巩固了。民众教育经费由国民政府规定，须占全教费百分之十至二十，地方教育行政机关都专设管理民众教育的部门或人员，不但对于推行在事先都有相当计划，就是对于实施方法，各地都在做研究实验工夫，以期确能达到团结民众，共同救国的目的。就中国前途论，再不容如三十余年来的蹉跎误国。我们做国民的，应当认清民众教育的重要，锲而不舍，使民众教育能尽他的功用，完成他的使命。

为什么有了民众教育、乡村教育，还要有乡村建设呢？因为一般办理民众教育者，乡村教育者，虽知积极改进乡村，改善农民生活，但终不免枝枝节节的帮忙农民，给他们一点好处，而不知组织农民，训练农民，使他们自觉发生力量，解决自身问题。所以令人不满意而发起乡村建设运动。说也奇怪，在最初主张扩张民众教育事业者，却因为看了民众运动的肤浅，不能深入，不足以尽组织与训练民众的能事，所以竭力提倡民众教育。不意办理民众教育的人，因为受了过去错误的传统观念，教育即学校，学校即读书的遗毒，以致于自以为能用教育工夫，改善农民生活，改进乡村，便是远胜于人，洋洋得意，而把民众教育最重要的工作（即组织与训练民众，使他们自觉发生力量，解决自身问题），却置之脑后，或畏难而不做，无怪令人不满意，而想把乡村建设来代替补救。

单就名词讲，乡村建设亦免不了使人误解的毛病。一般人因为听惯了看惯了都市建设，便容易误解乡村建设为一乡一邑之小范围的经济建设事业，与组织民众训练民众，使他们团结一致发生力量，而自觉的自动的共同起来解决社会问题，似乎毫无关系。因此倘使把乡村建设工作交给一般没有受过专门训练的人去干，他们亦可以犯一般办理民众教育者所犯的毛病。专做积极建设乡村改善农民生活的工夫，而对于使农民能团结自觉发生力量解决社会问题一方面的工夫，完全不做。由此可见名词的误解，社会积习，一般人对于一种事业，如教育或建设，所有的错误观念，贻误国家前途的潜势力很不小。

民众教育与乡村建设，本是同一起源的，双方都是为的要使民众有组织，有力量，能自觉的、自动的共同努力，解决社会政治经济问题。在本书第一章讨论民众教育的意义时，我们已经知道在乡村建设运动者心目中，民众教育就是乡村建设。恰巧提倡民众教育者，同时亦都一致趋向于以乡村建设，为民众教育的中心工作，这其间原因很多，应当加以说明。

一、为培养民众团体意识计，先要有小基础做入手处。孙中山先生主张用宗族团体或家乡的基础。除了这二种之外，比较最易生效的基础，要首推乡村。因为乡村居民，关系密切，精神团聚，不像都市居民之涣散，不易联络。在都市种种设施之下，居民尽可各不相谋，在乡村则处处有互相联络、互相扶助之必要，并且本来大家彼此明了，可以防止互相诈欺，而使各尽其所长，积极消极方面，对于造成健全团体的条件都具备。由乡而区，由县而省而国，实为结合成一个民族大团体的最稳妥最有效的方法。

二、为解决民生问题及抵制经济侵略计，不得不走乡村建设的途径。中国农民的命脉固在乡村，就是中国工人商人的命脉亦并不在都市，而在乡村。试问工厂原料何自而来，工厂出品大部分销到何处去。至于商人贩卖的出口货，以丝、茶、大豆、鸡蛋等为大宗，无一种不是农产品。进口货以棉及棉织物为大宗，其他如火油等都是小民的日用必需品。大部分的小民在哪里呢？所以我们可以定一个公式“商埠靠内地，内地靠乡村”。这句话，凡做官的及读书人听了，或者都不信。但是商人及办理工厂的听了，必再三点首称是。并且他们自己常常如此说，常常祝望年成好。乡民能安居乐业，使他们做工商业的可以既有原料又有出品的销路。总之农民有饭吃，工商亦有饭吃。若使农民无办法，工商便亦无办法，只好坐以待毙。

进一层说中国要发达，工业必须以中国出产品换外国人的机器。中国出口货的大宗，不是农产么？又在各国竞卖倾销的时候，中国工业出品决无法向外竞争市场，唯有国内市场，以近水楼台或尚可取优势。所谓国内市场的最有销路者，非乡村而何？至于农产品，如棉、米、麦、蚕丝、茶叶、大豆、鸡蛋等等之品种改良，与产量增加，既可以抵制外货之流入，又可以增加原有出口货，如丝、茶、豆、蛋等之数量，有无限的利益。

根据以上二种理由，而以(一)政治来养成团体意识，培起民众力量，及(二)经济来解决民生问题，抵制经济侵略。于是提倡民众教育者遂一致趋向于以乡村建设为民众教育之中心工作，与乡村建设运动者联络进行，希望就乡村的小基础，及民众实地生活需要，下指导训练的工夫，使民众有组织，发生力量，能自觉的自动的共起谋自身问题及中国问题之解决。民众教育到了这个地步，可说是已经走上了正途。同时乡村破坏程度已达极点，国家根本动摇。为事势与环境所迫，农民不得不谋自救，而全国视线亦已集中于乡村。目前民众教育的走上正途，以乡村建设为中心工作，亦是自然的趋势。

第四章　民众教育方法

第一节　实施机关

民众教育的方法，与实施机关有密切关系。专门教育及普通教育的实施机关，就是学校。一种学校的内容及名称，虽以性质、程度及地方关系等等，不免有种种差异，但其为学校，则一。至于差异，民众教育实施机关，就名目繁多，各各不同。三十年前最初有的实施机关不下数十种，列举如下：

图书馆、报馆、白话报、阅报社、壁报牌、宣讲所、半日学校、半夜学校、四字讲社（工厂工人每日工毕讲习四字）、农余夜课、商业补习夜馆、半日营业学校（半日入学半日营业上下午分为二班）、工业半日学校、半日妇女学校、女工传习所、简字半日学校、官话字母半日学校、及官音字母女学校、警察学校、下士学校（兵士）、兵事杂志、僧立学校、监狱学校、农余体育会、士商体育会、教育品陈列馆、博物馆、展览会，等。

民国元年至十五年间，民众教育实施机关，有下列数种：

图书馆、通俗图书馆、通俗讲演所、半日学校、露天学校、通俗教育馆、公共体育场，等。以上均由政府规定设立，此外尚有义务学校及平民学校等。

民国十六年起至今（二十二年），民众教育实施机关之多，几与三十年前相等，或且超过之，试列举如下：

1. 旧有机关。图书馆、体育场、通俗教育馆（内有陈列室及演讲等等，自十八年起，改为民众教育馆）、义务学校、平民学校、博物馆、公园等等。

2. 新增机关。民众图书馆、民众学校、乡农学校、农民班、农村工艺传习班、合作社训练班、工人学校、士兵学校、民众茶园、民众医院、农民教育馆、简易农民教育馆、工人教育馆、民众教育区、工人教育区、乡村改进会、农村改进区、国民补习学校、国民训练讲堂，等。

3. 实验机关。民众教育实验机关的设立，在求得有效的实施方法，最重要的实验机关，有实验民众图书馆、实验民众学校、实验民众教育馆、民众教育实验区、工人教育实验区等。

看了上边许多民众教育实施机关，令人如入五里雾中，心眩目迷，摸不出头绪来。设立实施机关，本应当以能否达到民众教育目的，贯彻民众教育宗旨为标准。可惜热心的人虽多，而了解民众教育正确意义者太少。并且一般人狃于积习，不肯用心思想，容易陷入矛盾，做事常常不能彻底，支离附会，便使民众教育实施机关，五色八门，头绪纷繁，令人莫衷一是，而离民众教育的目的愈远。

无论何事要做成功都有一定步骤的。倘使不假思索，随便进行，心急慌忙，三步当二步走,不是走入歧途,定是火候不到,欲速不达。譬如吃饭充饥,本是一件寻常的事,使厨房老手为之,每日按时三餐,可绝无问题;但若偶使生手为之,则往往手忙脚乱,笑话百出,能有生米饭吃,要算是大幸,白忙了许久吃不成饭,一无所得,却是常事。一般人在日常生活中.因不照一定步骤做事,以致火候不到,欲速不达,一事无成者,往往而然。各种民众教育实施机关,亦免不了这种缺点,试就各实施机关分析如下:

一、图书馆。现在的图书馆就是以前的藏书楼,名称虽改,实际上还是藏而不用的多,去看书的人因为翻书目等手续麻烦,往往费时很久,还不能得到所要看的书。有几个进步一些的图书馆,把每周作为一个宣传中心,布置图表,很费苦心,可是所收效果,最多是知而不行。然而在办图书馆的人,已经是竭尽能事了。

二、体育场。体育场的设备与设施,大抵仿照学校操场或运动场,所以唯有做过学生的方能利用。至于一般民众,只做看客而已,体育场对于他们便发生不出何种作用。

三、民众、农民或工人教育馆。这许多馆里边,普通分演讲,展览图书等部分,并附设民众学校、民众茶园、民众诊疗所、工艺训练班、民众教育实验区或其他实验机关,如实验民众学校等。大抵附设机关的多少,须看本馆规模的大小而定,各馆办法大同小异。经费较少的变化不能多,否则办事的人往往颇感棘手。经费充实的可常换花样,吸引民众。亦有按时令,以每月或每周做中心宣传工作的。总之应有尽有,颇费经营。但是在旁人看了,这种事业,总觉得头痛医头,脚痛医脚,枝枝节节的去帮助民众,未必能认清题目,提纲挈领的去干。

四、民众学校。常人以为民众教育就是民众学校,民众学校就是识字千字课,或民众课本,最多除识字外、加常识、音乐、珠算、笔算等课。于招生、留生、毕业、课程、课本、教材、教法、高级、初级、男子、妇女、农工商、士兵等班种种问题,闹个不休,忙的不了。因为中国自有专门及普通教育方面的学校,数十年来亦不过专门在这些问题上热闹,民众学校当然不能作例外。

五、民众茶园。茶园在中国有许多地方是极普通的。民众集合休憩的场所,消磨中国人的光阴不少。如有不良娱乐,就不但废时失业,并且可以使人不务正业,渐渐堕落。民众茶园的用意,在把旧式茶园改良,布置足以启发民智及爱国心的环境,以看报弈棋替代赌博,宣传替代说书,或仍有改良说书的,充其量,亦不过是劝老百姓不要以无益害有益而已。

六、民众教育区。区与馆的不同,在一要使教育深入民间,一要使民众来馆受教。因为以前的人,专门办馆,把馆布置得五光十色,时间心力都费在馆的里边,以致无暇接近民众。结果民众来馆者寥寥,无从施教。于是就有人提倡设区,不设馆,使办理者能注意到全区民众,而不专办一馆。以区与馆比较当然进步得多。不过是否能认清题目,抑或仍旧是枝枝节节的去做,关键还在做的人本身。

七、乡村改进会农村改进区。这两个名称的性质很清楚。照数年来的经验,大抵这两种事业,由热心改进乡村的知识分子,与当地士绅结合,再邀乡民数人参加而成会,甚或仅由前二种人结合,便进行积极建设农村,改善农民生活的工作,并以知识分子的策划,当地士绅的提倡,乡民自然信仰乐从,成绩亦自有可观。不过知识分子与当地士绅,因过分热心,便不知不觉的替天行道,替老百姓做事,恐怕仍旧免不了“人存政举,人亡政息”的后患。

八、民众教育实验区。实验二字,很足以引起一般人的赞许。然而倘使大家头脑冷静些,便可觉察民众教育机关并不一定因为加了实验二字,便可达到民众教育的目的,须看实验的是什么?假使所实验的不过是些枝节问题,并不是就实地生活,研究如何指导民众,使有组织,有力量,能自觉的、自动的共同奋斗,解决他们本身的及中国的问题,那么实验所得结果,定是无关紧要,对于贯彻民众教育的宗旨,决不能有什么帮助!

九、平民学校。平民学校已有十余年的历史,将近十年的研究。专就除文盲一点着想,平民学校在中国北部,或情形与中国北部相仿的地方,的确是一个利器。但尚不能使民众自觉有力量解决自身问题。到了民国二十年,有了平民学校毕业同学会的组织,方始有一点曙光。

十、乡农学校。乡村建设工作,是用乡农学校来进行的。在二百户以上五百户以下,自然成一范围的乡村社会,设一乡农学校。他的组成分子,有三种:(一)乡村领袖在校董会中间;(二)成年农民在学校里;(三)知识分子,就是教师。乡农学校的要点,在使大家聚合讨论问题,想出办法,发生作用。教师的责任,在就乡村实际问题,指导农民合起来,成为有组织的力量来解决问题。总之,乡农学校的用意,在推进社会组织乡村。

分析了以上十种民众教育实施机关以后,我们还应当研究关于实验机关的下列各问题:

一、地点问题。以前民众教育机关,大抵都设于城市。图书馆、体育场、民众教育馆三者,或全设,或仅设一二种。乡村图书馆等,在以前是等于凤毛麟角,简直可以说没有。但就名称来看,便可明白这话的非虚,农民教育馆所以示别于民众教育馆、乡农学校所以示别于民众学校。不过近数年来,风气就不同了。新增机关设在乡区,固不必说就是原在城市的机关,亦都竞相到乡间去设分机关。

二、区域问题。实施机关施教对象的区域,以怎样大为最相宜?乡农学校设在二百户以上五百户以下的区域范围,这在村落大的地方固然甚好,但是中国有许多地方的村落,是很小的,往往只有一家或数家为一村,各村散处附近。在这种地方,一百户以上便已很散漫很辽阔,所以区域之大小,以一百户以上五百户以下较为适当。

三、机关大小问题。设施区域单位既如上节所述,则实施机关的大小,人员及经费之支配,自应照此规定。不过这并非说只可以设立这样大小规模的实施机关,尽可由一较大规模的机关通盘筹划。在各单位区域内,分设相当的实施机关,并且单位区域内的实施机关,本不是一个零碎无计划的设置。不但各单位区域内的机关,应当互相联络,在他们上边须有一个大的团体或机关指导他们,接济他们。这个大团体或机关之应如何组织,俟以后再说明。

四、机关名称问题。实施机关的地点区域单位及机关本身大小等问题,既经解决,机关名称便可不成问题。乡农学校、民众学校、平民学校、民众教育馆、农民教育馆、民众教育区、乡村改进会、农村改进区,等等,无论那一个都好,最要紧的,不在名称而在能否达民众教育的目的,贯彻民众教育的宗旨。各地方尽可就本地情形风习,用各种不同的名称,不过大家都应当集中心力,就当地实际生活问题,培养民众团体意识,启发他们的力量,使他们能自觉的,自动的联合起来,解决自身的、社会的政治及经济问题。

五、机关结构问题。民众教育实施机关的组织,如不把民众放在里边,机关便落空,做不成事业。因为这个缘故,所以要有学校社会化或社会学校化,以全区乡村为学校,以全体村友为学生等注脚与口号。可惜民众教育馆还没有套了上边的调子,提倡民众教育馆社会化,社会民众教育馆化。其实为表明民众教育事业的性质计,凡办馆的至少在心里都应该有这种见解。说到此地,我们便可以觉悟到用会字与区字的妙处。既是区与会,自然应该照顾到全区全民众,不必再下什么注脚,喊什么口号。

一般的民众教育机关组织,大抵都不把民众放在里边的。分什么教导部、展览部、游艺部、总务部,或政治股、经济股、文化股、事务股等等部分,规模既大,事务因此转转相生而愈多人员。经费大部分用在机关本身机关里边,能够用到民众身上的反很少。改进社会挽救国家危亡的功效,遂无由见。身当其冲者,还不悟事业之不易进展,由于机关组织之不得法,甚或以误传误,转相仿效,以为民众教育机关的组织,非如此不可者。不就民众方面着想,但就机关方面着想,就不免要有这种流弊生出来!

怎样才能把民众包涵在实施机关中间呢?乡农学校的构成,成分是乡村领袖(校董会)、成年农民(学生)、知识分子做乡村运动者(教师)三种人。又乡村改进会由地方绅士、农民及知识分子组合而成。这种组织方法,以民众为主体,而不以机关为主体,重心完全在如何组织民众,训练民众,使能团结自觉有力量,解决切身的社会问题。

凡校与会都能够照上边办法,馆与区将怎样进行呢?小规模的馆与区只在一区域单位(一百户至五百户自然成一范围的乡村)施教者,宜从指导民众组织乡村改进会着手,或宜从办民众学校着手。所以可以自视为校或会,组织不生问题。不过这许多小规模的馆与区以及校与会,都应当彼此联络,并且在他们上边,须有一大的团体或机关,来指导接济他们。

至于规模较大的民众教育区或馆,便应该分出大部分的人员与经费,到许多区域单位去做工作,办理校或会。至其本身,可自视为在校或会上面的指导接济团体,就地方需要设指导员兼研究员,巡回各区域单位,一面研究一面指导,万万不宜在馆或区本部内,设什么部或股,致人才经费集中在本部,无从进行各区域单位内的实际工作。

本节结论:设置民众教育实施机关,当以能否达到民众教育目的,贯彻民众教育宗旨为标准。地点应重乡村区域,单位以一百户至五百户自然成一区域范围者为最相宜。名称最好用民众教育区,或民众学校。上边冠以本地地名,组织须以民众为主体,民众教育服务人员为客体,如民众学校之一种方式,以乡村领袖为校董,成年农民为学生,服务人员为教师。又一种方式,以全区为学校,全体民众为学生,服务人员为教师,指导民众,利用各种团体组织,以解决切身的社会问题为课程。至于民众教育区,如专办一民众学校,则其组织自不外上述二种方式。如专办一区改进会,则以乡村热心农民为会员,民众教育服务人员为指导员(必要时,名义上亦加人为会员,实际上则专为指导员)。机关规模之大小,以适用于一区域单位者为最相当,上边再须有一指导接济的大团体或机关。

第二节　教育方法

运用团体力量,解决社会问题,是民众教育的目的,亦就是民众教育的方法。这是怎么说呢？以前的人及现在的人，所以想到要办民众教育，都是因为数十年来，中国屡次受外国人政治及经济侵略，国家危急，一天甚于一天；救国方法，一试再试，终归无效。于是渐渐觉悟，要救中国，非使大多数民众有力量不可。但是大多数民众的力量，苟非团结，便无由发生，无由表现。所以要教育民众，指导民众，使他们成一个大的民族团体或国族团体，共同奋斗，以救中国，这是民众教育的目的。这种办法还不是运用团体（民族大团体）力量解决社会（中国）问题么？

不错，运用团体力量，解决社会问题，是民众教育的目的。但是如何能达到这个目的呢？答案很多，我们应当分别研究如下：

一、先教民众识字。民众识了字，便能吸收各种知识及公民常识，并且明了外界情形，自动地组织起来，解决切身问题。

二、宜办国民训练讲堂，用宣讲灌输民众以公民常识，及四权运用的方法，使他们知道如何组织。

三、宜做民众运动工夫，用演说、标语、口号、游行等等，激励民众，使他们觉悟，群起解除自身的痛苦。

四、用报纸、白话报、浅近书报、画报及各种印刷物，与影戏片、播音台等，刺激全体民众，唤起他们的爱国心，介绍必需有的知识，使他们能联合起来救国。

五、组织民众，训练民众。如组织工会、农会等职业团体，加以指导训练，使他们谋自身的福利，改善自身所处的地位。

除去以上五个答案之外，其他答案，或办法尚多，我们为节省篇幅计，可不必再细述。但照上述五个答案而行，能否生效？或曾否生效？大抵第一至第四个答案，都有一个假定，以为中国民众的团结力，本已潜伏在中间，但须给以导火线，便可一触即发。识字、宣讲、演说、标语、口号、印刷品等，就是导火线。导火线安排好了，便不怕他不发生作用与效力。岂知数十年来，这许多方法，屡经试验，都未能发生效用。但提倡者还不肯改弦易辙，终以为是导火线好不好，或安排得法不得法的问题，而不是民众有无团结力的潜能问题。

第五个答案主张组织民众，训练民众。表面上看似乎远胜于前四个答案的见解，但一考查他的组织与训练的实际，便又不能不令人失望。工人职业团体，因所处地位相同，且比较接近，若为单纯的一场所，或一地方之一种工业的工人，则组织工会团体，本属易事，但训练仍须竭尽心力。因中国人散漫怕事，习性与团体生活不合。倘使求急效，操切为之，就不免要事事替工人做，使工人受不到训练，一旦指导去了，工会便亦停顿了、所谓组织民众训练民众，结局如此，还不过说是没有成绩，无奈处于组织及训练地位的，假公济私，鱼肉小民的颇不乏人，岂不使人齿冷呢？工会如此，农会因分子散处，关系较疏，组织徒有其名，训练更说不上。

上面五个答案，既因种种缘故，不能使民众成一个大的民族团体，共同奋斗，以救中国。既不能达民众教育的目的，那么究竟怎样才能使民众，成一大的民族团体共同救国呢？对于这个问题的答案，我们在本书前数章已经屡次提及，现在可再详细加以说明。

要希望得一有效方法，使中国全民众真能成一个大的民族团体，共同奋斗，以救中国，有几个先决问题，应当先辨别明白的。

第一、中国人民原来有没有团体生活的习性与能力?

答:没有。

第二、培养民众团体意识,团体生活的习性与能力,宜从何处着手?

答案:一、宗族团体(血统关系)。

二、同乡团体(同乡关系)。

三、职业团体如工会、农会等(职业关系)。

四、读书会、音乐会、武术会等等(兴趣关系)。

五、乡村改进会或乡农学校(地方关系及职业关系)。

六、冬防队、保卫团、救火会、林业公会、合作社等等(生活关系)。

于此我们有应当注意的两点:

第一点,在以上六个答案中,我们没有再把国民训练讲堂、画报、报纸、标语、电影、播音等等方法列入,但把比较可以生效的六种方法提出来,以供参考,这六种方法,有同一的用意,就是不用空话去教导民众,而就固有的团体,或实际生活需要,去训练民众,这是对的,因为用空话或与实际生活无关的假组织假团体去教导人,不但不易明白,生不出兴趣,即使明白了,亦未必就能行,唯有就固有团体或实际生活需要,去训练民众,方始有生效的希望,譬如教人游泳,如用言语书本去教他,或在岸上做种种姿势去教他,终不如使他天天下水练习,随学随教,随问随答的容易学成。期望中国全民众成一个大的民族团体,共同奋斗以救中国,宛比期望一个人能够在大江大湖大海中,作长距离的游泳。就民众实际生活需要,指导他们组织乡村改进会、保卫队、救火会以及各种合作社等等,解决他们切身问题,宛比教一个人,先在游泳池或小河中练习游泳,等他纯熟有力,便可渐渐地使他到大河急水中去试探,还须嘱他谨慎,而且加紧练习,然后方可放心让他到大江大湖大海中去显身手。总之要期望民众能够运用团体力量,解决社会问题,还须就运用团体力量,解决社会问题,使他们练习,训练他们,养成他们的团体意识及团体生活的习性与能力。

第二点我们应当注意的,就是上述六个答案中,所提各种团体,比较起来以用那几个团体,做培养民众团体生活习性与能力的基础,最为妥当,最容易见效。宗族团体虽然在中国普遍的存在,并且南部沿海几省内,是很坚强的,但在其他各省,宗族关系并不很密切,团体就并不能像在南部各省内的坚强。又同乡团体在远处异乡的时候,是很有效很坚强的,等到回本乡后,因全体人民彼此都是同乡,情感沉厚程度,必远逊于在远地之异乡,并且在本乡因有邻闾乡党亲友关系,那种在远地异乡所有同乡会的互助作用,就别有所寄托,不再附系于同乡会,不再与同乡会并存,同乡会的作用便失去或者至少转移到别方面去,而不再存在同乡会之内。

至于职业团体,如中国原有的同行,限于同行内分子间极低限度应行遵守之条规,保护同行的利益而止。就是从外国输入进来的团体,如工会,农会等,亦不过都为本身利益着想,未必一定能够代表全国全民众的利益。除非某一国的资本主义已发达到极点,劳动者确实尽为无产阶级,并占人口的最大多数(例如百分之七十或八十以上),则工会、农会等团体,对于解决整个社会问题,就未必能适用。并且在外国的工会,农会等职业团体,所以尚能发生相当效用,固然因为资本主义已发达到某种程度,而其最大原因,却在欧美各国,民众对于团体生活,已成第二天性。就是在日本亦因为民众团体意识,团体生活习性与能力都已养成，所以尚可收农会工会之利，而去其弊。在中国，民众习性，社会风气，都是怕事，怕负责任，恰与团体生活背道而驰。倘使骤然教民众加入工会、农会等，利害冲突尖锐，竞争激烈的团体，他们不是动感情，走极端，便是敬谢不敏，拱手让人，听狡黠者的操纵把持，愚弄鱼肉而已。试再以游泳作比喻，民众本不习游泳，现在教他们开始练习的时候，便把他们投入急流大水中，诏之曰，非如此你们学不会，学不精。游泳民众到此地位，除去乱动或听急流大水的漂荡之外，还有什么好的办法呢？

用兴趣关系的团体，如音乐会、足球队等，做组织民众改进社会工作的入手方法，在二十余年前，美国乡村礼拜堂的牧师，曾经屡试屡效的。其法牧师初到一地，因为人地生疏，且因为礼拜堂教导工作，已成官样文章，为人民所熟视而无睹，所以他就换一方式，先就人民兴趣所在，组织音乐会或体育会。在这种集会活动中，认清了若干有志热心的人，他便将地方改进问题，提请大家讨论，想出办法，随时进行。于是礼拜堂得恢复他应有的地位，仍做社会的中心，可以说礼拜堂复活。在美国单利用兴趣关系的团体，便可发生改进乡村，解决社会问题的作用。这是并非偶然的，因为他们的民众，本已具有粘力或团体生活习性与能力，所以一有集合机会，便能发生作用而无流弊。在中国民众素缺乏团体生活的习性与能力，这种兴趣关系的团体，未尝不可用为养成团体生活能力之帮助与过渡。至于改进社会，挽救危亡，尚须另有乡村改进会或乡农学校之组织，切切实实做工夫，方能见效。

乡村改进会与乡农学校的组织，都是根据地方与职业二种关系而来。因为是地方关系的组织可逐渐扩大，一级一级的高上去。由一乡而联乡，由联乡而至县省国。因为是职业关系的，乡村居民大抵是农民，农民占中国全人口百分之八十左右。中国工商业都须依靠农业（前文已经说明），所以这种组织，决不致有妨碍国计民生进展之处。以上两层，都是从解决社会问题的终点着想。若从出发点着想，则乡村改进会及乡农学校，因有地方与职业二重关系，并且根据实地生活需要，使大家聚合讨论问题，想出办法，自然容易发生作用与效力。等到见了效，民众更愿意参加团体生活，他们的团体意识组织能力，便可渐渐养成。

运用团体力量，解决社会问题，是民众教育的目的，亦就是民众教育的方法一节，已经详细解释明白，现在提出实施民众教育具体办法如下：

民众教育服务人员（知识分子）下了乡或回到本乡，选定一个单位区域（一百户至五百户自然成一区域者），先借公共处所，如小学校等，或租借民房，着手筹备。必要时，设一某某乡民众教育区办事处，贴一纸条招牌，看地方情形，宜由民众学校或乡农学校人手，便照上述乡农学校组织法进行（参考梁漱溟著乡农学校办法大纲）。如看地方情形，宜有乡村改进会之组织，就可以先办普通民众学校或就民众兴趣指导，组织读书会、音乐会、体育会、旅行队等，藉以观察地方人情风俗，实际需要，并辨别民众原来相互关系，认识热心有为的人，然后就实地生活需要，指导热心有为者，发起组织改进会，请大家参加。改进会成立后，便可将地方应兴应革事宜，如水陆、交通及保卫等，逐一提出讨论，按照缓急轻重，决定进行程序与办法，并使之一一实现。同时在经济方面，亦就实地生活需要指导民众，组织合作事业，以开发并改进本地农林、蚕桑、农村、工艺、农产制造等。

地方人情风俗。民众原来相互关系本极复杂，各地亦不尽同，实为民众教育服务人

员最不易解决,而最当注意的问题。试将乡村民众原来相互关系分析如下:

一、贫富之分,即田主与佃农的关系,又分五种:(1) 大富与赤贫,田主有地千百顷,佃农赤贫如洗;(2) 小富与小贫,田主有地千百亩,佃农劳作负债度日;(3) 田主与佃农站在一条线上,同受苛捐重税之苦;(4) 田主负重税,佃农尚可度日;(5) 土地分配尚均,并无相差远殊之毛病。

二、智愚、贵贱、强弱之分,有知识学问的(其实是但须有毕业证书,或有前清科第)、有钱的、做官的,或身体强有力的,在乡村民众目光中,都是有势的。这是历史上传下来的遗毒,一时不容易消除。所谓土豪劣绅,大抵都从这许多人中间产生出来。农民的愚昧可欺,怕事不负责,更足以引诱这许多人做土豪劣绅。

三、人有善恶之分,智愚、贫富、强弱之别。但是善人往往怕事,怕负责任的。因此社会上便有二种不同的现象:(1) 智的,富贵的,强壮的善人,如肯负责,肯做事,社会便有贤人政治,一般民众虽被治而享福;(2) 智的,富贵的,强壮的善人,如不肯负责,不肯做事,那么地方事必为恶人所操纵,小民只可受他们压迫欺侮,不但受土豪劣绅的苦,还要受地痞流氓的苦。

在这种复杂环境之中,民众教育服务人员的头脑,须格外冷静,方可有妥善办法。中国社会情形,特别是乡村社会情形,为什么到这种复杂地步呢?把一个人的健康来比较,一个人百病丛生原因,不一定在外边,而在这个人本身元气不足,抵抗疾病的力不强,所以有时平常人遇了风,受了寒,没有事,元气不足的人,便伤风发热。一个人新病初愈,元气不足,疾病容易反复,亦就是这个道理。中国农民因无团体生活的习性,自己就无法形成力量,解决切身问题,只有事事听命于天,或听命于人。于是因贫富、贵贱、强弱、智愚、善恶之分,就生出极复杂的人事关系来:一般的人以为这是由于土豪劣绅地痞流氓之不是,所以大呼打倒……岂知打倒了一批,又来一批,并且还能死灰复燃。在民众方面,亦扶得东来西又倒,终是没有办法,即使民众教育服务人员取土豪劣绅的地位而代之,改弦更张,至多不过做到贤人政治,贤人一去,故态复萌,旧病复发,于事何补。

须知土豪劣绅打倒一批又来一批,不是由于恶人之多,而是由于民众之无组织,无力量。又贤人政治之所以不可靠,因贤人政治完全由于一二人之力量与道德心,不是由于多数人之力量与制度。假使大多数民众有了组织,形成了力量,土豪劣绅便自然销声匿迹。或者必又以为苦于开始时无从下手,土豪劣绅不给你机会下手,这是似是而非之论,假使卤莽灭裂,操切的做,有了机会亦做不好。否则如能慎重去做,便可觉得头头是道。

有无下手机会,是一个心理与方法问题。先就心理说,中国人无论贫富、贵贱、智愚、善恶,大家都有向上、向善、同情等几种心理。贫者因己之勤俭,人之帮助,而家道渐裕,富者决与以同情而不忌妒,此可断言。如是则设法贷款贫农。俾得自置耕田,富者决不阻止,而民众教育服务人员,尽可从容为之。乡村改进会利用向上向善的普通心理,大部分乡村改进事业,即恶人亦未尝不乐观厥成。间有与他们利害冲突之事业,他们能阻挠则阻挠之,不能阻挠便亦让步,只需民众方面元气渐充,能有组织,有力量,恶势力便亦无能为力。或者若疑此语为虚妄,但须一想,为什么有一二正人君子(或公正绅士)肯负责管事的地方,所有土豪、劣绅、地痞、流氓都不敢出头露面,暂时偃旗息鼓不活动呢?一二规矩士绅所能做到的事,大多数民众有了组织,有了力量,反不能做到么?

不过在起初下手时，对于方法，确宜谨慎。倘使某地方乡村领袖本是善类，且肯负责任，就应当事事先与他商量，使他明白，请他提倡了做关于乡村改进会，尤须使他明白训练晚辈的必要，请他提倡参加，并指导训练，彼觉后起有人，并是经他一手训练成功的，必引为生平一大快事，而无异言。

倘使乡村领袖，并非善类，且恶势力很盛，则宜就热心有志者下工夫，指导组织改进会合作社等，并须联络乡村领袖，请其参加，一方面用其所长，一方面勉其为善，并防止其作恶。

倘使乡村无领袖，则须就热心有志者指导训练，有时在无意中，亦可选得能做领袖的人才，等到团体生活成了民众第二天性，民众有了组织与力量，领袖人才自能相继而出，无须过虑。

入手有办法了，训练时期要多少呢？一个单位区域，至少二年到三年以后，还须继续督促指导。假使全县各乡同时并进，大约五六年可以有成。自然我们不忘记，要有一县的健全团体，当由下而上，由小而大，先从单位区域内训练起，就民众实地生活需要，培养他们团体意识、团体生活习性与能力，使他们有组织，有自觉，有力量，解决切身的社会问题，由此而上，扩大至联乡或全县。民众因已有相当训练与能力，或可于参加较大团体时，仍能从容自在，用其理智，发表意见，不为人所操纵、把持、挟制、愚弄。于是一县官吏及议员之选举，及一县事业之改革，方可以大多数之民意为依归，而有一县健全之组织。

初次训练期满以后，仍须继续督促指导，这种责任交给谁去负呢？对于这个问题的意见，很不一致。本书民众教育系统一章，主张把现在学制完全改造，单位区域内之教育机关，应该常设予民众以继续不辍长进之机会。

实施民众教育方法中，有一件最当避免的事。就是服务人员的急于求功，好代替老百姓做成绩，以致老百姓但知享福，而不知此福如何而来，结果一无所知，一无所能，团体生活习性与能力并没有养成，地方事业一时举办的虽很多很好，但是因为民众仍无组织无力量，并不能解决切身问题，所有已举办的事业，不久或仍可变为乌有。所以民众教育服务人员，须认清责任，自处于辅助指导地应，务使民众勿再如以前之听命于人，仰求于人，专门依赖他人，而能事事自动的由做而学，就实地生活，从经验中学习，如何运用团体力量，解决社会问题。

最后当略及民众教育的实验问题。在民国十三年以前的人，推行民众教育是不知从事实验的，近来则实验之风盛行，在热心提倡者经过大规模的推行，受挫折后，静下来做研究实验工夫。这是他们的进步，不是他们的退步。不过实验不宜限于一隅，如以为在某一地实验有效之法，可以推行全国，便错误了，宜乎在中国各地选择足以代表一般情形之地方数处，同时做实验，时期不过长，那么所得方法，或足以供全国各地之参考。在另一方面，有许多人反对民众教育的实验，固然不是没有理由。但是恐怕他们心太急了，还像以前两次推行民众教育，虽都盛极一时，终归于无所成就，不能达救国目的，到了后来又要想到实验。在作者的意见，实验是需要的，不过应该认清民众教育的目的与任务，专做如何培养民众团体意识及团体生活习性与能力的实验，专做如何使民众有组织，有自觉，有力量解决社会问题的实验，不应该随自己兴趣，去做隔靴搔痒无关要旨的实验，致使人疑民众教育实验为无用，不必要。

第五章　民众教育的项目课程教材设备

第一节　项　　目

中国古时民众教育从制其田里，教民稼穑，教之树畜入手，并教以人伦导其妻子使养其老，都很切近民众生活，足以解决社会问题。又庠序学校代表养射教，与现在主张政教养合一者若合符节，意见一致。至于尧之自耕稼陶渔以至为帝，无非取于人者，尤可以做民众自动好学的榜样。大抵中国古时民众教育的项目，可以政教养合一概括之。制其田里固然是政；教民稼穑，教之树畜，以及不违农时，数罟不入洼池，斧斤以时入山林，是养；教以人伦，导其妻子使养其老是教。养与教为说的时候的便利起见，不能不分开，但事实上做的时候都是政。又射有三种功用，一为体育，一为保卫，一为由习射而习礼仪。体育、礼仪是属于教的范围，保卫是属于政的范围。但是庠序学校，都是为政者的设施，便不能划出政的范围。

从另一方面观察，中国古时之政就是教。教以人伦，教民习射以习礼仪，以强身体，固然是教，教民稼穑，教之树畜，教以保卫，是政，而无一不是教。于此可见政即是教，教即是政，政教合一。

又生存为社会问题的重心，古今人类的努力都是求解决自己的生存问题。孟子以使民养生丧死无憾为王道之始，并在与人讨论治道的时候，无一次不把教民稼穑树畜与教以人伦并提，未尝不因见到生存为社会问题的重心这一点。稼穑树畜，所以使人不饥不寒；人伦孝悌，所以维系社会秩序，二者并举，养生丧死无憾，方始可有把握。政做何事，教做何事，答曰，须使民养生丧死无憾。由此可见政教养合一，是事势之所必然。须合一而后可以解决社会问题，分了便无从解决社会问题。

中国古时民众教育项目紧要的分政治、经济、人伦三种。若细分之，又可加健康家事二种，列表如下：

政治——保卫（习射）
经济——教民稿穑树畜
人伦——教以人伦孝悌
家事——导其妻子使养其老
健康——习射

又《礼记》中乐记一章，以礼乐刑政四者并举，且说“声音之道与政通矣”。同时，仪礼一书中不但有大射、乡射礼，并有燕礼、乡饮酒礼，孔子说，游于艺。孟子也屡次劝为政者与民同乐。凡鼓乐、田猎、园圃均与民众同之。乐人之乐者，人亦乐其乐云云。可见古人对于音乐等休闲、娱乐、欣赏的艺术,或美术教育,亦很重视。所以在上边五种民众教育项目外,应再加休闲或艺术一项。

古时民众教育项目,虽可分为政治、经济、人伦、家事、健康、休闲或艺术等六项,但是主要的不过是政治、经济,人伦三项。政治经济是民事不可缓也的事,就是社会问题的重要者。人伦是中国文化或旧时社会组织制度,或秩序的骨干。人伦指示出人与人之间的义务观念。导其妻子使养其老,所以明孝悌之义,孝悌之义申,而后颁白者不负戴于道路。忧民保民之义申,而后人民得养生丧死无憾。为政的、做父兄的、子弟的、夫妇的、朋友的,各自勉尽其本位的义务,就是人伦之道,亦就是中国旧时社会秩序维持之道。旧时中国社会问题——政治经济问题——是由于有了这种社会组织制度,或秩序而得解决的。换言之,中国旧时社会组织是伦理的,所有政治问题、经济问题,亦都靠这种伦理的社会组织而解决。

以古例今,中国现在的民众教育项目应该怎样呢?

现在中国社会问题,因为受了列强的政治经济侵略,是很严重而急待解决的。但是中国社会组织现在是怎样呢?旧时伦理的社会组织已经崩溃了,新的社会组织尚未树立。并且在一般的人还摸不出头绪来,无所适从。

今后中国新社会组织(亦即新政治组织经济组织)应该是怎样一种组织呢?在没有提出这种组织之前,我们应该先把中国旧时伦理的社会组织与西洋社会组织比较一下,试列表如下:

中国旧时社会组织	伦理的	义务观念的	自责的	散漫的
西洋社会组织	个人的	权利观念的	责人的	团体的

中国旧时社会组织因为是伦理的,人伦间各就本位尽其应尽的义务,自责而不责人,相让相忍而不相争相责,由此便不知不觉形成一个散漫无团结力的社会。

西洋社会组织,从个人的权利观念出发,于是责人甚严,相争甚烈。一人,少数人争之不可得,就联合利害关系相同的多数人组织团体以争之。他们个人也好团体也好,都是从个人的权利观念出发。在他们看团体不过是一个为各个人可以比较多得一些权利的工具。这种工具用久了,便成习惯,并且团体内分子间相互关系亦渐渐想出妥善的安排,仍根据他们权利观念,责人的老脾气,互相牵制,互相监察,互相督促,使一个人在团体中为恶不足,为善有余。团体这个工具的作用因此愈显,团结力随之而愈强,团体生活的习惯便亦牢不可破。(此处略有删节)

然则改造西洋社会组织的方向应该是怎样呢?答曰,此与中国新社会组织的树立,有密切关系。在本书第一章曾有一段说:"大抵一切社会问题之解决,不外二种方式。第一种方式是智欺愚,富欺贫,上凌下,强凌弱,众暴寡。……西洋历来资产阶级利用其优势,把持政权,榨取贫苦劳动者,并以武力及经济力互相争雄,侵略弱国,都是属于这种方式。第二种方式是协商调和,讲理性,讲信义,如中国旧时家庭夫妇父子兄弟以及师生朋友亲戚间之相处,中国在很强盛时代,与四邻之交往,都是属于这第二种方式。在现代社会如要这第二种方式行得通,有两个先决条件。一是理性发达,如吾国人所常讲的忠恕之道。二是民众团结，须引起多数人民的力量，共同解决社会问题。两个条件缺一不可。”

树立中国新社会组织以及改造西洋社会组织，大抵不外乎上面一段所示之范围。试将中国新社会组织，与中国旧时社会组织及西洋社会组织并列比较如下：

中国新社会组织	理性的	互助合作观念的	自勉而勉人的	团体的
中国旧时社会组织	伦理的	义务观念的	自责的	散漫的
西洋社会组织	个人的	权利观念的	责人的	团体的

从中国旧时社会组织，转到新社会组织，所缺的紧要条件不过二种。只需能由自责改为自勉而勉人，由散漫改为能有团体，其余由伦理的义务观念，转到理性的互助合作观念，其易有如水之就下。但是要从西洋的社会组织，转到新社会组织困难就很多。因为除团体一个条件具备外（并且因为在西洋人看团体不过是帮助各个人多得些权利的工具），其余个人权利观念及责人，侵略人，榨取人的习性，都根深蒂固，不易改变，与新社会组织的必要条件距离太远。本书第一章曾暗示世界历久不敝、正常形态的人类文明的开辟，须有待于中国新文化或新社会组织的树立。此无他，因中国旧时社会组织与新社会组织较为接近，不若西洋旧社会组织与新社会组织之太不接近，而且有背道而驰的情势也。

树立中国新社会组织，与改造西洋社会组织的关系，及中国新社会组织应该是怎样一种组织，既经详细说明，我们便可以提出今后中国民众教育应有的项目。

中国古时民众教育的主要项目是政治、经济及人伦三项。政治经济是事，是社会问题，人伦是中国文化，或旧时社会组织制度，或秩序的国干。旧时中国社会问题，都是由于有了这种社会组织而解决。以古例今，中国现在的社会问题——政治经济问题——亦须有了一种合适的新文化，或新社会组织方得迎刃而解，不言可喻。这种新社会组织的树立，须采取西洋社会组织之长，即团体一项，以补中国之不足。具体地说，中国新社会组织，须以理性的合作观念，与自勉而勉人的团体生活两个紧要条件为基础。培养民众理性的合作观念，与自勉而勉人的团体生活能力，兴趣与习性，俾得形成力量，以解决社会问题——政治经济问题——就是民众教育的任务。换言之，民众教育的任务，在树立中国新社会组织，以解决社会问题，亦即树立中国新政治组织，新经济组织，以解决政治及经济问题。所谓新社会组织，就是新文化，所以简单地说，民众教育的任务在建造新文化以解决社会问题——政治经济问题。因此今后民众教育的主要项目，应为政治、经济、文化三项。

中国新政治组织、新经济组织建造成功之日，便是中国新社会组织与新文化建造成功之日，亦便是中国政治问题经济问题得到相当解决，中国得救之日。这种大事业的成功，须赖民众教育就实地生活需要及自然形势的区域，由小而大，由下而上，培起民众力量，运用团体，根据理性，以解决一切社会问题。换言之，须赖民众教育就切近民众生活的政治及经济问题，引导他们共同合作，组织团体，运用团体以解决之。使民众涵养生息于新文化之中，视共同合作，自动组织团体，运用团体，解决一乡、一县、一省、一国的政治及经济问题为当然，有如昼作夜息、家常便饭的习惯，而无疑义。民众教育做这种切实的功夫的时候，必须以政治与经济（社会问题）为经，新文化（新社会组织）为纬；必须政治与经济都有相当组织，而且民众有运用这种组织解决政治及经济问题的能力、兴趣与习性，新社会组织、新文化方得建造成功，民众教育目的方得达到。今后民众教育应以政治、经济、文化为主要项目的理由即在此。

新社会组织中的政治组织与经济组织的性质应当如何，顺便略为说明。新社会组织既是理性的互助合作，自勉而勉人的团体组织，便可推知他的政治组织，对内不是阶级斗争的、强制的政治，而是全民众和衷共济的民主政治；对外不是帝国主义而是协和万邦，世界大同主义。他的经济组织不是资本主义，或国家资本主义，而是合作制度。

现在各地研究或从事民众教育者，对于民众教育项目，有主张分为文艺、公民、生计、卫生四大教育及学校、社会、家庭三大方式者；亦有主张分为公民（或政治）、生计、健康、文字、家事、艺术（或休闲）六项（或加社会共七项）教育者。此犹中国古时民众教育项目细分之有政治、经济、人伦、家事、健康、艺术（或休闲）六项，而其主要的乃政治、经济、人伦三项。我们现在为求民众教育确实有效计，亦当集中心力于政治、经济、文化三种主要项目，而以其他数项教育辅助之。

第二节　课　　程

民众教育主要项目须确定，民众教育课程却不宜确定，而宜因人、因事、因地、因时制宜而施教。譬如在经济方面，民众教育固然要用合作社这种经济组织，解决民穷财尽的经济问题，但是在实施时决不宜呆定一种课程，先指导民众组织某种合作社，以后再依次组织某数种合作社，而宜斟酌地方情形，按照时令，指导民众先组织他们所最需要的合作社，各地需要不必尽同，所以合作社的组织虽可确定，合作社的课程决不宜固定。又如在政治方面，民众教育固然要用乡村改进会等团体，使民众有集合机会，发生公共观念，大家团结起来解决困难问题，以期造成全民共和的民主政治，但在实施时，亦决不宜以乡村改进会为唯一刻板文章，而宜斟酌地方情形，以乡农学校、民众学校或民众学校毕业同学会为组织民众、训练民众入手的团体，有时亦许合作组织宜先成立，而改进会等政治组织宜后成立，个别的或临时的政治团体如冬防队、保卫队、救火会、除害虫队、筑路修堤等工程队先组织，而总的政治团体改进会，须待民众感觉需要后始能组织，甚或音乐会、体育会、国术团、读书会等团体，因既给民众以集合机会，便可引导他们谈到水旱、兵匪、时疫、疾病、粮贱、捐重、交通、烟赌等等切身问题，想出解决办法，而发生作用，因此可成立合作社及改进会等。

因地制宜，是关于民众教育课程的一个要点。上文已经说明。同时还有一个要点当注意的，就是委曲以求。民众教育目的，固然在使民众发生公共观念，有组织力量，大家联合起来用合作社及乡村改进会等团体解决切身的社会问题，但是要达此项目的，须委曲以求。倘使急切的径直去求，反易失败。这与传教相同。西人传教，每以礼拜堂、学校与医院三者同时并举。就是在美国二十余年前（一九一〇年左右），因为礼拜堂失去做社会中心地位，有许多牧师便利用唱诗班、音乐会、球队等，设法吸引民众，撮合民众，使他们有聚合的机会，并提示应讨论的问题，促使大家研究出一个办法，共同进行。等到地方改进事业举办成功了数件，民众对于礼拜堂的信仰心便渐渐引起，礼拜堂便恢复他做社会中心的地位。

民众教育委曲以求的方法很多。最普通的当然是民众学校。里边可分成年、儿童及妇女班；又可分日班，夜班，职业补习班等。一方面学习日常功课，如读、写、算、音乐、体育及常识、职业课程。一方面就实地生活需要，如治安、交通、水利、农林等问题，由教员指点出来，使民众注意。并帮助他们想出解决办法，一一进行。其次，小学如尽他的能事，做社会活动工作，使学校与家庭联络，便可有村会等组织，极易达民众教育的目的。此外如民众图书馆、民众体育场、民众茶园等等，都可以用作民众教育委曲以求的方法。但须不忘组织民众，改进社会的目的，就没有一种教育机关不可以用作实施民众教育的中心也。

关于委曲以求这一点，还有一个例证可以提出。欧洲捷克等国施行卫生教育，凡与农业推广机关联络进行者，收效必较单独设立机关易而且多。原因在单设机关时，事业太单调，易使民众生厌，不如联络进行之能引起民众多方面的兴趣，可以因此及彼，互相为用，增加效力。所以办理民众教育者之不宜急切的天天课民众以合作组织、村会组织，而必委曲以求之，乃情势之所使然，事理之所当然。

一般人讨论民众教育课程，因为没有明白政治、经济、文化为民众教育主要项目，往往对于课民众以合作组织、村会组织，忽略而不注意。这是错误的。明白了政治，经济，文化为主要项目，而不知因地制宜，委曲以求，但知呆板的、急切的去做，这亦是错误的。中国三十余年前的民众教育课程，但有修身、简字、珠算、算术、体操、手工、农商工艺浅近新理、博物理化、生理卫生、陈列与讲演等课，而忽略课民众以政治组织（乡村改进会等）、经济组织（合作社）解决切身的社会问题，所以不久便觉民众教育之不足以救国，而淡忘之，轻视之。近数年来，国人又思藉民众教育之力以救国，但是或以不得要领，仍但课民众以识字、珠笔算、常识、音乐及关于国事、国耻等演讲；或虽得要领而徒知呆板急切为之，以致结果甚坏，令人失望。本书讨论民众教育课程，所以但提出因地制宜、委曲以求两要点之用意即在此。

第三节 教　材

民众教育的教材丰富得很。因为凡与民众生活有关的事物，都是民众教育所要研究解决的问题，亦都是民众教育所应采取的材料。因此我们可以说民众教育应该就实地生活取材。分析言之，应该就地取材，就生活取材。何谓就地取材？譬如某地本产米、麦、蚕桑，在编辑课本时，便应当以米、麦、蚕桑为材料；在经济组织方面，便应当指导组织养蚕合作社，粮食仓库及运销合作等。如某地宜于森林、果树、畜牧等则无论课本或经济组织都宜以此数项为材料。又如某地治安不好，交通不便，水旱疫等灾常见，则在课本及政治组织方面即宜以此为材料。尤其紧要的，在平时应该个别的，与民众将以上所举的各种问题作非正式谈话，交换意见。等到有许多人意见接近，便可约期集合，共商办法。于是合作社，乡村改进会等可由此产生，社会问题亦可分别解决。

何谓就生活取材？农民种棉、收花、售花或纺纱、织布、售布以及完粮，防盗窃，防风雨，防水旱之患，储蓄，借贷款，婚姻，生老病死等等日常生活，倘使编辑民众学校课本或指导政治经济组织者，不取材于这许多日常生活，而一味作主观的幻想，或抄袭前人及外国的材料，将何以引起民众求学与组织的动机？民众教育材料本甚丰富，惜乎知识分子受了旧八股与洋八股的遗毒，囿丁所见，弃天然富源而不取，还在那里喊民众教育不易取材，没有办法，令人听了，能不齿冷。

由近及远是民众教育取材的第三个原则。外患从最近说起，追溯数年数十百年以及数千年前。农工商业状况，从本乡起推至全县、全省、全国以及全世界。政治组织从参加乡村改进会练习起，上至县会、省会、国会。经济组织从一乡村单纯小规模的生产，或运销，或信用合作社组织起，以后再进行混合的或扩大范围为联村全县的合作社，都是民众教育，由近及远取材的方法。必如此而后民众方能觉得亲切有味，方能从容不迫参加讨论并处理会务或社务。否则，若不问远近大小，乱七八糟，随便进行，民众唯有不感兴趣，退避三舍，或望洋兴叹，敬谢不敏而已。

民众教育如能就地取材，就生活取材，并且由近及远，入手已大致不差。但从应付社会需要，解决社会问题方面着想，民众教育服务人员还须有后方接济。原因如下，民众教育服务人员为求确能组织民众，训练民众计，固不得不在单位区域(即一百户至五百户自然成一范围之乡镇)做工夫，但预期须渐扩充，并且一单位区域就是一整个社会，人生需要无穷，人事万变，然而办理民众教育者决非万能，以并非万能之人应付万变无穷之生活，当然是不可能的，所以要有后方接济的机关或团体指示进行方针，予以相当指挥，并于必要时，供给技术上的指导及材料。

第四节　设　　备

民众教育实施机关有两种。一是在前线单位区域内做实地工作的；一是在后方做接济工作的总机关。在单位区域内机关的设备，宜力求简便适用。房屋借用区内公共场所或租用民房。器具须朴实坚固便于移动，择必不可少者购置之。教育工具除固定者外，可由几个单位区域内的机关合购通用，或分别购置，互相借用。

或者怀疑单位区域内机关的设备太简单了，不足以达民众教育的目的。这是一个极应该提出的问题。但是我们不要忘记民众教育是以全区为学校，全区民众为学生的。苟如此，则区内土地山川、动植物，以及民众所有房屋工具等等，无一不是民众教育的设备。经相当时期，民众教育见效后，地方富力渐充，人民产业增进，亦就是民众教育设备的增进。而可作进一步较高程度的施教。

在后方做指挥接济工作总机关的设备，则宜十分充实。所有关于国内外政治经济变迁的形势、思想的潮流、生产技术、生产组织，以及各种科学研究的进步，都须洞悉靡遗，研究无余，方足以指导前线单位区域内之实施机关，并供给各种资料。

第六章　民众教育系统

第一节　学制系统与民众教育

中国自有新教育以来,但有学制系统而无教育系统。学制系统中,但列学校教育,而不列民众教育。虽自有新教育,民众教育即与学校教育并兴,并且在教育行政方面(如前清学部官制、各省学务处分课章程,及民元以来教育部官制教育厅组织条例等),自最初即有民众教育的地位,越时愈久,地位愈确定。然而在学制系统方面,就迟至今日,还没有民众教育的地位。学制系统虽经数次修改,而民众教育,终未列入,这是什么缘故呢?

学制的学字本有两种意义。"学习"、"学生",是从求学的人方面着想的;"学校"是指教育机关而说的。中国古圣虞舜,学而不厌,自耕稼陶渔,以至为帝,无非取于人者。美国开国元勋弗兰克林,早岁失学,然而他虽做印刷业学徒,仍好学不倦,无书不看,没有一种学问不研究,竟自成通人,并谙习数国语言,成政治家、物理学家、外交家。中国在科举时代,往往有许多中年老年的童生,一面开门授徒,一面仍旧自己用功,希望有一天能够入学中举,这是常事。可见求学,学习,若专指在学校内之学生而言,事实上并不如此。学制系统应该列入民众教育,乃当然之理。

为什么最初定学制系统时,没有把民众教育列入呢?甲子之役,中国败于日本以后,当时变法图强,有许多口号。中间有两个,就是"废科举""兴学堂"。以学堂与科举对待,并常称中国古代夏商周之隆盛,由于有庠序学校之故。近代日本之兴,西洋之盛,都是由于没有科举而有学校。其实中国古时之庠序学校,不过在教民稼穑,教之树畜,以后的一种,教以人伦的设施,并且庠序学校,代表养射教切近民众全部生活。又当十九世纪末叶,英国成年教育,丹麦民众教育,都已有人竭力提倡并盛行于世。就是当时中国主张废科举兴学校的人,亦未尝不感觉到专恃学校教育于短时期内,决不足以使教育普及,而达救国目的。所以立刻提倡办报馆、藏书楼、陈列所、简字学校等,并提倡以白话报济报纸之穷,演说济白话报之穷。然而为什么最初定学制时,终没有把民众教育列入呢?

中国在十九世纪末叶,与外人通商已久,然而常处于被动地位,通洋务者寥寥无几,大抵都是一知半解,所以英国丹麦民众教育运动,在当时虽都已有相当时期的历史,而非中国士大夫阶级所及知。至于中国古书,在科举时代受了帖括八股的影响,虽有人读得烂熟,然而终免不了一知半解。所以中国古人对于稼、穑、树畜、人伦各方兼顾的全民教育办法,至今还无人能道。这是民众教育所以没有列入中国学制系统的一种原因。

其次废科举兴学堂,既成了口号,自然就要不知不觉生出娇枉过正,偏重学校教育的毛病来。所以现在的教育部教育厅,在当时为学部学务处,有奖励兴学的条例,没有奖励兴教育的条例，顺流而下，有学制系统而没有教育系统，乃意计中事，而不必生疑义的。本来从学的本义讲，如虞舜与弗兰克林以及普通一般人，无不做到老，学到老，就是学制系统，亦应当包含民众教育。但是因为废科举兴学校成了口号，既矫枉过正，又望文生义，便偏重学校，把学字的本义忘了，而变成狭义的学校之学。越时既久，大家忘其所以然之故，就以为学校即教育，教育即学校，而所谓学校者，因中国人受科举帖括八股遗毒，荣禄思想，一时变不过来，仍不过做进升的阶梯，科举的变相，于实学无关，于生活隔离，所以有人称学校所学为洋八股。以前中国由于八股而弱而危险，现在当然不会因洋八股而得救。这是民众教育所以未列入学制系统的重要原因。

学是从学习的人方面说，教是从施教的人方面说。学应切近生活，教亦应切近生活，二者本无甚轩轾。不过学校之在中国，似乎已有了一种特别意义，有年龄限制，人数限制，以一种前后衔接而与生活隔离的课程，施之受教育者，除成变相的科举做进升阶梯外，几与国计民生毫无补益。民元以后将教育部代替学部，并将主管民众教育的社会教育司，与主管学校教育的高等教育司、普通教育司并立，可以把旧时狭义的学校教育错误观念矫正一些，但是终不能彻底。所以学制系统并没有改为教育系统。并且二十余年来，学制系统虽经修改数次，但至今还没有把民众教育列入学制系统之内。

于是可见传统的学校教育观念，一时极不容易打破。不过教育的真义，是不能永久淹没的，并且经一次国家多难，希望于教育的便更深一层，救国救国，教育不能辞其责。以后的趋势，只有两种：一种是学校教育，本身的改革，使学校生活化、社会化、大众化；一种是把教育整个的改造，就社会及民众立足点着想，就生活需要，就国计民生着想，把教育系统重行整理，订定一个民众教育系统，或社会本位的教育系统。

第二节　民众教育系统

中国之所以要废科举八股等旧教育方法，而兴学校、藏书楼、报馆、宣讲所等新教育方法，本为救国。换言之，三十余年前，因为要救国，才有新教育运动。当时以学校为教育之中心机关，重视学校，把救国的重担，放在学校身上。不意经过将近四十年的历史，国家危急愈甚，推本寻源，学校不得不自咎既往之未尽救国之责，而从速谋自身的彻底改革，一变而为生活化、社会化、大众化。假使这种改革能实现，就等于从社会及民众立场着想，就生活需要，就国计民生着想，把教育整个的改造。所以学校本身改革运动，与新教育运动，是殊途同归，一而二，二而一的。

同时名词本来亦不是一个重要问题。学制系统、民众教育系统、社会本位的教育系统三者，细究其内容，是异名而同实的。学制系统若指学习者而言，就应当把民众教育包含在内。不过自有学制系统以来，就专指学校而不指学习者，以致大家不提学制系统则已，一提学制系统便以为这是学校制度的系统。既有了这种传统教育观念的误会，为一新耳目计，不得不放弃学制系统的名称，而改用民众教育系统，或社会本位的教育系统的名称。

重订教育系统，有三种主张：一把民众教育插入现行学制系统，为民众教育在现在学制系统中争一席地，这是最小限度的要求，可说是分赃式的办法；二主张在学制系统之外，另订一民众教育系统，使教育分裂，这可说是分家式的办法；三主张把教育范围扩大为全民众之教育，以小学、中学、大学为民众教育之一部，定名为民众教育系统或社会本位的教育系统。前两种主张既不能使学校教育彻底改革，又不能使整个教育对于国计民生统筹兼顾，都不是妥善的办法，所以有认清新教育的任务，重新订定民众教育系统的必要。

订定民众教育系统，须根据社会民众生活三个要素，分述如下：

一、社会。教育的目的在解决社会问题。各地社会，环境不必尽同，所以实施教育，须因地制宜。又为求对于组织民众，改进社会，容易着手，并切实做指导训练工夫，计须以一百户至五百户之自然成一范围的地方为基本施教区域。在此区域内设一教育机关，可名之曰乡学、民众学校，或用其他相当名称。自此由下而上，根据社会情形，斟酌需要，设区、县、省、国教育机关。

二、民众。教育须能使民众有组织，有自觉，有力量，共同起来解决切身的社会问题。故当以全民众为对象，不当有年龄人数的限制。又成年人对于国家及地方直接担负责任，须尽应尽的义务，对于家庭及自身又有谋生做事，必不可少的活动。加以现在人事日繁，变迁甚速，非继续不断，随时学习，与时俱进不可。所以教育宜注意及于目前直接担任国事、家事及谋生做事之成年人，不宜再如以前之专教目前毫无责任不克任事之儿童与青年。

三、生活。民众教育须就实地生活取材训练，指导教民众以切近生活之知识技能，俾得兴趣勃勃，学其所用，用其所学，学用贯通，尤其重要的是养成民众参加团体生活的能力、兴趣与习性。所以对于乡村改进会及合作社等组织，不但当念兹在兹，无时或忘，并当就实地生活需要，设法引起民众自动组织的动机，务使团体生活，成为民众第二天性。

根据以上三个要素，订定民众教育系统表，并附表解如下：

民众教育系统表解

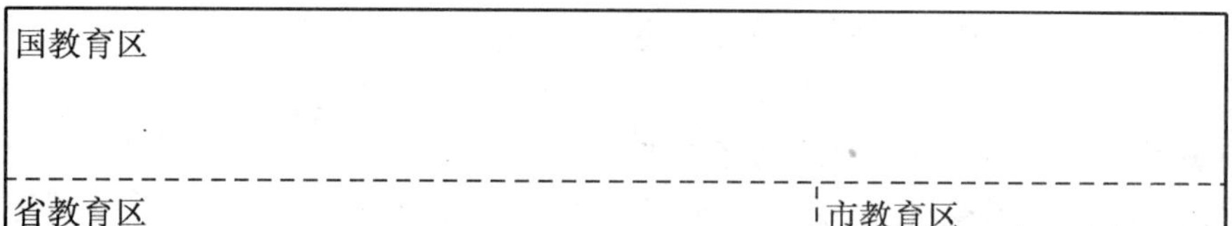

根据注重乡村建设，由下而上，由小而大之原则，民众教育之设施，应从乡教育区开始，而后及区县省国，兹分别说明如下：

一、乡教育区，设教育机关一所，名称用乡学或民众学校（或其他相当之名称）。就地方情形酌设成年班、妇女班、儿童班等，施以生活必需最低限度的基本教育及农业工艺之传习训练，一方面做各班教学的日常工作，一方面进行下列二项中心事业：

（甲）改进生产事业，组织合作社之指导与进行。

（乙）改良社会风俗，兴办社会事业，组织乡村改进会，及其他团体之指导与进行，期于一乡之生活，逐渐改善，一乡之政治组织、经济组织都能树立稳固，为促成上一级较大社会团体生活之预备。

二、区教育区，设区学或区民众学校（或其他相当名称的教育机关），酌设升学预备班、职业训练班等，并进行下列二项中心事业：

（甲）统筹联络全区改进生产事业，组织合作社之指导与进行，如请专门技术人员，巡回指导，及为乡教育区与后方接济机关之媒介等。

（乙）促进指导全区风俗之改良，社会事业之兴办，区改进会及其他团体（如区保卫队，区路工程队等）之组织，期于全区人民生活之改善，全区政治组织、经济组织树立稳固，足以为促成上一级较大社会（县）团体生活之预备。

三、县教育区，酌设乡村、本县特种职业之职工训练所、升学预备部及研究所等，并进行下列三项中心事业：

（甲）就本县所属各区乡地方实际情形，研究各项社会问题，如关于生产方面之水利、政治方面之财政及治安问题等等，为倡导预防及解决之张本。

（乙）（丙）同前条二，区教育之（甲）（乙）二项，期于全县人民生活之改善，政治组织、经济组织都健全，足以促成上一级较大社会（省）团体生活之预备。

四、省教育区之主要任务有下列三项：

（甲）训练本省所需专门技术人员。

（乙）研究本省实际社会问题，供给政府及社会以解决各问题之方案，设计倡导各问题之预防与解决，并指导所属县区教育机关对于社会工作之进行。

（丙）促进指导全省团体意识之养成，务使全省生产组织、政治组织健全，足以为促成民族大团体组织之预备。

省教育区为完成以上三项任务计，应选择适宜地点，酌设农、工、商、医、文理、教育等科训练部及研究部。所有训练研究工作，都须就本省各地实际情形，各项实际问题着手，尤当由做而学，以随农夫及工厂职工各机关服务人员共同生活，做实习工作为主，讨论听讲为副，除去以前学校教育之弊。

五、国教育区主要任务如下：

（甲）酌设各科学术之研究所，养成学术人才，供给国人以学术上研究之机会与便利，并就各科学术之研究，作整理中国固有学术，阐明固有文化之工夫，以期对于各科学术有所贡献与发明。

（乙）联络国际学术机关或团体，协助国内各省县区教育事业之进行。

（丙）同前项四之（乙）。

（丁）促进全国团体意识之养成，务使全国民众能一致团结，组织成一个大民族团体，协力同心，解决国内政治经济二方面的困难问题，使中国得以自立，并为世界和平之使者。

附录

对于江苏教育学院的祷祝

蔡元培

（一九三六年三月十一日）

民众教育，是帮助民众，使他们能达到自给、自管、自卫的目的。这些目的，小到一身，大到一国，与小于身而大于国的各种团体都是有的。例如身体上有消化、呼吸等机关，是自给的；有脑部及神经系，是自管的；有筋力及爪甲等，是自卫的。又如国家，所有关于经济的组织，是自给的；关于政治的机关，是自管的；关于军事的机关，是自卫的。其他大于一身而小于一国的，如省、县、乡区以至家庭，都有这三种目的。这就是美国人所传颂的民享、民治、民有，也就是孙中山先生所主张的民生、民权、民族三主义；因为自给就是民享，也就是民生主义；自管就是民治，也就是民权主义；自卫就是民有，也就是民族主义。

江苏省立教育学院，设在无锡，院中分子，自然无锡人占了最大多数；但每一个无锡人都是江苏人，也都是中华民国的国民，所以每个人所练的自给、自管、自卫的能力，不但应用于一县，也将应用于一省，应用于全国。而这个练习的机关，可为全省的模范，也可为全国的模范。

我们现在考验九年以来教育学院的成绩，关于农艺的，有农场、特约农田、稻种繁殖区、水利垦殖合作社等；关于畜牧的，有特约养鸡场、鸡种猪种改良场、养鱼合作社、养羊养鹅养猪合作社等；关于工艺的，有妇女工艺训练班、儿童服务团、扛重队等；关于商务的，有信用合作社、信用生产兼营合作社、农村工艺品产销合作社、信用生产消费产销运输合作社、运销合作联合社、储蓄会、农村贷款处、借款联合会等，这都是自给的成绩。又有禁赌会、调解委员会、合作完粮、模范家庭、托儿室等，这是自管的成绩。又有对于疾病的防御，如卫生委员会、农村卫生所、民众保健所、简易治疗处、简易药库等；对于火灾的防御，有救熄会、消防队等；对于匪贼的防御，有保甲会、冬防团、地方自卫训练班等；关于体育的，有体育场、田径队、武术团等；这都是自卫的成绩。

但是这些成绩并不是突然产生。他那产生的原因，还不能不归功于教育。我们再一考教育学院本身的事业：如小学、民众学校、短期义务小学、义教试验班、日间短期义务班、劳工自己学校等，都是以学校形式推行教育的；如图书室、读书会、巡回文库、民众博物馆、民众阅报社、民众茶园、农友工余社、青年进修会、乡村改进会、改进会联合会等，都是以非学校的形式推行教育的；又如娱乐室、音乐队、唱歌队、工余剧社等，是以美术助成教育的。有这许多社会教育的方法，始能产生上节所举自给、自管、自卫的成绩。我深佩高践四先生、俞庆棠先生及诸位同志努力于教育学院之热诚！我敬祝无锡一隅的成绩，能推行于江苏全省，并能推行于全国。

据蔡元培手稿

《蔡元培全集》第七卷，中国近代人物文集丛书，高平叔编，中华书局，1989年7月第1版

高践四先生事略

梁漱溟

高阳先生号践四，江苏无锡人，于中华民国前二十年正月十八日生。父鼎焱公，母何氏，鼎焱公性行笃实刚毅，为乡邑之长者，以劳工成其业，先后创立工厂于本邑及吴县。先生性活泼，幼年随侍鼎焱公左右，受家教最深，复日夕与现实社会接触磨砻，因以形成严正之品格及精干之素养。初受学家塾，继入吴县唐家弄小学，毕业后入中国公学。时风气已开，政治改革已为普遍之要求，先生受潮流之激荡，感国势之阽危，而发奋救国之志以立。辛亥年中学毕业，与沈志芬女士结婚，家居自学一年。民国二年插入东吴大学二年级，攻法律，四年毕业。是年冬自费游美，入康乃尔大学习经济，对于穆勒氏功利主义及功利主义之教育甚喜研究。六年夏得硕士学位，即漫游美国南方各州，考察榨油工业，盖与鼎焱公所经营之事业有关也。七年春返国，认定人生应先求自立，更进而廉洁自持，以服务于社会。故返国后，舍弃以父亲关系引入外交部工作之机会，而自请上海环球学生会介绍，以月薪七十元之微薄待遇，执教于暨南学校。入校时，自肩行李书物，布置卧室，日常生活，概自躬处理，不假手校工。旋主持暨南商科，以办事认真，管训严格，深得学生之畏敬，其后真如暨南商科大学实于此时树立基础。八年，先生以父病，返家亲侍汤药，不离左右，而鼎焱公卒于是年弃养。先生哀痛逾恒，凡可以尽其孝思者，无不力践笃行之。丧葬后，尽出其家产，创办私立无锡中学，以为乡邦培育青年。盖鼎焱公自以少时家贫失学，尝抱兴学之愿也。十三年秋，先生离暨南转入中国公学任教。计前后任事暨南六年，所办商科人才辈出，知之者皆谓先生之力云。在中国公学四年，一本其过去主张以施教，不为任何阻碍所屈，一时校风为之丕变。十六年任职招商局，时国民革命潮流弥漫，招商局又难于整理，即于翌年辞职，南游革命策源地之广州，任广东省政府秘书。同年(十七年)秋，以俞庆棠先生之敦劝，受江苏省政府之聘，接任中央大学区立民众教育院，并负责筹设劳农学院。十八年春，受聘兼长劳农学院。先生自长民众教育院后，日夕与民众接近，考察中国社会问题，于是深知救国之道，必在乡村建设。盖认为国势之陵夷，民生之贫困，与民智之不开，科学之落后，社会之缺乏团体组织及自治能力，实互为因果。民族自救之方，虽百异其说，但普施民众教育于广大农村，要不失为起治沉疴之苦艾。其要领则为培养干部人员，深入民间工作，自改善民生入手，藉以亲近民众，唤起民众，启发其组织能力，引进科学知识及技术，于民智日开民生改善之中，社会组织日健，国势自必随之兴隆。先生具此信心，因而殚精竭虑以从事，自后未曾稍易其倾向。为阐发此理论，暨研讨其方法，更创刊《教育与民众》月刊，继续刊行至百期之久，对中国民众教育运动推进至大。十九年秋，民众教育院与劳农学院合并，改组为江苏省立教育学院，先生连任院长，盖集中其全部精力以经营之。其时民众教育社会教育之设施，日益开展于全国。因与俞庆棠、赵冕诸先生发起组织中国社会教育社，复以救济农村之呼声日亟，而乡村建设亦已风动全国，因又与晏阳初先生及本人等组织全国乡村建设学会。凡所以推进此运动者，无不首致其力焉。同时对其它学术团体，如中国教育学会，中华职业教育社等，凡直接间接与民众教育有关者，亦无不热心赞助，以求声气之互通，与工作之协进。

先生之治事办学，大抵可以笃实践履，严格精勤，规划有方，数语尽之。苏省教育经费例有积欠，垫支校用，校务进行，赖以不致中断，并得切实安定全校员生生活。江苏省立教育学院在先生领导之下，事业日趋开展。而学风优良，国内各大学所不多觏，声誉鹊起，向学者日众，参观请教者，日不暇接，遂蔚然成为国内民众教育运动之中心。学院名义虽为江苏省立，实际上全国各省均在院内设有公费学额，远如滇、黔、粤、桂、川、康、陕、甘学子，亦有负笈来游。于时，全国社会教育人才之训练培养，各地社会教育事业之研究实验，各省有关社会教育之法令设施，以及目前战时教育及社会服务事业，其间取法于江苏省立教育学院者盖不少。而皆行之卓著成效，则是先生之努力，不徒劳也。先生于民众教育之实施首重生计教育，盖有“民生第一”与“教养不分”之意。因此江苏省立教育学院在经费设备各方面，特别着重农事教育，而寄教育重心于乡村。当时院内各教授亦有与先生意见不尽相同者，先生固坚持己见，务求贯彻。但对其它不同之主张，亦能兼容，使之有实验机会。因是，院中附设之实验事业，应有尽有，且由博及约，而类能有特殊之表现。先生过去办学已以严格著名，自主持苏院后，管训学生，更尚刻苦，一切设计，必使有实施办法，而贯彻于力行之中。训导工作，每亲自负责，员生会食，每餐必参加，十数年如一日，从未见其稍厚以自奉也。于训练学生，除学习学科外，例以四分之一时间，在附属实验机关观摩见习，俾从事实际工作。先生既处处以才为教者如此，故出于江苏教育学院者，类能刻苦奋勉，长于实际工作，绝少浮嚣之气，为世所称。

抗战军兴，先生立即安排全院师生下乡组织民众，积极作御侮自卫之计。不久苏嘉沦陷，苏院被迫西迁，初在长沙复课，继迁桂林，间关万里，艰苦备尝。旅途跋涉之中，先生教导学生，一如平日。湘江风雨，师生数十人局促破舟中，而讲授诵读之声不辍。既抵桂，临时校址决定后，次日即恢复上课。草屋数椽，不蔽风雨，而其乐融融。饭菜粗劣，常人所难以下咽者，而先生食之先，有余甘焉。二十七年夏，院事部署略停，先生为安心工作计，乃将院务交童润之先生代理，亲送眷属回上海。又因家累，羁留沪上年余。二十八年南京伪组织酝酿之前后，敌伪对居留沪租界稍有名望之华人利诱威迫，无所不用其极，稍一不慎，辄不免失足之恨。先生既有名于时，不可不早有以自处。二十九年春遂毅然诀别妻子，只身间道入内地，重返桂林。去时发黑，来时鬓斑，其间辛苦可以想见矣。先生到桂时，与友好门生相见，辄复微笑，若以家庭不足重，得呼吸自由中国之空气，重理旧业不胜其欣慰者。苏院在童先生代理期间，在桂基础略立，至此复得先生领导与当地政府之扶助，发展可期。乃维持至三十年夏，卒因经费不济，奉部令暂行停办。旋奉命为国立广西大学校长，先生固辞不获，强起任事。自三十一年春初，频频感冒，体温增高，体重则日减，而所事繁剧，不肯节劳，体力乃渐不支，五月间即呈请辞职，至三十一年冬，始得给假养息。遂离西大，养疴于桂市东郊陈家祠，仅以老仆侍奉。医药费颇感拮据，时或赖友人之资助。陈家祠地势卑湿不洁，非养病之所，门生故旧有以设法筹款易地疗养为请者，而先生顾念战时艰难，不愿为个人多费，卒未之易。三十二年一月辞职奉准，教部改聘请先生为全国学术审议委员会专门委员。入春以来，病况似有起色，门下往访，随时接见，每不知倦息。病中又殊念其一手创办之江苏省立教育学院，而谋赴皖南，作复校之计。不意七月六日凌晨六时，病势突然转剧，呕血不已，竟告不治。此风骨矫强，严格负责，为国家所最需要之一代教育家，竟于贫病交困之中，溘然长逝。享年只五十有二，闻者莫不嗟叹惜之。

先生笃于伉俪，凡久在门下者皆知之。自二次来桂以至卧病陈家祠期间，每周必与夫人通信，指示治家及教育子女之道，夫人亦经常有信来。病境惨寂凄清，而独不作归计，操持有定，以至于死。大节凛然，盖尤足风世云。平生著述，多发表于《教育与民众》月刊中，并著有《民众教育》一书，由商务印书馆发行。其先人产业，即举以兴学，一生复不治私产，故身后境况，极为萧条。书籍千余册，及随身衣物数件，即为先生仅有之遗产。夫人沈志芬女士，远在故乡，子女七人，长者已能自立，最幼者九岁。易箦时，唯第五女瑾玉一人在侧，系新自故乡冒万难赶来侍奉，到桂犹未足一月也。三十二年七月十一日友好雷沛鸿、本人及诸门人葬先生遗体于桂市东南望城岗。墓地前，漓水在望，群山环立，风景如画，足供后人凭吊。先生逝世前曾有遗言，由瑾玉女士笔记，并录如后：

一、平生所抱宗旨为“先公后私，先人后己”，以此自律，并勉励尔辈。

二、待人须忠厚，对长辈须克尽孝道。

三、凡事须前后再三考虑，不可鲁莽；方针既定，必宜彻底。

四、余身后决不要以战时艰难之钱，花费于我个人丧葬之用。盖先父并不以隆重华贵之葬礼为荣，居家向来以俭为主。

五、余一生以尽力于江苏省立教育学院为多，前后同学努力为母校增光，是余所至望也。

原载 1946 年 7 月 6 日《人报》第 4 版

纪念高践四先生

雷沛鸿

在林主席逝世20天后的今天,我在怆痛的心情下,为文以纪念高践四先生之丧,屈指算来,现在距践四先生的辞世期已经将近50日了。于此际,我不想翻溯我和高先生多年论文的私谊,因为这决不是在这篇短文里所能装载得了的,而愿就时代发展的观点上来认识理解高先生的一生行事及其对于社会的贡献。

如果,我们把人的一生的行为活动,看做是这个人所处时代或多或少的反映的话,则用这一观点来看在这变动的大时代潮流里的高先生,大概其一生的言行事功,代表已将结束的旧时代的精神比较更多于承受开来新时代的成分。高先生一生尽瘁于教育事业,他的教育思想乃至他的做人治事的态度都是起源中国儒家的伦理观念,他教育子女,训导学生乃至立身行事,都约制在一个严字里面,而以刻苦坚毅的精神来力行,颇有中国古代墨家法家苦行崇法的风格,而其立足点,则是清清楚楚的站在中国儒家的孝友尊师重道的旧观念上,毫不含糊,他一生这样的立言行动,信守不渝,以新时代的眼光观之,简直是愚不可及,然而他就是以这一种愚不可及的精神苦干下去,对这变动的时代,尽其应有的力量,鞠躬尽瘁,以至于死。

高先生早岁游览新大陆,民国七年从美国游学回来,立志兴学,便把他先父遗产变卖了办学校,甚至因此而致自己的子女不能受良好的教育。然而高先生义之所在,毫不回顾,连自己每月所得的薪水,也充进学校经费用去,而使一家过着刻苦的生活。范仲淹说过"先天下之忧而忧,后天下之乐而乐"两句名言,高先生完全这样做到了,他一生尽瘁教育,不治私产,与朋交友语不及私,遗言里有"一生所抱宗旨,先人后己,先公后私"数语,确实是他一生刻苦奋斗的写实,足称为后人之楷式。

高先生一手创办的江苏省立教育学院,是他一生最可纪念的事业。抗战军兴,他接受我的意见,把学校迁来桂林,他也就此离开了他那山明水秀故乡。民国二十七年他曾送眷回上海,至二十九年,他因上海形势日非,又一次的再别妻抛子,毅然决然的抛弃上海的繁华生活,只身间道万里,徒步跋涉重来桂林,直至江苏省立教育学院停办了,广西大学校长卸任了,闲着寄居在桂林。孤客万里之身,贫病交迫,如果在平常人,早就准备回去了,乃高先生独不作归念,安心在桂林市东郊一所破落的祠屋里养病。操持有定,以至于死,大节凛然。他的死,可谓死得其所,还天地父母以清白之躯,我于是油然的想起了文信国公的一首《过零丁洋》的名诗:

辛苦遭逢起一经,干戈落落四周星。山河破碎风飘絮,身世浮沉雨打萍。惶恐滩头说惶恐,零丁洋里叹零丁。人生自古谁无死,留取丹心照汗青。

高先生曾任职于广东省政府,他几度过零丁洋时是否想起文信国公的这首名诗,我不得知。他死时,是否能想起这首名诗,我更不得而知。不过在这干戈遍地山河破碎的时日，一个坚贞不拔，立志济世救国而果不获售的有心人，在风雨凄其的夜半，悄然辞世，死时他一定是有着这样浩然孤忠的心境，而含笑归去，那是毫无可疑的。

原载 1943 年 8 月 21 日《广西桂林报》

无锡高君践四家传

友兄唐文治敬撰

呜呼:人生当世,性情相固结而已。苟至性至情之不存,何有于学问,更何有于事业哉。无锡及门高君践四,奉厥考秋荃先生遗训,输家产兴学,不足则以储积股券佐之,创立无锡中学。开校之日,践四述其尊人真吟之训,涕泗滂沱。襄礼者、旁听者、教授者、入学读书者,靡不感动泣下。邑人士相与叹日:"此教孝之校也,吾辈决当辅助之矣。"践四尊人讳曰鼎焱,字曰秋荃,余尝为之传,世系详传中。践四讳阳,天性诚笃,幼读中庸君子之道四,心有会悟,遂取其义号践四。盖庸言之信,庸行之谨,实本于庭训也。年十七,入吴淞中国公学,以优等毕业。旋入上海约翰大学,暨北京法政大学,均以性情不合自退学,其去就不苟如此。越一年,考入苏州东吴大学,习教育,既毕业,入东吴法学院,攻法科。是年冬,赴美国康乃尔大学,研习法制经济,得硕士学位。游历彼邦,携一木质小斧归,人咸讶之,则曰:"此购自华盛顿城,作为纪念者。"盖华盛顿少时伐木,误砍其父所植樱桃树,其父怒询谁砍,华盛顿惧而以实告,其父喜曰:"汝诚实不欺,吾不复责汝矣!"践四盖取其诚实以自勖,亦以勖子孙者也。其居恒自励,先人后己,表里如一,不骛虚名。而其性情所独到,更有过人者。每读宋欧阳子《泷冈阡表》至祭而丰不如养之薄语,辄为流涕曰:古今人子,心同理同,吾读此语,心滋恫矣。自课周密,晨必读书,声琅琅然达户外。民国十七年戊辰,余长子妇俞庆棠,创办民众教育院于苏州,后迁无锡,特聘践四为院长,忻然就职,旋易名江苏省立教育学院。规模大备,风声所播,近者悦而云从,远者如云贵甘肃各省,皆派员负笈来校受业。莘莘焉,汎汎焉,蔚为社会教育之重心矣。践四既任事,恒亲自督课。若农若工若商,或验以实事,或参以理论。夙夜勤劬,锲而不舍,先后凡十三载,中间又兼任暨南大学教务长。丁丑秋,仓猝变起,遂率教育院生徒西迁,展转至桂,虽道路流离,而弦歌不辍。厥后任广西大学校长,一如在苏讲学时,其精神始终贯彻毋稍懈也。初践四与挚友郭君德华同居,郭君豪侠士也,后因事离桂,践四踽踽凉凉,卧病桂林七星岩园背村陈家敝祠中,仅一老仆侍汤药。曾一度思入医院,而两袖清风,虑无费不果入,遂以不起。既殁之后,无论识与不识皆嗟叹曰:以高君之声誉名位,而困扼若斯,岂所谓竟死不伸,孰劝为善者耶,呜呼!胡天忌才之酷耶。卒后有道践四遗事者,其妇沈氏志芬泣曰:毁家兴学,乃吾翁之命,加之于践四,地下必不安矣。又有为善后计者,则又泣曰:子孙茹苦,乃分之宜,重以厚谊,心滋戚矣。呜呼!尤可见践四刑于之化矣。践四卒于癸未岁七月六日,予闻之大骇恸,忆践四之别予也,在庚辰岁,其意恋恋,若不忍舍者。呜呼!孰意此竟永诀耶!遗有诗文若干卷,待编。德配沈夫人,有贤德,能文章。长子文凯倜傥喜谈兵,余许为大器,不幸先卒。次文藩,三文尹,四文赐,女几,均能继述其事云。

论曰:予常谓贤者,先人而后己;不肖者先己而后人,甚至有己而无人。于是专以血气心知，互相角斗，而世界泯棼矣。予所亟赏践四者，在先人后己。综其生平，至公而无私，见义勇为。考其行谊，诸德咸备，不骞不忮，可谓完人矣！无锡中学，造就人才，迄今不可胜数。其创立教育学院，农工毕举，成绩灿然，有功社会尤巨。诗曰：孝子不匮，永锡尔类。又曰：成人有德，誉髦斯士，践四当之洵无间然。惜天靳其年，仅至中寿，不克竟其设施，此则践四九泉之遗憾，而予为之欷嘘零涕不能自已者也。

江苏省立教育学院院歌

高阳 词
韩觉剑 曲

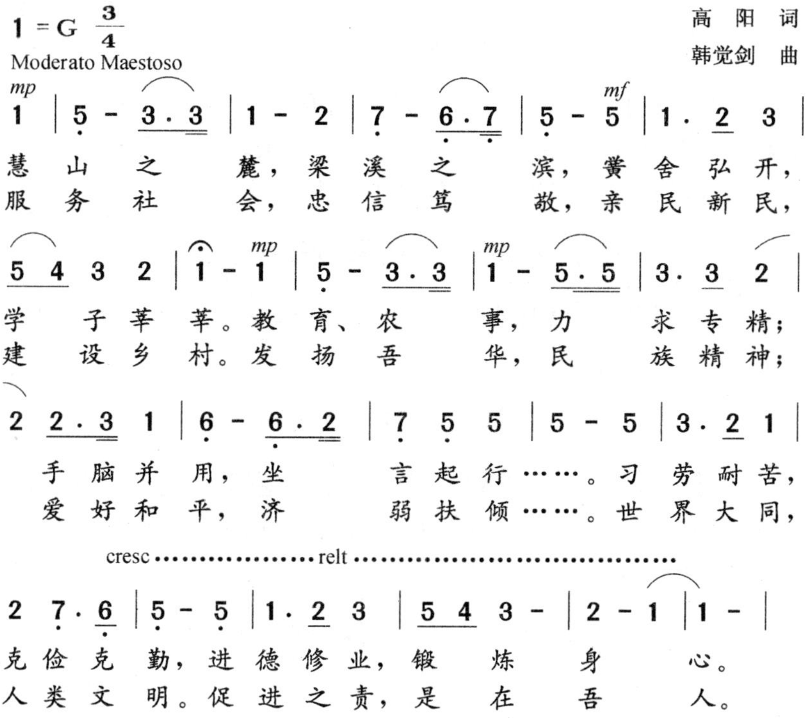

注：

大概在1932年高阳先生看到这时学院蓬勃发展的情况，需要有个院歌，可以激发意志，整齐步伐。在教职员会上，高先生提出需要创作院歌的要求，并动员大家分别写歌词，待歌词选定，然后再谱曲。歌词缴卷约三五支，经大家讨论评定，认为高先生的一支比较概括、扼要，就定了下来，接着由担任音乐课的韩觉剑先生负责谱曲。

院歌高度概括了学院办学的目的、要求和实施要点，是学院办学的纲领性文件，同时也是先生热爱祖国，热爱民众，热爱人类的伟大理想的心声。

摘自校友会1989年、1992年编印的《艰苦的探寻》一、二集

高阳诗词九首

白云山谒张子房祠　十七年七月二十九日

白云深处拜遗祠，景物依稀异昔时。烽火频仍香火减，锦囊抛弃剑囊随（余友多带手枪护卫）。椎秦误中偏多偶，佐汉功成更有谁。黄石授书真化雨，圯桥含忍亦吾师。

（注：自云深处拜遗祠，系祠内对联句，民国八年夏日来此。）

锡沪途中望月用原韵酬岭南微庐

雨洗层霄吐玉容，倚窗遥想白云钟。东吴生聚怀勾践，南亩躬耕忆卧龙。论古须依民疾苦，止戈每祝粤和邕。频年奔走凭君诉，无补敢云惟我邛。

步九衢韵送一湖明姑偕赴三山

中年相识证前因，道合志同心迹亲。我走岭南君走锡，可怜无术拯斯民。骊哥又唱动离思，知友饯行集沪滨。此别应须各努力，留君无计正愁人。十年生聚费商量，何故匆匆南去忙。从此人间多韵事，明姑到处伴彭郎。

和小迂秋感　用原韵二十九年十月

重阳佳节近，回忆故园秋。遐想陶公乐，敢忘范子忧。凉风初减热，残暑未全收。新舍旁山筑，树浓景物幽。

（注：小迂即倪小迂先生，下同。）

双十节和小迂　用原韵

佳节逢双十，欢声四海腾。衰容随日减，壮志与年增。辛苦人才植，期望民族兴。千万间广厦，深夜读书灯。

蝶恋花　三十一年十二月送别郭德华

飘泊天涯思旧雨，谁信相知。同到漓江住。推食解衣朝与暮，金环愁我寻何处。
指日陪都君即去，剪烛西窗，深夜深深语。握手社山南面路，囊中携我新题句。

蝶恋花　西林公园

翠嶂嵯峨相对峙，楼阁画桥，掩映临流水。红豆绿梅都结子，盈门桃李深长计。
别墅雁山唐旧第，转让西林，又向公家诒。海角天涯来学士，名园朝夕敦诗礼。
（注：西林公园即广西大学校园。）

蝶恋花　拜别雁山沙塘诸友好

莫道行云何处去，雨露春风，每到村村树。灌溉连年辛且苦，成蹊桃李花无数。

清福深深涤几许，天与因缘，长在名区住。年半追随文学府，依依赠别传新句。

（注：1. 此词系高阳住桂林东郊江苏省立教育学院在桂教职员临时宿舍一阵家祠堂所写；2. 雁山，广西大学校本部所在地；沙塘，西大农学院所在地。）

志芬爱妻五十生辰寿诗

结离屈指卅余年，犹记双亲命迎仙。硕果连枝传盛事，白头偕老证前缘。先忧后乐愧余放，仰侍俯教赖汝贤。尔寿未能持酒祝，月明万里共婵娟。

中华民国三十二年（1943 年）夏月望日善志赋祝

（注：善志系高阳从 1940 年起和家人通讯用的笔名。）

后　记

先人，静静立在旧照片里，娓娓道于老故事中，他对于从未与之谋面的后人，对于专注前行的后人来说，意味着敬而远。直到有一天，后人在前行的路基下，依稀辨认出先人披荆斩棘开拓的印记；在前方的星空中，惊奇地望见先人哲思之光依然熠熠生辉，才"不禁涕泗滂沱也"。

高阳（践四）先生在1943年怀抱未竟之教育梦想慨然离去，而江苏省立教育学院这片曾经孕育民众教育思想与精神的热土却为世人所眷恋。从1989年、1992年到2000年，苏州大学原江苏省立教育学院校友会先后收集了百余位校友对苏教院办学历程的宝贵回忆和总结，陆续出了三辑回忆录，民众教育家甘豫源先生为回忆录题名《艰苦的探寻》，校友会会长、原苏州大学图书馆馆长黄旭朗先生在生前为前两辑写了编后语，希望"对俞庆棠、高践四和其他老师在艰苦探寻中积累起来的教育理论和经验，进行整理、阐扬，使其成为现代教育史上较突出的一个流派，为繁荣、发展、创新当前教育理论大花园做出贡献！"这殷殷期盼，道出一代代为振兴中华教育而执著探寻的开拓者的心声。

就在1992年，原江苏省立教育学院校友茅仲英主编的《俞庆棠教育论著选》由人民教育出版社出版。这一年恰逢高践四先生诞辰100周年，在无锡举行的纪念会上，时任无锡市副市长、后曾任全国政协副主席的张怀西先生发言指出，高践四先生的思想有四个方面值得学习、提倡和继承。一是爱国思想和高风亮节；二是把一切奉献给教育事业的思想；三是直接面向广大群众的民众教育思想；四是非常重视实践，重视理论与实践相结合的思想。

1995年，华东师范大学出版社出版了孙培青、李国钧主编的《中国教育思想史》，在其中金林祥主编的第三卷第八章"平民教育与乡村教育思想"中，研究阐述了晏阳初、梁漱溟和高阳的教育思想，认为"高阳重视乡村教育的思想以及它所开展的各种乡村改造事业，应该得到应有的重视"。1996年，《高践四民众教育论著选》的集册在苏州大学及原江苏省立教育学院老校友支持下，在无锡市三中、无锡教育学院和高瑾玉女士等共同努力下面世，其中收集了高阳（践四）文章62篇，以及所著《民众教育》一书的节选，使得我们通过这些文章更为真切地读到高先生的思想与精神，了解江苏省立教育学院的办学历史和办学特色。

进入新世纪初，潘懋元先生主编的《中国高等教育百年》一书，再一次提到了高践四的民众教育以及在全国率先创办农业高等教育的江苏省立教育学院。真正对于中国现代民众教育运动展开较为系统研究的成果，见于2005年张蓉所著《中国现代民众教育思潮研究》一书，其中深入研究了中国现代民众教育运动中"那些为教育民众而呕心沥血的教育者们"和"那段曾经蓬勃发展以至于蔚为壮观的历史"，全面阐述了中国民众教育思潮的历史演进、思想园地（江苏省立教育学院），阐述了俞庆棠、高阳等民众教育的代表人物和思想体系及其影响和启示。近年来,又有朱考金、姜新、侯怀银等越来越多的学者,先后从不同角度回顾了高阳先生的民众教育、乡村教育思想,研究江苏省立教育学院的办学实践以及历史贡献,探讨发现其对当今高等教育人才培养的有益启示。时至今日,面向民众、注重实践的教育思想与教育模式,不仅依然鲜活,而且更增添新的时代意义。

2010年苏州大学建校110周年之际,为进一步研究江苏省立教育学院的教育实践和历史贡献,并纪念高践四先生诞辰120周年,收集出版高先生教育文选的工作开始启动。高先生的后人高昆玉、高恩、华莹等参与了文选内容收集整理工作。此次结集出版,在1996年《高践四民众教育论著选》集册内容的基础上,补充了高践四所著《民众教育》一书的内容,新搜集到的二十余篇高阳(践四)先生的演讲、文章和关于江苏省立教育学院的报告,蔡元培先生等关于江苏省立教育学院高阳(践四)本人的文章,等等。在整理过程中对照原文和集册就个别文字进行了勘误与增删。苏州大学朱秀林校长、江涌副书记和田晓明副校长等有关领导对文选出版给予了高度关注和大力支持。苏州大学档案馆钱万里馆长在文选出版启动、内容收集整理等方面付出了很多心血,苏州大学出版社的耿曙生总编、发展办的薛辉主任和王国平教授以及教育学院等相关部门的同志积极承担了策划、出版等方方面面的具体工作;苏州大学博物馆常务副馆长黄维娟女士以及校庆办的同志,也都曾给予热情支持。华东师范大学金林祥教授,依据他在相关领域多年研究的成果基础,在文选的启动策划、文章收集等方面给予了许多建议和支持,并欣然同意为本书撰写前言。华东师范大学的博士研究生阎乃胜、欧七斤同志和苏州大学的几位研究生也先后参与了高先生教育著述的收集。无锡市第三高级中学(即高阳先生创建的原私立无锡中学)胡建庭校长,为文选出版相关工作提供了无私帮助。无锡三中校友、第十一届全国人大常委会副委员长蒋树声先生在百忙之中对文选的出版给予了关注。正是各位领导、专家和有识之士对于教育事业高度的历史责任感和一片丹心,成就了这本文选。在此,谨向各位领导和专家学者以及所有为这项工作做出贡献的同志们表示衷心的感谢!

苏州大学党委书记王卓君教授曾在2010年初"文化自觉与高水平大学建设"中写道:"大学应充分发挥人文社会科学研究的学科优势,通过深入研究挖掘使传统文化焕发出应有的光彩。而这种研究应是继承与发展的有机统一。要在对传统文化充分体认的基础上,开掘其'活'的灵魂并将其置于开放的现代社会中,通过适应新的时代需要而实现新的发展。"相信在江苏省立教育学院的办学历史中所闪光的爱国、为民、重农、崇实的教育思想、人文精神与大学文化,必将在新时期得到"活"的弘扬。

华　玉

2011年9月